CB130111

Manual de psicoterapias dos transtornos alimentares

Manual de psicoterapias dos transtornos alimentares

Editores
Fellipe Augusto de Lima S. Lenzing
Raphael Cangelli Filho
Táki Athanássios Cordás

manole
editora

Copyright © Editora Manole Ltda., 2024, por meio de contrato com os Editores.

Editora: Cristiana Gonzaga S. Corrêa
Projeto gráfico: Departamento Editorial da Editora Manole
Diagramação e ilustrações: Elisabeth Miyuki Fucuda
Capa: Departamento de Arte da Editora Manole

CIP-BRASIL. CATALOGAÇÃO NA PUBLICAÇÃO
SINDICATO NACIONAL DOS EDITORES DE LIVROS, RJ

C734

Manual das psicoterapias dos transtornos alimentares / coordenação Fellipe Augusto de Lima S. Lenzing, Raphael Cangelli Filho, Táki Athanássios Cordás. - 1. ed. - Barueri [SP] : Manole, 2024.

Inclui bibliografia
ISBN 9786555768039

1. Psicoterapia. 2. Distúrbios alimentares - Aspectos psicológicos. 3. Hábitos alimentares - Aspectos psicológicos. 4. Comportamento compulsivo. I. Lenzing, Fellipe Augusto de Lima Souza. II. Cangelli Filho, Raphael. III. Cordás, Táki Athanássios.

23-86791 CDD: 616.8526
CDU: 159.97:613.2

Xxx - Bibliotecária - CRB-7/0000

Todos os direitos reservados.
Nenhuma parte deste livro poderá ser reproduzida,
por qualquer processo, sem a permissão expressa dos editores.
É proibida a reprodução por fotocópia.

A Editora Manole é filiada à ABDR – Associação Brasileira
de Direitos Reprográficos

Edição – 2024

Editora Manole Ltda.
Alameda América, 876
Tamboré – Santana de Parnaíba – SP – Brasil
CEP: 06543-315
Fone: (11) 4196-6000
www.manole.com.br | https://atendimento.manole.com.br/

Impresso no Brasil
Printed in Brazil

Editores

Fellipe Augusto de Lima S. Lenzing

Psicólogo. Mestrando em Fisiopatologia Experimental pelo Departamento de Neurologia da Faculdade de Medicina da Universidade de São Paulo (FMUSP). Fundador do Centro Brasileiro de Atualização em Transtornos Alimentares (CEBRATA). Psicólogo do Programa de Transtornos Alimentares do Instituto de Psiquiatria do Hospital das Clínicas da Faculdade de Medicina da Universidade de São Paulo (AMBULIM/IPq-HCFMUSP).

Raphael Cangelli Filho

Psicólogo Clínico. Mestre em Psicologia Clínica pela Pontifícia Universidade Católica de São Paulo (PUC-SP). Coordenador da Equipe de Psicologia do Programa de Transtornos Alimentares do Instituto de Psiquiatria do Hospital das Clínicas da Faculdade de Medicina da Universidade de São Paulo (AMBULIM/IPq-HCFMUSP).

Táki Athanássios Cordás

Psiquiatra. Coordenador da Assistência Clínica do Instituto de Psiquiatria do Hospital das Clínicas da Faculdade de Medicina da Universidade de São Paulo (IPq-HCFMUSP). Coordenador do Programa de Transtornos Alimentares (AMBULIM)/IPq-HCFMUSP. Professor dos Programas de Pós-graduação do Departamento de Psiquiatria da USP, do Programa de Neurociências e Comportamento do Instituto de Psicologia (IP) da USP e do Programa de Fisiopatologia Experimental da FMUSP.

Durante o processo de edição desta obra, foram tomados todos os cuidados para assegurar a publicação de informações técnicas, precisas e atualizadas conforme lei, normas e regras de órgãos de classe aplicáveis à matéria, incluindo códigos de ética, bem como sobre práticas geralmente aceitas pela comunidade acadêmica e/ou técnica, segundo a experiência do autor da obra, pesquisa científica e dados existentes até a data da publicação. As linhas de pesquisa ou de argumentação do autor, assim como suas opiniões, não são necessariamente as da Editora, de modo que esta não pode ser responsabilizada por quaisquer erros ou omissões desta obra que sirvam de apoio à prática profissional do leitor.

Do mesmo modo, foram empregados todos os esforços para garantir a proteção dos direitos de autor envolvidos na obra, inclusive quanto às obras de terceiros, imagens e ilustrações aqui reproduzidas. Caso algum autor se sinta prejudicado, favor entrar em contato com a Editora.

Finalmente, cabe orientar o leitor que a citação de passagens da obra com o objetivo de debate ou exemplificação ou ainda a reprodução de pequenos trechos da obra para uso privado, sem intuito comercial e desde que não prejudique a normal exploração da obra, são, por um lado, permitidas pela Lei de Direitos Autorais, art. 46, incisos II e III. Por outro, a mesma Lei de Direitos Autorais, no art. 29, incisos I, VI e VII, proíbe a reprodução parcial ou integral desta obra, sem prévia autorização, para uso coletivo, bem como o compartilhamento indiscriminado de cópias não autorizadas, inclusive em grupos de grande audiência em redes sociais e aplicativos de mensagens instantâneas. Essa prática prejudica a normal exploração da obra pelo seu autor, ameaçando a edição técnica e universitária de livros científicos e didáticos e a produção de novas obras de qualquer autor.

Autores

Amália Teixeira dos Santos

Psicóloga e Supervisora Clínica. Graduada em Psicologia pela Pontifícia Universidade Católica do Paraná (PUC-PR). Formação em Terapia do Esquema pela Wainer Psicologia Cognitiva – NYC Institute for Schema Therapy. Formação em Relação Terapêutica, Supervisão e Autoterapia pela Wainer Psicologia Cognitiva. Aprimoramento em Transtornos Alimentares para Médicos e Psicólogos pelo Instituto de Psiquiatria do Hospital das Clínicas da Faculdade de Medicina da Universidade de São Paulo (IPq-HCFMUSP).

Amanda Menezes Gallo

Psicóloga. Especialista em Terapia Cognitivo-comportamental pela Universidade Cândido Mendes. Mestre em Avaliação Psicológica em Contexto de Saúde Mental pela Universidade São Francisco. Doutora em Distúrbios do Desenvolvimento pela Universidade Presbiteriana Mackenzie.

Andreza Carla Lopes de Siqueira

Psicóloga Clínica. Neuropsicóloga. Doutora e Mestre em Neurociências e Comportamento pela Universidade de São Paulo (USP). Especialista em Neuropsicologia pelo Instituto de Doenças Neurológicas da Beneficência Portuguesa. Pesquisadora e Coordenadora da Equipe de Neuropsicologia do Programa de Transtornos Alimentares do Instituto de Psiquiatria do Hospital das Clínicas da Faculdade de Medicina da Universidade de São Paulo (AMBULIM/IPq-HCFMUSP).

Anny de Mattos Barroso Maciel

Psiquiatra Especialista em Transtornos Alimentares pelo Programa de Tratamento de Transtornos Alimentares (AMBULIM)/Instituto de Psiquiatria do Hospital das Clínicas da Faculdade de Medicina da Universidade de São Paulo (IPq-HCFMUSP). Ex-psiquiatra Assistente do IPq-HCFMUSP. Ex-coordenadora do Ambulatório de Bulimia Nervosa do AMBULIM/IPq-HCFMUSP. Terapeuta Interpessoal pelo Serviço de Transtornos de Estresse Pós-traumático da Universidade Federal de São Paulo (Unifesp).

Ariovaldo Lunardi Filho

Psicólogo. Especialista em Psicologia Clínica e Transtornos Alimentares pelo Programa de Tratamento de Transtornos Alimentares (AMBULIM) do Instituto de Psiquiatria do Hospital das Clínicas da Faculdade de Medicina da Universidade de São Paulo (IPq-HCFMUSP). Proficiente em Terapia Cognitivo-comportamental pelo CTC Veda. Psicólogo Voluntário no AMBULIM/IPq-HCFMUSP. Professor Convidado em cursos de pós-graduação no AMBULIM, CTC Veda, Centro de Estudos em Medicina Comportamental (CEMCO)/Universidade Federal de São Paulo (Unifesp) e Curso Consciência. Supervisor Clínico no CTC Veda.

Beatriz Passos Guimarães

Mestre em Análise do Comportamento Aplicada pelo Instituto Par Ciências do Comportamento. Membro do Laboratório de Terapia Comportamental Dialética (DBT-LAB). Docente no Programa de Pós-graduação em Terapia Comportamental Dialética no Centro de Estudos e Desenvolvimento Profissional (UniCESDE). Monitora de Supervisão no Instituto Par Ciências do Comportamento.

Bolivar Cibils Filho

Psicólogo, Mestre e Doutorando em Psicologia Clínica pela Pontifícia Universidade Católica do Rio Grande do Sul (PUC-RS). Especialista em Terapias Cognitivo-comportamentais e Supervisor Clínico no InTCC-RS. Treinamento em Terapia Focada na Compaixão. Formação em Terapia do Esquema e Aprimoramento no Tratamento de Transtornos Alimentares pelo Programa de Tratamento de Transtornos Alimentares (AMBULIM)/Instituto de Psiquiatria do Hospital das Clínicas da Faculdade de Medicina da Universidade de São Paulo (IPq-HCFMUSP). Líder do Núcleo de TFC no SIG Compaixão da ACBS Brasil.

Bruna Basso Boaretto

Médica Psiquiatra. Aprimorada em Transtornos Alimentares pelo Programa de Tratamento de Transtornos Alimentares (AMBULIM)/Instituto de Psiquiatria do Hospital das Clínicas da Faculdade de Medicina da Universidade de São Paulo (IPq-HCFMUSP). Formada em Terapia do Esquema pelo Instituto Wainer. Professora de Psicofarmacologia na Pós-graduação de Neuropsicologia da FAE-PR. Idealizadora e Coordenadora Técnica da Comunidade Especializada em Transtornos Alimentares (CETA). Membro da Academy for Eating Disorders.

Claudia Regina Ribeiro

Psicóloga. Formação em Terapia Comportamental Dialética DBT pela Elo Psicologia e Desenvolvimento. Especialista em Terapia Familiar e Casal (abordagem sistêmica) pela Vínculo Vida. Especialização em Transtornos Alimentares e Obesidade pelo CEPSIC/Hospital das Clínicas da Faculdade de Medicina da Universidade de São Paulo (HCFMUSP). Consteladora Familiar e Organizacional. Terapeuta Familiar na Enfermaria do Comportamento Alimentar (ECAL)/Programa de Tratamento de Transtornos Alimentares (AMBULIM)/ IPq-HCFMUSP. Terapeuta Familiar no Grupo de Atendimentos a Homens com Transtorno Alimentar (GEAHTA/IPq-HCFMUSP).

Edna Maria Ferreira

Advogada. Mediadora. Psicóloga Clínica. Especialista em Terapia de Casal e Família pela Pontifícia Universidade Católica de São Paulo (PUC-SP). Especialista em Terapia Comportamental Dialética DBT. Certificação Internacional em Práticas Colaborativas e Dialógicas. Colaboradora como Terapeuta Familiar (Transtornos Alimentares) no Instituto de Psiquiatria do Hospital das Clínicas da Faculdade de Medicina da Universidade de São Paulo (IPq-HCFMUSP).

Érika Leonardo de Souza

Psicóloga. Mestre em Psicologia Clínica pelo Instituto de Psicologia da Universidade de São Paulo (IP-USP). Doutora em Ciências pela Faculdade de Medicina da Universidade de São Paulo (FMUSP). Treinamento em Terapia Focada na Compaixão na Cultivar la Mente, Motivacion Compasiva e Compassionate Mind Foundation. *Certified Teacher* do Programa Mindful Self-Compassion pela Universidade da Califórnia San Diego (UCSD). Coordenadora do SIG Compaixão – ACBS Brasil. Presidente Eleita da ACBS Brasil.

Felippe Feijó

Diretor Técnico do Núcleo de Atenção aos Transtornos Alimentares (NATA). Especialista em Terapia Familiar pela Associação Brasileira de Terapia Familiar (ABRATEF). Especialista em Transtornos Alimentares e Obesidade pela Universidade de Araraquara (UNIARA). Pós-graduado em *Mindfulness* pela Pontifícia Universidade Católica do Rio de Janeiro (PUC-RJ). Habilitado no New Maudsley Approach pelo Centro Brasileiro de Atualização em Transtornos Alimentares (CEBRATA). Treinamento em DBT-TA pelo CEBRATA. Treinamento em RODBT-N.1 pela Radically Open. Pós-graduando em Terapia Comportamental Dialética (DBT) pela CAAESM/ELLO.

Fellipe Augusto de Lima S. Lenzing

Psicólogo. Mestrando em Fisiopatologia Experimental pelo Departamento de Neurologia da Faculdade de Medicina da Universidade de São Paulo (FMUSP). Fundador do Centro Brasileiro de Atualização em Transtornos Alimentares (CEBRATA). Psicólogo do Programa de Transtornos Alimentares do Instituto de Psiquiatria do Hospital das Clínicas da Faculdade de Medicina da Universidade de São Paulo (AMBULIM/IPq-HCFMUSP).

Isabella Lobo

Psicóloga. Doutoranda na Universidade de São Paulo (USP). Especialista em Psicologia Clínica Cognitivo-comportamental pelo Hospital das Clínicas da Faculdade de Medicina da USP (HCFMUSP) e em Psicologia Positiva pela Pontifícia Universidade Católica do Rio Grande do Sul (PUC-RS). Curso Avançado em Transtornos Alimentares pelo HCFMUSP. Aperfeiçoamento em *Mindfulness* pelo HCFMUSP. Membro da Equipe do Ambulatório de Transtornos Alimentares do HCFMUSP (AMBULIM).

Isabelle Tortorella Carneiro Gassi

Psicóloga Clínica. Terapeuta Familiar Sistêmica pela Pontifícia Universidade Católica de São Paulo (PUC-SP). Especialista em Transtornos Alimentares pelo Programa de Tratamento de Transtornos Alimentares (AMBULIM)/Instituto de Psiquiatria do Hospital das Clínicas da Faculdade de Medicina da Universidade de São Paulo (IPq-HCFMUSP). Coordenadora da Equipe de Família da Enfermaria do Comportamento Alimentar (ECAL) e do Grupo Especializado de Homens com Transtornos Alimentares (GEAHTA)/AMBULIM/IPq-HCFMUSP. Formação em Terapia Comportamental Dialética (DBT) pelo The Linehan Institute and Behavioral Tech, EUA. Habilitada como *Family Connections Program Leader* (National Education Alliance for Borderline Personality Disorder – NEA BPD). Treinamento do Novo Modelo Maudsley Baseado em Habilidades Familiares pelo Centro Brasileiro de Atualização em Transtornos Alimentares (CEBRATA).

Izabel Emília Sanchez Abrahão

Psicóloga Especialista em Terapia de Casais e Famílias, Transtornos Alimentares, Psicodrama, EMDR e DBT. Coordenadora da Psicologia da Enfermaria de Comportamento Alimentar (ECAL) e do Grupo de Famílias do Ambulatório de Transtornos Alimentares do Instituto de Psiquiatria do Hospital das Clínicas da Faculdade de Medicina da Universidade de São Paulo (IPq-HCFMUSP). Coordenadora da Psicologia da UTE/Brasilândia. Membro do Programa de Ajuda Humanitária Psicológica.

Juliana Lopes Massapust

Psicóloga. Doutora em Neurociências pela Universidade Federal Fluminense (UFF). Doutoranda em Psicologia pela Universidade Federal do Rio de Janeiro (UFRJ). Sócia-diretora do CAAESM. Pesquisadora do LaTcon (Laboratório de Terapias Contextuais). Certificada em Terapia Comportamental Dialética pela Behavioral Tech. Certificada em Terapia Comportamental Dialética Radicalmente Aberta pela Radically Open. Em formação como supervisora em RO DBT pela Radically Open. Gestora da RO DBT Brasil.

Laura dos Santos Oliveira

Psicóloga pelo Centro Universitário Barão de Mauá. Pós-graduanda em Psicoterapia Cognitivo-comportamental pelo Instituto Cognitivo. Capacitação em Transtornos Alimentares e Comportamento Alimentar. Formação em Obesidade e Emagrecimento e Certificação Internacional no Novo Modelo Maudsley de Habilidades Familiares pelo Centro Brasileiro de Atualização em Transtornos Alimentares (CEBRATA). Colaboradora da Comunidade Especializada em Transtornos Alimentares (CETA) e do CEBRATA.

Laura Goulart

Psicóloga Evolucionista. Especialista em Terapia Cognitivo-comportamental INTCC e Especialista em Avaliação Psicológica pela Universidade Federal do Rio Grande do Sul (UFRGS). Formação em Terapia Focada na Compaixão pela Cultivar la Mente, Chile. Formação (andamento) em Focalização pelo Instituto de Focalização Brasil e Formação em Terapia Esquema Wainer.

Marcela Nunes Paulino de Carvalho

Psicóloga e Psicanalista. Mestre em Ciências pelo Programa de Neurociência e Comportamento do Instituto de Psicologia da Universidade de São Paulo (IP-USP). Aprimorada em Transtornos Alimentares pelo Curso de Aprimoramento Interdisciplinar em Transtornos Alimentares do Programa de Tratamento de Transtornos Alimentares (AMBULIM)/HCFMUSP. Especialista em Psicologia Hospitalar pelo HCFMUSP. Pós-graduada em Teoria Psicanalítica pela Pontifícia Universidade Católica de São Paulo (PUC-SP).

Margarete Carvalho Cavalcante

Psicóloga Especialista em TCC pelo Hospital Universitário da Universidade de São Paulo (HU-USP) e em Transtornos Alimentares pelo Instituto de Psiquiatria do Hospital das Clínicas da Universidade de São Paulo (IPq-HCFMUSP). Dialética Behavior Therapy (DBT) pelo Instituto ELLO. Terapia Familiar e Casal pela Vínculo Vida e Academia di Della Famiglia, Itália.

Marlene Oliveira Rosa

Psicóloga Clínica. Terapeuta Familiar Sistêmica pela Pontifícia Universidade Católica de São Paulo (PUC-SP). Especialista em Transtornos Alimentares pelo Programa de Tratamento de Transtornos Alimentares (AMBULIM)/Instituto de Psiquiatria do Hospital das Clínicas da Faculdade de Medicina da Universidade de São Paulo (IPq-HCFMUSP). Terapeuta da Equipe de Família da Enfermaria do Comportamento Alimentar (ECAL) e do Grupo Especializado de Homens com Transtornos Alimentares (GEAHTA)/AMBULIM/IPq-HCFMUSP. Formação em Terapia Comportamental Dialética (DBT) pelo Instituto Ellos. Habilitada como *Family Connections Program Leader* (National Education Alliance for Borderline Personality Disorder – NEA BPD).

Michele de Oliveira Gonzalez

Médica Psiquiatra. Médica Voluntária no Programa de Tratamento de Transtornos Alimentares (AMBULIM)/Instituto de Psiquiatria do Hospital das Clínicas da Faculdade de Medicina da Universidade de São Paulo (IPq-HCFMUSP). Docente do Curso de Medicina do Instituto de Ensino Superior de Indaiatuba. Pós-graduação *Lato Sensu* em Educação Médica com Ênfase em Metodologias Ativas de Ensino-Aprendizagem. Título de Especialista em Psiquiatria pela Associação Brasileira de Psiquiatria (ABP). Residência Médica em Psiquiatria pela Faculdade de Medicina do ABC.

Mônica Duchesne

Coordenadora do Grupo de Obesidade e Transtornos Alimentares (GOTA) da Universidade Federal do Rio de Janeiro (UFRJ). Psicóloga Certificada pela Federação Brasileira de Terapias Cognitivas. Terapeuta Comportamental Dialética pelo Behavioral Tech Institute. Mestre e Doutora em Saúde Mental.

Patricia Gipsztejn Jacobsohn

Psicóloga e Psicanalista. Mestre em Psicologia Clínica pela Pontifícia Universidade Católica de São Paulo (PUC-SP). Especialista em Psicoterapia Psicodinâmica da Pré-Adolescência e Adolescência pelo Instituto Sedes Sapientiae. Coordenadora da Clínica de Estudos e Pesquisa em Psicanálise da Anorexia e Bulimia (Ceppan). Membro do Departamento Formação em Psicanálise do Instituto Sedes Sapientiae. Membro do Conselho Técnico da Associação Brasileira de Transtornos Alimentares (Astralbr).

Pedro Paulo Pires

Psicólogo. Mestre em Psicologia pela Universidade Federal do Rio de Janeiro (UFRJ). Doutor em Psicologia pela UFRJ com PDSE pela University of Maryland. Pós-doutorado em Psicologia pela UFRJ. Terapeuta certificado de nível 3 em RO DBT. Membro do Research Steering Committee de RO DBT. Terapeuta certificado pela CAMS Care. Treinado em ACT e DBT. Professor do Quadro Permanente e Supervisor Clínico na UFRJ. Membro do Corpo da Direção Adjunta do Instituto de Psicologia da UFRJ.

Renata Rodrigues Arnoni

Psicóloga Clínica e Psicanalista. Especialista em Transtornos Alimentares pelo Núcleo de Atendimento aos Transtornos Alimentares da Universidade Federal de São Paulo (PROATA-Unifesp). Coordenadora do Atendimento Familiar do PROATA Adulto. Membro da Equipe de Cirurgia Bariátrica da Clínica IMEC. Membro da Clínica de Estudos e Pesquisa em Psicanálise da Anorexia e Bulimia (Ceppan) e da Casa Viva.

Rogéria Taragano

Mestre em Ciências pela Faculdade de Medicina da Universidade de São Paulo (FMUSP) e Master of Public Management pela Carnegie Mellon University, EUA. Especialista em Terapia Cognitivo-comportamental e Aprimorada em Transtornos Alimentares pelo Programa de Tratamento de Transtornos Alimentares (AMBULIM)/Instituto de Psiquiatria do Hospital das Clínicas da Faculdade de Medicina da Universidade de São Paulo (IPq-HCFMUSP). Supervisora de Psicologia no Ambulatório de Anorexia Nervosa do AMBULIM/IPq-HCFMUSP.

Rosa Maria Alves Faria Guedes

Especialista em Transtornos Alimentares pelo Programa de Tratamento de Transtornos Alimentares (AMBULIM)/Instituto de Psiquiatria do Hospital das Clínicas da Faculdade de Medicina da Universidade de São Paulo (IPq-HCFMUSP). Psicóloga Coordenadora Colaboradora do Grupo de Bulimia do AMBULIM/IPq-HCFMUSP.

Sandiléia Pfeiffer

Psicóloga Clínica. Mestre em Psicologia Clínica pela Pontifícia Universidade Católica do Rio Grande do Sul (PUCRS). Treinamento em TFC pela Compassionate Mind Foundation, Reino Unido. Formação em Terapia do Esquema pela Wainer Psicologia Cognitiva. Aperfeiçoamento em Terapias Cognitivo-comportamentais pela Wainer Psicologia Cognitiva. Treinamento Avançado em Medos, Resistências e Bloqueios à Compaixão pela Compassionate Mind Foundation.

Sandra Regina de Souza Pesce

Psicóloga Clínica. Mestre em Psicologia da Educação pela Pontifícia Universidade Católica de São Paulo (PUC-SP). Psicanalista pelo Instituto Sedes Sapientiae. Especialista em Transtornos Alimentares pelo Programa de Tratamento de Transtornos Alimentares (AMBULIM)/Instituto de Psiquiatria do Hospital das Clínicas da Faculdade de Medicina da Universidade de São Paulo

(IPq-HCFMUSP). Especialista em Terapias Cognitivas pelo IPq-HCFMUSP. Psicóloga Colaboradora. Supervisora do Grupo de Bulimia do AMBULIM/IPq-HCFMUSP. Professora do Curso de Aprimoramento Interdisciplinar em Transtornos Alimentares do AMBULIM/IPq-HCFMUSP.

Simone Ilma do Carmo Klemens

Psicóloga. Pós-Graduada em Comportamento Alimentar pela IPGS. Pós-graduanda em Terapia Comportamental Dialética pela CTC VEDA/DBT Brasil. Especialista em Transtornos Alimentares, Obesidade e Cirurgia Bariátrica pela UNYLEYA. Aprimorada em Transtornos Alimentares pelo Programa de Tratamento de Transtornos Alimentares (AMBULIM)/Instituto de Psiquiatria do Hospital das Clínicas da Faculdade de Medicina da Universidade de São Paulo (IPq-HCFMUSP). Membro da Associação Brasileira para o Estudo da Obesidade e Síndrome Metabólica (ABESO) e Sociedade Brasileira de Cirurgia Bariátrica e Metabólica (SBCBM).

Talita Lopes Marques

Psicóloga pela Universidade Tuiuti do Paraná (UTP). Formação em Terapia Comportamental e Cognitiva pela CETECC. Especialista em Transtornos Alimentares e Obesidade pelo Centro Universitário Faculdade de Medicina do ABC (FMABC). Especialista em Intervenção Cognitiva pela Faculdade Martinus. Instrutora Qualificada de *Mindful Eating* – Protocolo MB-EAT. Aprimorada em Transtornos Alimentares pelo Programa de Tratamento de Transtornos Alimentares (AMBULIM)/Instituto de Psiquiatria do Hospital das Clínicas da Faculdade de Medicina da Universidade de São Paulo (IPq-HCFMUSP). Formação em Comer Intuitivo pelo Centro Brasileiro de Atualização em Transtornos Alimentares (CEBRATA).

Thaís de Castro Gazotti

Doutora em Ciências pela Faculdade de Medicina da Universidade de São Paulo (FMUSP). Mestre em Psicologia pela Pontifícia Universidade Católica de Campinas (PUCCAMP). Psicopatologista Fenomenóloga Estrutural pela Faculdade de Medicina da Santa Casa de São Paulo (FMSCSP). Psicóloga clínica individual, casal e família, na linha psicológica da Abordagem Centrada na Pessoa pelo Espaço de Estudos e Pesquisas na ACP Dr John Keith Wood. Psicóloga Colaboradora da Enfermaria de Comportamento Alimentar (ECAL) do AMBULIM/IPq-HCFMUSP. Psicóloga Colaboradora e Coordenadora do

Grupo de Apoio Multifamiliar do AMBULIM/IPq-HCFMUSP). Psicóloga Docente-preceptora em Psicoterapia da Residência Médica em Psiquiatria pela Secretaria Municipal de Saúde de Mauá.

Valeska Bassan

Especializada em Transtornos Alimentares e Obesidade. Colaboradora do Ambulatório do Instituto de Psiquiatria do Hospital da Clínicas da Faculdade de Medicina da Universidade de São Paulo (IPq-HCFMUSP). Coordenadora do Grupo de Estudos do Comer Compulsivo e Obesidade (GRECCO).

Vanessa Dentzien Pinzon

Psiquiatra Coordenadora do Programa de Atendimento, Ensino e Pesquisa em Transtornos Alimentares na Infância e Adolescência (PROTAD) do Instituto de Psiquiatria do Hospital das Clínicas da Faculdade de Medicina da Universidade de São Paulo (IPq-HCFMUSP). Mestre em Ciências pela FMUSP.

Vanessa Silva Maia

Psicóloga pela Universidade do Estado do Rio de Janeiro (UERJ). Aprimorada em Transtornos Alimentares pelo Programa de Tratamento de Transtornos Alimentares (AMBULIM)/Instituto de Psiquiatria do Hospital das Clínicas da Faculdade de Medicina da Universidade de São Paulo (IPq-HCFMUSP). Formada em TCC pelo Ação Cognitiva. Treinamentos internacionais em DBT, ACT e TE pelo Cebrata. Colaboradora no Nata e do Cebrata.

Wagner de Sousa Gurgel

Psiquiatra Colaborador e Coordenador do Programa de Atendimento, Ensino e Pesquisa em Transtornos Alimentares na Infância e Adolescência (PROTAD) do Instituto de Psiquiatria do Hospital das Clínicas da Faculdade de Medicina da Universidade de São Paulo (IPq-HCFMUSP). Formação em Terapia Cognitiva e Comportamental pela Central TCC-RJ. Psiquiatra da Infância e Adolescência pelo IPq-HCFMUSP com Aprimoramento em Transtornos Alimentares pelo AMBULIM.

Sumário

Seção 2 – Psicoterapias de segunda linha

Seção 3 – Psicoterapia dos transtornos alimentares complexos

Seção 4 – Psicoterapias contextuais

Seção 5 – Outros modelos de psicoterapias

Prefácio

Os transtornos alimentares são problemas de saúde pública que acometem globalmente 2,58 a 8,4% das mulheres e 0,74 a 2,2% dos homens. De acordo com a *Global Burden of Disease Study*, a prevalência de transtornos alimentares aumentou continuamente desde 2017 em todas as regiões do mundo, com estimativas de crescimento de 0,65% ao ano.

Ao longo da prática clínica, profissionais da saúde mental certamente irão atender pelo menos uma pessoa com transtorno alimentar, dentro de seus consultórios particulares, Unidade Básica de Saúde, pronto-socorro e/ou nas modalidades de internação.

As principais diretrizes internacionais de tratamento dos transtornos alimentares recomendam a psicoterapia como intervenção principal ou complementar ao tratamento em equipe multidisciplinar com médicos, psicólogos, nutricionistas e demais profissionais da saúde.

Como forma de orientar clínicos com as diretrizes mundiais de psicoterapias de primeira linha, segunda linha e tratamentos emergentes, organizamos, pela primeira vez no Brasil, um manual contendo todas as abordagens psicológicas testadas empiricamente no tratamento dos transtornos alimentares, fornecendo aos psicólogos e demais profissionais de saúde uma compreensão dos diferentes tratamentos psicológicos, estágios de intervenção, taxa de resposta e suas limitações na aplicação clínica.

Esperamos que este *Manual* possa aumentar a reflexão e discussão de boas práticas em psicoterapias, reconhecendo a importância dos diferentes modelos de tratamento psicológico e levando esperança para instituições de tratamento, pacientes e familiares de pessoas com transtornos alimentares.

Fellipe Augusto de Lima S. Lenzing
Programa de Transtornos Alimentares do Instituto de Psiquiatria do Hospital das Clínicas da Faculdade de Medicina da Universidade de São Paulo (AMBULIM/IPq-HCFMUSP).

1

O cenário das psicoterapias dos transtornos alimentares em adultos

Fellipe Augusto de Lima S. Lenzing

INTRODUÇÃO

Os transtornos alimentares (TA) são doenças graves do comportamento alimentar com altos índices de recidiva,[1] risco de suicídio[2] e comorbidades psiquiátricas associadas.[3]

A psicoterapia é parte essencial do tratamento dos TA, recomendada em todas as diretrizes internacionais[4-11] como tratamento principal ou associado a equipe multidisciplinar.

As recomendações de tratamento psicológico atravessam intimamente a escolha do modelo de psicoterapia, evidenciando problemáticas na tomada de decisão da abordagem psicológica a ser escolhida.[12]

A psicoterapia baseada em evidência (PBE) orienta os clínicos a:

- Fazer o levantamento da melhor evidência científica disponível para o problema a ser tratado.
- Avaliar a *expertise* do clínico no manejo.
- Considerar as preferências do paciente na tomada de decisão.[10,12]

Assim, o objetivo deste capítulo é discutir as recomendações das psicoterapias baseadas em evidência, suas limitações e tropeços na aplicação.

RECOMENDAÇÕES MUNDIAIS DAS PSICOTERAPIAS DOS TRANSTORNOS ALIMENTARES

Em 2020, a Academy for Eating Disorders (AED) iniciou uma força-tarefa para organizar as psicoterapias empiricamente sustentadas no tratamento dos TA.[13]

A força-tarefa teve como base as últimas evidências de revisões sistemáticas, metanálises e as diretrizes internacionais de 8 países (Austrália, Nova Zelândia, EUA, Reino Unido, Dinamarca, França, Alemanha e Holanda), incluindo os guidelines da Royal Australian and New Zealand College of Psychiatrists,[4] American Psychological Association,[11] National Institute for Health and Care Excellence,[9] Danish Health Authority,[5] Haute Autorité de Santé,[6] Association of the Scientific Medical Societies[7] e Dutch Foundation for Quality Development in Mental Healthcare.[8]

A AED tem como proposta orientar os especialistas em TA a oferecer tratamentos baseados em evidências, e não baseados na preferência pessoal do clínico, motivando-os a reconhecer a importância das diversas abordagens psicológicas e implementá-las nos ambulatórios, consultórios e programas intensivos de TA.[13]

A publicação do consenso da AED[13] organizou os tratamentos em psicoterapias consideradas de primeira linha pela maior robustez de revisões sistemáticas, ensaios clínicos randomizados (testados em multicentros do mundo) e com taxas de respostas significativas.

As psicoterapias de segunda linha seriam intervenções com taxa de resposta inferior às psicoterapias de primeira linha ou psicoterapias com baixa resposta a curto prazo em comparação com a velocidade da resposta das psicoterapias de primeira linha, apesar de os estudos de *follow-up* evidenciarem respostas similares a longo prazo, como no caso da psicoterapia interpessoal[14,15] e a psicoterapia psicodinâmica focal.[16]

PSICOTERAPIAS DE PRIMEIRA LINHA NO TRATAMENTO DOS TRANSTORNOS ALIMENTARES

O consenso mundial de psicoterapias baseadas em evidência[13] recomenda como tratamento de primeira linha para anorexia nervosa (AN) em adultos: terapia cognitivo-comportamental (TCC-A), modelo Maudsley de tratamento da anorexia nervosa em adultos (Mantra) e o gerenciamento clínico de apoio especializado (SSCM) (Tabela 1).

TABELA 1 Consenso mundial de psicoterapias baseadas em evidência para adultos com transtornos alimentares (sem comorbidades) da Academy for Eating Disorders

Diagnóstico	Tratamento de primeira linha	Tratamento de segunda linha
AN	TCC-A; Mantra; SSCM	PPF
BN	TCC-A; TCC-AG	PI; PG
TCA	TCC-TA (grupo ou individual) TCC-AG	PI
Tare, Pica, ruminação, Tane e Otae	Nenhum	Nenhum

AN: anorexia nervosa; BN: bulimia nervosa; Mantra: modelo Maudsley de tratamento da anorexia nervosa em adultos; Otae: outro transtorno alimentar especificado; PG: psicoterapia em grupo; PI: psicoterapia interpessoal; PPF: psicoterapia psicodinâmica focal; SSCM: gerenciamento clínico de apoio especializado para anorexia nervosa; Tane: transtorno alimentar não especificado; Tare: transtorno alimentar restritivo--evitativo; TCA: transtorno de compulsão alimentar; TCC-A: terapia cognitivo-comportamental modelo transdiagnóstica para transtornos alimentares; TCC-AG: terapia cognitivo-comportamental de autoajuda guiada.
Fonte: traduzida de Serpell.[13]

A terapia cognitivo-comportamental (TCC-A) é a psicoterapia com maior evidência científica para o tratamento de anorexia, bulimia e transtorno de compulsão alimentar (TCA).[17-20]

Em média 60% dos pacientes com TA tratados com TCC-A apresentam uma remissão completa dos sintomas,[18,19,21,22] porém os dados para pacientes com AN isoladamente têm taxas de respostas menores em comparação com BN e TCA.[23-25]

Os pesquisadores[26] definem remissão completa quando o paciente:

- Não preenche todos os critérios diagnósticos do DSM (Manual Diagnóstico e Estatístico dos Transtornos Mentais).
- Ausência de episódios de compulsão alimentar e/ou métodos compensatórios (no período de 1 mês).
- Índice de massa corporal (IMC) acima de 18,5 (em pacientes com AN, Tane ou Otae).
- Pontuação satisfatória no *Eating Disorder Examination Questionnaire* (EDE-Q).

Atualmente as diversas adaptações da TCC (terapia individual, grupo ou de autoajuda guiada) são recomendadas como tratamento de primeira linha para os TA[13] (Tabela 1).

Na terapia individual existem duas versões do modelo de TCC-A ambulatorial.[27] A primeira é destinada a pacientes adultos com TA que não apresentam baixo peso (IMC acima de 17,5), durante o período de 20 sessões (média de 5 a 6 meses), organizadas em 4 estágios de tratamento.

A segunda é recomendada para pacientes adultos com baixo peso (IMC abaixo de 17,5), necessitando de um aumento no número de sessões direcionadas à recuperação do peso. O tratamento tem duração de 40 sessões (média de 10 a 11 meses), desenhados em 4 estágios de tratamento ambulatorial.[23,27]

A TCC em grupo ocorre com frequência de 1 vez por semana, e o número de encontros pode variar de 15 até 20 sessões em média.[28]

Os resultados demonstram uma resposta semelhante da TCC em grupo comparada a terapia individual na redução dos episódios de compulsão alimentar, melhora da psicopatologia geral e métodos compensatórios.[29]

Outro modelo de TCC é a TCC-A de autoajuda guiada, indicada para pacientes com sintomas subclínicos de bulimia e TCA.[13,30,31] É uma intervenção de baixo custo para pacientes com sintomas iniciais de um TA que não necessitam de tratamento multidisciplinar especializado, decorrente da baixa frequência e intensidade dos comportamentos alimentares transtornados.[30,32] Além das diferentes versões da TCC, existem duas outras psicoterapias de primeira linha de acordo com a AED, sendo elas o Mantra e o SSCM.[13]

O modelo Maudsley de tratamento da anorexia nervosa em adultos (Mantra) é uma psicoterapia cognitiva interpessoal que engloba descobertas recentes no campo da neuropsicologia, cognição social e compreensão da personalidade.[33,34]

Os pacientes que entram no tratamento Mantra recebem uma apostila[34] com todos os 9 módulos das grandes temáticas que serão abordadas no tratamento, podendo escolher a ordem dos temas pelos quais desejam iniciar a psicoterapia. É um tratamento flexível, não focado no peso e com duração de 20 a 40 sessões, dependendo da gravidade clínica do paciente.[33,35]

Os pacientes com anorexia tratados com Mantra apresentam em média 18% de remissão completa (IMC acima ou igual a 18,5 e melhora significativa no EDE-Q), 50% remissão parcial (IMC acima ou igual a 17,5 e melhora no EDE-Q) e 12% uma recuperação insuficiente (IMC inferior a 17,5 e baixa melhora no EDE-Q).[36]

O gerenciamento clínico de apoio especializado para anorexia nervosa (SSCM) é uma psicoterapia que inicialmente foi desenvolvida como uma condição controle em estudos clínicos randomizados de testagem de novos tratamentos, porém demonstrou ser uma intervenção eficaz.[37,38]

O SSCM é um tratamento ambulatorial, não manualizado, que oferece terapia de apoio (foco na pessoa) e suporte clínico especializado para anorexia (foco na doença), com duração de 20 a 40 sessões de acompanhamento, dependendo da gravidade do peso do paciente.[38]

As taxas de resposta do SSCM são semelhantes ao Mantra, apresentando remissão completa em apenas 11,4% dos pacientes (IMC igual ou superior 18,5 e melhora significativa no EDE-Q), remissão parcial em 47,5% (IMC igual ou superior 17,5 e melhora no EDE-Q) e remissão insuficiente em 12,9% (IMC inferior a 17,5 e baixa melhora no EDE-Q).[36]

As psicoterapias de primeira linha recomendadas pelas diretrizes de 8 países do mundo,[13] com grandes esforços na pesquisa de estudos clínicos randomizados, mostram que todos os pacientes com anorexia melhoram parcialmente de forma significativa nas psicoterapias (TCC-A = 52%, Mantra = 50% e SSCM = 47,5%), comprovando a melhora em manter um IMC igual ou maior a 17,5 (como desfecho primário), e resposta secundária satisfatória na estabilização da psicopatologia geral (sintomas de depressão e ansiedade), aumento da autoestima e maior satisfação corporal.[11,20,23,36,39] porém a remissão completa do tratamento isoladamente com psicoterapia é moderada (TCC-A = 33 a 40%, Mantra = 18% e SSCM = 11,4%), principalmente na recuperação do peso, manutenção do peso, elevado número de recaídas, abandono de tratamento e baixa motivação dos pacientes.[11,19,20,23,25,36,40]

A TCC-A para bulimia e o TCA às respostas são de forte evidência,[13] com taxas de 60% de remissão completa, mantendo os *status* da TCC-A como tratamento padrão ouro nos formatos de terapia individual para BN e TCA, em grupo para TCA e autoajuda guiada para BN e TCA.[13,18-20,22,28,30,31]

PSICOTERAPIAS DE SEGUNDA LINHA PARA ANOREXIA

De acordo com o Nice,[9] na tomada de decisão da psicoterapia de escolha, os clínicos devem considerar as psicoterapias de segunda linha, quando:

- O tratamento é inaceitável (para o paciente ou familiar), decorrente da frequência do acompanhamento, intensidade das intervenções, custo financeiro e/ou fracasso no tratamento recomendado anteriormente.

- Contraindicado, esse critério é pouco explorado nas psicoterapias, porém a TCC-A não é recomendada quando o paciente apresenta:
  - Comportamento suicida.
  - Depressão clínica grave.
  - Abuso de substâncias.
  - Problemas graves de vida que desvie o foco do tratamento.
  - Férias do terapeuta no estágio 1 do tratamento.[27]
- É ineficaz, após em média 2 anos de psicoterapia, o paciente apresentar uma baixa resposta na recuperação do peso, redução dos episódios de compulsão alimentar, métodos compensatórios e da psicopatologia geral.

A psicoterapia de segunda linha, de acordo com a revisão da AED,[13] é a psicoterapia psicodinâmica focal para pacientes com anorexia não respondentes às psicoterapias de primeira linha (TCC-A, Mantra e SSCM).

A psicoterapia psicodinâmica focal (PPF) é um tratamento ambulatorial especializado, de base psicanalítica, com duração de 20 a no máximo 40 sessões, dependendo da gravidade do paciente.[41]

O projeto Antop (*The anorexia nervosa treatment of outpatients*) iniciou uma extensa pesquisa nos hospitais da Alemanha com estudos clínicos randomizados comparando a PPF com a TCC-A,[16,42,43,44] e os dados sugerem resultados similares a longo prazo em pacientes com anorexia (n = 727), conforme mostra a Figura 1.[16]

O *status* da PPF permanece como uma psicoterapia de segunda linha pelo número inferior de ensaios clínicos randomizados em comparação com os tratamentos de primeira linha, além do argumento de uma lenta resposta clínica nos primeiros meses de tratamento da AN (apesar de a Figura 1 não comprovar esse dado) e da controvérsia nos estudos que demonstram forte evidência e outros uma resposta inferior.[13,16]

Em 2021[24] foi publicada uma revisão sistemática com metanálise que analisou os ensaios clínicos randomizados de tratamento farmacológico e não farmacológico (psicoterapias) para pacientes com anorexia. Os resultados demonstraram que não existe nenhuma evidência que apoie a superioridade ou inferioridade entre as psicoterapias TCC-A, Mantra, SSCM, PPF e tratamento farmacológico.[24]

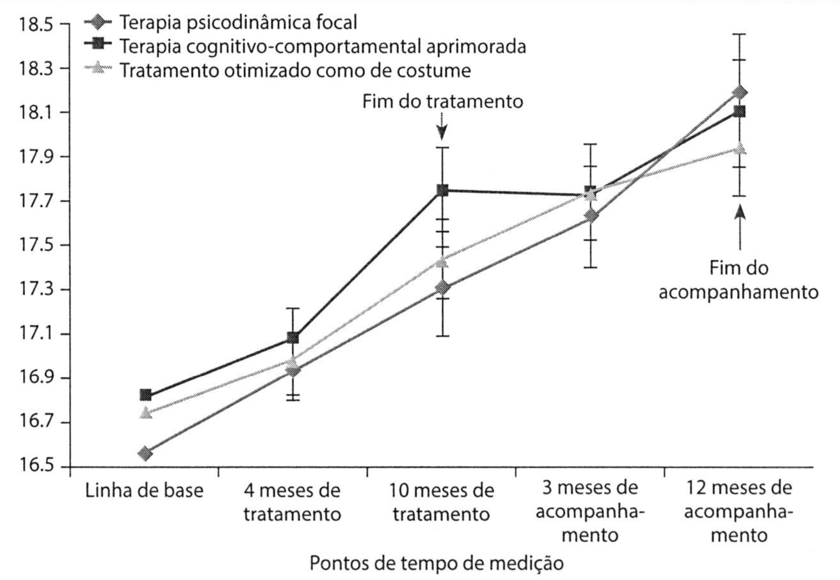

FIGURA 1 Pesquisa clínica randomizada entre PPF, TCC-A e tratamento usual.
Fonte: traduzida de Herzog et al.[42]

PSICOTERAPIAS DE SEGUNDA LINHA PARA BULIMIA NERVOSA E TRANSTORNO DE COMPULSÃO ALIMENTAR

Outra psicoterapia considerada de segunda linha é a psicoterapia interpessoal (PI) para pacientes com bulimia e o TCA.[45-48]

A PI é um tratamento ambulatorial com duração média de 12 a 20 sessões (dependendo da gravidade do paciente), divididas em 3 estágios de tratamento.[46,48]

No campo dos TA, a PI é uma intervenção respeitada e consagrada pelos inúmeros estudos de revisões sistemáticas,[17,45-48] comprovando sua resposta compatível com a TCC-A a longo prazo.

As críticas à PI estão relacionadas à falta de um manual descrevendo de forma operacionalizada as intervenções para os clínicos, assim como ocorre na TCC-A, Mantra e PPF. A falta de um manual torna difícil a generalização com precisão das intervenções, ocasionando intervenções subjetivas e maior risco de não adesão ao modelo. Outro ponto importante defendido pela AED como tratamento de segunda linha é a baixa resposta a curto prazo da PI em comparação com a TCC-A, apesar de a longo prazo a resposta ser semelhante.[15]

O QUE FAREMOS COM OS PACIENTES NÃO RESPONDENTES?

Na melhor das hipóteses, 60% dos pacientes com TA estão bem assistidos com o tratamento padrão ouro, a terapia cognitivo-comportamental (modelo transdiagnóstico).[18-20,22]

Na ciência é importante os psicólogos e psicoterapeutas compreenderem que nenhum tratamento (com ressalvas em casos cirúrgicos) tem 100% de resposta. Todos os tratamentos psicoterápicos, farmacológicos e na área da saúde terão suas limitações.

O reconhecimento das limitações de cada uma das abordagens psicológicas dos TA é primordial, não para "disputas vaidosas' de superioridade ou inferioridade, mas para compreensão das seguintes questões:

- O que podemos esperar dessa psicoterapia em termos de resposta clínica?
- Quais são as fases/organização do tratamento e suas limitações?
- Quais são os marcadores de boa resposta clínica?
- E se o paciente não responder a esse modelo de psicoterapia? Qual outro modelo é indicado?

As recomendações mundiais[13] sugerem que os pacientes iniciem o tratamento ambulatorial pela terapia cognitivo-comportamental (modelo transdiagnóstico), pela robusta evidência na aplicação de grande parte dos TA em comparação com as demais psicoterapias. Caso os pacientes não respondam de forma satisfatória em relação à recuperação do peso, remissão dos episódios de compulsão alimentar, métodos compensatórios, melhora da imagem corporal e psicopatologia geral, é recomendado que os clínicos possam seguir oferecendo os demais tratamentos de primeira linha (Tabela 1), levando em consideração a aceitabilidade do paciente, as contraindicações do tratamento e a possibilidade de eficácia.

A pesquisa mostra[27,49] possíveis preditores de mau prognóstico na terapia cognitivo-comportamental.

Os pacientes não respondentes de forma satisfatória aos procedimentos do estágio 1 (automonitoramento em tempo real, pesagem colaborativa exclusivamente em sessão; o compromisso com um comer regular, incluindo 3 refeições e 3 lanches) da TCC-A, usualmente no final do tratamento, tendem a ter uma resposta inferior à dos demais pacientes.

Outros preditores de mau prognóstico envolvem pacientes com múltiplos diagnósticos psiquiátricos desestabilizados, pois concorrem diretamente com a dedicação e o ritmo no tratamento do TA. Caso o paciente apresente a desestabilização importante de alguma comorbidade psiquiátrica, é contraindicado[27] prosseguir com o tratamento exclusivamente para TA, necessitando interromper o tratamento ou ter intervenções que contemplem a instabilidade da comorbidade psiquiátrica.

Atualmente 70% dos pacientes com TA apresentam comorbidades psiquiátricas,[50] sendo um grande desafio os clínicos conseguirem oferecer um tratamento exclusivamente para o TA, sem interrupção do foco no TA ou implementar com estratégias de outros tratamentos para estabilização da comorbidade.

Os pacientes não respondentes às psicoterapias de primeira linha precisam ser encaminhados para os tratamentos de segunda linha (Tabela 1), avaliando os preditores de baixa resposta, possíveis caminhos que contemplem as barreiras do tratamento (p. ex., importante comorbidade psiquiátrica associada) e implementando com psicoterapias emergentes, validadas empiricamente nos campos dos TA.

PSICOTERAPIAS EMERGENTES NO CAMPO DOS TRANSTORNOS ALIMENTARES

O elevado número de pacientes remitidos parcialmente ou não respondentes aos tratamentos de primeira linha e segunda linha (média de 50%) impulsionou a pesquisa de novos modelos de psicoterapias dos TA.[17,24,51,52]

As psicoterapias emergentes que mostraram validade empírica e modelos a serem consideradas foram a terapia comportamental dialética,[53,54] a terapia de aceitação e compromisso,[55] a terapia do esquema,[56] a terapia focada na compaixão[57] e a terapia de remediação cognitiva para anorexia.[58] Incluem ainda possíveis intervenções no contexto familiar para aumentar a resposta do tratamento dos pacientes, como a terapia familiar sistêmica[59] e o novo modelo Maudsley de habilidades familiares.[60,61]

Os modelos de psicoterapias emergentes sugerem novos caminhos para compreender a psicopatologia dos TA, estratégias para lidar com os comportamentos alimentares transtornados, fatores de manutenção da doença e questões com a imagem corporal.[53-58]

Na Tabela 2 é possível os clínicos terem uma visão geral de todas as psicoterapias emergentes, modalidade de tratamento (ambulatorial ou internação), duração da psicoterapia, número de ensaios clínicos randomizados publicados e recomendações preliminares.

As psicoterapias emergentes podem ser tratamentos a serem considerados quando todos os demais tratamentos recomendados pela AED foram esgotados ou insuficientes,[13] pois Linardon[17] realizou uma revisão sistemática comparando todas as psicoterapias contextuais (DBT, ACT, TE e TFC) com a terapia cognitivo-comportamental (tratamento padrão ouro). Os resultados demonstraram que todos os pacientes tratados com as psicoterapias contextuais melhoraram em relação ao pré-tratamento e em comparação com os controles, porém nenhuma das psicoterapias contextuais teve uma resposta superior à terapia cognitivo-comportamental para pacientes com TA sem comorbidades psiquiátricas associadas.

Esses achados reiteram a importância de o tratamento dos TA seguir as diretrizes do AED, que recomenda iniciar as intervenções com a terapia cognitivo-comportamental, posteriormente as psicoterapias de primeira linha (Tabela 1) e as de segunda linha. Somente após todos esses esforços deve-se pensar na possibilidade de implementar com as psicoterapias emergentes. Uma exceção é vista quando os pacientes são contraindicados aos tratamentos da AED ou apresentam significativas comorbidades psiquiátricas que necessitem de implementação com outros modelos de psicoterapias.

CONSIDERAÇÕES FINAIS

O tratamento psicológico dos TA encontra-se organizado em psicoterapias de primeira linha, segunda linha e psicoterapias emergentes. É importante os clínicos reconhecerem a necessidade de novos modelos de psicoterapias, pois quase metade dos pacientes não é respondente aos tratamentos recomendados pelas diretrizes internacionais. Faz-se, assim, um apelo por novas pesquisas, humildade por parte dos clínicos nas discussões com as demais abordagens psicológicas e incentivo às práticas psicológicas baseadas em evidência.

TABELA 2 Panorama geral das psicoterapias emergentes para transtornos alimentares

Psicoterapia	Modalidade de TTO	ECR (*N*=)	Intervenção manualizada	Recomendações preliminares
DBT	Ambulatorial (DBT-MED: mínimo de 1 ano de tratamento*; DBT-*Stanford*: 20 sessões; DBT-*Stanford* de autoajuda guiada: 13 sessões)	ECR, *N*=9 (Carter et al., 2019; Rahmani et al., 2018; Chen et al., 2017; Masson et al., 2013; Robinson e Safer, 2012; Hill, Craighead e Safer, 2011; Safer, Robinson e Jo, 2010; Safer, Telch e Agras, 2001b; Telch, Agras e Linehan, 2001)	DBT-MED = adaptação não manualizada; DBT-Stanford (Safer et al., 2009); DBT-Stanford de autoajuda guiada (Safer et al., 2020)	Pacientes com BN/TCA não respondentes a TCC-A e as recomendações da AED; contraindicados a TCC-A**** e/ou apresentem uma significativa DE
ACT	Ambulatorial (12-20 sessões*)	ECR, *N*=6 (Juarascio et al., 2021; Fogelkvist et al., 2020; Duarte et al., 2017; Strandskov et al., 2017; Parling et al., 2016; Jurascio, Forman e Herbert, 2010)	ACT-AN (Merwin et al. 2019); ACT-TA (Sandoz et al., 2011)	Pacientes com AN/BN/TCA não respondentes a TCC-A e as recomendações da AED; elevada rigidez; inflexibilidade psicológica e sintomas ou diagnóstico de TOC
TE	Ambulatorial (12-26 sessões*)	ECR, *N*=1 (McIntosh et al., 2016)	TE-TA (Simpson e Smith, 2019)	Pacientes com BN/TCA não respondentes a TCC-A e as recomendações da AED
TFC	Ambulatorial (12-20 sessões*)	ECR, *N*=1 = (Kelly e Carter, 2015)	TFC = não manualizada	Pacientes com TCA não respondentes a TCC-A e as recomendações da AED; elevado criticismo, vergonha e perfeccionismo clínico que interferem diretamente no tratamento
TRC	Ambulatorial / internação*** (6 sessões*)	ECR, *N*=8 (Van Passel et al., 2020; Sproch et al., 2019; Brockmeyer et al., 2016; Steinglass et al., 2014; Dingemans et al., 2014; Brockmeyer et al., 2014; Lock et al., 2013)	TRC = (Tchanturia et al., 2019). Acesso aberto e gratuito**	Tratamento complementar para AN, especialmente para pacientes que apresentam intensa rigidez, traços de personalidade *anancástica*; comorbidade com TOC e elevada rigidez cognitiva que interfere diretamente na recuperação de peso

* Ou mais sessões dependendo da gravidade do paciente.
** A versão em português do Manual de Terapia de Remediação Cognitiva está disponível para acesso livre em português em https://www.katetchanturia.com/_files/ugd/2e1018_ddb443ba641b498aabc50b459c592dde.pdf.
*** Pacientes com IMC abaixo de 17,5.
**** As contraindicações da TCC-A são pacientes com risco de suicídio, depressão grave clínica, abuso de substâncias, problemas graves de vida que tirem o foco do tratamento do transtorno alimentar e ausência do terapeuta no estágio 1 de intervenção.
ACT: terapia de aceitação e compromisso; ACT-AN: terapia de aceitação e compromisso para anorexia nervosa; ACT-TA: terapia de aceitação e compromisso para os transtornos alimentares; AED: Academy for Eating Disorders; BN: bulimia nervosa; DBT: terapia comportamental dialética; DBT-MED: é um modelo de DBT para transtornos alimentares complexos e com múltiplos diagnósticos; DBT-Stanford: modelo de DBT para bulimia e compulsão alimentar; DBT-Stanford de autoajuda guiada: modelo de DBT para compulsão alimentar e comer emocional problemático; DE: desregulação emocional; ECR: estudo clínico randomizado; TA: transtorno alimentar; TCA: transtorno de compulsão alimentar; TCC-A: terapia cognitivo-comportamental modelo transdiagnóstica[27] para transtornos alimentares; TE: terapia do esquema; TE-TA: terapia do esquema para transtornos alimentares; TFC: terapia focada na compaixão; TOC: transtorno obsessivo-compulsivo; TRC: terapia de remediação cognitiva.

REFERÊNCIAS

1. Kotilahti E, West M, Isomaa R, Karhunen L, Rocks T, Ruusunen A. Treatment interventions for severe and enduring eating disorders: systematic review. International Journal of Eating Disorders. 2020;53(8):1280-302.
2. Udo T, Bitley S, Grilo CM. Suicide attempts in US adults with lifetime DSM-5 eating disorders. BMC Medicine. 2019;17:1-13.
3. Juli R, Juli MR, Juli G Juli L. Eating disorders and psychiatric comorbidity. Psychiatria Danubina. 2023;35(Suppl 2):217-20.
4. Hay P, Chinn D, Forbes D, Madden S, Newton R, Sugenor L, et al. Royal Australian and New Zealand College of Psychiatrists clinical practice guidelines for the treatment of eating disorders. Australian & New Zealand Journal of Psychiatry. 2014;48(11):977-1008.
5. Danish Health Authority. National clinical guideline for the treatment of anorexia nervosa; quick guide. 2016. Disponível em: https://www.google.com/url?sa=t&rct=j&q=&esrc=s&source=web&cd=1&ved=2ahUKEwi0ws31keDeAhXIzKQKHWGUBAUQFjAAegQICRAC&url=https%3A%2F%2Fwww.sst.dk%2Fda%2Fudgivelser%2F2016%2F~%2Fmedia%2F36D31B378C164922BCD96573749AA206.ashx&usg=AOvVaw2q2_ZWBhf6MqnHgZp8vfxR. Acesso em: 15 out. 2023.
6. de Santé HA. Guidelines, anorexia nervosa: management. Paris: Haute Autorité de Santé; 2010.
7. Herpertz S, Fichter MM, Herpertz-Dahlmann B, Hilbert A, Tuschen-Caffier B, Vocks S, et al. Joint German guideline diagnosis and treatment of eating disorders. AWMF Online. 2019.
8. GGZ Standaarden. Zorgstandaard Eetstoornissen. 14/4/2023. Disponível em: https://www.ggzstandaarden.nl/uploads/pdf/project/project_ca3a5d29-4c5a-4545-8a83-876e05352be9_eetstoornissen__authorized-at_29-11-2017.pdf. Acesso em: 15 out. 2023.
9. National Institute for Health and Care Excellence (Nice). Eating disorders: recognition and treatment. 23/5/2017. Last updated: 16/12/2020. Disponível em: https://www.nice.org.uk/guidance/ng69. Acesso em: 17 out. 2023.
10. Work Group on Eating Disorders; Yager J, Devlin MJ, Halmi KA, Herzog DB, Mitchell JE, et al. Practice guideline for the treatment of patients with eating disorders. Third edition. 2006. Disponível em: https://psychiatryonline.org/pb/assets/raw/sitewide/practice_guidelines/guidelines/eatingdisorders.pdf. Acesso em: 17 out. 2023.
11. Society of Clinical Psychology. Treatment target: Eating disorders and weight management.
12. Peterson CB, Becker CB, Treasure J, Shafran R, Bryant-Waugh R. The three-legged stool of evidence-based practice in eating disorder treatment: research, clinical, and patient perspectives. BMC Medicine. 2016;14(1):1-8.
13. Serpell L, Lyster-Mensh L, Hilbert A, Peterson C, Waller G, Wisniewski L. A guide to selecting evidence-based psychological therapies for eating disorders. Academy for Eating Disorders, 2020.
14. Fairburn CG, Bailey-Straebler S, Basden S, Doll HA, Jones R, Murphy R, et al. A transdiagnostic comparison of enhanced cognitive behaviour therapy (CBT-E) and interpersonal psychotherapy in the treatment of eating disorders. Behaviour Research and Therapy. 2015;70:64-71.
15. Sivyer K, Allen E, Cooper Z, Bailey-Straebler S, O'Connor ME, Fairburn CG, et al. Mediators of change in cognitive behavior therapy and interpersonal psychotherapy for eating disorders: a secondary analysis of a transdiagnostic randomized controlled trial. International Journal of Eating Disorders. 2020;53(12):1928-40.
16. Zipfel S, Wild B, Groß G, Friederich HC, Teufel M, Schellberg D, et al. Focal psychodynamic therapy, cognitive behaviour therapy, and optimised treatment as usual in outpatients with anorexia nervosa (Antop study): randomised controlled trial. The Lancet. 2014;383(9912):127-37.
17. Linardon J, Wade TD, De la Piedad Garcia X, Brennan L. The efficacy of cognitive-behavioral therapy for eating disorders: a systematic review and meta-analysis. Journal of Consulting and Clinical Psychology. 2017;85(11):1080.
18. Atwood ME, Friedman A. A systematic review of enhanced cognitive behavioral therapy (CBT-E) for eating disorders. International Journal of Eating Disorders. 2020;53(3):311-30.

19. De Jong M, Spinhoven P, Korrelboom K, Deen M, van der Meer I, Danner U, et al. Effectiveness of enhanced cognitive behavior therapy for eating disorders: a randomized controlled trial. International Journal of Eating Disorders. 2020;53(5):717-27.
20. Monteleone AM, Pellegrino F, Croatto G, Carfagno M, Hilbert A, Treasure J, et al. Treatment of eating disorders: a systematic meta-review of meta-analysis and network meta-analyses. Neuroscience & Biobehavioral Reviews. 2022;142:104857.
21. National Institute for Health and Care Excellence. (2004). Core interventions in the treatment and management of anorexia nervosa, bulimia nervosa and binge eating disorders (National Clinical Practice Guideline CG9). Retrieved from www.nice.org.uk/nicemedia/pdf/CG0FullGuideline,pdf.
22. Murphy R, Straebler S, Cooper Z, Fairburn CG. Cognitive behavioral therapy for eating disorders. Psychiatric Clinics. 2010;33(3):611-27.
23. Dalle Grave R, El Ghoch M, Sartirana M, Calugi S. Cognitive behavioral therapy for anorexia nervosa: an update. Current Psychiatry Reports. 2016;18:1-8.
24. Solmi M, Wade TD, Byrne S, Del Giovane C, Fairburn CG, Ostinelli EG, et al. Comparative efficacy and acceptability of psychological interventions for the treatment of adult outpatients with anorexia nervosa: a systematic review and network meta-analysis. The Lancet Psychiatry. 2021;8(3):215-24.
25. Moberg LT, Solvang B, Sæle RG, Myrvang AD. Effects of cognitive-behavioral and psychodynamic-interpersonal treatments for eating disorders: a meta-analytic inquiry into the role of patient characteristics and change in eating disorder-specific and general psychopathology in remission. Journal of Eating Disorders. 2021;9(1):74.
26. Allen KL, Fursland A, Raykos B, Steele A, Watson H, Byrne SM. Motivation-focused treatment for eating disorders: a sequential trial of enhanced cognitive behaviour therapy with and without preceding motivation-focused therapy. European Eating Disorders Review. 2012;20:232-9.
27. Fairburn CG. Cognitive behavior therapy and eating disorders. Guilford Press; 2008.
28. Wade S, Byrne S, Allen K. Enhanced cognitive behavioral therapy for eating disorders adapted for a group setting. International Journal of Eating Disorders. 2017;50(8):863-72.
29. Grenon R, Schwartze D, Hammond N, Ivanova I, Mcquaid N, et al. Group psychotherapy for eating disorders: a meta-analysis. International Journal of Eating Disorders. 2017;50(9):997-1013.
30. Traviss-Turner GD, West RM, Hill AJ. Guided self-help for eating disorders: a systematic review and metaregression. European Eating Disorders Review. 2017;25(3):148-64.
31. Wilson GT, Zandberg LJ. Cognitive–behavioral guided self-help for eating disorders: effectiveness and scalability. Clinical Psychology Review. 2012;32(4):343-57
32. Yim SH, Schmidt U. Self-help treatment of eating disorders. Psychiatric Clinics. 2019;42(2):231-41.
33. Schmidt U, Treasure J, Allen K. The Maudsley model of anorexia nervosa treatment for adults (Mantra). In: Eating disorders: an international comprehensive view. Cham: Springer International Publishing; 2023. p.1-15.
34. Schmidt U, Startup H, Treasure J. A cognitive-interpersonal therapy workbook for treating anorexia nervosa: the Maudsley model. Routledge; 2018.
35. Schmidt U, Magill N, Renwick B, Keyes A, Kenyon M, Dejong H, et al. The Maudsley Outpatient Study of Treatments for Anorexia Nervosa and Related Conditions (MOSAIC): Comparison of the Maudsley Model of Anorexia Nervosa Treatment for Adults (MANTRA) with specialist supportive clinical management (SSCM) in outpatients with broadly defined anorexia nervosa: A randomized controlled trial. Journal of Consulting and Clinical Psychology. 2015;83(4):796.
36. Schmidt U, Sharpe H, Bartholdy S, Bonin EM, Davies H, Easter A, et al. A randomised controlled multicentre trial comparing the Maudsley model of anorexia nervosa treatment for adults with specialist supportive clinical management in outpatients with broad anorexia nervosa (work package 2a). In: Treatment of anorexia nervosa: a multimethod investigation translating experimental neuroscience into clinical practice. NIHR Journals Library; 2017.
37. McIntosh V. Specialist supportive clinical management (SSCM) for anorexia nervosa: content analysis, change over course of therapy, and relation to outcome. Journal of Eating Disorders. 2015;3(1):1-1.
38. Kiely L, Touyz S, Conti J, Hay P. Conceptualising specialist supportive clinical management (SSCM): current evidence and future directions. Journal of Eating Disorders. 2022;10(1):32.

39. Wittek T, Truttmann S, Zeiler M, Philipp J, Auer-Welsbach E, Koubek D, et al. The Maudsley model of anorexia nervosa treatment for adolescents and young adults (Mantra): a study protocol for a multi-center cohort study. Journal of Eating Disorders. 2021;9(1):1-12.
40. Fairburn CG, Cooper Z, Doll HA, O'Connor ME, Palmer RL, Dalle Grave R. Enhanced cognitive behaviour therapy for adults with anorexia nervosa: a UK-Italy study. Behaviour Research and Therapy. 2013;51(1):R2-R8.
41. Friederich HC, Wild B, Zipfel S, Schauenburg H, Herzog W. Anorexia nervosa: focal psychodynamic psychotherapy. Hogrefe Publishing GmbH; 2019.
42. Herzog W, Wild B, Giel KE, Junne F, Friederich HC, Resmark G, et al. Focal psychodynamic therapy, cognitive behaviour therapy, and optimised treatment as usual in female outpatients with anorexia nervosa (Antop study): 5-year follow-up of a randomised controlled trial in Germany. The Lancet Psychiatry. 2022;9(4):280-90.
43. Wild B, Friederich HC, Gross G, Teufel M, Herzog W, Giel KE, et al. The Antop study: focal psychodynamic psychotherapy, cognitive-behavioural therapy, and treatment-as-usual in outpatients with anorexia nervosa-a randomized controlled trial. Trials. 2009;10(1):1-7.
44. Junne F, Zipfel S, Wild B, Martus P, Giel K, Resmark G, et al. The relationship of body image with symptoms of depression and anxiety in patients with anorexia nervosa during outpatient psychotherapy: results of the Antop study. Psychotherapy. 2016;53(2):141.
45. Karam AM, Fitzsimmons-Craft EE, Tanofsky-Kraff M, Wilfley DE. Interpersonal psychotherapy and the treatment of eating disorders. Psychiatric Clinics. 2019;42(2):205-18.
46. Miniati M, Callari A, Maglio A, Calugi S. Interpersonal psychotherapy for eating disorders: current perspectives. Psychology Research and Behavior Management. 2018;353-69.
47. Murphy R, Straebler S, Basden S, Cooper Z, Fairburn CG. Interpersonal psychotherapy for eating disorders. Clin Psychol Psychother. 2012 Mar-Apr;19(2):150-8.
48. Cooper Z, Allen E, Bailey-Straebler S, Basden S, Murphy R, O'Connor ME, et al. Predictors and moderators of response to enhanced cognitive behaviour therapy and interpersonal psychotherapy for the treatment of eating disorders. Behav Res Ther. 2016 Sep;84:9-13.
49. Agras WS, Crow SJ, Halmi KA, Mitchell JE, Wilson GT, Kraemer HC. (2000). Outcome predictors for the cognitive behavior treatment of bulimia nervosa: data from a multisite study. American Journal of Psychiatry. 2000;157(8):1302-8.
50. Juli R, Juli MR, Juli G Juli L. Eating disorders and psychiatric comorbidity. Psychiatria Danubina. 2023;35(Suppl 2):217-20.
51. Souza FAL, Nunes MAA. Outras formas de psicoterapia dos transtornos alimentares In: Appolinario JC, Nunes MA, Cordás TA (orgs.). Transtornos alimentares: diagnóstico e manejo. São Paulo: Artmed; 2021.
52. Wilson GT, Grilo CM, Vitousek KM. Psychological treatment of eating disorders. American Psychologist. 2007;62(3):199.
53. Bankoff SM, Karpel MG, Forbes HE, Pantalone DW. A systematic review of dialectical behavior therapy for the treatment of eating disorders. The Journal of Treatment & Prevention. 2012;20(3):196-215.
54. Ben-Porath D, Duthu F, Luo T, Gonidakis F, Compte EJ, Wisniewski L. Dialectical behavioral therapy: an update and review of the existing treatment models adapted for adults with eating disorders. Eating Disorders. 2020;28(2):101-21.
55. Onnink CM, Konstantinidou Y, Moskovich AA, Karekla MK, Merwin RM. Acceptance and commitment therapy (ACT) for eating disorders: Aa systematic review of intervention studies and call to action. Journal of Contextual Behavioral Science. 2022.
56. Joshua PR, Lewis V, Kelty SF, Boer DP. Is schema therapy effective for adults with eating disorders? A systematic review into the evidence. Cognitive Behaviour Therapy. 2023;52(3):213-31.
57. Millard LA, Wan MW, Smith DM, Wittkowski A. The effectiveness of compassion focused therapy with clinical populations: a systematic review and meta-analysis. Journal of Affective Disorders. 2023.
58. Hagan KE, Christensen KA, Forbush KT. (2020). A preliminary systematic review and meta-analysis of randomized-controlled trials of cognitive remediation therapy for anorexia nervosa. Eating Behaviors. 2020;37:101391.

59. Agras WS, Lock J, Brandt H, Bryson SW, Dodge E, Halmi KA, Woodside B, et al. Comparison of 2 family therapies for adolescent anorexia nervosa: a randomized parallel trial. JAMA Psychiatry. 2014;71(11):1279-86.
60. Treasure J, Rhind C, Macdonald P, Todd G. Collaborative care: the new Maudsley model. Eating Disorders. 2015;23(4):366-76.
61. Treasure J, Schmidt U, MacDonald P. (eds.). The clinician's guide to collaborative caring in eating disorders: the new Maudsley method. Routledge; 2009.
62. APA Presidential Task Force on Evidence-Based Practice. Evidence-based practice in psychology. The American Psychologist. 2006;61(4):271-85.
63. Brockmeyer T, Ingenerf K, Walther S, Wild B, Hartmann M, Herzog W, et al. Training cognitive flexibility in patients with anorexia nervosa: a pilot randomized controlled trial of cognitive remediation therapy. The International Journal of Eating Disorders. 2014;47(1):24-31.
64. Brockmeyer T, Walther S, Ingenerf K, Wild B, Hartmann M, Weisbrod M, et al. Brain effects of computer-assisted cognitive remediation therapy in anorexia nervosa: a pilot fMRI study. Psychiatry Research. 2016;249:52-6.
65. Carter JC, Kenny TE, Singleton C, Van Wijk M, Heath O. (2019). Dialectical behaviour therapy self-help for binge-eating disorder: a randomized controlled study. International Journal of Eating Disorders. 2019; eat.23208.
66. Chen EY, Cacioppo J, Fettich K, Gallop R, McCloskey MS, Olino T, et al. A. An adaptive randomized trial of dialectical behavior therapy and cognitive behavior therapy for binge-eating. Psychological Medicine. 2017;47(4):703-17.
67. Dingemans AE, Danner UN, Donker JM, Aardoom JJ, van Meer F, Tobias K, et al. The effectiveness of cognitive remediation therapy in patients with a severe or enduring eating disorder: a randomized controlled trial. Psychotherapy and Psychosomatics. 2014;83(1):29-36.
68. Duarte C, Pinto-Gouveia J, Stubbs RJ. Compassionate attention and regulation of eating behaviour: a pilot study of a brief low-intensity intervention for binge eating. Clinical Psychology & Psychotherapy. 2017;24(6).
69. Fogelkvist M, Gustafsson SA, Kjellin L, Parling T. Acceptance and commitment therapy to reduce eating disorder symptoms and body image problems in patients with residual eating disorder symptoms: a randomized controlled trial. Body Image. 2020;32:155-66.
70. Hill DM, Craighead LW, Safer DL. Appetite-focused dialectical behavior therapy for the treatment of binge eating with purging: a preliminary trial. International Journal of Eating Disorders. 2011;44:249-61.
71. Juarascio A, Forman E, Herbert J. (2010). Acceptance and commitment therapy versus cognitive therapy for the treatment of comorbid eating pathology. Behavior Modification. 2010;34(2):175-90.
72. Juarascio AS, Parker MN, Hunt R, Murray HB, Presseller EK, Manasse SM. Mindfulness and acceptance-based behavioral treatment for bulimia- spectrum disorders: a pilot feasibility randomized trial. International Journal of Eating Disorders. 2021;54(7):1270-7.
73. Kelly AC, Carter JC. Self-compassion training for binge eating disorder: a pilot randomized controlled trial. Psychol Psychother Theory Res Pract. 2015;88(3):285-303.
74. Lock J, Agras WS, Fitzpatrick KK, Bryson SW, Jo B, Tchanturia K. Is outpatient cognitive remediation therapy feasible to use in randomized clinical trials for anorexia nervosa? International Journal of Eating Disorders. 2013;46(6):567-75.
75. Masson PC,. von Ranson KM, Wallace LM, Safer DL. A randomized wait-list controlled pilot study of dialectical behaviour therapy guided self-help for binge eating disorder. Behaviour Research and Therapy. 2013;51(11):723-8.
76. McIntosh VV, Jordan J, Carter JD, Frampton CM, McKenzie JM, Latner JD, et al. Psychotherapy for transdiagnostic binge eating: a randomized controlled trial of cognitive-behavioural therapy, appetite-focused cognitive-behavioural therapy, and schema therapy. Psychiatry Research. 2016;240:412-20.
77. Merwin RM, Zucker NL, Wilson KG. ACT for anorexia nervosa: a guide for clinicians. Guilford Publications; 2019.

78. National Collaborating Centre for Mental Health (UK). Eating disorders: core interventions in the treatment and management of anorexia nervosa, bulimia nervosa and related eating disorders. 2004.
79. Parling T, Cernvall M, Ramklint M, Holmgren S, Ghaderi A. A randomised trial of acceptance and commitment therapy for anorexia nervosa after day care treatment, including five-year follow-up. BMC Psychiatry. 2016;16:272.
80. Rahmani M, Omidi A, Asemi Z, Akbari H. The effect of dialectical behaviour therapy on binge eating, difficulties in emotion regulation and BMI in overweight patients with binge-eating disorder: a randomized controlled trial. Mental Health & Prevention. 2018;9:13-8.
81. Robinson AH, Safer DL. Moderators of dialectical behavior therapy for binge eating disorder: results from a randomized controlled trial. International Journal of Eating Disorders. 2012;45(4):597-602.
82. Safer DL, Adler S, Masson PC. Programa DBT® para o comer emocional e compulsivo. Hogrefe; 2020.
83. Safer DL, Robinson AH, Jo B. Outcome from a randomized controlled trial of group therapy for binge eating disorder: comparing dialectical behavior therapy adapted for binge eating to an active comparison group therapy. Behavior Therapy. 2010;41:106-20.
84. Safer DL, Telch CE, Agras WS. Dialectical behavior therapy for bulimia nervosa. American Journal of Psychiatry. 2001;158:632-4.
85. Safer DL, Telch CF, Chen EY. Dialectical behavior therapy for binge eating and bulimia. Guilford Press; 2009.
86. Sandoz E, Wilson K, DuFrene T. Acceptance and commitment therapy for eating disorders: a process-focused guide to treating anorexia and bulimia. New Harbinger Publications; 2011.
87. Simpson ESS, Smith E. Schema therapy for eating disorders. Taylor & Francis; 2019.
88. Society of Clinical Psychology. Division 12. Treatment target: anorexia nervosa. 2022. Disponível em: https://div12.org/diagnosis/anorexia-nervosa/. Acesso em: 17 out. 2023.
89. Society of Clinical Psychology. Division 12. Treatment target: binge eating disorder. 2022. Disponível em: https://div12.org/diagnosis/binge-eating-disorder/. Acesso em: 17 out. 2023.
90. Society of Clinical Psychology. Division 12. Treatment target: bulimia nervosa. 2022. Disponível em: https://div12.org/diagnosis/bulimia-nervosa/. Acesso em: 17 out. 2023.
91. Sproch LE, Anderson KP, Sherman MF, Crawford SF, Brandt HA. A randomized controlled trial of group cognitive remediation therapy for anorexia nervosa: effects on set-shifting tasks for inpatient adults and adolescents. International Journal of Eating Disorders. 2019;52(9):1004-14.
92. Steinglass JE, Albano AM, Simpson HB, Wang Y, Zou J, Attia E, et al. Confronting fear using exposure and response prevention for anorexia nervosa: a randomized controlled pilot study. The International Journal of Eating Disorders. 2014;47(2):174-80.
93. Strandskov SW, Ghaderi A, Andersson H, Parmskog N, Hjort E, Wärn AS, et al. Effects of tailored and act-influenced internet-based CBT for eating disorders and the relation between knowledge acquisition and outcome: a randomized controlled trial. The Behavior Therapist. 2017;48(5):624-37.
94. Tchanturia K, Davies H, Reeder C, Wykes T. Terapia de remediação cognitiva para anorexia nervosa. Lopes ACS, Cordás TA, Flaks M (tradução para o português – 2019). Disponível em: https://www.katetchanturia.com/_files/ugd/2e1018_ddb443ba641b498aabc50b459c592dde.pdf. Acesso em: 17 out. 2023.
95. Telch CF, Agras WS, Linehan MM. Dialectical behavior therapy for binge eating disorder. Journal of Consulting and Clinical Psychology. 2001;69(6):1061.
96. Telch CF, Agras WS, Linehan MM. Group dialectical behavior therapy for binge-eating disorder: a preliminary, uncontrolled trial. Behavior Therapy. 2000;31(3):569-82.
97. The Maudsley outpatient study of treatments for anorexia nervosa and related conditions (Mosaic): comparison of the Maudsley model of anorexia nervosa treatment for adults (Mantra) with specialist supportive clinical management (SSCM) in outpatients with broadly defined anorexia nervosa: a randomized controlled trial. Journal of Consulting and Clinical Psychology. 2015;83(4):796.
98. van Passel B, Danner UN, Dingemans AE, Aarts E, Sternheim LC, Becker ES, et al. (2020). Cognitive remediation therapy does not enhance treatment effect in obsessive-compulsive disorder and anorexia nervosa: a randomized controlled trial. Psychotherapy and Psychosomatics. 2020; p.1-14.

Seção 1
Psicoterapias de primeira linha

2

Terapia cognitivo-comportamental aprimorada: modelo transdiagnóstico

Mônica Duchesne

INTRODUÇÃO

A terapia cognitivo-comportamental aprimorada (TCC-A) é uma psicoterapia orientada para o presente, integrativa e estruturada.[1] Ela utiliza uma série flexível de procedimentos terapêuticos sequenciados para alcançar mudanças cognitivas, emocionais e comportamentais, com o objetivo de melhorar diferentes aspectos dos transtornos alimentares (TA) e do funcionamento interpessoal.[2] A TCC-A adota o modelo transdiagnóstico, que pressupõe que a seleção das técnicas a serem implementadas no tratamento de pacientes com TA deve ser orientada pela formulação personalizada do funcionamento de cada paciente, e não apenas pelo diagnóstico categorial.[1]

A formulação consiste em um conjunto de hipóteses sobre os processos que levaram ao desenvolvimento e manutenção dos sintomas psicopatológicos do TA e é utilizada para identificar as características que precisam ser focadas no tratamento de cada paciente. É construída nas primeiras sessões de psicoterapia, de modo colaborativo, embora seja revisada e modificada ao longo do tratamento, à medida que novas informações sobre o paciente surgem e suas dificuldades e progressos são reavaliados. Desse modo, é criado um tratamento personalizado, que se ajusta à evolução de cada paciente.[3,4]

MODELO TRANSDIAGNÓSTICO

Embora a classificação dos TA pelo DSM-5[5] os caracterize como condições distintas, o que mais chama a atenção não é o que os distingue, mas o conjunto de características que têm em comum. Eles compartilham muitos sintomas clínicos, incluindo a psicopatologia central característica: a superavaliação da importância da forma, do peso e da capacidade para controlar a alimentação, além de fatores de vulnerabilidade, desenvolvimento e manutenção semelhantes.[1]

Adicionalmente, é comum a migração de um diagnóstico para outro ao longo do tempo e a ocorrência de TA não especificados (que não preenchem todos os critérios para um diagnóstico específico).[1,5] Esses fatores associados levaram alguns autores a adotar um formato de tratamento "transdiagnóstico".[1-3] A adoção desse modelo serve apenas como diretriz para o terapeuta selecionar aspectos que são primários para o tratamento, facilitando a seleção individualizada das técnicas mais adequadas para cada paciente. Ele não exclui a validade da tipificação dos TA em diagnósticos específicos, que podem indicar a adequação de modelos de tratamento e prognóstico, dentre outros pontos positivos.[3,5]

TERAPIA COGNITIVO-COMPORTAMENTAL APRIMORADA

O modelo de TCC mais estudado no tratamento dos TA utiliza a versão transdiagnóstica e foi desenvolvido por Fairburn et al. na Universidade de Oxford, Reino Unido. Desde sua primeira publicação, novas estratégias técnicas foram acrescentadas ao programa de tratamento e, em função dos acréscimos, a versão atual é denominada TCC aprimorada. Há duas versões principais dessa modalidade de tratamento. A primeira é a breve "focada" e aborda primariamente a psicopatologia nuclear dos TA. A segunda é mais longa e inclui técnicas para tratar o baixo peso, perfeccionismo clínico, baixa autoestima e dificuldades interpessoais.[1,4]

As duas versões da TCC-A são desenvolvidas em 4 estágios e incluem uma consulta de revisão que ocorre 20 semanas após o término do tratamento. Adicionalmente, uma entrevista preliminar é realizada para avaliar a natureza e a extensão dos problemas psiquiátricos do paciente. O processo de avaliação é colaborativo, projetado para motivar o paciente e inclui informações sobre o modelo de tratamento e estratégias que serão aprendidas, para promover a compreensão de que o tratamento poderá ajudá-lo.[1,4]

Versão breve e focada da TCC-A

A versão breve da TCC-A tem a duração de 20 sessões e é considerada a "versão padrão" por ser uma dose de tratamento geralmente suficiente para a maioria dos pacientes com TA.[1] A seguir serão descritos os estágios do tratamento.

Estágio 1

O estágio 1 é intensivo e composto por 8 sessões, sendo as consultas realizadas 2 vezes por semana. Os principais objetivos desse estágio são:

1. Engajar o paciente no tratamento e motivá-lo para a mudança.
2. Criar em conjunto a formulação personalizada.
3. Fornecer psicoeducação sobre o modelo de tratamento e sobre o TA.
4. Estabelecer que a avaliação do peso ocorre de modo colaborativo apenas na sessão.
5. Implementar um padrão regular de alimentação.
6. Introduzir o diário alimentar e condições associadas e
7. Envolver outros significativos que possam colaborar no tratamento.[1]

No início da terapia, além de trabalhar na construção de uma boa relação terapêutica, o terapeuta provê psicoeducação sobre as características dos TA, riscos clínicos associados e fatores potencialmente envolvidos em seu desenvolvimento e manutenção. São incluídas explicações sobre a influência de características pessoais do paciente, fatores familiares e pressões culturais. Um importante aspecto também abordado na psicoeducação é o papel de diferentes ciclos viciosos na manutenção dos TA. A seguir estão relatados alguns deles.[4,6]

Restrição alimentar, episódios de compulsão alimentar e pensamento "tudo ou nada"

De modo geral, pacientes com TA apresentam uma tendência para raciocinar de modo "tudo ou nada". Se ocorre um pequeno lapso na dieta rígida autoimposta, há o abandono total da tentativa de manter o controle sobre a alimentação. Por exemplo, o paciente pode pensar: "Já que saí da dieta, vou comer tudo que eu puder porque amanhã começarei um regime bem rígido". A ocorrência de episódios de compulsão alimentar (ECA) aumenta a preocupação com o ganho de peso, levando à intensificação da restrição alimentar, que favorece a ocorrência de ECA, formando-se um ciclo vicioso.[4,6]

Em geral, em vez de identificar que o problema está na falta de flexibilidade do pensamento "tudo ou nada", o paciente interpreta um lapso como resultante de uma deficiência pessoal para controle da alimentação e pressupõe que precisa aumentar o esforço para se ater à dieta rígida (p. ex., "Sou uma pessoa sem autocontrole e muito gulosa, com tendência para comer muito, e tenho que ser muito rígida para não cair na tentação"). Por meio de técnicas de reestruturação cognitiva, o paciente é ajudado a modificar esse padrão "tudo ou nada" associado à alimentação. Adicionalmente, o psicólogo provê estratégias que podem ajudá-lo a gradualmente flexibilizar diversas atitudes em sua vida, incluindo o consumo de alimentos que considera serem "proibidos" na dieta.[4,6]

Relação entre ECA e métodos compensatórios

Os pacientes são psicoeducados sobre os vários ciclos viciosos envolvidos na inter-relação entre o ECA e os métodos purgativos. Por exemplo, deve ser esclarecido que eles favorecem a ocorrência de ECA por meio de pensamentos de autopermissão para comer: "Já que vou compensar, posso comer tudo que eu quiser sem engordar". O paciente é também informado de que a indução de vômito e o uso de diuréticos e laxantes são métodos ineficazes de emagrecimento e são descritas as complicações clínicas decorrentes de seu uso abusivo.[4,6]

Outro método compensatório a ser examinado é o excesso de atividade física. Após a discussão do impacto do exercício físico excessivo na manutenção dos ECA (p. ex., "Posso me permitir ter o ECA já que vou compensar com bastante exercício") e dos efeitos adversos associados ao excesso de exercício, a diminuição da quantidade de atividade física é gradualmente incentivada. O ideal é envolver o paciente em tarefas que concorram com a prática de exercícios, priorizando aquelas que permitem o desenvolvimento de relações interpessoais.[4,6]

No final do estágio 1, os pacientes devem estar motivados para o tratamento, ter implementado (ainda que parcialmente) a realização de 3 refeições planejadas e entre 2 e 3 lanches planejados, com intervalo máximo de 4 horas entre eles, sem comportamento compensatório subsequente. Essas são as bases para que outras mudanças sejam construídas.[1]

Estágio 2

O estágio 2 é uma breve fase de transição. Ele compreende 2 sessões semanais em que o terapeuta e o paciente fazem um "balanço" do tratamento, revisam o progresso conjuntamente e as melhoras obtidas com as técnicas implementadas ao longo do estágio 1. Também identificam potenciais problemas a serem abordados, modificam a formulação e planejam a versão a ser utilizada no estágio 3 (focada ou ampliada). Para pacientes que não estão abaixo do peso, as consultas são semanais a partir desse ponto.[1]

Se os pacientes estão fazendo progresso com as estratégias do estágio 1, as mudanças úteis devem ser reforçadas. Se eles não apresentaram melhoras, as barreiras à mudança precisam ser identificadas e abordadas. Se o perfeccionismo clínico, a baixa autoestima nuclear ou as dificuldades de relacionamento parecem dificultar o progresso, há indicação para a implementação da versão ampliada do tratamento. [1]

Estágio 3

O estágio 3 é geralmente composto por 8 consultas e é o corpo principal do tratamento, uma vez que aborda os principais mecanismos que estão mantendo o TA. As técnicas utilizadas variam consideravelmente, assim como a ordem em que os sintomas psicopatológicos são abordados. A seleção das técnicas depende de seu papel e importância relativa na manutenção da psicopatologia de cada paciente, de acordo com o que foi identificado na formulação revisada no estágio anterior.[1]

Superavaliação da forma corporal, peso e controle da alimentação

Os TA podem ser conceitualizados como "transtornos cognitivos" e a TCC é, por sua própria natureza, projetada para produzir mudança cognitiva. Portanto, um importante foco do tratamento é a modificação do sistema disfuncional de crenças associadas ao peso e à forma corporal.[1] O sistema de crenças de um indivíduo, ou seja, o modo como ele percebe e avalia suas experiências e o mundo que o cerca, exerce um papel significativo no desenvolvimento e manutenção de seus sentimentos e comportamentos.[4,7] Entretanto, ele pode incorporar distorções e rigidez, consequentemente tornando-se disfuncional e determinando comportamentos também disfuncionais.[7]

Um aspecto central para o desenvolvimento e a manutenção dos comportamentos característicos dos TA é a presença de um conjunto de crenças rígidas, inflexíveis e distorcidas que associam a magreza a competência, superioridade e sucesso. Elas servem de base para a supervalorização da magreza, o medo intenso de engordar e o desenvolvimento dos comportamentos característicos dos TA. Portanto, pacientes com TA julgam seu valor pessoal excessivamente, ou mesmo exclusivamente, em termos de sua forma corporal, sua capacidade para se manterem magros e controlar a própria alimentação, tornando-se esses fatores intrinsecamente associados à autoestima.[1,4,7]

Estratégias para modificar a supervalorização da forma e do peso corporal

A TCC-A utiliza um conjunto diversificado de técnicas para ajudar o paciente a reestruturar seu sistema de crenças. Dentre elas, podem ser citadas a análise histórica dos eventos ao longo da vida e do impacto que tiveram na contrução da hipervalorização da magreza, na diminuição da autoestima e no desenvolvimento das demais dificuldades associadas ao TA. Outro exemplo é auxiliar o paciente a pesquisar e analisar a utilidade e veracidade de seus pensamentos e crenças. [4,6]

Para ajudar na análise do sistema cognitivo, o paciente pode ser incentivado a criar um gráfico no "formato de *pizza*", com o tamanho de cada fatia representando o grau de importância atribuído a cada aspecto de sua vida e o grau de investimento que, na prática, ele faz em cada um dos diferentes fatores identificados. Ao final da tarefa, o paciente poderá observar que aspectos associados ao peso, forma corporal, alimentação e capacidade para controlá-los representam as maiores fatias de seu gráfico.[4,6]

Em seguida, algumas linhas de análise podem ser utilizadas. Por exemplo, o paciente deve ser ajudado[8] a investigar os efeitos de seus padrões de raciocínio e comportamentos atuais em sua qualidade de vida. Na prática, quais foram os ganhos efetivamente obtidos após o desenvolvimento do TA? Que melhoras de qualidade de vida ele obteve? Por outro lado, há desvantagens em manter a atual preocupação com a perda de peso e os comportamentos associados? O modo como o paciente divide o investimento nos diferentes aspectos de vida trouxe alguma consequência negativa? Além de avaliar os resultados obtidos até o momento, o paciente deve avaliar quais seriam as consequências no longo prazo de manter os atuais padrões de comportamento. Por exemplo, dentro de 10 anos, como será seu padrão de vida se ele persistir com os hábitos atuais?[1,4,6]

Essas linhas de análise objetivam identificar as principais consequências adversas da supervalorização do peso. Uma avaliação aprofundada conduz o paciente a concluir que, com exceção de uma sensação de vitória por ter obtido perda de peso (no caso de anorexia nervosa), os demais aspectos de sua vida estão bastante comprometidos: isolamento social, sofrimento associado à utilização dos métodos compensatórios, pensamentos obsessivos sobre alimentação, continuar insatisfeito com a imagem corporal, entre outros.[1,4,6]

Alguns pacientes podem ter adotado um estilo de vida focado no TA, não tendo desenvolvido outros interesses. Eles devem ser ajudados a identificar novas atividades que possam ser prazerosas e úteis e, como tarefa entre sessões, tentar implementá-las. Adicionalmente, os pacientes devem ser ajudados a avaliar os resultados obtidos com o investimento nas novas formas de proceder. O tamanho das diferentes fatias de *pizza* deve ser continuamente monitorado, de acordo com as atitudes do dia a dia, e os pacientes devem ser conduzidos para uma divisão mais funcional das fatias do gráfico. A meta é que ele utilize uma avaliação multifacetada do valor pessoal.[1,4]

Tratamento da imagem corporal

Os problemas com a imagem corporal podem abranger diversas dimensões: subjetiva (insatisfação com a forma), perceptiva (distorção do tamanho do corpo) e comportamental (comparação disfuncional com a aparência dos pares, checagem e evitação corporal).

Checagem e evitação corporal

Pacientes com TA podem apresentar diferentes padrões de comportamento em relação à exposição de seu corpo. Alguns evitam olhar para ele e outros o examinam compulsivamente. Muitas vezes eles não estão cientes de que estão apresentando esses comportamentos. Portanto, o primeiro passo do tratamento é obter informações detalhadas, solicitando aos pacientes que realizem a automonitoração da checagem e/ou evitação corporal.[1,4]

Em seguida, devem ser psicoeducados sobre a verificação corporal. Eles a realizam de forma tendenciosa, com atenção seletiva para as partes do corpo que consideram insatisfatórias, sem avaliar o conjunto geral com seus pontos fortes. Essa modalidade de checagem aumenta a insatisfação com a forma corporal e reforça o pensamento de que ele é gordo e imperfeito, mantendo a preocupação excessiva com a aparência.[1,4]

Alguns pacientes evitam ativamente ver seus corpos por pressuporem que estão muito gordos. Ao longo do estágio 3, algumas sessões de exposição corporal, guiadas pelo terapeuta, podem ajudá-los a se sentirem mais confortáveis com o próprio corpo. Com o auxílio de um espelho, o paciente é ajudado a identificar aspectos positivos de sua aparência, com o objetivo de aumentar a autoaceitação. Além das sessões de exposição guiada no espelho, deve ser desenvolvida uma hierarquia de exposição gradual em situações do dia a dia (p. ex., usar biquíni e roupas justas ou curtas).[1,4]

Muitos pacientes têm o hábito de comparar seletivamente seu corpo (ou partes dele) com os corpos de amigos magros ou modelos da mídia. Essa é uma distorção frequente, que os leva a apenas observarem partes do corpo mais magras que as deles, ignorando partes do corpo dos outros que são mais gordas do que o paciente (ou analisar o corpo por inteiro). Esse viés cognitivo faz com que eles nunca se sintam equiparado aos pares.[4]

Abordagem do "sentir-se gordo"

O sentir-se gordo pode estar associado a um viés cognitivo denominado raciocínio emocional. Ele consiste em uma tendência para tratar sentimentos como se fossem fatos objetivos. "Sentir-se gordo" é um alvo para o tratamento porque, apesar de ser uma percepção subjetiva, tende a ser equiparado a ser objetivamente gordo (independentemente da forma e peso reais do paciente) e, portanto, mantém o medo de ganho de peso e a insatisfação corporal.[1,4]

Em geral, sentir-se gordo pode ser resultado de rotular incorretamente certas emoções e experiências corporais. Ao longo do estágio 3, os pacientes são ajudados a identificar os gatilhos para a ocorrência do "sentir-se gordo" e os sentimentos que os acompanham. Esses são tipicamente estados de humor negativos (p. ex., sentir-se entediado ou deprimido) ou sensações físicas que aumentam a consciência corporal (p. ex., sentir-se cheio, inchado ou suado). Em seguida, eles aprendem estratégias para mudanca de *set* cognitivo, modificar emoções e reestruturar pensamentos associados.[1,4]

Tratamento da dificuldade para regular emoções

Além dos ciclos viciosos anteriormente descritos, os ECA e/ou os métodos compensatórios podem ocorrer em função de dificuldades para regular humor negativo, tornando-se um mecanismo de manutenção externo à psicopatologia central do TA. Nesse caso, duas linhas complementares de intervenção podem ser utilizadas: o treinamento em resolução de problemas (TRP) e o desenvolvimento de estratégias para regulação do humor.

O TRP ajuda o paciente a desenvolver uma sequência de passos que o capacitam a lidar com problemas de modo geral, diminuindo as fontes de estresse que atuam como gatilho para a ocorrência dos ECA. Ele deve aprender a identificar os problemas assim que eles surgem e ser treinado para considerar diversas possíveis soluções, avaliar a melhor solução, implementar a solução escolhida e avaliar os resultados obtidos com o uso do TRP.[4,9]

Outra técnica utilizada para lidar com emoções e aumentar o autocontrole é ensinar a paciente a "desacelerar", observar e analisar a sequência de eventos associados ao ECA. A técnica de análise em cadeia pode ajudar no processo de observação e desaceleração. O paciente deve ser incentivado a analisar em tempo real:

1. O evento que desencadeou o ECA e/ou método compensatório.
2. Seus pensamentos, crenças, sentimentos e comportamentos na situação e
3. Sua avaliação sobre sua própria capacidade para tolerar o que está sentindo (p. ex., "Não sou capaz de tolerar esse desconforto").

O objetivo dessa estratégia é levar a paciente a entender que o ECA envolve uma sequência de passos que se desenrolam rapidamente, mas que pode ser controlada se a paciente aprender a atuar nos vários pontos do processo, utilizando formas adaptadas de regulação do humor.[4,9,10]

Outra estratégia é treinar o paciente para tolerar estados de humor desagradáveis, em vez de obter alívio inadequado por meio do uso dos métodos compensatórios ou outros comportamentos impulsivos. Para esse fim, é importante explicar que estados de humor desconfortáveis fazem parte da experiência humana normal e que é necessário aceitá-los.[4,9] Entretanto, eles são eventos passageiros que não requerem comportamentos específicos. O paciente pode ser incentivado a "deixá-los passar" sem apresentar ECA e a observar suas emoções reduzirem naturalmente. Essa estratégia pode ajudá-lo a modificar o pensamento de que os estados de humor irão piorar ou persistir interminavelmente se ele não utilizar os métodos compensatórios.[4,9]

Estágio 4

O estágio 4 é o estágio final do tratamento, composto por 3 consultas agendadas quinzenalmente. Os pacientes são auxiliados a identificar as situações futuras que poderiam dificultar o controle da alimentação ou favorecer a ocorrência dos sintomas do TA. Em seguida, são elaboradas estratégias para lidar com essas situações.

Deve ser organizado um plano de manutenção por escrito contendo as técnicas que foram úteis ao longo do tratamento, as situações que oferecem maior risco para recaídas e as possíveis soluções para lidar com elas. O plano de manutenção ajuda a manter um foco no que foi aprendido ao longo da TCC e deve ser revisado periodicamente, para assegurar que as mudanças sejam mantidas. Adicionalmente, a diferença entre lapso e recaída deve ser discutida.[1,4]

TCC-A: versão ampliada

A segunda versão da TCC-A tem a duração de 40 sessões e, além de utilizar as estratégias anteriormente descritas, inclui aspectos associados ao baixo peso e módulos com técnicas que abordam perfeccionismo clínico, baixa autoestima nuclear e dificuldades interpessoais. Esses módulos são implementados no estágio 3. Evidências preliminares sugerem que essa forma mais complexa e longa de TCC deve ser reservada para pacientes nos quais as características anteriormente citadas são pronunciadas e podem colaborar de forma expressiva para a manutençao do TA.[4,11]

A versão ampliada também pode ser mais indicada para pacientes que estão significativamente abaixo do peso (índice de massa corporal – IMC – abaixo de 17,5). Nesse caso, as sessões adicionais e o aumento da duração do tratamento são projetados para permitir tempo suficiente para abordar a motivação limitada para mudar, a dificuldade para manter um padrão mínimo de alimentação e as dificuldades associadas ao baixo peso.[1]

Baixa autoestima nuclear

A baixa autoestima nuclear se caracteriza por uma visão negativa generalizada de si mesmo, amplamente independente do desempenho real (ou seja, é incondicional) e não é secundária à presença do TA. A presença dessa característica em pacientes com TA faz com que o indivíduo se esforce especialmente para controlar a alimentação, o peso e a forma para manter algum senso de autoestima. Geralmente é uma barreira ao envolvimento no tratamento, pois os pacientes não sentem que merecem tratamento, nem acreditam que possam se beneficiar dele e, portanto, não aderem às técnicas propostas.[1,4]

O tratamento inclui psicoeducação sobre o papel da baixa autoestima na manutenção do TA e do modo como ela contribui para outras dificuldades em sua vida. Os pacientes são ajudados a identificar e modificar os principais processos de manutenção cognitiva da mesma, incluindo a desqualificação sistemática de suas qualidades positivas e a supergeneralização de falhas. Para haver melhora da autoestima, o paciente deve ser ajudado a desenvolver expectativas realistas de desempenho e focalizar a atenção em seus sucessos e qualidades.[1,4]

Perfeccionismo clínico

Pessoas com perfeccionismo clínico julgam-se em grande parte, ou exclusivamente, em termos de trabalhar duro e atender a padrões pessoalmente exigentes em áreas da vida que valorizam. Se elas têm um TA coexistente, esses padrões extremos são aplicados a sua alimentação, peso e forma corporal. Essa característica intensifica os principais sintomas do TA, incluindo maior empenho na restrição alimentar, uso de métodos compensatórios e maior exigência em relação à forma corporal.[1,4]

O alto nível de exigência, somado à tendência para desqualificar sucessos, fortalece a insatisfação com o desempenho pessoal em quase todas as áreas da vida, além de facilitar o desenvolvimento de um padrão incondicional e pervasivo de autoavaliação negativa de si mesmo e consequente diminuição da autoestima. Esses fatores contribuem para o agravamento do TA, uma vez que reforçam a necessidade de empenhar-se mais arduamente para atingir o "sucesso" de modo geral, sendo enfatizado, em particular, o aspecto considerado mais relevante: o controle da alimentação e da aparência. Por meio desses fatores, o emagrecimento se torna um objetivo primário de vida.[1,4]

A estratégia para abordar o perfeccionismo clínico espelha a utilizada para abordar a superavaliação da forma e do peso. Os pacientes são encorajados a adotar medidas para aumentar a importância de outros domínios, não relacionados ao desempenho, para a autoavaliação. Eles são ajudados a analisar a viabilidade prática de manter padrões muito altos de desempenho, os custos envolvidos e os resultados obtidos com a adoção de seu padrão de valores. Um importante aspecto a ser ressaltado é que tentar ser perfeito envolve trabalho excessivo em diversas áreas, em vez de alocar o esforço apenas nos aspectos com maior resultado, o que tornaria o desempenho global mais eficaz.[1,4,6]

Dificuldades interpessoais

Problemas interpessoais são comuns em pacientes com TA. Tais problemas podem derivar de déficits de assertividade, conflitos com outras pessoas, dificuldades para desenvolver relacionamentos íntimos e dificuldades de adaptação social.[1,11] O sistema de crenças dos pacientes contribui para o desenvolvimento e manutenção dessas dificuldades, uma vez que são comuns crenças associadas à baixa competência para se comportar de forma socialmente hábil e à alta probabilidade de rejeição em situações interpessoais.[1,8]

Em função dessas crenças, as situações interpessoais podem ser evitadas, diminuindo a rede de apoio social. Pode também haver aumento da valorização dos deveres (p. ex., estudo e/ou trabalho), que podem ser utilizados como justificativa para a redução do investimento em relacionamentos interpessoais. As preocupações com a aparência têm um efeito profundo no funcionamento social e nas relações íntimas, uma vez que pode ser difícil socializar-se, despir-se na frente de parceiros e muitos pacientes não gostam de ser tocados. Em conjunto, essas dificuldades são empecilhos para o desenvolvimento de relações afetivas satisfatórias.[1,6]

As dificuldades interpessoais podem ser modificadas por meio do treinamento em habilidades sociais realizado pela TCC. O treinamento pode envolver diversas hablidades que aumentam a efetividade interpessoal, incluindo iniciar conversas, expressar opiniões de modo assertivo, terminar relacionamentos destrutivos, desenvolver verbalições empáticas e validantes, entre outras. Em geral, as habilidades são primeiro treinadas na sessão e, posteriormente, aplicadas em diversos contextos interpessoais.[4,6]

O desenvolvimento de habilidades sociais aumenta a efetividade interpessoal, favorecendo a modificação da qualidade das relações interpessoais, o aumento da autoestima e o desenvolvimento de crenças de autoeficácia, ou seja, de que o paciente pode atuar de modo eficaz nos diversos contextos interpessoais. Esses fatores possibilitam a ampliação do leque de experiências e interesses, facilitando que várias atividades comecem a desempenhar maior papel no sistema de autoavaliação, o que reduz a importância atribuída à alimentação e ao formato corporal.[1,4,6]

CONSIDERAÇÕES FINAIS

O National Institute for Clinical Excellence (Nice)[12] conduziu uma análise dos modelos utilizados no tratamento dos TA e indicou a TCC como primeira escolha de tratamento para os TA, em decorrência da quantidade de estudos controlados que relataram os bons resultados obtidos com esse modelo de terapia. A nova versão aprimorada do tratamento parece ser mais potente e tem a vantagem de ser adequada para todos os TA, inclusive os não especificados, que se constituem no diagnóstico de TA mais frequente.[1,11]

Os principais estudos sobre a eficácia da TCC-A foram realizados com pacientes com bulimia nervosa, mas há um crescente corpo de pesquisas sobre adaptações desse modelo para o transtorno da compulsão alimentar, relatando melhora da psicopatologia característica.[8,11]

Alguns quadros podem diminuir os resultados da TCC. Dentre eles, podem ser citados: graves complicações clínicas, transtorno de humor grave, abuso significativo de substâncias e compromissos concorrentes que diminuam a adesão à psicoterapia. Esses fatores devem ser considerados antes do início do tratamento, para que seja avaliada a adequação de adotar protocolo para internação hospitalar e conjugar medicação, dentre outras medidas, antes de iniciar a TCC-A no modelo ambulatorial.[1]

A versão original da TCC-A foi concebida para tratamento individual, mas ela tem sido pesquisada em formato de grupo,[9] e há também versões adaptadas para tratamento hospitalar.[1] Embora vários pacientes possam apresentar remissão do TA com o uso das modalidades mais curtas e focadas da TCC-A, o tratamento de pacientes não respondedores pode ter de incorporar um aumento do número de sessões, estratégias adotadas por outras modalidades de TCC ou o uso de outros modelos psicoterápicos.

REFERÊNCIAS

1. Fairburn CG, Cooper Z, Shafran R, Bohn K, Wawker DM, Murphy R, et al. Enhanced cognitive behavior therapy for eating disorders: the core protocol. In: Fairburn CG (ed.). Cognitive behavior therapy and eating disorders. New York: Guilford; 2008; p.47-83.
2. Fairburn CG. Overcoming binge eating, second edition: the proven program to learn why you binge and how you can stop. Guilford Press; 2013.
3. Duchesne M, Freitas S. Aula 4: Terapia cognitiva comportamental dos transtornos alimentares. In: Nabuco CRF, Vasques MFG, Callegaro MM. Terapia cognitivas: módulo 5: Terapias cognitivas e outros transtornos psiquiátricos (parte 1) [curso online]. Porto Alegre: Artmed Panamericana; 2018 (Sistema de Educação Continuada a Distância).
4. Duchesne M. Terapia cognitivo-comportamental em grupo para pacientes obesos com transtorno da compulsão alimentar periódica [dissertação]. Rio de Janeiro: Universidade Federal do Rio de Janeiro; 2006.
5. American Psychiatric Association (APA). Diagnostic and Statistical Manual of Mental Disorders, Fifth Edition (DSM-5). Arlington: American Psychiatric Publishing; 2013.
6. Duchesne M, Dias TRS. Transtornos alimentares. In: Carvalho MR, Malagris LENM, Rangé BP (org.). Psicoeducação em terapia cognitivo-comportamental. 2019. p.134-46.
7. Beck j. Cognitive therapy for challenging problems: what to do when the basics don't work. Guilford Press; 2006.
8. Duchesne M. Avaliação de funções executivas e habilidades sociais em indivíduos obesos com transtorno da compulsão alimentar periódica [tese]. Rio de Janeiro: Universidade Federal do Rio de Janeiro; 2010.

9. Duchesne M, Almeida N, Vieira TAL, Neufeld CB. Terapia cognitivo-comportamental em grupo para transtornos alimentares e obesidade. In: Neufeld CB, Rangé BP (org). Terapia cognitivo-comportamental em grupos: das evidências à prática. Porto Alegre: Artmed; 2017. p.153-5.
10. Safer DL, Telch CF, Chen EY, Linehan MM. Dialectical behavior therapy for binge eating and bulimia. New York: Guilford; 2009.
11. Fairburn CG, Cooper Z, Doll HA, O'Connor ME, Bohn K, Hawker DM, et al. Transdiagnostic cognitive-behavioral therapy for patients with eating disorders: a two-site trial with 60-week follow-up. Am J Psychiatry. 2009:166(3):311-11.
12. National Institute for Health and Care Excellence (Nice). Eating disorders: recognition and treatment. www.nice.org.uk/guidance/ng69. Last updated: 16 December 2020.

3

O modelo Maudsley de tratamento da anorexia nervosa em adultos (Mantra)

Felippe Feijó
Fellipe Augusto de Lima S. Lenzing

INTRODUÇÃO

No dia a dia do clínico que trabalha com transtornos alimentares (TA), um dos mais desafiantes panoramas encontrados é o tratamento da anorexia nervosa (AN) em adultos. Mesmo que se tenha de considerar que a prevalência da doença seja de maior incidência entre adolescentes,[1] deve-se também compreender que, em muitos casos, adultos que chegam aos serviços públicos e privados com esse diagnóstico provavelmente tiveram seus primeiros sintomas anos antes de chegar a esses contextos de cuidado.*

Adicionamos a isso um fator bastante observado nesse contexto: boa parte dos pacientes se apresenta aos serviços de saúde por pedidos de familiares e amigos, e não necessariamente estão dispostos e abertos ao tratamento. Como se sabe, a AN é uma doença que tem fatores de mantenimento complexos e seus comportamentos mais típicos descritos por muitas dessas pacientes como *valores pessoais***.[2]

---

* Importante observar que as amostras em pesquisa sugerem que, de 10 pacientes portadores de AN, de 8 a 9 são do sexo feminino.[1]

** Não é incomum observarmos essas pacientes falando sobre sua doença e os comportamentos desta como uma "amiga". Há a tendência de esses comportamentos serem muito valorizados por essas pacientes.

Atentos a esses desafios, a comunidade científica vem desenvolvendo pesquisas e tratamentos destinados à AN. Hoje existem dados animadores da eficácia e relevância do tratamento baseado em psicoterapia familiar (FBT – *Maudsley Approach*) para o período da adolescência.[3,4] Entretanto, no que diz respeito ao tratamento de adultos portadores dessa patologia, parece que ainda há muito a explorar.

As pesquisas de eficácia relacionadas à AN revelam a insuficiência e a debilidade das condutas medicamentosas. Atualmente não existem indicações sólidas de efetividade na farmacoterapia relativa à AN.[5*] O tratamento farmacológico associa-se, muito mais, à estabilização das comorbidades associadas. Observa-se, assim, que a principal métrica terapêutica nesse contexto é baseada na conduta psicoterápica e nas abordagens de caráter multidisciplinar.

Em 2017, a Academy of Eating Disorder (AED) publicou um *guideline* que visou referenciar as boas práticas psicoterápicas nos tratamentos para TA. Pode-se observar a indicação de 3 principais modelos de tratamento para a AN em fase adulta, hoje considerados escolhas de primeira linha: terapia cognitivo-comportamental aprimorada para transtornos alimentares (TCC-ED),[6] modelo Maudsley de tratamento para anorexia em adultos (Mantra)[7] e gerenciamento de suporte clínico especializado (SSCM).[8]

Deve-se ressaltar que, desses, o único desenhado especificamente para o manejo psicoterápico da AN é o modelo Mantra.[**] Este capítulo será dedicado a seu detalhamento: descrever o histórico, a teoria que fornece seu suporte e a processualidade observada no percurso do tratamento.

ORIGEM DO MODELO MANTRA

O modelo Mantra vem sendo desenvolvido nos últimos 15 anos. Sua primeira proposição, em 2006, foi realizada pela Dras. Ulricke Schimdt e Janet

* É de observar que comumente as medicações no tratamento geral da AN podem ter como alvo primordial o tratamento de comorbidades, como fobia social, depressão maior, transtorno obsessivo-compulsivo (TOC) etc. Deve-se observar que cerca de 65% dessas pacientes têm alguma comorbidade, tornando isso mais regra do que exceção nessa clínica.

** TCC-ED[6] é um tratamento transdiagnóstico para transtornos alimentares. O suporte de manejo clínico especializado (SSCM) é um tratamento baseado em suporte clínico e psicoterapia de apoio.

Treasure.[9*] Esse é um tratamento integrativo direcionado à AN em adultos, tendo algumas de suas bases conceituais na psicoterapia cognitivo-comportamental, terapia narrativa de Michael White, entrevista motivacional (EM) e em métricas baseadas em prevenção à recaída.

A ênfase do modelo se relaciona à compreensão dos comportamentos anoréxicos como uma expressão de mecanismos de defesa em resposta a ameaças socioemocionais.

Isso balizaria um funcionamento mental pautado em distorções cognitivas por generalização (padrão tudo ou nada), atenção meticulosa a detalhes e terror em cometer erros.[10] Esses aspectos do funcionamento anoréxico teriam como resultante a evitação de emoções intensas, a consequente evitação das relações interpessoais e o subsequente comportamento de isolamento emocional/social. O "benefício" funcional dessa evitação, potencialmente experienciado nas relações interpessoais, tornaria a vivência dessa doença compreendida como positiva dentro dessa amostra de pacientes.

Segundo essas autoras, há literatura informando que esses padrões evitativos, quando elevados, sinalizam a possibilidade de pior desfecho no tratamento. Esses achados se relacionam com alguns dados preliminares de pesquisa que sugerem que, quando o tratamento coloca foco exclusivo na alimentação, na recuperação do peso e/ou na mudança da conduta nutricional, tende a ter resultados piores a longo prazo quando comparados a modelos que estimulam a abertura e o processamento emocional.[11,12]

Correlaciona-se a todo o exposto até aqui a prevalência de crenças pró-anorexígenas, que podem ser relacionadas às crenças observadas em alguns outros transtornos mentais que dão sustentação aos fatores de manutenção da doença. Prochaska e Di Clemente,[13] ao investigar a existência destas, observaram a intensa ambivalência que essas pacientes experimentam.

Devido a isso, as autoras incluem ao longo de todo o manual de tratamento uma série de exercícios que teriam a finalidade de trabalhar essa ambivalência relacionada à doença, conectar/reconectar os portadores desta com suas relações de apoio mais significativas e com as narrativas de outros portadores de AN[**] sobre o adoecimento. É a partir desses relatos que as autoras irão in-

* Posteriormente se juntou a esse time a Dra. Helen Startup, uma das autoras do *workbook* utilizado como base desse tratamento.

** As autoras realizaram pesquisa com amostra não clínica, e devido a isso escolheram uma nomenclatura que indique somente que os sujeitos citados seriam portadores da doença.

centivar o uso de técnicas narrativas de externalização* com a finalidade de fomentar a expressão e o processamento emocional.[14,15]

A abordagem geral à mudança, nesse protocolo de tratamento, estabelece-se a partir da formulação realizada em seu quinto módulo, tendo como apoio gráfico o uso da "Flor viciosa da AN",** que aborda todos os principais fatores ligados ao mantenimento desta: avaliação feita sobre a AN, estilos de pensamento ligados à AN, mente socioemocional e comportamento de outros*** sobre a doença.[7]

DADOS DE SUSTENTAÇÃO DO MODELO

O modelo Mantra vem passando pela "sabatina científica"**** desde o ano de 2012, tendo até aqui a publicação de 3 grandes estudos clínicos e uma série de outros artigos que abordam as minúcias do modelo sob o ponto de vista dos pacientes, dos terapeutas e sobre o balizamento teórico que o sustenta. Neste momento as autoras estão protocolando um desenho de estudo para testagem desse tratamento em grupos e em faixa etária de "jovens adultos e adolescentes".*****

O primeiro ensaio clínico randomizado (ECR) buscou comparar a eficácia do Mantra com a abordagem do SSCM.****** Para tanto foi recrutada a amostra de 72 pacientes que posteriormente foram randomizadas para o tratamento em

* O uso de cartas sobre a AN em aspectos negativos e positivos etc. é bastante incentivado ao longo do tratamento.

** As autoras utilizam um recurso gráfico para formulação dos fatores de mantenimento da doença, auxiliando assim um maior engajamento e um foco na mudança de padrões anoréxicos.

*** Esse ponto tem especial ênfase no comportamento familiar.

**** Fazemos referência aqui à entrevista que o Dr. Táki Cordás, coordenador do Programa de Tratamento dos Transtornos Alimentares do Instituto de Psiquiatria Hospital das Clínicas da Faculdade de Medicina da Universidade de São Paulo, concedeu a revista *Cult* em dezembro de 2021. Segundo o Dr. Cordás, a atuação em saúde mental deveria se basear em tratamentos psicoterápicos que se expuseram a testagem científica sistematizada.

***** O desenho desse estudo foi publicado em 2021 tendo um alvo de amostra de pacientes entre 13 e 21 anos.[30] No momento desta publicação esses estudos encontram-se em andamento.

****** Esse modelo de tratamento foi desenvolvido como alternativa de tratamento em estudo (ECR) de comparação entre TCC, IPT e tratamento de base (SSCM) e acabou tendo resultados animadores e superiores às terapias que estavam sendo testadas. Depois ele começou a ser considerado uma alternativa relevante para tratar AN.

20 sessões em cada abordagem. As prerrogativas de desfecho utilizadas foram "índice de massa corporal, peso e pontuação global nos EDE* no final do tratamento (6 meses) e acompanhamento (12 meses)". Outro aspecto importante sobre o desenho desse estudo diz respeito à exclusão de pacientes com risco iminente de morte e a inexistência de grupo controle.**[16]

Embora os resultados desse estudo sugiram que os pacientes melhoraram significativamente em termos de índice de massa corporal (IMC), peso, sintomas de TA, sintomas afetivos e comprometimento psicossocial, o Mantra se demonstrou sutilmente inferior ao SSCM. Os resultados desse estudo levaram as autoras a revisarem as bases do protocolo e o redesenharem parcialmente, tendo em vista os novos dados da literatura sobre os fatores de mantenimento da AN.[17]

Essa reformulação incluiu recentes estudos sobre a base genética da AN que reforçam a ideia de que pessoas portadoras dessa patologia têm, além de processamento cognitivo focado em detalhes, dificuldade em alternar os focos atencionais, o que faz com que a possibilidade de mudança do comportamento alimentar esteja prejudicada. As autoras observam estudos acerca da resposta emocional interpessoal na AN, sinalizando que há déficit no reconhecimento fácil e que isso poderia ser relevante para a relação terapêutica e de apoio familiar. Essas observações parecem ter induzido a produção de um manual de tratamento formulado como um livro de "autoajuda guiada"*** e a consideração sobre a centralidade das "reações interpessoais"**** dentro desse modelo.[17]

O segundo ECR foi o estudo multicêntrico *Mosaic*, realizado no ano de 2015, tendo por objetivo comparar novamente o Mantra, agora reformulado,***** ao SSCM e contando com uma amostra ambulatorial de 142 pacientes. As avalia-

* *Eating Disorder Examination* (EDE). Essa escala tem sido largamente utilizada na área de transtornos alimentares como métrica para diagnose.

** Os autores explicam terem feito a escolha de não ter grupo controle devido aos riscos muito altos em não tratar a AN.

*** Há forte aconselhamento na introdução do manual de que o portador da AN busque apoio em um psicoterapeuta ou cuidador qualificado para auxiliar a leitura deste, incluindo a realização dos exercícios terapêuticos propostos ao longo dos capítulos

**** Parte das reformulações observadas neste ponto de evolução do protocolo diz respeito às respostas emocionais da rede de apoio familiar. Segundo as autoras, a dificuldade de mudança de foco observada nessas pacientes produziria conflitos nas relações, agravando o quadro sintomatológico devido ao reforço ao isolamento emocional proveniente desse contexto.

***** Essa reformulação incluiu a possibilidade, nos modelos avaliados, de consultas de nutrição ao longo do tratamento.

ções de resultado foram feitas no desfecho de 20 ou 30* sessões, em 6 meses e em 12 meses. "O desfecho primário foi avaliado a partir dos dados de IMC em 12 meses. Os desfechos secundários incluíram sintomatologia de transtornos alimentares, outras psicopatologias, neurocognição/cognição social e aceitabilidade."[18]

Os resultados desse estudo, que se basearam nas premissas de avaliação de Fairburn et al.,[19]** indicaram que ambos os tratamentos podem ser considerados de primeira linha para AN, tendo estatística similar ao longo do estudo, com dados que sugerem que, aos 6 meses de tratamento dos pacientes submetidos ao Mantra, 11,11% foram recuperados e 65,08% parcialmente recuperados. Aos 12 meses, 22,41% foram recuperados e 62,07% foram parcialmente recuperados.[20] Ambos os tratamentos tiveram ao final dados que sugerem melhora da psicopatologia, IMC, sintomas afetivos e comprometimento social. Não houve mudanças significativas do ponto de vista neurocognitivo.

Outro aspecto diz respeito à maior aceitabilidade do Mantra, analisada a partir dos dados: comparecimento em sessões, relatos de pacientes e *feedback* de terapeutas. Os dados de aceitabilidade indicaram que 75% dos pacientes concluíram o tratamento no Mantra contra 59% no SSCM, tendo sido avaliado também como mais aceitável pelos relatos das pacientes e terapeutas.[18] No que diz respeito à taxa de retenção no tratamento (12 meses), notabilizada em 83% para o modelo aqui descrito, possibilita referendarmos boas qualidades psicométricas a essa pesquisa e é similar aos grandes estudos realizados com TCC-ED. Todos os aspectos descritos aqui sobre a aceitabilidade do tratamento notabilizam a influência existente nessa intervenção da entrevista motivacional.***

O terceiro ECR foi o estudo multicêntrico australiano que teve como objetivo comparar 3 modelos psicoterápicos para abordagem da AN resistente em adultos: o SSCM, o Mantra e a TCC-ED.**** Este contou com uma amostra de

---

* Pacientes com maior gravidade foram submetidos a maior número de sessões nos dois modelos de tratamento.

** Aqui se compreende recuperação baseado em IMC superior a 18 e recuperação parcial em 17,5.

*** Um dos objetivos práticos dessa abordagem diz respeito ao fomento da adesão ao tratamento.

**** Esse modelo foi desenvolvido pelo grupo de Fairburn[6] e é hoje também considerado um dos tratamentos de primeira linha para AN em adultos. Um de seus maiores benefícios diz respeito ao fato de ter sido manualizado e ter caráter transdiagnóstico.

120 pacientes que receberam de 25 a 40 sessões de 50 minutos em um período de 10 meses. Os resultados primários foram avaliados a partir dos dados de IMC e psicopatologia do TA. Os resultados secundários incluíram depressão, ansiedade, estresse e imparidade social.[*21]

Os resultados desse estudo, em que 60% dos pacientes concluíram os tratamentos, sugerem que as três formas de abordagem têm igual relevância para o tratamento da AN, não havendo diferença significativa entre os modelos de tratamento; 50% das pacientes atingiram peso saudável e melhora da psicopatologia ao final de 12 meses e 23% remissão parcial.[21]

O estudo também fez notar, em relação ao desfecho, que, comparativamente aos outros ECR que investigaram essas abordagens; a TCC-ED se demonstrou tendo resultados maiores que a média de seus estudos anteriores, o SSCM não teve resultados distintos dos anteriores e o Mantra demonstrou resultados sutilmente abaixo dos avaliados em outros locais. Essas distinções foram explicadas pela diferença amostral, embora devamos também notar que entre as três abordagens a mais recente na literatura é o Mantra. Isso pode indicar maior necessidade de divulgação e treinamento sobre tal abordagem.

Segundo os autores, uma das diferenças observadas na linha longitudinal é a seguinte: "no TCC-ED parece haver uma melhora constante nos sintomas depressivos de linha de base ao acompanhamento de 12 meses; no Mantra, a taxa de melhora foi mais rápida até o meio do tratamento; e, no SSCM, houve um ressurgimento nos sintomas após o final do tratamento[**]".[22***]

Outro comentário útil sobre o desfecho de tratamento diz respeito à necessidade de avanços no estudo e manejo dessa condição, pois, mesmo que possamos considerar válidos os resultados demonstrados, eles ainda são bastante tímidos do ponto de vista da remissão dessa doença.[21]

É importante observar que a trajetória de construção do Mantra descrita até aqui parece retratar apenas os primeiros passos de desenvolvimento de um modelo de tratamento ainda considerado "novo". Mesmo assim, esse modelo

---

* Esse termo tem pouca utilização na língua portuguesa, porém pode ser considerado um correlato de distanciamento/isolamento social.

** Os autores fazem notar que o resultado da perda da relação terapêutica de suporte seja o componente que explique essa piora pós-tratamento devido ao fato de a relação de vínculo ser "componente-chave do SSCM".[21]

*** Outra sugestão significativa desses autores diz respeito à consideração de que o uso sistemático do monitoramento da ingesta adotado na perspectiva da TCC-E por meio do diário alimentar tem relevância para o tratamento da AN.

é recomendado pelo Nice como tratamento de primeira linha para AN em adultos. Somente em 2019 as autoras publicaram o manual que dá apoio a essa intervenção,[7] e atualmente novos estudos estão sendo realizados com a finalidade de investigar a relevância dessa abordagem em contextos grupais e em faixa etária de adolescência e jovens adultos (13 a 21 anos).[20,23]

CONTRAINDICAÇÕES DE UTILIZAÇÃO DO MANTRA

Como a AN é uma patologia de alta complexidade, que expõe seu portador a debilidades físicas, as contraindicações ao uso do Mantra irão dizer respeito justamente ao estadiamento de gravidade da doença em relação aos aspectos clínicos. Visto isso, deve-se desaconselhar* o uso desse manual em situações de estadiamento extremo, ou seja, em casos em que o IMC esteja abaixo de 15, ou em situações em que a paciente esteja em risco clínico devido ao comportamento purgativo (hipocalemia, hipomagnesemia etc.). Nessas situações, a internação em hospital clínico, possivelmente em unidade de tratamento intensivo (UTI), pode ser indicada.[22,24,25] Também se deve observar que este não foi testado em população clínica que tenha comorbidades relacionadas ao uso de substâncias.**

OBJETIVO DO TRATAMENTO MANTRA

O objetivo do tratamento Mantra é flexibilizar as características de personalidade obsessiva e ansiosa/evitativa – que estão diretamente ligadas a 4 amplos fatores de manutenção da AN em adultos:[26]

- Estilo de pensamento inflexível, atenção excessiva a detalhes e medo de cometer erros.
- Redução do domínio socioemocional (p. ex., dificuldade no reconhecimento de emoções, expressão de sentimentos e evitação da experiência emocional).

---

* Esse manual foi testado em população ambulatorial (IMC < 15), por isso a utilização em panoramas de necessidade de internação hospitalar deve levar em consideração severas adaptações ao modelo. Mais observações sobre o princípio norteador dessas adaptações podem ser lidas em Feijó.[31]

** Embora devamos observar que um dos princípios do manual, a entrevista motivacional, foi testado com sucesso em tratamentos relacionados ao uso de substâncias, nas pesquisas do Mantra não observamos descrição de uso dessa ferramenta em pacientes comórbidos.

- Crenças positivas sobre como a AN ajuda o paciente a enfrentar a própria vida.
- Respostas inúteis de pessoas próximas (p. ex., envolvimento excessivo, acomodação na doença, críticas e hostilidade).

ESTRUTURA DE TRATAMENTO

O Mantra é um tratamento ambulatorial, organizado em 10 módulos de intervenção, podendo ter a duração de 20 a 40 sessões semanais, dependendo da gravidade clínica da AN.[27]

A condução do tratamento é no formato de autoajuda guiada e centrada no manual do paciente (*A cognitive interpersonal therapy workbook for treating anorexia nervosa: the Maudsley model*). Projetada no estilo de trabalho colaborativo, no qual o paciente pode ler as informações de cada um dos módulos, tarefas de casa e ter um guia em suas mãos.[7]

O paciente poderá escolher trabalhar nesse manual de forma independente (autoajuda) ou com seu clínico. Todavia, incentiva-se o paciente a ter o acompanhamento de alguém, seja um "amigo sábio" ou algum profissional de saúde de sua confiança, pois a trajetória de ter AN é solitária, podendo ser cruciais outras vozes que possam ajudar o paciente a se manter firme dentro do tratamento.

O estilo da abordagem no Mantra é o da entrevista motivacional, com uma postura flexível, responsiva, colaborativa, compassiva e orientada para a mudança.[7,28] Por isso, paciente e terapeuta decidem por onde desejam começar o tratamento de acordo com o que parece fazer sentido para este.

MÓDULOS DE TRATAMENTO MANTRA

O tratamento Mantra é flexível e manualizado para poder ajudar o paciente a escolher quais estratégias o ajudariam, naquele momento, a ter uma "vida que tenha valor",* sem o aprisionamento da doença. Neste capítulo serão descritos brevemente os objetivos de cada um dos módulos e abordadas as pequenas

* Durante todo o transcorrer do manual as autoras citam a possibilidade de buscar uma vida que tenha valor, uma vida sem a influência da AN.

discussões que ocorrem em cada um dos capítulos do manual de tratamento do paciente.[7]

Módulo 1 – Convite ao tratamento: o pano de fundo do Mantra[30]

O convite ao tratamento Mantra inicia-se com uma breve explicação sobre as origens dessa psicoterapia, a extensa experiência das testagens clínicas dos últimos 10 anos do Hospital Maudsley e a descrição dos tratamentos testados empiricamente. É importante mencionar que o Mantra é recomendado desde 2017 pelo Nacional Institute for Health and Care Excellence (Nice – Reino Unido) como um tratamento de primeira linha para AN em adultos.

No primeiro momento é importante o clínico criar um contexto que envolva o reconhecimento das promessas e os sentimentos que a AN proporciona para o paciente, como sentir-se seguro, no controle e estar protegido. Deve-se perceber que há boas razões para o paciente acreditar na doença como um lugar seguro, mesmo que gere tanto prejuízo para sua vida. Posteriormente, o terapeuta começa, de forma não confrontativa, a explorar o outro lado da moeda: quais são os problemas que a anorexia acaba acarretando verdadeiramente na vida do paciente? Pode-se listar sem entrar no "cabo de guerra", apenas deixando que o paciente descreva. Esses são dados para observar a crítica que o paciente tem sobre a doença. Não raro, os prejuízos podem ser: restrição da capacidade de trabalhar, estudar, sentir-se aprisionado nas obsessões relacionados ao peso/corpo e menor contato social.

A ambivalência entre segurança e aprisionamento muitas vezes mantém o paciente paralisado dentro da doença, sendo facilmente seduzido pelos "benefícios" da anorexia e tendo um campo existencial restrito ao sofrimento decorrente ao peso, corpo e alimentação. Por isso, no convite ao tratamento Mantra teremos que orientar os pacientes a olharem para o futuro e tentarem vislumbrar uma "vida que tenha valor", uma vida mais digna e com melhores estratégias para lidar com os desafios da doença e não viver refém desta, motivando-os a abrir espaço em suas vidas para além da doença.

Módulo 2 – Começando o tratamento

Neste módulo, os pacientes são encorajados a darem um passo para trás e olharem para a relação que estabelecem com a própria doença. Na experiência do Hospital de Maudsley, ficar bem em relação à doença envolve um processo de desenvolvimento da capacidade de "observar" sua anorexia de maneira distanciada, curiosa e reflexiva. Se o paciente sofre de AN por anos ou é a primeira vez que está em tratamento, é importante ajudá-lo a comprometer-se cuidadosamente a entender o que é a sua anorexia, como ela interage no dia a dia e descolar a voz da doença de sua própria voz.

O clínico precisa criar o ambiente de reflexão sobre a doença, ajudando os pacientes a reconhecerem suas partes anoréxicas e não anoréxicas. De forma colaborativa, deve-se refletir sobre as seguintes perguntas: como seria um futuro sem a anorexia? Como seria um futuro com a anorexia? Como era a minha vida antes da anorexia? Quais crenças a anorexia me faz ter? Qual a função da anorexia na minha vida? Isso ocorre porque a recuperação envolve primeiro olhar a anorexia "de frente" e conhecê-la, podendo o paciente ter uma imagem mental do que seria sua anorexia ou dar-lhe um nome, para, assim, conseguir rotular com clareza os pensamentos, desejos e impulsos provenientes da doença.

A motivação para mudar é um dos ingredientes essenciais no bom desfecho clínico. Deve-se pedir ao paciente que pare por um instante e se pergunte: qual é a importância da mudança para mim? Que pontuação eu daria de 0 a 10 da importância de mudar? Utilize a régua de prontidão da Figura 1 para avaliar. Pode ser mais colaborativo escrever juntamente com o paciente algumas frases sobre seu desejo, razões e necessidade de mudança.

Conseguir avaliar a importância da mudança é o passo inicial para verificarmos o quanto o paciente realmente está sensível à necessidade de ter uma vida diferente, porém precisaremos avaliar a capacidade da mudança, pois o paciente pode ter clareza da importância da mudança e não ter capacidade para mudar. Deve-se pedir para o paciente se perguntar: o quanto estou confiante em relação a minha capacidade de mudar? Utilizar a régua de prontidão para visualizar melhor a capacidade de mudança do paciente nesse momento. Após obterem esses dados, deve-se tentar juntos pensar em possíveis interferências e sobre como poderão fazer quando elas aparecerem.

Os clínicos podem consultar no manual do paciente e ter acesso a diversos exercícios reflexivos utilizados para orientar e externalizar a doença. Isso pode

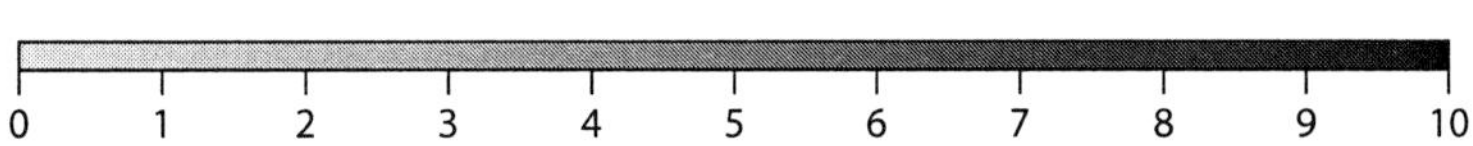

FIGURA 1 Régua de prontidão.

ocorrer por meio de cartas, escritas reflexivas e atividades de avaliação. Essas atividades ajudam o paciente a ter mais segurança do que realmente é a doença e fortifica seu lado saudável, aliando-o com sua jornada de tratamento.

Ao final deste módulo, os pacientes precisam pensar sobre 5 valores importantes em suas vidas e refletir se a AN modificou seus valores ao longo da vida. Não raro, os pacientes acabam percebendo o quanto a anorexia os desconectou e alterou seus valores mais importantes. A ideia central desse módulo é ajudar os pacientes a terem comprometimento com sua jornada de tratamento, percebendo de frente quem é a anorexia, descolando sua voz da voz da doença e conectando-se com os valores de uma vida mais abrangente.

Módulo 3 – Ninguém é uma ilha: trabalhando para ter apoio

A AN, muitas vezes, cria um universo que pode desligar o paciente de sua vida real, levando-o a sofrimento e isolamento estimulados por suposições ou ideias da doença. O Mantra destaca a importância do tipo certo de suporte no tratamento da AN, e a entrada de novas pessoas no apoio social permite que haja outras vozes e visões para concorrer com a restrita visão de mundo oferecida pela doença.

Os relacionamentos interpessoais podem ficar prejudicados com a anorexia, uma vez que aumentam os níveis de ansiedade das pessoas ao redor conforme o paciente começa a emagrecer ou quando fica obcecado com aspectos relacionados ao peso, corpo e alimentação. É comum, nesses momentos, que a ansiedade familiar ou de amigos impulsione respostas de afastamento, preocupações excessivas, aumento das críticas e hostilidade dentro de casa – não sendo formas de agir úteis, de acordo com o Mantra, para a recuperação da doença.

A AN reduz a capacidade do paciente de conseguir ler suas próprias emoções, bem como as dos outros, e prejudica os marcadores de sinalização social de emoções. Assim, embora o paciente possa experimentar emoções intensas por dentro, seu rosto pode parecer inexpressivo e os outros lerem isso erroneamente, como se o paciente estivesse sendo "arrogante" ou "frio". Essas dificuldades induzidas pela anorexia na leitura e expressão das emoções produzem solo fértil para discussões e tensões entre o paciente e seus familiares/amigos.

A restrição alimentar gera estado de estresse, e as respostas de fuga, medo e congelamento são facilmente acionadas. O paciente estará altamente sintonizado com os sinais de ameaça e pouco sensível à resposta de cuidado dos outros. Por isso, temos que tomar cuidado com a relação do paciente com as pessoas próximas, pois pode acontecer de este ficar atento apenas aos sinais de ameaça e à família, em contraposição, ter altas respostas de ansiedade, por não sentir que o paciente está preocupado com sua própria situação. Dessa forma, os clínicos precisam ajudar os pacientes a terem o apoio certo:

- Identificar potenciais pessoas de apoio ao longo do tratamento.
- Ajudar o paciente a consultar a perspectiva dos outros, não ver apenas pelo prisma da doença.
- Identificar interações úteis e não úteis com as pessoas ao redor.
- Planejar o envolvimento de outras pessoas na própria vida.

Neste módulo, os pacientes são encorajados a lerem todo o capítulo 3 do manual do tratamento, fazer os exercícios e compartilhar as informações com os familiares – a fim de instrumentalizá-los sobre a maneira mais adequada de agir e reagir quando a anorexia estiver no controle da situação.*

Módulo 4 – Melhorando sua saúde nutricional

A avaliação do risco médico e nutricional é de extrema importância para o seguimento do tratamento no consultório. Geralmente, os parâmetros** envolvem informações relacionadas ao peso, altura, atividade elétrica do coração (eletrocardiograma – ECG), pulsação, pressão sanguínea, força muscular, temperatura, perfil eletrolítico etc.

O Mantra recomenda que os pacientes possam fazer essa avaliação para conseguirem ter dados concretos de sua situação atual e poderem avaliar como está seu estado clínico. Mesmo que possa não haver grandes prejuízos, isso não significa que o paciente não esteja gravemente doente, afinal a AN é uma doença psiquiátrica do comportamento alimentar. De qualquer forma, esses

---

* Observamos, no entanto, que, dentro da estrutura dos múltiplos modelos de tratamento criados no Hospital de Maudsley, o "New Maudsley Approach", abordagem focada no desenvolvimento de habilidades para apoiar um ente querido com TA, pode ser utilizado como indicação para essas famílias se prepararem para lidar com esse contexto.

** Os clínicos podem consultar os resultados normais de cada um desses parâmetros nas p. 49 e 50 do manual *A cognitive interpersonal therapy workbook for treating anorexia nervosa: the Maudsley model.*

parâmetros oferecem a segurança clínica para poder atender o paciente no consultório ou a indicação de necessidade de hospitalização.

Os pacientes com AN tendem a ter muito receio do comer, pois acreditam que tudo poderá fazê-los engordar, porém o organismo não funciona dessa forma. A restrição alimentar crônica faz com o que o paciente tenha prejuízos na cognição e nível de disposição, ficando letárgico e com grande debilidade física. É importante ajudarmos os pacientes a entender que nosso organismo não tem de onde retirar nutrientes, necessitando de alimentos para conseguir fazer as atividades mais simples do dia a dia, como andar, falar, pensar, correr, trabalhar, estudar, se divertir, se recuperar de ferimentos e inflamações, entre outras.

O Mantra orienta o paciente a refletir como está seu estado nutricional no momento, podendo utilizar a régua de prontidão para classificação e depois pensar nas pessoas ao redor ou em sua equipe multidisciplinar – qual seria a classificação deles e do meu estado nutricional? Nesse caso, se é muito discrepante a visão do paciente das demais pessoas, pode acontecer de a AN pregar algumas peças no paciente e fazê-lo acreditar que está menos grave do que seria a realidade.

A construção do comer regular envolve detalhar quais são as dificuldades existentes no comer atual, ajudar o paciente a ter estrutura alimentar, planejamento das refeições, rotina alimentar, ouvir a própria fome, aumentar de forma gradual as porções, garantir que tenha variedade alimentar e organizar o plano de mudança alimentar consistente.

Uma atividade que pode ajudar o paciente a refletir sobre seu estado físico é propor a reflexão de como seria um dia dentro de seu próprio estômago. O paciente poderia escrever uma carta dizendo como se sentiria se fosse seu próprio estômago, quais sentimentos poderia ter e que seu estômago gostaria de dizer para si. Assim, pode-se questionar o que é preciso fazer para se sentir nutrido, cuidado e confortável, bem como avaliar como isso se relaciona com seu corpo, com o autocuidado nutricional e com o mundo.

Módulo 5 – Minha anorexia nervosa: o que, por que e como?

Espera-se que até aqui já se tenha construído colaborativamente com o paciente: consciência de morbidade relacionada à AN, percepção dos danos à vida, algum nível de prontidão para mudança de comportamento e a percepção de como a AN afeta as relações interpessoais. Esse módulo, ancorado em todo o trabalho feito até aqui, é central ao manual por ter como objetivo auxiliar o paciente a formular um entendimento abrangente dos fatores de manutenção da AN. Nele podemos ver a "Flor viciosa da AN", um recurso terapêutico visual que apoia essa formulação (Figura 2).

Os autores iniciam fazendo um convite para uma reflexão compassiva e curiosa sobre a história da AN na vida de seu portador. Estes utilizam abordagem motivacional e mais uma vez retomam o uso da régua de prontidão, abordando a avaliação da compreensão atual sobre a AN.

Segue-se a isso a abordagem individualizada a cada um dos 4 + 1 temas a seguir: avaliação que se faz da AN, estilos de pensamento, mente socioemocional, como os outros mantêm a doença e outras coisas.

O módulo se concentra em uma série de exercícios técnicos (tabelas, réguas e relatos narrativos) que visam apoiar a construção da formulação. Também se observa neste capítulo o incentivo à reflexão sobre aspectos relacionados à personalidade do portador de AN e sua rede de apoio.

FIGURA 2 Representação das 4 + 1 áreas de fatores de manutenção da AN: avaliação que se faz da AN; estilos de pensamento; mente socioemocional; como os outros mantêm a AN; outras coisas.

AN: anorexia nervosa.

Fonte: traduzida e adaptada de Treasure et al.[29]

Módulo 6 – Desenvolvendo objetivos de tratamento

> "Como nos disse um de nossos pacientes que se recuperou totalmente da anorexia:
> No final, você tem que encontrar algo que deseja mais do que sua anorexia."
> (Treasure et al. [2019][29])

O sexto módulo do manual, seguindo a lógica processual, aborda o comprometimento com a mudança, referente ao processo de planejamento.* Ao longo de todo esse módulo, diversas atividades sugerem a construção de comportamentos pró-saúde e de efetividade interpessoal.

Sua escrita é direcionada a reflexões sobre o futuro, resgatando outro princípio narrativo do manual, "Vida que tenha valor". Dessa forma, as autoras iniciam com uma reflexão sobre os sonhos e desejos do paciente, para em seguida propor a realização de duas atividades terapêuticas: meta Emart** e Woop.*** Também se notabiliza, no final deste capítulo, a utilização de outra tarefa narrativa com objetivo de identificar e perceber as regras que a AN impôs e a obtenção/manutenção de comportamentos pró-saúde.

Na AN comumente o adoecimento leva os pacientes a premissas rígidas na forma de lidar consigo e com a rede de relações interpessoais. A análise sugerida sobre essas regras visa oportunizar um comportamento de abertura e flexibilidade para mudança de padrões.

Módulo 7 – A mente emocional e social

A desnutrição crônica reduz organicamente a capacidade dos pacientes de perceber suas próprias emoções, sentir, comunicá-las verdadeiramente e estabelecer relações sociais duradouras. As emoções são responsáveis por criar relacionamentos íntimos e gratificantes. Déficits na nomeação e expressão de sentimentos podem ter diversos efeitos no contexto social.

---

* Fazemos aqui referência a um dos pilares processuais da abordagem pautada em entrevista motivacional.

** Específico, Mensurável, Alcançável, Realista e Tangível.

*** O WOOP foi desenvolvido pela Dra. Gabriele Oettingen, uma psicóloga da Universidade de Nova York, e seus colegas. WOOP é a abreviação de Desejo, Resultado, Obstáculo, Plano. (Treasure et al. [2019][29]).

Aqui, os pacientes são incentivados a entenderem a importância das emoções, reconhecendo que precisamos delas para nos comunicarmos e entender o que genuinamente está ocorrendo conosco. Além disso, incentiva-se a percepção de que, sem a expressão de sentimentos, é bem provável que o paciente fique preso em padrões de isolamento social, aumentando sentimentos de solidão e vazio.

O objetivo é ajudar o paciente a tornar-se um especialista em suas emoções: ouvir suas emoções, identificar suas crenças sobre emoções, aprender a expressar emoções e suas necessidades de forma adequada.

Embora seja observada uma redução do sentir derivado da desnutrição em algumas situações, os pacientes podem ser surpreendidos com emoções extremas e avassaladoras em algumas situações. Principalmente quando estes desafiam seus medos e começam a tentar sair da "segurança" da doença, sendo compreensível sentir emoções mais intensas, uma vez que não aprenderam a se regular nessas situações, por conta da esquiva de manter-se em comportamentos anoréxicos como resposta a esses estímulos.

De início, para o paciente pode ser assustador sair dos "braços seguros" da AN. Por isso, é importante ajudá-los a ver a vida emocional das pessoas ao redor: aprender a ver o mundo da perspectiva de outras pessoas para obter uma visão mais equilibrada dos relacionamentos interpessoais e situações sociais. Além disso, é importante trabalhar o desenvolvimento de autocompaixão com os pacientes, pois eles apresentam elevados índices de criticismo e julgamentos.

Módulo 8 – Explorando o estilo de pensamento

Em pessoas com AN, o estilo de pensamento tende a ter uma atenção aguda aos detalhes, perdendo o todo da situação. Além disso, há maior propensão a serem menos flexíveis, lidando com mudanças ou situações incertas com mais dificuldade do que a maioria das pessoas.

Esse estilo de pensamento típico da AN muitas vezes anda de mãos dadas com o medo de cometer erros e uma tendência a estabelecer padrões muito altos para si mesmo. Esses traços tendem a se tornar mais extremos à medida que os indivíduos com AN perdem peso e se flexibilizam à medida que voltam para o peso normal.

O estilo de pensamento rígido é movido por regras e pode dificultar a mudança para comportamentos saudáveis desprendidos da doença. Os clínicos deverão intervir na flexibilidade dos pensamentos por meio de questionamentos, suposições de situações e ajudando o paciente a imaginar os diversos lados da moeda que a inflexibilidade ofusca.

Deve-se pedir que os pacientes parem um pouco para pensar por meio das seguintes perguntas: Estou excessivamente focado nos detalhes ou na situação como um todo? Estou achando difícil ser flexível e alternar entre diferentes pensamentos, regras, tarefas e perspectivas? Qual é o impacto desse estilo de pensamento em minha vida? Tenho algum objetivo claro ou simplesmente estou preso na ruminação? Os clínicos devem incentivar os pacientes a terem perguntas reflexivas chaves que possam reduzir a rigidez do pensamento, podendo usar alguns desses exemplos ou criar juntamente o que funciona melhor para ele.

Deve-se tomar cuidado para não classificar esse estilo de pensamento como bom ou ruim, mas ajudar o paciente a ser eficaz ao perceber se é útil manter-se firme nesse estilo ou se a situação pede outra perspectiva. Muito mais do que tentar alterar o estilo, é importante ajudá-lo a conseguir variar e fazer um bom uso do estilo de perspectiva mais eficaz em cada situação. Reforçando a mudança, a observação do que poderia ser mais eficaz naquela situação convida a tentar ver a situação de forma mais ampla e a flexibilizar os padrões automáticos de rigidez e perfeccionismo.

Módulo 9 – Identidade

Toda a narrativa deste módulo se baseia na análise da relação entre AN e identidade, na qual se fará recurso à retomada de atividades provenientes de outros módulos, com a finalidade de auxiliar o portador de AN a reconhecer todos os aspectos de sua parte não anoréxica. Tabelas são utilizadas para auxiliar o reconhecimento das partes saudáveis de si, com o objetivo de abordar o planejamento do futuro apoiado na análise das seguintes áreas da vida: relacionamentos, carreira, *hobbies* e saúde.

Pode-se observar aqui que o contato com a narrativa de pessoas que já vivenciaram o caminho da recuperação da doença, além de gerar interesse nesses pacientes, tem a possibilidade de fomentar uma perspectiva autocompassiva consigo, podendo ser, assim, mais um combustível para a mudança.

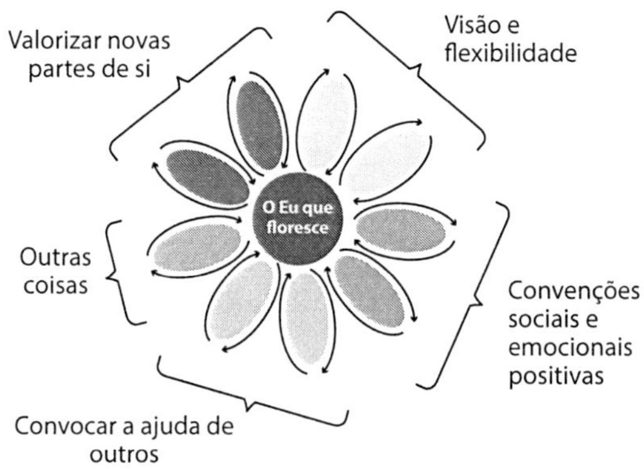

FIGURA 3 Representação das 4 + 1 áreas de fatores prevenção a recaída da AN: visão de flexibilidade; conexões socioemocionais positivas; convocar ajuda (rede de apoio); valorização de novas partes de si; outras coisas.

Fonte: traduzida e adaptada de Treasure et al.[29]

Módulo 10 – A flor virtuosa da recuperação da anorexia nervosa

No último módulo, observamos a retomada do uso do recurso gráfico "Flor virtuosa da AN" (Figura 3), com a finalidade de apoiar o paciente a estabelecer um reconhecimento de fatores protetivos, para prover recursos que possam prevenir recaídas.

A formulação aqui proposta mais uma vez resgata atividades terapêuticas feitas em outros módulos (3, 7, 8 e 9). Essa retomada diz respeito à caraterística narrativa do Mantra, que parece ir construindo a recuperação de forma a sincronizar as mudanças trabalhadas. Estas "vão se encaixando" para ser o pano de fundo do caminhar do paciente da AN em direção a uma "vida maior". É de observar a constante proposição, ao longo de todo o manual, de princípios autocompassivos que visam propiciar a flexibilidade cognitiva e a mudança de padrões comportamentais autodestrutivos.

CONCLUSÃO

Esperamos que o clínico, de posse deste capítulo, possa ter aprimorado seu conhecimento do modelo de tratamento Mantra, assim como dos pormenores da atuação do clínico no tratamento geral da AN em adultos.

Como citado anteriormente, tais pacientes comumente têm histórico de doença crônica e podem estar gravemente debilitadas por essa situação. Na busca de propiciar a abertura necessária à mudança, a ação do clínico pautada no Mantra propõe uma postura de colaboratividade, compassividade e reflexividade. O trabalho de apoio à resolução da ambivalência é um de seus pontos-chave, assim como a reconstrução das relações interpessoais. O objetivo ao final desta jornada é propiciar ao paciente a aproximação de suas metas de uma "vida que tenha valor".

REFERÊNCIAS

1. Sadock BJ, Sadock VA, Ruiz P. Compêndio de psiquiatria: ciência do comportamento e pesquisa clínica. Porto Alegre: Artmed; 2017.
2. Mulkerrin U, Bamford B, Serpell L. How well does anorexia nervosa fit with personal values? An exploratory study. Journal of Eating Disorders. 2016;4:20.
3. Lock J, Le Grange D. Treatment manual for anorexia nervosa: a family-based approach. 2.ed. New York: The Guilford Press; 2013.
4. Eisler I, Simic M, Blessitt E, Dodge L. Maudsley service manual for child and adolescent eating disorders.
5. Taylor D, Paton C, Kapur S. Prescribing guidelines in psychiatry. 12.ed. London: Wiley; 2015.
6. Fairburn CG. Cognitive behavior therapy and eating disorder. New York: The Guilford Publications; 2008.
7. Schimdt U, Startup H, Treasure J. A cognitive interpersonal therapy workbook for treating anorexia nervosa: the Maudsley model. London: Routledge; 2019.
8. McIntosh VW, Jordan J, Luty SE, Carter FA, McKenzie JM, Cynthia M, et al. Specialist supportive clinical management for anorexia nervosa. Int Journal Eat Disord. 2006;39:625-32.
9. Schimdt U, Treasure J. Anorexia nervosa: valued and visible. A cognitive-interpersonal maintenance model and its implications for research and practice. British Journal of Clinical Psychology. 2006;45:343-66.
10. Ward A, Ramsay R, Turnbull S, Steele M, Steele H, Treasure J. Attachment in anorexia nervosa: a transgenerational perspective. British Journal of Medical Psychology. 2001;74:497-505.
11. Serfaty MA. Cognitive therapy versus dietary counselling in the outpatient treatment of anorexia nervosa: effects of the treatment phase. European Eating Disorders Review. 1999;7:334-50.
12. Pike KM, Walsh BT, Vitousek K, Wilson GT, Bauer J. Cognitive behavior therapy in the posthospitalization treatment of anorexia nervosa. American Journal of Psychiatry. 2003;160:2046-9.
13. Prochaska JO, Di Clemente CC. The transtheoretical approach: crossing the traditional boundaries of therapy. Malabar: Krieger; 1984.
14. White M. The externalizing of the problem and the re-authoring of lives and relationships. Dulwich Centre Newsletter. 1988/89 Summer:3-21.
15. White M. Deconstruction and therapy. Dulwich Centre Newsletter. 1991;3:21-40.
16. Schimdt U, Oldershaw A, Jichi F, Sternheim LU, Startup H, Mcintosh V, et al. Out-patient psychological therapies for adults with anorexia nervosa: randomised controlled trial. The British Journal of Psychiatry. 2012;201:392-9.
17. Schimdt U, Treasure J. The cognitive-interpersonal maintenance model of anorexia nervosa revisited: a summary of the evidence for cognitive, socio-emotional and interpersonal predisposing and perpetuating factors. Journal of Eating Disorders. 2013;1:13.
18. Schimdt U, Magill N, Renwick B, Keyes A, Kenyon M, Dejong H, et al. The Maudsley outpatient study of treatments for anorexia nervosa and related conditions (Mosaic): comparison of the

Maudsley model of anorexia nervosa treatment for adults (Mantra) with specialist supportive clinical management (SSCM) in outpatients with broadly defined anorexia nervosa: a randomized controlled trial. Journal of Consulting and Clinical Psychology. 2015;83(4):796.

19. Fairburn CG, Cooper Z, Doll HA, O'Connor ME, Palmer RL, Dalle Grave R. Enhanced cognitive behaviour therapy for adults with anorexia nervosa: a UK-Italy study. Behaviour Research. 2013.
20. Startup H, Franklin-Smith M, Barber W, Gilbert N, Brown Y, Glennon D, et al. The Maudsley anorexia nervosa treatment for adults (Mantra): a feasibility case series of an integrated group based approach. Journal of Eating Disorders. 2021;9:70.
21. Byrne S, Wade TP, Hay P, Touyz S, Fairburn CG, Treasure J, et al. A randomised controlled trial of three psychological treatments for anorexia nervosa. Psychological Medicine. 2017;47:2823-3.
22. Herzog D, Eddy K. Diagnóstico e epidemiologia e curso clínico dos transtornos da alimentação. In: Yager J, Powers P. Manual clínico de transtornos da alimentação. Porto Alegre: Artmed; 2010.
23. Wittek T, Truttmann S, Zeiler M, Philipp J, Auer-Welsbach E, Koubek D, et al. The Maudsley model of anorexia nervosa treatment for adolescents and young adults (Mantra): a study protocol for a multi-center cohort study. Journal of Eating Disorders. 2021;9:33.
24. Harris EC, Barraclougth B. Excess. mortality of mental disorder. British Journal of Psychiatry. 1998;173:11-53.
25. Pedrosa MAA, Nunes FT, Menescal LL, Rodrigues CHS, Appolionario JC. Aspectos gerais da avaliação e tratamento dos transtornos alimentares. Rev Debates in Psychiatry. 2019.
26. Schimdt U, Wade T, Treasure J. The Maudsley model of anorexia nervosa treatment for adults (Mantra): development, key features, and preliminary evidence. Journal of Cognitive Psychotherapy: An International Quarterly. 2014;28(1).
27. Arkowitz H, Miller W. Aprendizado e aplicação e extensão da entrevista motivacional. In: Arkowitz H, Westra H, Miller W, Rollnick S. Entrevista motivacional no tratamento de problemas psicológicos. São Paulo: Roca; 2011.
28. Schmidt U, Startup H, Treasure J. A cognitive-interpersonal therapy workbook for treating anorexia nervosa: the Maudsley model. Routledge; 2018.
29. Wittek T, Truttmann S, Zeiler M, Philipp J, Auer-Welsbach E, Koubek D, et al. The Maudsley model of anorexia nervosa treatment for adolescents and young adults (Mantra): a study protocol for a multi-center cohort study. Journal of Eating Disorders. 2021;9:33.
30. Feijó F. A entrevista motivacional como abordagem a Anorexia Nervosa. Trabalho apresentado na conclusão do curso de especialização em transtornos alimentares. São Paulo: UNIARA; 2021.

Gerenciamento clínico de apoio especializado para anorexia nervosa (SSCM)

Michele de Oliveira Gonzalez
Talita Lopes Marques
Fellipe Augusto de Lima S. Lenzing

INTRODUÇÃO

Inicialmente o gerenciamento clínico de apoio especializado (*specialist supportive clinical management* - SSCM) foi desenvolvido em 1997 para ser uma terapia-controle em ensaios clínicos randomizados que testavam a eficácia das psicoterapias em pacientes com anorexia nervosa (AN).[1] No entanto, surpreendentemente, a SSCM mostrou-se mais eficaz do que as psicoterapias recomendadas pela Associação Americana de Psicologia (APA): a terapia cognitivo-comportamental (TCC) e a psicoterapia interpessoal (TIP).

Há 4 estudos randomizados controlados que comprovam sua eficácia e um ensaio clínico em AN grave e refratária. No Brasil essa é uma abordagem pouco conhecida, porém é bastante difundida em alguns países, especialmente Austrália e Nova Zelândia, e tem sido recomendada como tratamento de primeira linha por alguns *guidelines*, tais como Academy for Eating Disorders (AED), The National Institute for Health and Care Excellence (Nice), Royal Australian and New Zealand College of Psychiatrists (RANZCP).[2-4]

Atualmente, o SSCM é utilizado como modalidade de psicoterapia para indivíduos com AN em tratamento ambulatorial aplicada por profissionais experientes.[1] Esse modelo combina dois componentes: a terapia de apoio e a gestão clínica de sintomas. Sua eficácia e utilização têm sido investigadas nos últimos anos inclusive para casos de AN grave, como será visto neste capítulo.

PILARES ESSENCIAIS DO SSCM

A AN é um transtorno psiquiátrico de difícil manejo e tratamento, além de gerar altos custos, ter altas taxas de abandono e os maiores índices de mortalidade dentre os transtornos mentais.[5,6] A restrição intensa da ingesta alimentar pelo medo intenso de ganhar peso leva a uma desnutrição, e isso tem impactos negativos na saúde física e mental, por exemplo, taxa de crescimento e maturação cerebral, especialmente em crianças e adolescentes. A renutrição criteriosa, a recuperação do peso e sua manutenção são objetivos fundamentais do tratamento, porém a natureza egossintônica desse transtorno leva a uma ambivalência no desejo por tratamento e a desafios na prática clínica.[7] Assim como em outras abordagens psicoterápicas, o ganho de peso é fundamental no processo de recuperação do indivíduo e trata-se de objetivo inegociável também no SSCM.[8] A importância da recuperação do peso e da normalização do comportamento alimentar está intimamente associada à melhora dos sintomas físicos, afetivos e cognitivos,[9] sendo esse um dos grandes desafios do tratamento.

A SSCM se diferencia de outras psicoterapias por algumas razões:

- Não tem uma teoria ou explicação de causa da anorexia, porém incorpora uma filosofia centrada na pessoa, não prescritiva e informada pelos pontos fortes e valores do paciente.
- Tem como foco os aspectos pessoais do paciente por meio da inclusão de psicoterapia de apoio, e também o manejo do problema alimentar (manejo clínico), dentro dos alvos definidos na relação terapêutica com o paciente.
- É uma psicoterapia flexível e responsiva que pode ser administrada por uma variedade de médicos, preferencialmente com uma longa experiência no tratamento de AN.
- Tem como compromisso reverter o baixo peso e suas sequelas, por meio de uma abordagem objetiva e direcionada, porém flexível, principalmente na intervenção do comportamento alimentar.
- Apresenta um compromisso com a relação terapêutica em todas as três fases do tratamento.
- É uma terapia "organizada" por necessidade do paciente e combinados específicos.

Em resumo, o SSCM se caracteriza por dois pilares essenciais que reúnem todas as características mencionadas: a gestão clínica especializada e a terapia de apoio (foco na pessoa, e não na doença). Adiante serão vistas as especificações de cada um deles.[1]

Gerenciamento clínico

O gerenciamento clínico aborda a psicoeducação e o suporte, promovendo vínculo terapêutico entre o profissional de saúde e o paciente. Ele se baseia nos princípios de não causar danos, garantir a segurança e fornecer educação, cuidado e apoio. O estabelecimento de bom vínculo terapêutico torna-se a base dessa construção, promovendo suporte psicológico, psicoeducação, aconselhamento e informação. A relação terapêutica será o fundamento para uma boa adesão ao tratamento multidisciplinar, inclusive na adesão às medicações.[4] Já é bem estabelecido na literatura de transtornos alimentares (TA) que um bom vínculo terapêutico é considerado pelos pacientes uma das bases para a recuperação.[1]

É importante que o indivíduo reconheça esse espaço terapêutico para expressar seus pensamentos, sentimentos e emoções relacionadas a seu TA, sempre livre de julgamentos. Ele receberá também informações a respeito da AN, diagnóstico, curso e tratamento, podendo nesse caso ser utilizado também material por escrito, inclusive para ser compartilhado com familiares. O diálogo deve ser aberto, permitindo que o paciente também se expresse, e os conflitos de ideias devem ser adequadamente abordados pelo profissional capacitado.[1]

Em pacientes com anorexia, um dos principais objetivos clínicos é a recuperação e manutenção do peso corporal, sendo um alvo inegociável no SSCM. Para isso, aborda-se a normalização do comportamento alimentar, o manejo de comportamentos alimentares transtornados (restrição alimentar, contagem de calorias, métodos compensatórios, entre outros) e possíveis consequências relacionadas ao TA. É importante que o indivíduo seja devidamente orientado sobre as graves consequências da desnutrição e suas repercussões físicas, psicológicas, sociais, funcionais, escolares e ocupacionais.[7,10]

Reconhecer sintomas centrais do transtorno, como a distorção da imagem corporal, e estabelecer constantemente metas e objetivos para o tratamento promovem o engajamento do paciente, na medida em que ele participa ativamente desse processo. Além de promover a reabilitação, isso possibilita que o indivíduo esteja atento à reagudização da doença ao longo da vida.[10]

Terapia de apoio

Apesar de amplamente praticada nos atendimentos clínicos, o interesse nessa abordagem é historicamente recente e vem sendo estudado em outros transtornos psiquiátricos, como esquizofrenia e transtorno de personalidade *borderline*. Escuta ativa, aconselhamento e reflexões são técnicas utilizadas para promover a autonomia e a autoconfiança.[10,11]

Esse pilar visa encorajar o indivíduo a promover mudanças, aumentar a adesão e o engajamento ao tratamento e ofertar um espaço para que o indivíduo reflita sobre suas questões de vida. A ideia é oferecer um contexto adequado e protegido para que o paciente possa olhar para diversos aspectos de sua vida, sejam eles direta ou indiretamente ligados à restrição alimentar.

Os dois pilares do SSCM são igualmente trabalhados durante todas as sessões, destinando tempo semelhante e específico para cada um deles, devido a sua importância para o resultado do tratamento.

Diferentemente das demais psicoterapias, vale ressaltar que o SSCM apresenta algumas distinções teóricas, por exemplo:

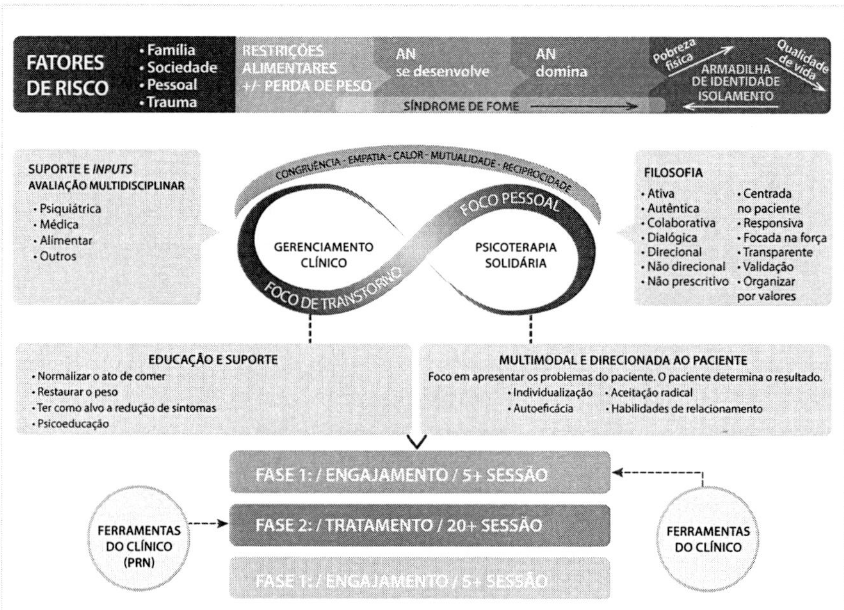

FIGURA 1 Conceitualização do SSCM.

AN: anorexia nervosa; SSCM: gerenciamento clínico de apoio especializado.

Fonte: traduzida por Fellipe Augusto de Lima Lenzing de Kiely et al.[1]

- Não tem um modelo teórico de causalidade da anorexia.
- Não tem estratégias específicas baseadas em teorias de causalidade.
- Não tem estratégias motivacionais baseadas em teorias da motivação.
- Não tem tarefas de casa como as demais psicoterapias.

Apesar disso, com encorajamento e expectativas positivas direcionadas à normalização dos comportamentos alimentares, o SSCM auxilia o paciente na tomada de consciência sobre os prejuízos físicos e psicossociais decorrentes da AN, assim como ajuda a entender que áreas de sua vida o paciente quer modificar.[8]

A psicoterapia individual SSCM é um tratamento ambulatorial,[12] que demanda dos terapeutas algumas características que se provam eficazes para o estabelecimento da relação terapêutica e a adesão em qualquer tratamento psicológico, como atenção, empatia, calor humano, autenticidade, não julgamento, postura afirmativa, apoio e respeito, auxiliando o paciente em suas dificuldades.[4,8] Especificamente no tratamento da AN, o terapeuta assume um papel em que apoia e encoraja o paciente a fazer mudanças na alimentação e em outras áreas. A promoção de mudança ocorre por meio da psicoeducação sobre a própria AN, comida, comportamento alimentar, imagem corporal, peso e aconselhamento de estratégias específicas que possam ser úteis àquele paciente.[12]

O conceito de gerenciamento clínico se baseia na eficácia de uma relação terapêutica positiva, acima do tratamento especializado, aliada ao apoio, cuidado e psicoeducação. Nesse escopo são identificados e estabelecidos em conjunto, terapeuta e paciente, os sintomas da AN e os objetivos terapêuticos; na terapia de apoio, o fato de ela não exigir um extenso treinamento em habilidades do terapeuta e outras técnicas, como exigido por outras terapias para AN, mostra-se benéfico. No entanto, são exigidas habilidades gerais do terapeuta para a consolidação da relação terapêutica e para que o paciente tenha a certeza de que pode confiar no terapeuta, sentindo-se seguro para expressar suas emoções. Nesse contexto, é exigida do terapeuta, também, experiência no tratamento da AN, familiaridade com a doença, seu curso, complicações clínicas e psiquiátricas e tratamentos de melhor prognóstico.[12]

Um diferencial do SSCM é dar importância às outras questões de vida do paciente que demandam auxílio profissional, o que abre maior espaço para ele expor suas necessidades e criar seu próprio modelo de terapia, em vez de seguir um protocolo rígido como em outros tratamentos para TA.[8] O paciente está no papel central da abordagem, determinando o ritmo das mudanças.[1]

Esse modelo mais flexível e orientado pelo paciente pode despertar maior interesse de indivíduos que buscam um protagonismo maior no tratamento, principalmente daqueles que estão mais conscientes de seu TA e que tiveram pouco sucesso em tratamentos anteriores. Não raro, esses pacientes encontram-se menos motivados para o tratamento pelas falhas terapêuticas pregressas, e desejam seguir um tratamento com ritmo mais lento; apesar de estarem conscientes sobre seus padrões de pensamentos e comportamentos, a flexibilização mental ainda é difícil diante da cronicidade do quadro; sentem-se "presos" nas crenças do TA ou no medo da recuperação de peso.[13]

EVIDÊNCIAS SOBRE A EFICÁCIA DO SSCM

Em 2005, um primeiro ensaio clínico randomizado comparou o SSCM com a abordagem da terapia cognitivo-comportamental (TCC) e a da psicoterapia interpessoal (TIP). Realizado por McIntosh et al., selecionou 56 mulheres que preenchiam critérios diagnósticos para AN segundo o Manual Diagnóstico e Estatístico de Transtornos Mentais em sua 4ª edição (DSM-IV). Das 56 participantes, 35 completaram o tratamento de 20 semanas em algum dos 3 protocolos de tratamento (SSCM, TCC ou TIP). Nesse estudo randomizado, o SSCM mostrou-se superior à TCC e à TIP nos resultados primários – redução dos sintomas gerais de AN (56, 32 e 10%, respectivamente).[14]

Tal resultado positivo levou ao questionamento de se o SSCM seria apenas um bom tratamento controle a ser usado em pesquisas ou se ela em si seria uma abordagem promissora no tratamento da AN; por esse motivo, o programa passou a ser testado em diversos ensaios clínicos randomizados.[9]

Considerando que a AN é um transtorno que pode ter curso crônico, a eficácia a longo prazo das intervenções psicoterápicas pode ser de grande auxílio na prática clínica. Carter et al. avaliaram a eficácia a longo prazo das três modalidades de psicoterapia (SSCM, TCC e TIP). Das 56 mulheres que iniciaram o programa, 40 (35 que completaram o programa e mais 5) participaram de uma avaliação ao final das 20 semanas de intervenção e 43 (23 que completaram o programa e 34 que foram avaliadas ao final das 20 semanas) participaram de outra avaliação após um prazo médio de 6,7 anos (± 1,2 ano) subsequente ao término do estudo. Apesar de o SSCM ter se mostrado mais eficaz do que a TCC e a TIP ao final das 20 semanas, especialmente nos sintomas globais da

AN, a longo prazo as três abordagens se mostraram igualmente benéficas às pacientes. Os autores sugerem que o SSCM poderia ser uma abordagem inicial para recuperação mais rápida de peso e nos problemas de vida atuais e que as estratégias TCC e TIP poderiam fornecer mais recursos de enfrentamento a longo prazo para estressores de vida.[15]

Os dados coletados nesse estudo inicial (gravação das sessões de terapia) foram utilizados também para avaliar a adesão ao tratamento, o que é fundamental para compreender como um modelo de psicoterapia funciona. Para tanto, um instrumento que mensura a adesão ao tratamento da depressão – *collaborative study psychotherapy rating scale* (CSPRS) – foi adaptado ao contexto da AN (CSPRS-AN). Os dados de adesão mostraram que o comer regular, a restauração do peso e a psicoeducação foram métricas mais adesivas em terapeutas SSCM do que na TCC e na TIP. Tanto SSCM quanto TIP apresentam baixo engajamento em atividades cognitivo-comportamentais relativas aos pensamentos do TA.[16]

ESTRUTURA DO SSCM

Em geral, propõem-se sessões semanais por 20 semanas; entretanto, há flexibilidade para aumentar o número de atendimentos e renegociar com o paciente, se necessário.[10]

Segundo Jordan, McIntosh e Bulik,[8] o SSCM é composto por 3 fases que abordam o TA da forma descrita a seguir.

Fase 1

Inicia-se com a psicoeducação relacionada aos aspectos físicos e psicológicos da doença, com informações verbais e material por escrito. Alguns pontos importantes:

- Manter uma postura ateórica: ter cuidado com teorias de causalidade, apenas direcionar a psicoeducação sobre como a prática de dietas e o controle obsessivo do peso levaram à anorexia.
- Elucidar os prejuízos físicos, sociais, laborais e emocionais que o paciente tem decorrentes da anorexia.

- Estabelecer sintomas-alvo a serem trabalhados com participação colaborativa do paciente, como baixa autoestima, distorção da imagem corporal, abuso de álcool, automutilação, risco de suicídio.
- Estabelecer metas de ganhos semanal de peso (a recuperação do peso é inegociável) e incentivar a reorganização alimentar (sem pular refeições).
- Estabelecer metas relacionadas à cessação de mecanismos compensatórios como atividade física em excesso e mecanismos purgativos como vômitos autoinduzidos, uso de laxantes e diuréticos.
- Trabalhar comportamentos como excluir determinados grupos alimentares, considerar alguns alimentos "proibidos" ou ideias de que, uma vez retomando a alimentação, o ganho de peso será indefinido e fora de controle. A flexibilização deve iniciar pela introdução de alimentos "menos" difíceis e progredir para aqueles mais evitados.

Fase 2

O foco nessa etapa é monitorar os resultados atingidos e encorajar a manutenção do peso e da estrutura alimentar adequada. Valorizar os objetivos atingidos, revisar as metas e parabenizar os ganhos obtidos com a recuperação da doença são essenciais a cada sessão. As recaídas são vistas não como fracasso, mas como oportunidades de desenvolver mais habilidades e estratégias em busca da recuperação.

Fase 3

Segue com a manutenção de resultados. Nessa fase, o terapeuta deve ser menos ativo. O planejamento do término do tratamento deve ser abordado, estabelecendo os aspectos e estratégias que ajudaram no processo, ressaltando os pontos fortes do paciente, as perspectivas futuras de manutenção das mudanças conquistadas, antecipação dos obstáculos e estratégias de enfrentamento a eles e o processo de despedida.

É importante lembrar que o apoio às questões de vida que permeiam o processo terapêutico vão sendo trabalhadas continuamente, durante todo o tratamento; as sessões devem ser direcionadas sempre para a questão alimentar, mas no tempo restante é possível que o paciente traga questões de outros aspectos da vida, como o profissional, o pessoal e o social.

SSCM NO TRATAMENTO DA ANOREXIA NERVOSA GRAVE (SE-AN)

Severe and enduring AN (SE-AN) é um termo que vem sendo amplamente estudado e empregado nos últimos anos, embora ainda não haja um consenso sobre o melhor termo para descrever os pacientes "resistentes ao tratamento", que "recusam o tratamento", "crônicos", "refratários", "que não se beneficiam de nenhuma abordagem de tratamento".[17] Esses indivíduos têm altas taxas de mortalidade, complicações clínicas e incapacidade para o trabalho. O alto índice de abandono de tratamento dificulta ainda mais o estabelecimento de protocolos efetivos.[5] Considerando o exposto, o foco da abordagem nesses casos parece estar em uma melhora da qualidade de vida, e não necessariamente na recuperação do peso corporal. Há que ressaltar que a motivação para mudanças, a autoestima e o estilo de vida dominados pelo TA são grandes empecilhos na recuperação desses indivíduos.

Touys et al.[5] realizaram um ensaio clínico cujo objetivo era avaliar a eficácia relativa, uma vez que não há tratamentos baseados em evidências, da TCC e do SSCM, ambos adaptados para o tratamento da SE-AN. Foram realizados programas de 30 semanas de TCC-AN ou SSCM-SE, com encontros semanais, ao longo de 8 meses. Os participantes apresentavam histórico de ao menos 7 anos da doença e foram avaliados no início do tratamento, ao final e após 6 e 12 meses do término do tratamento.

Ao final do programa de 30 semanas, ambos os grupos apresentaram melhoras importantes na qualidade de vida, sintomas de transtornos de humor e adequação social, não havendo diferença significativa entre as abordagens. Aos 6 meses de acompanhamento, participantes submetidos à CBT-AN apresentaram escores mais altos na Escala de Adequação Social (*Weissman Social Adjustment Scale* – WSAS), e aos 12 meses apresentaram escores menores no Exame de TA (*Eating Disorder Examination* – EDE) e maior prontidão para recuperação do que os submetidos à SSCM-SE. No entanto, os autores afirmam que os resultados de ambos os tratamentos são aceitáveis.[5]

As adaptações realizadas na SSCM para o tratamento da SE-AN (SSCM-SE) dividem o protocolo em 3 fases distintas.[12]

Fase inicial

- Orientações sobre a SSCM-SE.

- Formulação psicodinâmica da SSCM-SE.
- Estabelecimento conjunto dos sintomas-alvo.

Fase intermediária

- Revisão dos sintomas-alvo.
- Terapia de apoio.
- Monitoramento do peso.

Fase final e planejamento

- Encerramento da relação terapêutica.
- Objetivos futuros.

Apesar de didaticamente o protocolo de tratamento ser dividido, as 3 fases se sobrepõem. A fase inicial tem como objetivo o estabelecimento e a revisão dos sintomas-alvo, a concordância sobre os objetivos de peso e a formulação dinâmica e personalizada da doença, sustentada pela psicoeducação. Na fase intermediária são realizadas a educação nutricional, o monitoramento do estado de saúde física do paciente e a psicoterapia de apoio. Na fase final é feito o encerramento do tratamento e o planejamento de tudo que virá a seguir.[12]

Apesar de a SSCM-SE não prover estratégias específicas para aumento da motivação, esse processo se dá por meio do apoio e encorajamento, da disponibilização de materiais psicoeducativos (apostilas) e, principalmente, da compreensão mútua sobre os fatores que podem atrapalhar o processo de mudanças. Os temas das apostilas são revisitados ao longo da terapia, uma vez que esses pacientes já passaram por outros tratamentos e provavelmente já discutiram tais assuntos com outros profissionais. Alguns temas abordados são: definição da AN, epidemiologia, etiologia, efeitos e problemas relacionados à dieta e grave perda de peso, influências socioculturais nos TA, ineficiência das dietas, comportamentos de purgação e inibidores de apetite, o ciclo do comer transtornado, teorias sobre peso e formato corporal, efeitos da inanição, fobia social da gordura, exercícios físicos para o controle do peso, o que a balança realmente fala para você, consequências médicas dos TA, nutrição e melhora da AN, guia da boa nutrição.[12]

Embora no ensaio clínico randomizado realizado por Touys et al. em 2013[6] a aplicação da SSCM-SE tenha ocorrido durante 30 sessões semanais, sendo a fase 1 composta pelas sessões 1 a 5, a fase 2 pelas seções 5 a 27 e a fase 3 pelas sessões 27 a 30, no contexto clínico o número de sessões deve ser norteado pela necessidade do paciente. Normalmente o tratamento acontece semanalmente por pelo menos 1 ano, e a frequência das sessões pode ser reduzida na terceira fase e no *follow-up*. Hay, McIntosh e Bulik ressaltam ainda que pacientes com AN crônica podem ter um tratamento mais longo ou passar por períodos de intensificação do tratamento, ou mesmo por internação, que pode acontecer concomitantemente à SSCM-SE ou não.[12]

CONCLUSÃO

A estratégia do SSCM é identificar os sintomas centrais da AN em cada indivíduo e utilizar o vínculo terapêutico como forma de engajamento e comprometimento com o tratamento. A abordagem recorrente e detalhada nas sessões sobre como aumentar a frequência, variedade e quantidade de alimento está relacionada ao sucesso na recuperação de peso.[1]

Trabalhar em paralelo e dar igual importância às questões de vida do paciente tanto quanto aos sintomas da AN parece ser responsável pelo sucesso do tratamento. Aparentemente esse equilíbrio se dá, por um lado, no inegociável, forte e persistente foco na recuperação do peso e normalização do comportamento alimentar, e, por outro lado, no tratamento de outras demandas terapêuticas coordenadas pelo próprio paciente, assumindo o terapeuta o papel de mediador nesse processo. Promover a flexibilidade no paciente se dá por meio do processo ser flexível por si.[1]

A falta de orientações estruturadas sobre como exatamente manejar os comportamentos alimentares típicos da AN na SSCM, assim como são ensinados nos manuais de TCC, pode ser desmotivante para alguns psicólogos e pacientes;[8] a despeito disso, essa maior flexibilidade pode alcançar pacientes que não se adaptaram a essa outra modalidade. A SSCM, diferentemente da TCC, não vai abordar a reestruturação de pensamentos automáticos e crenças disfuncionais como pensamentos a respeito da comida, peso e imagem corporal, podendo oferecer maior sensação de autonomia ao indivíduo.[6]

Por apresentar resultados positivos interessantes, a SSCM se mostra uma terapia promissora, na medida em que complete algumas lacunas em branco em seu procedimento de tratamento da AN, podendo, futuramente, transformar-se em um modelo transdiagnóstico. A disseminação de conhecimento sobre abordagens terapêuticas que se provaram eficazes para o tratamento dos TA, especialmente para a AN, pela complexidade da doença e suas consequências devastadoras, é necessária para que os psicólogos possam prover o melhor tratamento personalizado às necessidades de cada paciente. A aplicabilidade da SSCM para outros TA parece ser possível, considerando aspectos em comum e adaptando os objetivos centrais e estudos nessa área.[1]

REFERÊNCIAS

1. Kiely L, Touyz S, Conti J, Hay P. Conceptualising specialist supportive clinical management (SSCM): current evidence and future directions. Journal of Eating Disorders. 2022;10(1):32.
2. Academy for Eating Disorders (AED). A guide to selecting evidence-based psychological therapies for eating disorders. 2020.
3. National Institute for Health and Care Excellence (Nice). Eating disorders: recognition and treatment. London, 2017.
4. Hay P, Chinn D, Forbes D, Madden S, Newton R, Sugenor L, et al. Royal Australian and New Zealand College of Psychiatrists clinical practice guidelines for the treatment of eating disorders. Aust N Z J Psych. 2014;48(11):977-1008.
5. Touyz S, Le Grange D, Lacey H, Hay P, Smith R, Maguire S, et al. Treating severe and enduring anorexia nervosa: a randomized controlled trial. Psychol Med. 2013;43(12):2501-11.
6. Zainal KA, Renwick B, Keyes A, Lose A, Kenyon M, DeJong H, et al.; Mosaic Trial Group. Process evaluation of the Mosaic trial: treatment experience of two psychological therapies for out-patient treatment of anorexia nervosa. Journal of Eating Disorders. 2016;4:1-12.
7. Resmark G, Herpertz S, Herpertz-Dahlmann B, Zeeck A. Treatment of anorexia nervosa: new evidence-based guidelines. Journal of Clinical Medicine. 2019;8(2):153.
8. Jordan J, McIntosh VVW, Bulik CM. Specialist supportive clinical management for anorexia nervosa: what it is (and what it is not). Austr Psych. 2020;28(2):156-9.
9. Guarda AS, Redgrave GW. Weight restoration in anorexia nervosa. In: Brownell KD, Walsh BT (eds.). Eating disorders and obesity: a comprehensive handbook. 3.ed. New York: The Guildford Press; 2017. p.325-30.
10. McIntosh VVW, Jordan J, Luty SE, Carter FA, McKenzie JM, Bulik C, et al. Specialist supportive clinical management for anorexia nervosa. Int J Eat Disord. 2006;39(8):625-32.
11. McIntosh VVW, Carter JD, Jordan J, Loughlin A. Specialist supportive clinical management for anorexia nervosa: analysis of therapy content and relation to outcome. International Journal of Eating Disorders. 2022;55(5):717-22.
12. Hay P, McIntosh G, Bulik C. Specialist supportive clinical management for severe and enduring anorexia nervosa: a clinician's manual. In: Touyz S, Le Grange D, Lacey JH, Hay P (eds.). Managing severe and enduring anorexia nervosa: a clinician's guide. London: Routledge/Taylor & Francis Group; 2016. p.112-27.
13. The London Centre for Eating Disorders. Specialist Supportive Clinical Management (SSCM) for severe and enduring anorexia nervosa. Disponível em: https://www.thelondoncentre.co.uk/sscm. Acesso em: 3 jan. 2022.
14. McIntosh VVW, Jordan J, Carter FA, Luty SE, McKenzie JM, Bulik CM, et al. Three psychotherapies for anorexia nervosa: a randomized, controlled trial. Am J Psych. 2005;162:741-7.
15. Carter FA, Jordan J, McIntosh VVW, Luty SE, McKenzie JM, Frampton CMA, et al. The long-term efficacy of three psychotherapies for anorexia nervosa: a randomized, controlled trial. Int J Eat Disord. 2011;44:647-54.
16. McIntosh VVW, Jordan J, Carter JD, Luty SE, Carter FA, McKenzie JM, et al. Assessing the distinctiveness of psychotherapies and examining change over treatment for anorexia nervosa with

cognitive-behavior therapy, interpersonal psychotherapy, and specialist supportive clinical management. Int J Eat Disord. 2016;49(10):958-62.
17. Ciao AC, Accurso EC, Wonderlich, SA. What do we need to know about severe and enduring anorexia nervosa? In: Touyz S, Le Grange D, Lacey JH, Hay P (eds.). Managing severe and enduring anorexia nervosa: a clinician's guide. London: Routledge/Taylor & Francis Group; 2016. p.1-12.

5

Terapia cognitivo-comportamental em grupo para o tratamento do transtorno de compulsão alimentar

Amanda Menezes Gallo
Isabella Lobo

INTRODUÇÃO

Dentre os transtornos alimentares (TA), o transtorno de compulsão alimentar (TCA) é considerado o de maior prevalência na população. Além de acometer homens e mulheres em proporção mais equivalente do que outros TA, é com frequência identificado na população mais jovem, desde crianças a adolescentes e universitários.[1] A média de pessoas com TCA ao longo da vida varia de 2,8% para mulheres e 1% para homens, sendo 1,4 e 0,6% em relação aos últimos 12 meses.[2]

O TCA está frequentemente associado ao aumento de peso, sobrepeso ou obesidade (embora não seja uma regra), como também a prejuízos na execução da rotina diária, problemas psicológicos e emocionais e comorbidades psiquiátricas.[1,3] Em decorrência de suas implicações na saúde física e mental, esse transtorno passou a ser considerado uma relevante questão de saúde pública,[4,5] tornando-se necessário compreender melhor os modos de tratá-lo e a eficácia dos tratamento.

Assim como na anorexia e na bulimia nervosa, o tratamento para o TCA ocorre de forma gradativa, ou seja, requer continuidade, e tem como padrão ouro ser conduzido por uma equipe multidisciplinar. Especificamente em relação ao acompanhamento psicológico, a terapia cognitivo-comportamental (TCC) apresenta evidências significativas quanto a sua eficácia, sendo considerada a primeira opção de tratamento, tanto no formato individual[6-8] quanto em grupo.[9-11]

Este capítulo tem por objetivo avaliar a eficácia da TCC aplicada em grupos de pessoas com TCA e descrever brevemente etapas, objetivos e resultados de alguns protocolos/manuais utilizados.

TRANSTORNO DE COMPULSÃO ALIMENTAR E TERAPIA COGNITIVO-COMPORTAMENTAL EM GRUPO

O transtorno de compulsão alimentar é caracterizado pela "ingestão, em um determinado período, de uma quantidade de alimento definitivamente maior do que a maioria das pessoas consumiria em um mesmo período sob circunstâncias semelhantes" (APA,[1] p.351). Associados ao episódio de compulsão alimentar, há outros relevantes critérios que configuram o TCA: sensação de falta de controle sobre o comer, comer sozinho ou escondido, parar apenas quando está desconfortavelmente cheio, sentimento de culpa ou vergonha, e sofrimento.[1]

Conforme mencionado anteriormente, a terapia cognitivo-comportamental é reconhecida como uma abordagem psicoterapêutica eficaz no tratamento do TCA. A TCC baseia-se no pressuposto de que o modo como cada pessoa interpreta uma situação irá determinar como ela se sente e age.[12] De acordo com Beck,[12] "o pensamento disfuncional (que influencia o comportamento e humor do cliente) é comum a todos os transtornos psicológicos" (p.4).

De modo geral, as intervenções pautadas na TCC para tratar TCA são focadas em reconhecer os fatores desencadeadores ("gatilhos") das compulsões, produzir mudanças cognitivas, comportamentais, e em compreender a relação pessoal com a autoestima, que em geral está muito relacionada à forma do corpo nesses pacientes.[6,13]

Como efeito do tratamento baseado na TCC, pesquisas concluíram que a redução do número de episódios de compulsão alimentar, ou até mesmo uma remissão completa, e a efetividade na manutenção dos resultados obtidos são os principais resultados dessas intervenções.[7,10,14,15] Além disso, a longo prazo é possível observar melhora da qualidade de vida e do padrão alimentar, redução de lapsos ou de recaídas, menor frequência de sentimentos negativos e melhora da percepção geral de saúde.[16,17]

Linardon e Wade[7] conduziram um importante estudo de metanálise para avaliar o efeito da TCC no tratamento dos TA. Dentre os resultados publicados, mostrou-se que as intervenções para TCA baseadas na TCC tiveram eficácia significativamente maior do que grupos controle/lista de espera, quando avaliada a remissão ou redução da frequência dos episódios de compulsão alimentar.[7]

Adicionalmente, os dados do estudo citado indicaram redução estatisticamente significativa da frequência de compulsões e melhora dos sintomas cognitivos nos tratamentos baseados na TCC, quando comparadas a outros tipos de intervenção (p. ex., tratamento psicológico de outras abordagens teóricas), além de melhora significativa dos sintomas cognitivos em relação às intervenções farmacológicas. Na referida metanálise, os autores consideraram tanto estudos com intervenções individuais quanto em grupo.

Os benefícios da psicoterapia em grupo vêm sendo pesquisados para diversos transtornos mentais, inclusive para os TA e, especificamente, o TCA. O trabalho em grupo tem sua efetividade reconhecida na medida em que viabiliza a interação social entre os participantes e com isso proporciona experiências e identificações como na vida fora do grupo. Ou seja, considerando que os episódios de compulsão alimentar em geral estão associados a problemas interpessoais e dificuldades emocionais advindos de circunstâncias do dia a dia, a psicoterapia em grupo favorece esse trabalho.[18]

Nesse sentido, Abilés[9] reconheceu a eficácia da TCC em grupo no tratamento do TCA em pacientes com obesidade que buscavam como tratamento a cirurgia bariátrica. Já Schlup et al.[11] realizaram uma breve intervenção de TCC (8 semanas), seguida de 5 sessões de reforço, com um grupo de mulheres com compulsão alimentar.[11] Ao final da fase de intervenção, o resultado indicou redução significativa da compulsão nos participantes do grupo, em relação à lista de espera; adicionalmente, decorridos 12 meses do final das sessões de reforço, os dados indicaram que os sintomas de TCA estavam significativamente melhores do que na avaliação inicial.

Grenon et al.[10] analisaram o efeito de tratamentos com psicoterapia em grupo baseada na TCC, e concluíram que o trabalho em grupo leva à redução significativa de episódios de compulsão, à melhora dos sintomas depressivos e da autopercepção, em relação aos grupos controle/lista de espera. Contudo, quando comparados os resultados da psicoterapia em grupo com outros tratamentos ativos, como psicoterapia individual, autoajuda, programas comportamentais para perda de peso e farmacoterapia, os resultados das diversas intervenções foram similares, sem diferença estatisticamente significativa.[10]

Contudo, apesar de estar evidenciado que a TCC é eficaz no tratamento do TCA, cada pesquisa utiliza um protocolo específico, ou seja, são diferentes formas de conduzir, escolher e utilizar técnicas/manuais da TCC. De modo complementar, cabe ressaltar que as intervenções também diferem em relação a sua aplicação, podendo ser individualizadas ou em grupo. Sobre o formato em grupo, infelizmente ainda há poucos estudos realizados, cenário que difere muito das intervenções individuais.

PRINCIPAIS INTERVENÇÕES/PROTOCOLOS DE TCC NO TRATAMENTO DO TCA EM GRUPO

Um dos benefícios da utilização da TCC é a possibilidade que ela traz de ser aplicada de forma exclusiva, ou combinada com outras terapias, a exemplo de intervenções comportamentais e tratamentos farmacológicos. Além disso, por ser uma abordagem objetiva, com técnicas estruturadas e passíveis de adaptação, os protocolos baseados na TCC podem ser adequados em conformidade com a demanda clínica.[6,19]

Em pesquisas sobre transtornos alimentares, o manual *Terapia cognitivo-comportamental aprimorada* (TCC-A), desenvolvido por Fairburn,[20] tornou-se a principal referência de protocolo baseado na TCC, apesar de haver outros manuais publicados ou em desenvolvimento. Nos tópicos a seguir estarão descritos, de forma breve, alguns desses protocolos, suas principais características, e resultados de estudos realizados. Contudo, sobre o protocolo do Fairburn, será enfatizada a descrição de resultados de estudos, tendo em vista que a descrição de suas etapas foi explorada em capítulo anterior.

Terapia cognitivo-comportamental aprimorada (TCC-A)

A versão TCC aprimorada para transtornos alimentares, descrita por Fairburn,[20] adota o modelo transdiagnóstico e sugere que os transtornos alimentares compõem uma categoria diagnóstica, em vez de diagnósticos isolados. Para os autores, os transtornos alimentares são essencialmente transtornos cognitivos, que apresentam supervalorização do peso e da forma corporal.

A TCC-A difere da TCC tradicional por não usar registros de pensamentos convencionais e não fazer uso recorrente de reestruturação cognitiva, pois acredita-se que para pacientes com transtornos alimentares as mudanças cognitivas acontecem de forma mais eficaz por meio das análises dos efeitos e das implicações decorrentes das mudanças comportamentais (Fairburn[20]).

Quanto a sua aplicação, o protocolo TCC-A é realizado em 20 sessões, realizadas ao longo de 20 semanas, sendo divididas em 4 estágios: O estágio 1 acontece 2 vezes por semana e tem por objetivo engajar o paciente no tratamento para, de forma conjunta:

- Realizar a formulação do transtorno alimentar do paciente.
- Psicoeducar sobre os efeitos físicos e psicológicos dos transtornos alimentares.
- Introduzir o comer regular.
- Intervir nas preocupações com o peso corporal.

O estágio 2 é considerado um estágio transicional, em que paciente e terapeuta reveem o processo, a formulação inicial, as barreiras que podem estar surgindo e planejam o estágio 3. A partir do estágio 2 as sessões se tornam semanais e o programa passa a ser mais personalizado.

O estágio 3 é o mais longo, com sessões realizadas 1 vez por semana. Nesse estágio são trabalhados tanto os mecanismos que mantêm o transtorno alimentar quanto algumas questões específicas, como imagem corporal, restrição alimentar e situações externas, além de emoções associadas ao alimento em si, que podem influenciar e manter o comportamento alimentar disfuncional.

O estágio 4 se dá em sessões espaçadas (a cada 2 semanas) e é voltado para o futuro, isto é, para a manutenção das mudanças adquiridas e a diminuição dos riscos de recaídas a longo prazo.

Os estágios mencionados podem ser adaptados, como mostram os estudos a seguir para o tratamento do TCA em grupo, seja alterando o número de sessões realizadas ou modificando a formatação do conteúdo a ser trabalhado em cada sessão.

Tasca et al. (2007) conduziram um estudo adaptando o número de sessões do TCC-A para 1 sessão pré-grupo, seguida de 16 principais sessões de tratamento. Nesse manual adaptado, a introdução ao modelo e aos conceitos do tratamento foi realizada na sessão pré-grupo, e o material sobre exercícios, resolução de problemas e prevenção de recaídas foi condensado nas sessões subsequentes.

O resultado mostrou que, em relação ao grupo controle, tanto a TCC quanto a psicoterapia psicodinâmica interpessoal em grupo (GPIP) se mostraram eficazes na diminuição das compulsões alimentares, problemas interpessoais e restrição alimentar, sem diferença significativa entre elas.

Um estudo brasileiro foi conduzido por Duchesne et al.[21] Os pesquisadores adaptaram o manual de TCC para tratar em grupo pessoas com obesidade e compulsão alimentar e incluíram no conteúdo da intervenção algumas estratégias para a perda de peso. Ao longo de 22 semanas ocorreram 19 sessões de tratamento, cada uma com 90 minutos de duração.

O resultado da pesquisa mostrou redução significativa do número de episódios de compulsão, como também dos sintomas depressivos, da insatisfação corporal, e redução de peso, quando comparados os momentos pré e pós-intervenção. Entretanto, uma ressalva é o fato de não ter sido inserido um grupo controle no estudo, o que tornaria os dados mais robustos.

Schlup et al. (2009) utilizaram uma versão reduzida do manual de Fairburn, com 8 sessões de 90 minutos cada, seguida por 5 sessões de reforço, que ocorreram no 1º, 2º, 3º, 6º e 12º mês após a intervenção principal. Além do grupo experimental, foi composto um grupo controle. Assim como o protocolo original, o protocolo reduzido teve como foco a identificação de mecanismos mantenedores do TCA e de estratégias de enfrentamento; em contrapartida, não foram incluídas sessões direcionadas à alimentação regular e balanceada, e ao conceito corporal.

Ao final do estudo, o protocolo testado foi considerado eficaz na melhora dos principais sintomas do TCA, como redução ou ausência de compulsões, além de sintomas de depressão e do nível de satisfação com a vida, em relação ao grupo controle. Os autores do estudo concluíram que o protocolo reduzido, seguido de sessões de reforço, pode ser considerado uma opção viável para o tratamento da compulsão alimentar.

No estudo de Grilo et al. (2011), os participantes foram randomizados para a intervenção com TCC, com terapia comportamental de perda de peso (BWL), ou CBT, com sessões adicionais de BWL ao fim do tratamento. A TCC foi administrada em 16 sessões de 60 minutos ao longo de 24 semanas, seguindo o protocolo da TCC-A, incluindo os 3 estágios do tratamento.

Ao final do estudo, não foram observadas diferenças significativas entre as diferentes intervenções em relação à remissão do TCA. No entanto, a frequência dos episódios de compulsão alimentar foi menor na intervenção de TCC do que na BWL. Apesar disso, ambas as intervenções foram consideradas efetivas na redução das compulsões. Não foram encontrados benefícios significativos no acréscimo da intervenção de BWL após o tratamento com a TCC.

Munsch et al. (2012) compararam os efeitos de um protocolo baseado no TCC-A com o BWL, em grupos de pessoas com sobrepeso ou obesidade diagnosticadas com TCA. O período de intervenção foi de 16 semanas, com sessões semanais de 90 minutos, conduzidas em grupo. Decorridos 6 e 12 meses do tratamento, foram incluídas sessões adicionais, também com 90 minutos.

Os resultados mostraram que na fase pós-intervenção o grupo tratado com TCC obteve melhores resultados quanto à redução ou total remissão de episódios de compulsão alimentar, bem como no diagnóstico de TCA. Contudo, passados 12 meses das principais intervenções do tratamento, os efeitos de ambos os protocolos se mostraram equivalentes.

Como mencionado anteriormente, o manual de Fairburn tornou-se a principal referência de intervenção com TCC para o tratamento do TCA, mostrando-se eficaz inclusive na aplicação em grupos, mas outros trabalhos relevantes também foram publicados e serão citados nos tópicos a seguir.

Healthy approach to weight management and food in eating disorders (Hapifed)

Palavras et al.[22] publicaram um manual chamado *Healthy approach to weight management and food in eating disorders* (Hapifed), focado no tratamento da compulsão alimentar e da bulimia nervosa em pacientes com obesidade. O manual integra ferramentas de terapias psicológicas baseadas em evidências, do TCC-A para TCA e bulimia nervosa (BN), e do BWL.

Esse manual foi desenvolvido tendo por objetivo principal testar sua eficácia na redução de peso corporal em pessoas com sobrepeso ou obesidade, diagnosticadas com bulimia nervosa ou compulsão alimentar, em comparação ao protocolo TCC-A. Adicionalmente, o desenvolvimento do Hapifed também buscou a redução de sintomas do TCA, incluindo melhor controle em relação aos exageros alimentares, melhora de aspectos físico e mental, da qualidade de vida e de sintomas depressivos e ansiosos.[22]

O manual foi composto por 5 estágios, sendo 1 avaliação inicial realizada individualmente e, posteriormente, 29 sessões em grupo, com duração de 90 minutos, ambas conduzidas por psicólogos. Ao longo do programa, em algumas sessões há a participação de terapeuta ocupacional, nutricionista e médico.[22]

Após a realização da avaliação individual (estágio 1), a primeira etapa do tratamento (sessões 2 a 11) engloba o trabalho de psicoeducação, incluindo "informações sobre por que as dietas não funcionam, tipos de fome, percepções sobre as respectivas histórias com o transtorno alimentar, histórico de peso, como também histórico familiar e médico relevante para determinar tanto o ganho como a perda de peso, além de fatores de risco relacionados à obesidade" (p.4). Em seguida, o segundo estágio (sessão 12) é um momento para ajustes e reformulações necessárias para cada intervenção.

O terceiro estágio enfatiza habilidades comportamentais, treino e monitoramento de determinados comportamentos, especialmente o alimentar, sendo este mais voltado para a percepção do apetite do que para características dos alimentos. Já o estágio 4 (sessões 20 a 27) é mais dedicado aos aspectos cognitivos, incluindo a técnica do questionamento socrático, erros cognitivos (pensamento dicotômico), levantando questionamentos acerca de crenças e comportamentos que reforçam o transtorno alimentar e estimulando a resolução de problemas.

Por fim, o estágio 5 (sessões 28 a 30) engloba o trabalho de prevenção de recaídas, reforçando estratégias que se mostraram eficazes ao longo do tratamento. "O tratamento tem como objetivo principal que cada paciente tenha um comer regular, com variedade alimentar e porções adequadas" (p.5). Além disso, objetiva-se que os episódios de compulsão alimentar sejam reduzidos ou cessados e que a relação com a alimentação e com o peso não sejam mais centrais na vida do paciente.

Outro estudo[23] propôs avaliar a eficácia do Hapifed em pessoas com obesidade e TCA, considerando uma avaliação ecológica, mais próxima à vida real e, consequentemente, que apresente maior aplicabilidade na prática clínica. Nesse caso, o programa foi realizado em 3 estágios, sendo:

- Estágio 1 (sessões 1 a 7): introdução e psicoeducação, buscando engajar os participantes no tratamento, orientá-los sobre perda de peso, obesidade, transtornos alimentares, nutrição e atividade física, bem como sobre as técnicas da TCC sobre resolução de problemas.
- Estágio 2 (sessões 8 a 26): composto pelas intervenções principais, o que inclui modificar a associação entre comer compulsivo e situações/emoções "gatilho", fortalecer as relações sociais do paciente para consolidar sua rede de apoio, técnicas de meditação e *mindfulness*, ajudar na reestruturação de pensamentos disfuncionais dos participantes e assim reduzir os episódios de comer transtornado, cuidar da insatisfação corporal e da hipervalorização dada ao corpo e peso, entre outros.

- Estágio 3 (sessões 23 a 30): trabalha a prevenção de recaídas, ajudando o paciente a pensar estratégias para manter uma relação saudável com a alimentação, como também para melhorar cada vez mais os sintomas do comer compulsivo e manter os ganhos obtidos ao longo do tratamento.

Nesse formato, os autores esperam que o programa seja efetivo para perda e manutenção de peso, para o tratamento do TA e, assim, melhorar a saúde física e mental dos participantes da pesquisa.

OUTRAS INTERVENÇÕES

Uma pesquisa publicada mais recentemente[24] deve ser destacada neste espaço. Hay et al. compararam grupos de intervenção utilizando ambos os protocolos descritos anteriormente, o TCC-A e o Hapifed. Foram incluídos na amostra participantes com episódios recorrentes de compulsão alimentar, diagnóstico de BN ou TCA. O Hapifed foi incluído como a intervenção experimental e o TCC-A como controle, ambos com 30 sessões, sendo a sessão 1 uma avaliação individual e as demais em grupo.

Nos dois tipos de intervenção, a sessão 1 era direcionada para investigar individualmente o histórico de transtorno alimentar do participante. As demais sessões ocorreram em grupos, 2 vezes por semana nas primeiras 4 semanas e posteriormente 1 vez por semana, até o final do programa, que durou 6 meses.

Ponto importante a ser ressaltado é o fato de que originalmente o TCC-A é composto por 20 sessões, mas nesse estudo Hay et al. incluíram 10 sessões de reforço, a fim de equiparar o número de sessões dos dois protocolos. De forma complementar, ocorreram 4 sessões de *follow-up* 6 meses após o término da intervenção principal.

Em relação aos sintomas do TCA, os resultados mostraram que as duas intervenções foram eficazes na melhora da gravidade das compulsões e sintomas relacionados, tanto no final do tratamento quanto após 12 meses. Em contrapartida, não houve diferença estatisticamente significativa entre os dois tipos de intervenção em nenhuma das medidas analisadas.

Esse fato reforça a necessidade de que mais pesquisas sejam conduzidas para avaliar a eficácia de protocolos de intervenção em grupos de pessoas com comer compulsivo, abarcando tanto aspectos físicos como a perda de peso, mas também fatores psicológicos. Além disso, Hay et al. ressaltam a importância de que pesquisas futuras possam associar diferentes intervenções, a exemplo da psicológica e da farmacológica.

CONSIDERAÇÕES FINAIS

A compulsão alimentar é uma condição que acarreta prejuízos importantes à saúde física e mental.[1] Diante desse fato, é importante que pesquisadores se debrucem sobre o tema para melhor compreender a doença, mas, principalmente, para consolidar cada vez mais formas efetivas e acessíveis de tratar.

Nesse contexto, as evidências da eficácia do tratamento baseado na terapia cognitivo-comportamental têm sido determinantes para a melhora da qualidade de vida de pessoas que sofrem com o transtorno. Em especial, a TCC em grupo tem se mostrado uma intervenção indicada devido ao índice mais baixo de desistência/abandono em relação a outros tipos de intervenção, e por apresentar um bom custo-benefício, na medida em que viabiliza tratar mais pessoas do que intervenções realizadas individualmente.[10]

Todavia, uma ressalva ao formato de psicoterapia em grupo é que a influência de diversas variáveis torna mais delicado relacionar a melhora dos participantes a um único fator. Ou seja, explicar a redução dos episódios de compulsão e a melhora dos sintomas relacionados como decorrentes exclusivamente da intervenção seria desconsiderar a influência dos demais integrantes do grupo e das experiências compartilhadas, por exemplo.[7]

Há também que considerar que a eficácia de um tratamento baseado em uma técnica ou manual estará diretamente relacionada a quão bem aplicado esse protocolo será. Somado a isso, há outro fator determinante, que é a experiência dos terapeutas à frente da intervenção, variável extremamente relevante para a adesão dos participantes ao grupo. A realização de supervisão com outros profissionais experientes também é um recurso valioso.[7]

Por fim, apesar das evidências da TCC no tratamento da compulsão alimentar, ressalta-se a importância de que mais estudos sejam realizados para validar protocolos com intervenções em grupo, tendo em vista os benefícios e a acessibilidade que esse formato de tratamento pode oferecer.

REFERÊNCIAS

1. American Psychiatric Association (APA). Manual diagnóstico e estatístico de transtornos mentais [recurso eletrônico]: DSM-5. 5.ed. Porto Alegre Artmed; 2014.

2. Galmiche M, Déchelotte P, Lambert G, Tavolacci MP. Prevalence of eating disorders over the 2000-2018 period: a systematic literature review. The American Journal of Clinical Nutrition. 2019;109:1402-13.
3. Marzilli E, Cerniglia L, Cimino S. A narrative review of binge eating disorder in adolescence: prevalence, impact, and psychological treatment strategies. Adolesc Health Med Ther. 2018;9:17-30. Disponível em: https://www.ncbi.nlm.nih.gov/pubmed/29379325. Acesso em: 14 set. 2023.
4. Da Luz FQ, Hay P, Wisniewski L, Cordás T, Sainsbury A. The treatment of binge eating disorder with cognitive behavior therapy and other therapies: an overview and clinical considerations. Obes Rev. 2020 Dec. Disponível em: https://www.ncbi.nlm.nih.gov/pubmed/33350574. Acesso em: 14 set. 2023.
5. Guerdjikova AI, Mori N, Casuto LS, McElroy SL. Update on binge eating disorder. Med Clin North Am. 2019 Jul;103(4):669-80. Disponível em: https://www.ncbi.nlm.nih.gov/pubmed/31078199. Acesso em: 14 set. 2023.
6. Amianto F, Ottone L, Daga GA, Fassino S. Binge-eating disorder diagnosis and treatment: a recap in front of DSM-5. BMC Psychiatry. 2015 Apr;15:70. Disponível em: https://www.ncbi.nlm.nih.gov/pubmed/25885566. Acesso em: 14 set. 2023.
7. Linardon J, Wade TD, de la Piedad Garcia X, Brennan L. The efficacy of cognitive-behavioral therapy for eating disorders: a systematic review and meta-analysis. J Consult Clin Psychol. 2017 Nov;85(11):1080-94. Disponível em: https://www.ncbi.nlm.nih.gov/pubmed/29083223. Acesso em: 14 set. 2023.
8. McElroy SL, Guerdjikova AI, Mori N, Munoz MR, Keck PE. Overview of the treatment of binge eating disorder. CNS Spectr. 2015 Dec;20(6):546-56. Disponível em: https://www.ncbi.nlm.nih.gov/pubmed/26594849. Acesso em: 14 set. 2023.
9. Abiles V, Rodríguez-Ruiz S, Abilés J, Obispo A, Gandara N, Luna V, et al. Effectiveness of cognitive--behavioral therapy in morbidity obese candidates for bariatric surgery with and without binge eating disorder. Nutr Hosp. 2013 Sep-Oct;28(5):1523-9.
10. Grenon R, Schwartze D, Hammond N, Ivanova I, Mcquaid N, Proulx G, et al. Group psychotherapy for eating disorders: a meta-analysis. Int J Eat Disord. 2017;50(9):997-1013. Disponível em: https://www.ncbi.nlm.nih.gov/pubmed/28771758. Acesso em: 14 set. 2023.
11. Schlup B, Munsch S, Meyer AH, Margraf J, Wilhelm FH. The efficacy of a short version of a cognitive-behavioral treatment followed by booster sessions for binge eating disorder. Behav Res Ther. 2009 Jul;47(7):628-35. Disponível em: https://www.ncbi.nlm.nih.gov/pubmed/19446793. Acesso em: 14 set. 2023.
12. Beck JSØ. Terapia cognitivo-comportamental: teoria e prática. 3.ed. Artmed; 2022.
13. Grilo CM, White MA, Gueorguieva R, Wilston GT, Masheb RM. Predictive significance of the overvaluation of shape/weight in obese patients with binge eating disorder: findings from a randomized controlled trial with 12-month follow-up. Psychological Medicine. 2013;43(6):1335-44. Disponível em: https://pubmed.ncbi.nlm.nih.gov/22967857/. Acesso em: 14 set. 2023.
14. Hilbert A, Petroff D, Herpertz S, Pietrowsky R, Tuschen-Caffier B, Vocks S, et al. Meta-analysis of the efficacy of psychological and medical treatments for binge-eating disorder. J Consult Clin Psychol. 2019 Jan;87(1):91-105. Disponível em: https://www.ncbi.nlm.nih.gov/pubmed/30570304. Acesso em: 14 set. 2023.
15. Yager J, Devlin MJ, Halmi KA, Herzog DB, Mitchell JE, Powers P, et al. Guideline Watch (August 2012): practice guideline for the treatment of patients with eating disorders. Focus – The Journal of Lifelong Learning in Psychiatry. 2014.
16. Munsch S, Meyer AH, Biedert E. Efficacy and predictors of long-term treatment success for cognitive-behavioral treatment and behavioral weight-loss-treatment in overweight individuals with binge eating disorder. Behav Res Ther. 2012 Dec;50(12):775-85.
17. Ricca V, Castellini G, Mannucci E, Lo Sauro C, Ravaldi C, Rotella CM, et al. Comparison of individual and group cognitive behavioral therapy for binge eating disorder: a randomized, three--year follow-up study. Appetite. 2010;55(3):656-65. Disponível em: https://pubmed.ncbi.nlm.nih.gov/20870000/. Acesso em: 14 set. 2023.

18. Yalom ID, Leszcz M. Psicoterapia de grupo: teoria e prática. 5.ed. Artmed; 2006.
19. Wilfley DE, Agras WS, Telch CF, Rossiter EM, Schneider JA, Cole AG, et al. Group cognitive-behavioral therapy and group interpersonal psychotherapy for the nonpurging bulimic individual: a controlled comparison. J Consult Clin Psychol; 1993 Apr;61(2):296-305. Disponível em: https://www.ncbi.nlm.nih.gov/pubmed/8473584. Acesso em: 14 set. 2023.
20. Wiser S, Telch CF. Dialectical behavior therapy for binge-eating disorder. J Clin Psychol. 1999 Jun;55(6):755-68. Disponível em: https://www.ncbi.nlm.nih.gov/pubmed/10445865. Acesso em: 14 set. 2023.
21. Duchesne M, Appolinario JC, Rangé BP, Fandiño J, Moya T, Freitas SR. The use of a manual-driven group cognitive behavior therapy in a Brazilian sample of obese individuals with binge-eating disorder. Braz J Psychiatry. 2007;29(1):23-5. Disponível em: https://www.ncbi.nlm.nih.gov/pubmed/17435923. Acesso em: 14 set. 2023.
22. Palavras MA, Hay P, Touyz S, Sainsbury A, da Luz F, Swinbourne J, et al. Comparing cognitive behavioural therapy for eating disorders integrated with behavioural weight loss therapy to cognitive behavioural therapy-enhanced alone in overweight or obese people with bulimia nervosa or binge eating disorder: study protocol for a randomised controlled trial. Trials. 2015 Dec 18;16:578.
23. Pattinson AL, Nassar N, da Luz FQ, Hay P, Touyz S, Sainsbury A. The real happy study: protocol for a prospective assessment of the real-world effectiveness of the Hapifed Program-a. Behav Sci (Basel). 2019 Jul 1;9(7). Disponível em: https://www.ncbi.nlm.nih.gov/pubmed/31266238. Acesso em: 14 set. 2023.
24. Hay P, Palavras MA, da Luz FQ, Garnes SA, Sainsbury A, Touyz S, et al. Physical and mental health outcomes of an integrated cognitive behavioural and weight management therapy for people with an eating disorder characterized by binge eating and a high body mass index: a randomized controlled trial. BMC Psychiatry. 2022 May 24;22(1):355. Disponível em: https://www.ncbi.nlm.nih.gov/pubmed/35610603. Acesso em: 14 set. 2023.
25. Linehan MM. Skills training manual for treating borderline personality disorder. New York: Guilford Press; 1993.
26. Telch CF, Agras WS, Linehan MM. Dialectical behavior therapy for binge eating disorder. J Consult Clin Psychol. 2001 Dec;69(6):1061-5. Disponível em: https://www.ncbi.nlm.nih.gov/pubmed/11777110. Acesso em: 14 set. 2023

Terapia cognitivo-comportamental de autoajuda guiada para o tratamento da bulimia nervosa e do transtorno de compulsão alimentar

Rosa Maria Alves Faria Guedes
Sandra Regina de Souza Pesce

INTRODUÇÃO

Estudos vêm apontando para um constante aumento na taxa de pessoas acometidas por transtorno alimentar (TA), o que inclusive nos faz questionar o paradigma de que essa é uma doença rara. O índice de pessoas acometidas com TA dobrou, indo de 3,5% em 2000 para 7,8% em 2018,[1] o que evidencia um aumento na prevalência da doença.

Um dos fatores que contribuíram para o aumento da incidência de TA foi o advento da pandemia de Covid-19, que causou efeitos em vários aspectos na vida das pessoas – econômicos, sociais, desenvolvimento e/ou agravamento de doenças físicas e mentais/psiquiátricas. Esse cenário acabou por revelar a necessidade de dedicar maior atenção à saúde mental e por colocá-la como parte necessária das respostas de enfrentamento da Covid-19,[2] principalmente no que tange às pessoas com doenças mentais preexistentes.[3]

Em estudos recentes, especialistas identificaram a importância de atender às necessidades específicas de pessoas com TA,[4] portanto sugeriram adaptações nas intervenções já existentes, baseadas em evidências, com foco nos níveis de cuidados, tanto para ambulatório[5] quanto para pacientes internados.[6]

Neste capítulo será enfocada uma dessas possibilidades de intervenção, que é a terapia cognitivo-comportamental (TCC) de autoajuda guiada baseada em evidências para tratamento da bulimia nervosa (BN) e do transtorno de compulsão alimentar (TCA), em suas formas leves e moderadas.

Considerando que a BN e o TCA são transtornos alimentares que acometem e prejudicam a vida de inúmeros indivíduos no mundo,[7] assim como a vida de seus familiares e de pessoas envolvidas em seu círculo social, é importante que haja um guia como o Academy for Eating Disorders (AED),[8] com diretrizes para referenciar e subsidiar o trabalho dos profissionais que tratam pacientes com TA.

Dentre as recomendações da AED para tratamento de TA, são indicadas as psicoterapias consideradas de primeira linha baseadas em evidências, e uma delas é a psicoterapia de TCC de autoajuda guiada (CBTgsh).[8]

CONSIDERAÇÕES SOBRE O TRATAMENTO E SUAS VANTAGENS

Devido à natureza flexível e acessível do programa de TCC baseado em autoajuda, há uma redução de obstáculos que geralmente estão presentes no tratamento usual: longo tempo em filas de espera, aumento da percepção do sentimento de vergonha que está associado ao estigma relacionado à doença, tanto na BN quanto no TCA; medo e esquiva em procurar ajuda profissional. Minimizar esses obstáculos torna-se importante, pois é um fator que chega a comprometer a perspectiva de um bom prognóstico:

- Capacitar a pessoa com BN e TCA e sua rede de apoio a desenvolverem autonomia e independência.
- Possibilitar a integração dessa técnica a abordagens de cuidados escalonados, o que permite que haja uma intensificação do cuidado conforme a gravidade do TA.
- A autoajuda é *user-led*: a orientação tem função de suporte, e o foco deve ser posto na automotivação do indivíduo, além de prover clarificação, revisão e personalização.
- Na autoajuda guiada a intensidade e a modalidade da orientação variam entre os programas e *set*.

Uma das razões para a utilização dos programas de autoajuda é que eles podem ser administrados em vários momentos do tratamento, desde a prevenção/intervenção precoce, prevenção de recaída e manutenção de recuperação até o acompanhamento no pós-tratamento.

Outras razões são a facilidade de acesso e o baixo custo, pois a abordagem técnica pode se dar por meio de livros ou manuais (biblioterapia), CD-Rom, vídeos ou digitalmente, via internet ou aplicativos de *smartphone*. As intervenções digitais de autoajuda também são conhecidas como intervenções baseadas em tecnologia e em computadores. Isso inclui TCC baseada na internet e TCC computadorizada. Considera-se que o manejo *online* é vantajoso em comparação com outras formas de manejo no que se refere à interatividade e à escalonabilidade.

Outrossim, os achados recentes encontrados na literatura científica apresentam evidências da eficácia de intervenções de autoajuda guiada para TA utilizando intervenções de biblioterapia e CD-Rom,[9] com o aumento recente do número de estudos com autoajuda digital. Há estudos[10] sobre a eficácia da TCC no transtorno alimentar, incluindo TCC de autoajuda.[11]

EFICÁCIA E EFETIVIDADE

Usualmente, para medir a eficácia e a efetividade dos resultados das intervenções em TA são utilizados os seguintes parâmetros:

- Abstinência dos comportamentos alimentares, por exemplo, redução da compulsão e da purgação.
- Redução nas medidas das psicopatologias dos TA, mensuradas por meio de entrevistas ou questionários (EAT e EDE-Q).[12,13]

A abstinência é tida como uma referência de padrão ouro para o resultado do tratamento, apesar de a definição de abstinência diferir entre alguns autores.

A Tabela 1 apresenta estudos de revisão sistemática sobre os programas de autoajuda estruturados e autônomos para TA nos últimos 5 anos.[14]

Três estudos recentes de revisão sistemática encontraram evidências claras do efeito da TCC de autoajuda guiada em comparação com a lista de espera na obtenção de abstinência de compulsão alimentar.

Efeito geral[11] a favor da autoajuda guiada quando comparado com um pequeno efeito obtido na lista de espera para abstinência de compulsão 0,25 (CI [-0,34, - 0,15]). Em uma análise de rede sobre tratamentos da BN, onde a razão de probabilidade de atingir completa remissão (definido como livre de sintomas por pelo menos 2 semanas) com TCC de autoajuda guiada, quando comparada com lista de espera era 3,81 ([CRL]: 1,51 a 10,90) e com TCC-autoajuda

TABELA 1 Revisões sistemáticas sobre programas estruturados de autoajuda para transtornos alimentares nos últimos 5 anos

Autores	Estudos avaliados	Tipo de TA	Tipo de autoajuda
Aardoom et al.[15] 2013	21 Ensaios clínicos randomizados (ECr), estudos não controlados, estudos qualitativos de janeiro de 2013	Todos os TAs	Tratamento baseado na internet
Beintner et al.[16] 2014	33 ECr, 1 ensaio clínico (EC); 16 séries de casos até 2012	BN, TCA; TANE e compulsão alimentar	Manual de autoajuda guiada e autoajuda guiada pura de todas as modalidades
Loucas et al.[17] 2014	20 estudos até julho de 2014; 13 estudos de prevenção; 6 estudos de tratamento e 1 estudo de prevenção de recaídas	Todos os TAs	Tecnologia baseada em terapia, incluindo CD e internet
Schlegl et al.[18] 2015	22 ECr; 2 EC; 16 estudos clínicos não controlados até 2014	Todos os TAs	Tecnologia baseada em autoajuda guiada e autoajuda pura
Traviss-Turner et al.[19] 2017	30 ECr até 2016	BN, TCA; TANE e compulsão alimentar	Autoajuda guiada manualizada para todas as modalidades
Pittock et al.[20] 2018	5 ECr	BN, sintomas subclínicos de BN ou TANE (estudos que incluíam participantes com TCA foram excluídos)	Tecnologia baseada em terapia cognitivo-comportamental

pura era 3,49 (CRL: 1,20-11,21), respectivamente.[10,19,21] Assim como há efetividade significativa da TCC de autoajuda guiada na remissão quando comparada com o controle inativo no pós-tratamento.[10]

No que se refere aos efeitos da psicopatologia nos TA, há concordância entre os dados de vários autores quando comparados aos controles de lista de espera. As intervenções de biblioterapia baseadas em tecnologia, tanto na PSH (autoajuda pura) quanto na GSH (autoajuda guiada), são superiores e melhoram os sintomas de TA nas populações de BN, TCA e pós-tratamento.[9,19]

Um amplo estudo de revisão[15,22] realizado na Holanda incluiu pessoas com AN, BN e TCA submetidas a quatro diferentes condições de tratamento:

1. Programa iTCC denominado *Featback*, que consistia em psicoeducação com mensagens automáticas de *feedback*.
2. *Featback* com o suporte semanal do terapeuta.
3. *Featback* com suporte do terapeuta 3 vezes por semana.
4. Lista de espera.

Ao comparar com a lista de espera, os autores encontraram que as condições de *featback* tiveram um pequeno efeito significativo na redução da psicopatologia bulímica, melhora do humor, redução de pensamentos obsessivos independentemente da provisão e intensidade do suporte do terapeuta. Cabe destacar que aqueles que tiveram algum suporte do terapeuta estavam mais satisfeitos com as condições do tratamento do que aqueles que não tiveram.

Outro estudo recente multicentro de ampla escala realizado na Alemanha[23] comparou 20 sessões individuais presencias de TCC com 11 módulos *online* e 2 sessões de 90 minutos com terapeuta utilizando iTCC guiada para TCA.

Os resultados apresentados demonstraram que a TCC presencial foi superior à iTCC guiada, tanto no fim do tratamento quanto na abstinência e na redução da psicopatologia do TA, até 6 meses de acompanhamento. Essas diferenças desapareceram após 1 ano e meio de acompanhamento

O foco das pesquisas em muitos estudos têm sido as intervenções de autoajuda nos diferentes estágios do tratamento. Alguns deles têm se concentrado especificamente nas fases de prevenção ou intervenção precoce, e prevenção de recaída após um período intenso de tratamento.

Nos EUA e na Alemanha foi avaliado um programa estruturado de iTCC de 8 semanas em uma população de jovens mulheres[24] estudantes, e, nessa população, as que estavam em risco subclínico de AN[25] ou TCA.[26] Esse programa estruturado tinha como objetivo avaliar efeitos da prevenção e intervenção precoce com foco nas atitudes relativas ao TA; imagem corporal negativa e desejo de ser magra. Ainda que os autores tenham encontrado um resultado de médio para melhora das atitudes do TA,[27] outro estudo,[17] que incluiu uma gama de intervenções preventivas *online*, questionou esses resultados.

Portanto, esse programa tem sido modificado e vem sendo avaliado na população clínica em muitos países da Europa (Alemanha, Áustria e Reino Unido).[28]

No Reino Unido foi realizado um ensaio de viabilidade[29] de um programa de autoajuda guiada utilizando *e-mail* e manual de autoajuda, porém com fraca evidência do programa para pacientes de anorexia nervosa (AN).

Em uma revisão, Jacobi et al.[11] conduziram um estudo com mulheres diagnosticadas com BN cujo objetivo era verificar a eficácia do programa de pós-tratamento cognitivo-comportamental IN@ de autoajuda guiada pela *web*, utilizando *e-mail* e manual. A intervenção teve efeito significativo em episódios de vômitos, mas não em episódios de abstinência ou compulsão alimentar. Os dados desse estudo apontaram que as pacientes que apresentavam sintomas bulímicos após alta hospitalar se beneficiaram das intervenções do programa IN@, enquanto aquelas que já estavam abstinentes dos sintomas não se beneficiaram.

Há poucos estudos cujo foco de pesquisa seja a relação custo-benefício do tratamento de autoajuda para TA. Em 13 estudos[30] publicados, somente dois se concentraram no tratamento de autoajuda.[22,31]

Perante a heterogeneidade de resultados que foram encontrados por meio de diferentes estudos, observou-se a importância de examinar variáveis moderadoras.[16] Foram encontradas as seguintes variáveis moderadoras de resultados do tratamento de autoajuda com inclusão de orientação por parte de um especialista: número de sessões de orientação; idade (duração da doença); índice de massa corporal (IMC) e gravidade das atitudes relacionadas com o TA.

Por outro lado, há estudos[19] que não encontraram efeito moderador significativo de "modo de orientação", "gravidade do TA" ou "quantidade de tempo de contato", embora houvesse uma sugestão de que a variável mais tempo de contato tendia a produzir melhores resultados. No entanto, há dados que apontam para o aumento da probabilidade de abstinência quando o paciente é diagnosticado com TCA.

Quanto ao papel da orientação, dados encontrados em estudos sobre seu impacto sobre o tratamento têm apontado para resultados que parecem ser imprecisos. Generalizações e comparações entre estudos são difíceis de fazer, pois muitos não incluem informações sobre duração do contato, conteúdo das orientações e qualificações dos guias/instrutores.[18]

Ao colocar a orientação como variável moderadora na intervenção de autoajuda com pessoas com BN, há estudos que sinalizam uma previsão de redução na frequência de compulsão, abstinência de compulsão e, no questionário (EDE-Q), redução das preocupações com o comer, o peso e a forma corporal. A orientação teve maior impacto na psicopatologia do TA, com autoajuda guiada (GSH), apontando para uma produção de efeitos mais substanciais do que na autoajuda pura (PSH), com taxas similares de desistência e intervenção completa.[16]

Há fortes evidências de que, nas intervenções de GSH, o papel desempenhado pela orientação do clínico influencia os níveis de adesão e satisfação com o tratamento, o que por sua vez pode afetar o resultado.

Por exemplo, em um estudo sobre a adesão ao tratamento de autoajuda, os autores encontraram as seguintes porcentagens: 6% com PSH e 50% com GSH.[32]

Outra constatação foi a de que nas intervenções de autoajuda pura (PSH), de forma geral, houve uma baixa participação das pessoas.[16] Nas intervenções com GSH, a orientação, por sua vez, foi associada com alto nível de satisfação, o que a faz ser considerada um elemento bastante útil em intervenções de autoajuda.[33]

Considerando que a autoajuda pura pode empoderar e aumentar a autonomia, fazendo com que a pessoa use a automotivação para persistir no tratamento, mediante a falta de suporte da orientação,[34] por outro lado a motivação do tratamento pode ser potencialmente fortalecida por meio da interação e do desenvolvimento da relação terapêutica com o orientador.[35]

Com base nessa evidência, alguns autores propuseram que, em vez de examinar exclusivamente o papel da orientação, poder-se-ia pesquisar de forma mais ampla o desempenho qualitativo da orientação.[16] Propuseram considerar a qualidade da orientação, com orientadores especialistas em TA, como variável moderadora nos resultados e na adesão ao tratamento. Os achados de suas pesquisas indicaram melhores resultados quando o orientador era um especialista em TA.

Estudos qualitativos mostraram ainda que reciprocidade, confiança, abertura e relação terapêutica com forte vinculação e colaboração eram importantes para o resultado positivo nos resultados do tratamento com GSH para BN e TCA.[36]

Definições de engajamento, aderência, conclusão e desistência do tratamento variam amplamente por meio dos estudos de intervenção de autoajuda com TA. Dessa forma, diferentes estudos de revisão que enfocaram essas variáveis encontraram que os moderadores de desistência eram inconsistentes, ou não puderam ser determinados.[16,24]

Estudos qualitativos podem nos fornecer *insights* a respeito dos facilitadores de aceitação e retenção do tratamento.

Não se pode falar em variáveis moderadoras sem considerar a variável cultura. Alguns autores têm questionado que a maioria dos estudos sobre intervenções de autoajuda para TA tem sido conduzida com amostras de meninas e mulheres brancas. A base de evidências que se têm quanto à aceitabilidade e eficácia dessas intervenções em outros grupos étnicos é limitada, embora haja dados preliminares demonstrando que há potencial para implementar programas de autoajuda baseados em evidências entre culturas. Como exemplo, há dois estudos adaptados e testados de programa de autoajuda com americanos mexicanos[37] e pessoas em Hong Kong.[38]

Quanto às implicações clínicas, o profissional que quiser oferecer a intervenção de autoajuda para seu paciente com TA precisa informar o propósito e as expectativas referentes ao tratamento, bem como auxiliar e treinar o paciente a se organizar quanto ao uso das intervenções de autoajuda que devem ser estruturadas, estabelecendo um padrão sistematizado e evitando assim o manejo desorganizado, que pode ter como consequência um menor engajamento motivacional.

Por outro lado, essa organização por parte do paciente facilita ao clínico identificar se as intervenções estão sendo eficazes ou não e em qual estágio do tratamento há evidências de eficácia, e se as ferramentas utilizadas estão sendo suficientes.

PROGRAMAS DE TRATAMENTO DE AUTOAJUDA DOS TRANSTORNOS ALIMENTARES

Segundo as recomendações do National Institute for Health and Care Excellence (Nice) de 2017,[39] que constituem outro guia de referência para o tratamento dos TA, é necessário que o tratamento psicológico da BN de adultos contenha os seguintes elementos:

- No pré-tratamento, informar ao paciente que o tratamento psicológico tem efeito limitado sobre o peso corporal.
- Usar TCC de autoajuda guiada e materiais para TA.
- Complementar o programa com o suporte de sessões breves de 20 minutos cada por 16 semanas com frequência semanal (4 a 9 sessões).

Se após 4 semanas a TCC de autoajuda guiada se mostrar ineficaz, contraindicada ou inaceitável, considerar a TCC individual (CBT-ED), que usualmente consiste em 20 sessões ao longo de 20 semanas. Considerar sessões de 2 vezes por semana em uma primeira fase, que tem foco no engajamento e na educação.

- Estabelecer um padrão de alimentação regular e fornecer motivação com aconselhamento e apoio.
- Abordar a psicopatologia do TA (p. ex., a restrição de dieta extrema, as preocupações com a forma do corpo, o peso e a tendência à compulsão como resposta aos pensamentos disfuncionais e sentimentos).
- Ao final do tratamento, espaçar as sessões e focar a manutenção das mudanças positivas, além da minimização do risco de recaída.
- Se for apropriado, envolver outras pessoas significantes para ajudar no tratamento individualizado (rede de apoio).

PROGRAMAS DE TRATAMENTO DE AUTOAJUDA DOS TRANSTORNOS ALIMENTARES (*ONLINE*)

Dentre os vários programas existentes, podem ser citados aqueles que mais são referenciados nos estudos de pesquisa, indicando, assim, sua ampla utilização em ensaios de eficácia e efetividade, o que facilita o uso na prática clínica.

A seguir serão abordados os seguintes programas com intervenções baseadas no uso de tecnologias (IBT): Salut (*Intelligent Environment for Diagnosis, Treatment, and Prevention of Eating Disorders*) apresentado em duas versões; Salut BN (suporte terapêutico online para pessoas com BN) e Salut BED (tratamento *online* para pessoas com sobrepeso ou obesidade, com TCA periódica).[40,41]

As duas versões apresentam *software* próprio. O programa baseado na TCC contém 7 sessões Salut BN e 11 sessões Salut BED.

Descrição das sessões:

- Informações.
- Exemplos e exercícios.
- Duração de 4 a 6 meses.
- Auto-observação – considerado o ponto-chave do programa.
- Automonitoramento (diário alimentar, gatilhos que levam à compulsão e plano alimentar).
- Reestruturação cognitiva e prevenção de recaída.
- Nível de acompanhamento: guiada.

Eficácia do tratamento no Salut BN: gravidade dos sintomas de BN e psicopatologia geral melhorou significativamente.

Eficácia do tratamento no Salut BED:

- Reduções significativas nos comportamentos de compulsão alimentar, desejo por magreza e insatisfação corporal.
- Consciência das sensações corporais.

CONTRAINDICAÇÕES

Por outro lado, alguns estudos vêm focando as contraindicações das intervenções de autoajuda. Por exemplo, Schimidt[29] encontrou uma fraca evidência do programa de autoajuda guiada de prevenção de recaída em pacientes com AN no pós-tratamento de internação, comparado com o tratamento usual. Portanto, não é indicado esse tipo de intervenção em pacientes com quadros graves da doença, caso da maioria dos pacientes com diagnóstico de AN, que inclusive apresentam risco de suicídio, demandando atendimento presencial e maior atenção por parte do profissional,[38] assim como pacientes com sintomas graves de BN e TCA.

Pode-se citar também como fator de contraindicação a elevada taxa de abandono, devido à ausência de acompanhamento e monitoramento em intervenções autoguiadas. Outros fatores a serem considerados são desconforto com o meio de intervenção, falta de contato físico e de privacidade, confidencialidade de informações pessoais, atividades não sensíveis às questões de gênero e limitações de tempo para a realização de tarefas.[40]

FASES DO TRATAMENTO E OBJETIVOS

Fase 1

Aplicação de questionário EDE-Q.

Psicoeducativo do transtorno e instruções sobre o programa de autoajuda guiada baseado na TCC, usando recursos de leitura. Será cobrado *feedback* das leituras ao longo das intervenções.

Objetivo: engajamento, motivação para a mudança e introdução ao automonitoramento.

Fase 2

Apreensão do programa e utilização de técnicas da TCC.

Objetivo: como mudar. Automonitoramento, identificação dos pensamentos e emoções.

Fase 3

Desenvolver assertividade, resolução de problemas, planejamento do futuro e revisão.

Objetivo: prevenção de recaída e consciência de si mesmo.

Procedimentos e técnicas de cada fase do tratamento

A seguir serão apresentados os recursos utilizados em cada fase.

Fase 1

Discussão de temas específicos ao psicoeducacional, complementada com material de leitura e questionário qualitativo, que são prescritos como tarefa de casa.

Nessa fase, as técnicas utilizadas com base na TCC são indicações de livros temáticos, filmes, animações, aplicativos, podcast, *mindfulness*, jogos, *quizzes*, avatar.

Fase 2

Apreensão do programa de tratamento e do conceito do TA (BN, TCA) com utilização de técnicas da TCC: automonitoramento, identificação dos pensamentos e emoções por meio do registro de pensamentos disfuncionais e vantagens e desvantagens atuais e futuras da mudança.

Desenvolver autocrítica em relação ao transtorno e às influências midiáticas e das redes sociais.

Fase 3

Desenvolver assertividade, resolução de problemas, planejamento do futuro e revisão (exercícios de reestruturação cognitiva).

Para tanto, utilizam-se as seguintes técnicas: *rollplay*, descoberta guiada, questionamento socrático, roda da vida, linha do tempo e *feedback* para o paciente por meio de exercícios que focam os progressos obtidos ao longo do tratamento (prevenção de recaída).

CONSIDERAÇÕES FINAIS

Intervenções de autoajuda são tidas como um campo muito novo dentro das psicoterapias para TA, portanto há muitas questões que permanecem abertas, assim como dados imprecisos, o que torna necessário mais estudos que enfoquem a diversidade de gênero, as diferentes culturas e os aspectos socioeconômicos. No que se refere ao aspecto socioeconômico, vale ressaltar que a prevalência dos TA, até recentemente considerados raros, justificava o baixo investimento governamental e tampouco política pública dirigida a esse setor da saúde mental.

A terapia de autoajuda, por ser uma intervenção de fácil acesso, por meio de tecnologia digital, vai ao encontro dessa nova realidade, ampliando o alcance para várias pessoas e dirimindo, assim, o obstáculo socioeconômico. Outrossim, é preciso considerar que, quanto maior for o número de pessoas atingidas por um programa baseado nesse tipo de intervenção de TCC de autoajuda guiada, maior será a oportunidade para trabalhar o aspecto preventivo, que não só pode contribuir para diminuir a incidência de quadros graves da doença como também contempla o aspecto educativo, pois dissemina o conhecimento de uma doença que se torna cada vez mais comum na população e que hoje atinge desde pré-púberes a adultos com idade igual ou maior a 40 anos.

Contudo, não temos ainda resultados significativos quanto à eficácia e efetividade desse tipo de intervenção para embasar comparações com outros tratamentos, o que induz, certamente, futuras pesquisas.

REFERÊNCIAS

1. Zagorski N. Global initiative aims to uncover genetics of eating disorders. Psychiatric News. 2022 Feb 1;57(02).
2. Adhanom Ghebreyesus T. Addressing mental health needs: an integral part of Covid-19 response. World Psychiatry. 2020 May 11;19(2):129-30.
3. Kaufman KR, Petkova E, Bhui KS, Schulze TG. A global needs assessment in times of a global crisis: world psychiatry response to the Covid-19 pandemic. BJPsych Open. 2020 Apr 6;1-11.
4. Fernández-Aranda F, Casas M, Claes L, Bryan DC, Favaro A, Granero R, et al. Covid-19 and implications for eating disorders. European Eating Disorders Review. 2020 Apr 28;28(3):239-45.
5. Murphy R, Calugi S, Cooper Z, Dalle Grave R. Challenges and opportunities for enhanced cognitive behaviour therapy (CBT-E) in light of Covid-19. The Cognitive Behaviour Therapist. 2020;13.

6. Davis C, Chong NK, Oh JY, Baeg A, Rajasegaran K, Chew CSE. Caring for children and adolescents with eating disorders in the current Covid-19 pandemic: a Singapore perspective. Journal of Adolescent Health. 2020;67: 131-4.
7. American Psychiatric Association (APA). Manual Diagnostico e Estatístico de Transtornos Mentais. 5.ed. Porto Alegre: Artmed; 2014.
8. Academy for Eating Disorder (AED). A guide to selecting evidence-based psychological therapies for eating disorders. 2020.
9. Perkins SSJ, Murphy RR, Schmidt UU, Williams C. Self-help and guided self-help for eating disorders. Cochrane Database of Systematic Reviews. 2006 Jul 19.
10. Linardon J, Wade TD, de la Piedad Garcia X, Brennan L. The efficacy of cognitive-behavioral therapy for eating disorders: a systematic review and meta-analysis. Journal of Consulting and Clinical Psychology. 2017 Nov;85(11):1080-94.
11. Jacobi C, Beintner I, Fittig E, Trockel M, Braks K, Schade-Brittinger C, et al. Web-based aftercare for women with bulimia nervosa following inpatient treatment: randomized controlled efficacy trial. Journal of Medical Internet Research. 2017 Sep 22;19(9):e321. Disponível em: https://www.jmir.org/2017/9/e321/. Acesso em: 14 set. 2023.
12. Cooper Z, Fairburn C. The eating disorder examination: a semi-structured interview for the assessment of the specific psychopathology of eating disorders. International Journal of Eating Disorders. 1987 Jan;6(1):1-8.
13. Fairburn CG, Beglin SJ. Assessment of eating disorders: interview or self-report questionnaire? International Journal of Eating Disorders. 1994 Dec;16(4):363-70.
14. Yim SH, Schmidt U. Self-help treatment of eating disorders. Psychiatric Clinics of North America. 2019 Jun;42(2):231-41.
15. Aardoom JJ, Dingemans AE, Fokkema M, Spinhoven P, Van Furth EF. Moderators of change in an internet-based intervention for eating disorders with different levels of therapist support: what works for whom? Behaviour Research and Therapy. 2017 Feb;89:66-74.
16. Beintner I, Jacobi C, Schmidt UH. Participation and outcome in manualized self-help for bulimia nervosa and binge eating disorder: a systematic review and metaregression analysis. Clinical Psychology Review. 2014 Mar;34(2):158-76.
17. Loucas CE, Fairburn CG, Whittington C, Pennant ME, Stockton S, Kendall T. E-therapy in the treatment and prevention of eating disorders: a systematic review and meta-analysis. Behaviour Research and Therapy. 2014 Dec];63:122-31. Disponível em: https://www.ncbi.nlm.nih.gov/pmc/articles/PMC4271736/. Acesso em: 14 set. 2023.
18. Schlegl S, Bürger C, Schmidt L, Herbst N, Voderholzer U. The potential of technology-based psychological interventions for anorexia and bulimia nervosa: a systematic review and recommendations for future research. Journal of Medical Internet Research. 2015;17(3):e85. Disponível em: https://www.jmir.org/2015/3/e85/. Acesso em: 14 set. 2023.
19. Traviss-Turner GD, West RM, Hill AJ. Guided self-help for eating disorders: a systematic review and metaregression. European Eating Disorders Review. 2017 Mar 9;25(3):148-64.
20. Pittock A, Hodges L, Lawrie SM. The effectiveness of internet-delivered cognitive behavioural therapy for those with bulimic symptoms: a systematic review. BMC Research Notes. 2018 Oct 22;11(1).
21. Slade E, Keeney E, Mavranezouli I, Dias S, Fou L, Stockton S, et al. Treatments for bulimia nervosa: a network meta-analysis. Psychological Medicine. 2018 May 6;48(16):2629-36.
22. Lynch FL, Striegel-Moore RH, Dickerson JF, Perrin N, DeBar L, Wilson GT, et al. Cost-effectiveness of guided self-help treatment for recurrent binge eating. Journal of Consulting and Clinical Psychology. 2010;78(3):322-33.
23. de Zwaan M, Herpertz S, Zipfel S, Svaldi J, Friederich H-C, Schmidt F, et al. Effect of internet-based guided self-help vs individual face-to-face treatment on full or subsyndromal binge eating disorder in overweight or obese patients. JAMA Psychiatry. 2017 Oct 1;74(10):987.
24. Graff Low K, Charanasomboon S, Lesser J, Reinhalter K, Martin R, Jones H, et al. Effectiveness of a computer-based interactive eating disorders prevention program at long-term follow-up. Eating Disorders. 2006 Jan;14(1):17-30.

25. Taylor CB, Kass AE, Trockel M, Cunning D, Weisman H, Bailey J, et al. Reducing eating disorder onset in a very high risk sample with significant comorbid depression: a randomized controlled trial. Journal of Consulting and Clinical Psychology. 2016 May 1;84(5):402-14. Disponível em: https://www.ncbi.nlm.nih.gov/pmc/articles/PMC4836995/. Acesso em: 14 set. 2023.
26. Jones M, Luce KH, Osborne MI, Taylor K, Cunning D, Doyle AC, et al. Randomized, controlled trial of an internet-facilitated intervention for reducing binge eating and overweight in adolescents. Pediatrics. 2008 Mar 1;121(3):453-62.
27. Beintner I, Jacobi C, Taylor CB. Effects of an internet-based prevention programme for eating disorders in the USA and Germany: a meta-analytic review. European Eating Disorders Review. 2011 Jul 27;20(1):1-8.
28. Vollert B, Beintner I, Musiat P, Gordon G, Görlich D, Nacke B, et al. Using internet-based self-help to bridge waiting time for face-to-face outpatient treatment for bulimia nervosa, binge eating disorder and related disorders: study protocol of a randomized controlled trial. Internet Interventions. 2019 Apr;16:26-34.
29. L Schmidt U, Sharpe H, Bartholdy S, Bonin E-M, Davies H, Easter A, et al. Treatment of anorexia nervosa: a multimethod investigation translating experimental neuroscience into clinical practice. Programme Grants for Applied Research. 2017 Aug;5(16):1208. Disponível em: https://cfe.keltyeatingdisorders.ca/sites/default/files/resource/Treatment_of_anorexia_nervosa_a_multimethod_invest.pdf. Acesso em: 14 set. 2023.
30. Le LK-D, Hay P, Mihalopoulos C. A systematic review of cost-effectiveness studies of prevention and treatment for eating disorders. Australian & New Zealand Journal of Psychiatry. 2017 Nov 7;52(4):328-38.
31. Aardoom JJ, Dingemans AE, van Ginkel JR, Spinhoven P, Van Furth EF, Van den Akker-van Marle ME. Cost-utility of an internet-based intervention with or without therapist support in comparison with a waiting list for individuals with eating disorder symptoms: a randomized controlled trial. International Journal of Eating Disorders. 2016 Jul 21;49(12):1068-76.
32. Carter JC, Fairburn CG. Cognitive-behavioral self-help for binge eating disorder: a controlled effectiveness study. Journal of Consulting and Clinical Psychology. 1998;66(4):616-23.
33. Curr Psychiatry Rep. Aardoom JJ, Dingemans AE, Van Furth EF. E-health interventions for eating disorders: emerging findings, issues, and opportunities. Curr Psychiatry Rep (ed.). 2016.
34. Pretorius N, Rowlands L, Ringwood S, Schmidt U. Young people's perceptions of and reasons for accessing a web-based cognitive behavioural intervention for bulimia nervosa. European Eating Disorders Review. 2010 May;18(3):197-206.
35. McClay C-A, Waters L, McHale C, Schmidt U, Williams C. Online cognitive behavioral therapy for bulimic type disorders, delivered in the community by a nonclinician: qualitative study. Journal of Medical Internet Research. 2013 Mar 15;15(3):e46.
36. Traviss GD, Heywood-Everett S, Hill AJ. Understanding the "guide" in guided self-help for disordered eating: a qualitative process study. Psychol Psychother 2013; 86(1):86-104.
37. Shea M, Cachelin FM, Gutierrez G, Wang S, Phimphasone P. Mexican American women's perspectives on a culturally adapted cognitive-behavioral therapy guided self-help program for binge eating. Psychological Services. 2016 Feb;13(1):31-41.
38. Leung SF, Joyce Ma LC, Russell J. An open trial of self-help behaviours of clients with eating disorders in an online programme. Journal of Advanced Nursing. 2012 Mar 26;69(1):66-76.
39. National Institute for Health and Care Excellence (Nice). Eating disorders: recognition and treatment full guideline. London: Nice; 2017.
40. Appolinario JC, Nunes MA, Cordás TA. Transtornos alimentares: diagnóstico e manejo. Porto Alegre: Artmed; 2022.
41. Netunion. Netunion (ed.). http://netunion.com.

Seção 2
Psicoterapias de segunda linha

7

Terapia psicodinâmica focal para o tratamento da anorexia nervosa

Valeska Bassan
Marcela Nunes Paulino de Carvalho

INTRODUÇÃO

Estudos e pesquisas realizados ao longo dos últimos anos têm demostrado de forma clara e inequívoca que a origem dos transtornos alimentares (TA) é composta por um conjunto de fatores em interação, que envolvem componentes biológicos, psicológicos, familiares e socioculturais.[1] Essa perspectiva faz com que um transtorno como a anorexia nervosa (AN) deva ser avaliado e tratado de acordo com as dimensões que a complexidade da condição clínica exige. Assim, é fundamental lembrar os critérios diagnósticos para a AN para que o tratamento a seguir seja aplicado corretamente.

A AN é caracterizada pela baixa ingestão calórica, a partir de restrições rigorosas que geram extremo baixo peso corporal no contexto de idade, gênero, trajetória do desenvolvimento e saúde física. Ademais, apresenta-se o medo mórbido de engordar e perturbações quanto ao peso e à forma corporal; comumente, pode haver distorção da imagem corporal.[2]

Segundo o Manual Diagnóstico e Estatístico de Transtornos Mentais,[2] clinicamente existem dois tipos de anorexia:

1. A do tipo restritiva, que se caracteriza quando o indivíduo não se envolveu em episódios recorrentes de compulsão alimentar ou com-

portamento purgativo (uso de diuréticos, laxantes, enemas e vômitos autoinduzidos) durante os últimos 3 meses. As pessoas que se enquadram nesse perfil apresentam perda de peso essencialmente conseguido por meio de dietas, jejum e/ou exercício físico em excesso.

2. A do tipo compulsão alimentar purgativa, em que o indivíduo se envolve em episódios recorrentes de compulsão alimentar, especialmente nos últimos 3 meses, provocando vômitos ou utilizando indevidamente laxantes, diuréticos ou enemas.

Importante destacar que existem outras causas ambientais para a AN, como traumas, conflitos familiares, divórcio, abuso físico ou sexual, dificuldades nos relacionamentos íntimos e mudanças de vida. Traços comuns de personalidade em indivíduos anoréxicos podem ser observados, como a hipersensibilidade à avaliação/rejeição interpessoal, perfeccionismo e autocriticismo.

Visão geral

10%
das pessoas com anorexia grave morrem sem tratamento

50%
das pessoas que se tratam recuperam todo ou grande parte do peso perdido. Problemas hormonais e físicos costumam desaparecer

25%
das pessoas têm recaídas frequentes e continuam a apresentar problemas físicos e mentais devido ao transtorno. Crianças e adolescentes tratados devido à anorexia nervosa apresentam melhores resultados do que adultos

25%
das pessoas apresentam alguma melhora e recuperam um pouco de peso, mas é possível que elas voltem periodicamente a praticar seus hábitos alimentares antigos

Prognóstico da anorexia nervosa.[3]

TRATAMENTO

De maneira simples e objetiva, o tratamento psicanalítico visa produzir mudanças psíquicas no paciente que busca pelo processo de análise.[4] O analista, por sua vez, depara-se com aquilo que é denominado resistência, ou seja, embora o analisando busque ajuda para um sintoma que lhe cause sofrimento, ao mesmo tempo existe uma defesa em relação a tal sintoma, já que este implica uma defesa psíquica para lidar com suas angústias.[4-9]

Portanto, a psicanálise entende que o objetivo do tratamento analítico é resgatar o sentido do sintoma, gerando mobilidade onde há engessamento e repetição,[4] ou seja, permitir que o sujeito se desate de amarras impostas a si mesmo na tentativa de ser outra pessoa.[8] Em suma, o desenvolvimento das próprias potencialidades a partir da singularidade do sujeito é a que visa o tratamento psicanalítico.[4,5,8,9] Isso justifica o extenso, delicado e profundo trabalho que é realizado junto ao analisante.

O que é chamado de cura para a psicanálise não pode ser confundido com seu significado para a medicina, que implica a perda de um defeito ou algo que é prejudicial, bem como a correção de algo que está errado.

A cura para a psicanálise envolve o processo em que o analisante é levado a renunciar à segurança de uma posição fixa e repetitiva (sintoma) e a ir em direção a um rearranjo de seus investimentos libidinais.[4,10] Dessa maneira, permite-se a criação de condições para uma renovação do desejo de estar e de se movimentar no mundo – resolução mais criativa e com finalidade de buscas para viver e, também, a superação do modo onipotente e infantil de ser.[4,8,10]

O fundamento da terapia psicodinâmica está enraizado nos princípios da teoria psicanalítica,[11] cuja técnica visa elaborar e rearranjar conflitos intrapsíquicos a serviço da reestruturação, reorganização e desenvolvimento da personalidade. O conceito psicanalítico refere-se à determinação inconsciente de desejos, motivações ou medos no plano da ação.

Mais especificamente sobre o tratamento no campo dos TA, atualmente as terapias psicológicas são o principal tratamento em todo o mundo, e a maioria das pessoas recebe acompanhamento em atendimento realizado em ambulatório médico.

Existem dois principais tipos de terapias aplicadas. São elas a psicodinâmica focal (questões passadas são exploradas) e a terapia cognitivo-comportamental (situações do agora e específicas). Vale a consideração de que o modelo psicanalítico e o de tratamento psicodinâmico são os pioneiros no entendimento dos TA e em algumas assunções em termos de alterações de funcionamentos nesses pacientes,[12] por exemplo, a consciência interoceptiva, que, nos dias de hoje, já é confirmada pela neurociência.[13,14]

Em especial, a psicoterapia psicodinâmica focal individual é indicada em pacientes no estado agudo do transtorno de AN, uma vez que o tratamento em grupo pode não apresentar melhoras nessa fase. Na realidade, há o risco de o resultado gerado ser o contrário do desejado com a possibilidade de provocar efeitos negativos e instigar a competitividade pela perda de peso. Embora o ganho de peso não seja sinônimo de cura, esse efeito nessa fase se torna imprescindível para obter um bom resultado psicoterápico e um bom prognóstico para a remissão do quadro psicopatológico.

Nesse cenário, o paciente com AN encontra na terapia psicodinâmica um espaço seguro e confiável para que possa compartilhar e explorar de forma investigativa o seu mundo interno e encontrar outras formas de lidar com as emoções. Esses indivíduos, em sua maioria, apresentam pouca habilidade para lidar e acessar as emoções.

Diante desse desafio, cabe ao psicoterapeuta ajudar o paciente na identificação dos sentimentos e na compreensão da experiência emocional, expandindo, assim, sua tolerância afetiva. Atrás de cada sintoma alimentar existe uma história pessoal a ser contada[15] na qual se encontram também as bases da função e da funcionalidade do TA como um sintoma psíquico, ou seja, como conflito psíquico.[12] O que se espera da terapia psicodinâmica focal é que o paciente passe a dispor de um repertório mais amplo para responder às demandas que a vida lhe impõe.

Em geral, o paciente com AN apresenta muita dificuldade em acessar, reconhecer e tolerar as emoções. Tal dificuldade pode se manifestar de diversas formas, seja no repertório restrito de sua história de vida e relações afetivas ou de uma tendência em aceitar opiniões e/ou interpretações do terapeuta. Essas dificuldades também são identificadas no sintoma da distorção da imagem corporal, ou seja, a não percepção dos sentimentos gera prejuízos tanto na consciência interoceptiva quanto na percepção do tamanho do corpo.[13,14]

A técnica de psicodinâmica focal prioriza os conflitos e tensões psíquicas do indivíduo, suas relações afetivas, questões inconscientes e traumas ligados ao TA, sendo considerada um tipo de psicoterapia profunda.[3]

Por fim, a psicoterapia psicodinâmica focal salienta e enfatiza o trabalho com a regulação da autoestima, promovendo o resgate do respeito por si mesmo e por sua história pessoal.

PRATICANDO A TERAPIA PSICODINÂMICA FOCAL

No médio prazo, a técnica da terapia psicodinâmica focal se mostrou mais eficaz em relação às taxas de recuperação no equilíbrio do peso saudável e à ausência de sintomas ligados à AN (melhora global da psicopatologia). Mesmo que presentes, os sintomas não chegaram a prejudicar o indivíduo, de acordo com a pesquisa científica *The Lancet* publicada em 2014.[16]

Uma das conclusões preliminares do estudo é que a terapia cognitivo comportamental (TCC) apresenta resultados mais rápidos, enquanto a abordagem dos conflitos psicodinâmicos tende a gerar resultados terapêuticos mais duradouros, embora mais lentos.

A técnica que se preocupa mais em tratar o que está na base, aquilo que pode ter ajudado a desenvolver os sintomas, é a terapia psicodinâmica focal, uma vez que a pessoa está estruturando uma base sólida para ficar bem: mais *insights*; aceitação da realidade psíquica enquanto ambígua e conflituosa; redução da onipotência e compreensão da necessidade da formação de vínculos com terceiros; aumento na confiança dos vínculos; redução de *acting-outs* e promoção da simbolização; sublimação (produção de algo que não a repetição do sintoma).[4]

Os clínicos de orientação psicodinâmica partem da premissa que a história do paciente, seja familiar ou advinda de outros relacionamentos, é o cerne dos conflitos que impactam aquele paciente. O senso de continuidade e coesão do *self* (não há representação de fronteira ou limite entre o sentimento de si mesmo e o outro)[12] está comprometido nos pacientes com AN.[17] Como mecanismo de enfrentamento e proteção da dor emocional, os pacientes valem-se de mecanismos de defesa (*splitting*, dissociação, projeção e identificação projetiva) utilizados com fins de adaptação temporária.[18] Para Brusset,[19] a análise dos mecanismos de defesa é importante, mas raramente ocorre na etapa inicial da psicoterapia.

Na psicanálise, a interpretação é uma valiosa ferramenta que deve ser cuidadosamente usada, pois tem a função de romper com certo equilíbrio psíquico estabelecido, que resulta no sintoma psicopatológico.[4,10] Portanto, a interpretação é um gerador de angústias e de novas resistências.[8,10] Esse é o motivo pelo qual o analista deve pontuar muitas vezes e de diferentes maneiras um mesmo conteúdo.[4]

Por isso, Fallon e Bunce,[11] quando exploram a terapia psicodinâmica focal, sugerem alguns direcionamentos de tratamento a serem seguidos em dois tempos de tratamento e no qual a interpretação e o entendimento da função da psicopatologia está no segundo tempo:[20]

ETAPA 1

Curto prazo

- Desenvolvimento da aliança terapêutica
- Observação sobre si mesmo
- Consciência dos estados afetivos
- Reconhecimento de padrões e comportamento que sejam proporcionais aos seus objetivos

ETAPA 2

Longo prazo

- Compreensão das funções do sintoma
- Melhora da autoestima
- Estabelecimento de uma distinção mais clara entre eu e o mundo
- Melhora dos sintomas e do relacionamento social

Nesse contexto, não podemos deixar de destacar o manual intitulado *Anorexia nervosa: focal psychodynamic psychotherapy*, publicado inicialmente em alemão em 2014, escrito para terapeutas treinados na abordagem da psicoterapia psicodinâmica com foco geral determinado pelos resultados do sistema de diagnóstico psicodinâmico operacional.

Todo o programa citado no manual teve de 40 a 50 sessões e foi dividido em três grandes fases intituladas: inicial, intermediária e encerramento. O conceito básico da terapia psicodinâmica focal de curta duração, quando aplicado a pacientes com AN, é o tratamento focado em um tema terapêutico específico (foco), que é descrito em termos dinâmicos de relacionamentos e considera não apenas temas centrais de conflito, mas também fragilidades estruturais.[21]

INICIAL

Nessa etapa há muito trabalho na aliança terapêutica, bem como na descoberta de crenças pró-anoréxicas, problemas de autoestima e depressão. O tempo é gasto na imagem corporal e no trabalho específico com toda a família.

INTERMEDIÁRIA

Durante a fase intermediária, os terapeutas continuam a trabalhar com focos, mas passam da dependência do terapeuta para um foco nas experiências afetivo-emocionais.

ENCERRAMENTO

A fase de encerramento analisa a autonomia e a responsabilidade pessoal. A recaída é antecipada e as formas de abordá-la, se ocorrer.

O tratamento proposto trabalha com "focos" específicos determinados a partir do material diagnóstico e da entrevista inicial, e baseia-se em padrões de relacionamento sintomáticos e mal adaptativos, temas centrais de conflito com risco de vida e déficits estruturais do paciente. O progresso na terapia baseia-se na mudança de aspectos dos focos.

Uma vez percebida uma alteração no "foco", o terapeuta passa para a segunda fase de tratamento. Feita a entrevista psicodinâmica, os focos da terapia são determinados, especialmente em torno do objetivo de ganho de peso. A estrutura terapêutica deve incluir um acordo de tratamento claro que inclua parâmetros de peso, estrutura da refeição e exames médicos de acompanhamento. Os objetivos subjetivos dos pacientes também são incluídos e considerados, já que o ambiente terapêutico também deve dar espaço para as demandas livres e espontâneas do paciente.[7,8]

De acordo com os autores, os pacientes com anorexia são vistos tentando estabilizar seus frágeis sentimentos de autoestima, identidade e autonomia. É difícil convencer esses pacientes de que precisam de ajuda (características egossintônicas da doença, na qual o paciente se vê isolado, sem falhas e autossuficiente).[22] A maioria é ambivalente, não quer tratamento com medo do ganho de peso. O terapeuta tem de se esforçar para convencer os pacientes de que o tratamento é necessário. Tal manejo ocorre a partir da ambivalência citada, já que o próprio paciente, em alguns momentos, consegue experimentar o afeto da angústia quando o compromisso com o sintoma do TA é reduzido.[4,22]

Assim, o analista se utiliza desses momentos para gerar um efeito egodistônico e começar a pontuar que a AN não é uma solução para o sujeito lidar com suas aflições, mas um problema que traz grande sofrimento.[4,22] A partir daí, pode-se observar mudanças da posição subjetiva do sujeito com abertura para o reconhecimento da doença.[4,10,22]

INTERVENÇÃO E RESULTADOS

Os principais objetivos do tratamento da AN precisam ser trabalhados de maneira bastante singular e objetiva, destacando-se itens fundamentais:

- Restaurar o peso do paciente de acordo com faixa etária e altura de modo que volte a ser saudável.
- Melhoria de seu peso e preocupações com sua forma física.
- Remissão de comportamentos alimentares anormais com ou sem purgação.

- Melhora da qualidade de vida e comorbidades, identificação e solução ideal dos problemas familiares e pessoais.

O processo costuma ser longo e bastante complexo. A maioria dos especialistas defende a aplicação de um tratamento para a AN multidimensional (considerando os aspectos históricos, físicos, psicológicos, psicossociais, de desenvolvimento e familiares) e multidisciplinar para a eficácia do resultado.[23]

Uma figura icônica para o desenvolvimento da terapia psicodinâmica focal para a AN foi Hilde Bruch. Essa autora, em 1973, já indicava algumas problemáticas que descrevem o quadro de AN na atualidade: dificuldade na percepção das sensações corporais, dos estímulos internos e externos ao corpo, distorção da imagem corporal, muitas vezes, em proporções delirantes.[12,22]

Todas essas dificuldades denunciam a ausência de autonomia e de diferenciação entre o sujeito e o outro. Tal descrição psicanalítica já é apoiada por achados neurocientíficos atuais,[24] ou seja, pacientes que sofrem de AN apresentam algumas deficiências, como a mentalização (compreensão e percepção dos próprios pensamentos e a dos pensamentos dos outros, bem como suas diferenças), a alteração no reconhecimento visuoespacial dos objetos e dos sinais internos do corpo e o excesso de pensamentos autorreferentes (retorno da libido para si mesmo – autoerótico).[12,22,24]

Hilde Bruch também descreveu os principais elementos para o tratamento do paciente com AN que são a compreensão do alimento para ele, ajudando-o a encontrar alternativas associadas à comida para que o quadro de anorexia cessasse de sua repetição, fixação e obsessão.

Um estudo que comparou as abordagens de tratamento cognitivo-comportamento e psicodinâmico focal com pacientes com AN mostrou ganhos de peso significativos em ambos os grupos em relação à variável denominada "quantidade de peso ganho".

Esses pesquisadores mostraram que a proporção de pacientes recuperados de AN dependia totalmente da definição de recuperação. Ao aplicar uma definição estrita de recuperação – como o estudo "Focal psychodynamic psychotherapy of anorexia nervosa: a treatment manual" –, uma combinação de medida objetiva (peso) e patologia de TA com base na avaliação de especialistas, as taxas de recuperação foram de 7 a 13% em 6 meses e de 14 a 19% em 12 meses.[25,26]

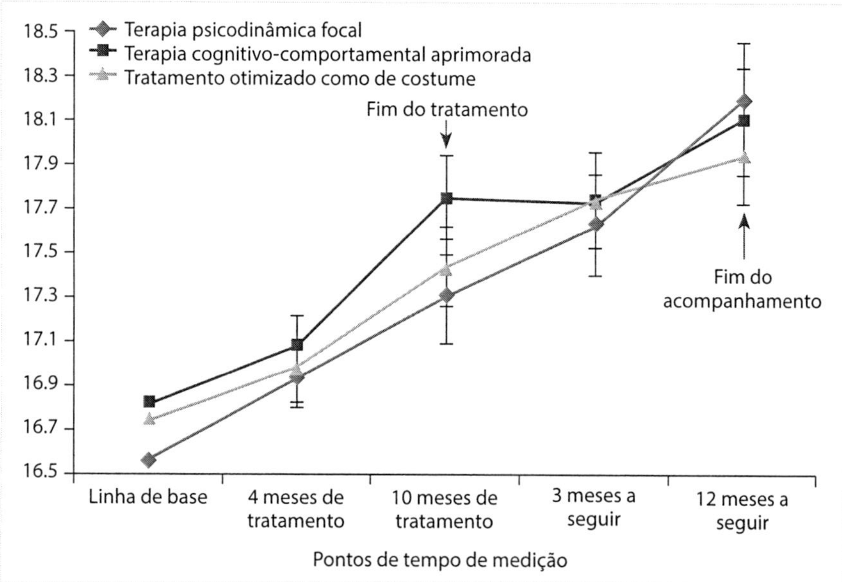

FIGURA 1 Evolução do ganho de peso durante o tratamento e acompanhamento, por grupo de tratamento. Os dados são médias dos mínimos quadrados (Ls-média).[23]

Ainda de acordo com a publicação, no total, havia 242 pacientes em 10 centros ambulatoriais em toda a Alemanha. Eles foram aleatoriamente designados para a abordagem psicodinâmica, a abordagem cognitivo-comportamental ou o tratamento usual. Quase um quarto dos pacientes desistiu nos primeiros 10 meses de tratamento. Após 1 ano, as taxas de evasão subiram para 30,1%. Embora não houvesse diferenças ao final da avaliação, na marca de 1 ano o grupo psicodinâmico tinha significativamente mais pacientes em remissão do que os demais grupos.

PONTO DE VISTA

Ao estudar registros históricos, damos conta de que os TA estão presentes de longa data, porém a carência de um diagnóstico mais preciso resultou em falta de precisão acerca dessa condição.

Ao estudar esses registros, observamos que, a partir dos séculos que compreendem a Idade Média e o início da Idade Moderna (séculos V a XVI) ocorreram os primeiros relatos de casos de jovens jejuadoras, com atos de verdadeiras recusas da alimentação. O período entre 1200 e 1500 (séculos XIII a XV) é considerado o ápice das santas jejuadoras: mulheres que praticavam o jejum ou se alimentavam frugalmente. Devido ao fato de se manterem vivas com tão pouco alimento, eram vistas como santas e milagrosas.

No declínio da Idade Média e com a chegada do Renascimento (século XVI), muitas dessas mulheres, antes santificadas, passaram a ser olhadas como possuídas por demônios, justamente porque sobreviviam com o mínimo de comida. Isso inaugura as doenças da alma que atacam a carne do corpo, colocando o jejum como um ato satânico, herege ou insano. Nesse período, destaca-se a forte influência da ciência, que se dedica a aprofundar estudos na possibilidade de sobrevivência na inanição. Por fim, observa-se a possibilidade, de acordo com o momento e o movimento histórico, de entendimentos paradoxais de um mesmo fenômeno.[12,27]

Para as mulheres da Idade Média, dedicar-se à vida religiosa e jejuar era uma forma de escape de matrimônios impostos e destinos arranjados, sem qualquer sorte de autonomia. Logo, simbolicamente esse comportamento recusava o modelo social patriarcal da época, compactuando com algum resquício de expressão da voz feminina.[12]

Assim, famosas por seus corpos emagrecidos, suas estratégias de automutilação, seus jejuns prolongados ou alimentações frugais e suas histórias de negação a casamentos ou destinos traçados sem qualquer autonomia, as santas jejuadoras/santas anoréxicas (séculos IX a XVI) representaram uma forte imagem de devoção à religião cristã.[28]

A descrição desses casos encontrados na Idade Média relata sintomas muito parecidos com os da atual AN.[28] Assim, pode-se inferir que, embora os tempos mudem, o fenômeno psicopatológico se mantém, indicando que o fator sociocultural é uma das causas que explicam esse quadro, mas não o único. A partir desse extenso histórico da descrição do fenômeno da AN, na atualidade, encontra-se uma prevalência de moderada a alta dos quadros de AN, bulimia nervosa (BN) e transtorno de compulsão alimentar (TCA), bem como o aumento global de 25% de todos os TA.[29]

Dados de prevalência são de extrema importância para o planejamento de atenção à saúde e da demanda por esse serviço.[30] A prevalência global dos TA é moderadamente alta. Além disso, muitos indivíduos afetados por essa psicopatologia não buscam tratamento, o que pode levar ao agravamento do quadro.[29,30]

Segundo a Organização Mundial da Saúde (OMS), cerca de 4% dos brasileiros sofrem de distúrbios alimentares; no entanto, na adolescência (período do desenvolvimento no qual há risco para o início e instalação da doença) esse índice chega a até 10%. Ainda hoje, com uma grande quantidade de pesquisas sobre a AN, o distúrbio tem uma taxa de mortalidade de cerca de 20% entre os pacientes diagnosticados. Para se ter uma ideia, os pacientes com câncer de mama têm taxa de sobrevida mais alta do que pacientes anoréxicos.[31]

No Brasil, são cerca de 150 mil casos por ano. Por isso é de grande relevância o desenvolvimento e aplicação de programas preventivos, a realização de um diagnóstico precoce e o rápido início de um tratamento multidisciplinar com profissionais especializados para proporcionar o aumento de sobrevida. Os resultados dos estudos realizados com a terapia psicodinâmica focal, como apresentado neste capítulo, mostram um caminho bastante promissor, especialmente no quesito do tratamento a longo prazo, que contribui com a prevenção de recaídas.

Segundo a Academy for Eating Disorders (AED), a psicoterapia psicodinâmica focal é o tratamento de segunda escolha para a AN, mas apresenta resultados bastante satisfatórios.

Como se pode concluir e de acordo com todas as referências apresentadas, o protocolo mais recomendado para o tratamento do TA é composto por uma equipe multidisciplinar e especializada em TA com a presença de nutricionistas, psiquiatras e psicólogos. Lembrando que a participação dos familiares durante o tratamento é imprescindível.

REFERÊNCIAS

1. Cooper Z. The development and maintenance of eating disorders. In: Brownell KD, Fairburn CG (eds.). Eating disorders and obesity: a comprehensive handbook. New York: The Guilford Press; 1995.
2. American Psychiatric Association (APA). Manual diagnóstico e estatístico de transtornos mentais. 5.ed. Porto Alegre: Artmed; 2014.
3. Attia E, Walsh BT. Anorexia nervosa. 2022. Disponível em: www.msdmanuals.com/pt-br/casa/dist%C3%BArbios-de-sa%C3%BAde-mental/transtornos-alimentares/anorexia-nervosa. Acesso em: 14 set. 2023.
4. Mezan R. Objetivos do tratamento psicanalítico. In: Fulgêncio L (org.). Objetivos do tratamento psicanalítico. São Paulo: Concern, Attar; 2020. p.39-53.
5. Freud S (1912). A dinâmica da transferência. In: Observações psicanalíticas sobre um caso de paranoia relatado em autobiografia: "O caso Schreber": artigos sobre técnica e outros textos (1911-1913). São Paulo: Companhia das Letras; 2010.
6. Freud S (1912). Recomendações ao médico que pratica a psicanálise. In: Observações psicanalíticas sobre um caso de paranoia relatado em autobiografia: "O caso Schreber": artigos sobre técnica e outros textos (1911-1913). São Paulo: Companhia das Letras; 2010.

7. Freud S (1913). O início do tratamento. In: Observações psicanalíticas sobre um caso de paranoia relatado em autobiografia: "O caso Schreber": artigos sobre técnica e outros textos (1911-1913). São Paulo: Companhia das Letras; 2010.
8. Freud S (1914). Recordar, repetir e elaborar. In: Observações psicanalíticas sobre um caso de paranoia relatado em autobiografia: "O caso Schreber": artigos sobre técnica e outros textos (1911-1913). São Paulo: Companhia das Letras; 2010.
9. Freud S (1915). Observações sobre o amor de transferência. In: Observações psicanalíticas sobre um caso de paranoia relatado em autobiografia: "O caso Schreber": artigos sobre técnica e outros textos (1911-1913). São Paulo: Companhia das Letras; 2010.
10. Nasio J-D. Sim, a psicanálise cura! Rio de Janeiro: Zahar; 2019.
11. Cordiolli AV. Como atuam as psicoterapias. In: Psicoterapias: abordagens atuais. Porto Alegre: Artmed; 1998.
12. Fernandes MH. Transtornos alimentares: anorexia e bulimia. 2.ed. São Paulo: Casa do Psicólogo; 2012.
13. Gaudio S, Olivo G, Beomonte Zobel B, et al. Altered cerebellar-insular-parietal-cingular subnetwork in adolescents in the earliest stages of anorexia nervosa: a network-based statistic analysis. Transl Psychiatry. 2018;8:127.
14. Horndasch S, Rösch J, Kratz O, Vogel A, Heinrich H, Graap H. Neural mechanisms of perceptive and affective processing of body stimuli in anorexia nervosa: are there developmental effects? Psychiatry Research. 2020;286:112853.
15. Zerbe KJ. The inicial role of psychodynamic understanding in the treatment of eating disorders. Psychiatric Clin N Am. 2001;24:305-13.
16. Zipfel Stephen. Tratamento de pacientes ambulatoriais de anorexia nervosa. Disponível em: www.uai.com.br/app/noticia/saude/2014/01/21/noticias-saude,193080/estudo-analisa-diferentes-modos-de-lidar-com-a-anorexia-e-aponta-qual.shtml. Acesso em: 14 set. 2023.
17. Groot J, Rodin G. Coming alive: the psychotherapeutic treatment of patients with eating disorders. Can J Psychiatry. 1998;43:359-66.
18. Zerbe KJ. The inicial role of psychodynamic understanding in the treatment of eating disorders. Psychiatric Clin N Am. 2001;24:305-13.
19. Brusset B. Anorexie mentale et boulimie du point de vue de leur genèse. Neuropsychiatrie de L'Enfance. 1993;41(5-6):245-9.
20. Fallon A, Bunce S. The psychoanalytic perspective. In: Miller Ed, Mizes JS. Comparative treatment of eating disorders. London: Free Association Books; 2000.
21. Friederich H-C, Wild B, Zipfel S, Schauenburg H, Herzog W. Anorexia nervosa focal psychodynamic psychotherapy. 2.ed. Germany: Hogrefe; 2004.
22. Cosenza D. A recusa na anorexia. Belo Horizonte: Scriptum; 2018.
23. Willey John & Sons LTD. Terapia psicológica individual no tratamento ambulatorial de adultos com anorexia nervosa (review).
24. Carhart-Harris RL, Friston KJ. The default-mode, ego-functions and free-energy: a neurobiological account of Freudian ideas. Brain: A Journal of Neurology. 2010;133(Pt 4):1265-83.
25. Friederich H-C, Wild B, Zipfel S, Schauenburg H, Herzog W. Anorexia nervosa focal. Psychodinamic Psichotherapy. 2.ed. Germany: Hogrefe; 2004.
26. Abbate-Daga G, Marzola E, Amianto F, Fassino S. A comprehensive review of psychodynamic treatments for eating disorders. Eating and Weight Disorders: EWD. 2016;21(4):553-80.
27. Gorgati SB. Corpos descarnados: um histórico da anorexia. Psychiatry On-Line Brasil. 1999;4(6).
28. Weinberg C, Cordás TA. Do altar às passarelas: da anorexia santa à anorexia nervosa. São Paulo: Annablume; 2006.
29. Treasure J, Duarte TA, Schmidt U. Eating disorders.Lancet (London). 2020;395(10227):899-911.
30. Smink FR, van Hoeken D, Hoek HW. Epidemiology, course, and outcome of eating disorders. Current Opinion in Psychiatry. 2013;26(6):543-8.
31. Pacientes com anorexia têm taxa de sobrevida inferior aos de câncer de mama. Revista Brasil. 2017. Disponível em: https://radios.ebc.com.br/revistabrasil/2017/07/anorexia#:~:text=A%20anorexia%20tem%20uma%20taxa,taxa%20de%20sobrevida%20mais%20alta.

Psicoterapia interpessoal para o tratamento da bulimia nervosa e do transtorno de compulsão alimentar

Anny de Mattos Barroso Maciel
Vanessa Silva Maia
Fellipe Augusto de Lima S. Lenzing
Felippe Feijó

INTRODUÇÃO

A psicoterapia interpessoal (TIP) é um tratamento psicológico manualizado, de duração delimitada, que se concentra em ajudar os pacientes na resolução de seus problemas interpessoais que atuam como desencadeantes/precipitadores dos episódios de compulsão alimentar e comportamento bulímico.[1] Inicialmente desenvolvida para tratar a depressão unipolar, a TIP foi posteriormente adaptada para abordar diversos transtornos, como os transtornos alimentares (TA) que cursam com episódios de compulsão alimentar.[2]

Essa forma de terapia estruturada, breve e focal tem como proposta central a abordagem de questões ligadas às relações humanas e ao contexto social e interpessoal, uma vez que tais variáveis contribuem decisivamente para a manutenção ou o prejuízo da saúde mental.[1] Desenvolvida na década de 1970 por Gerald Klerman, Myrna Weissman e colegas como um tratamento focal para a depressão, a TIP demonstrou um sucesso significativo em uma série de estudos de pesquisa, levando a sua inclusão em inúmeras diretrizes de tratamento.[3]

Os terapeutas que praticam a TIP buscam auxiliar seus pacientes a resolverem problemas interpessoais, com vistas a melhorarem as dificuldades observadas em suas relações e assim tratarem/reduzirem seus sintomas. Uma das abordagens fundamentais da TIP é ajudar os pacientes a entenderem suas emoções como sinais sociais, fornecendo-lhes a compreensão necessária para aprimorar as situações interpessoais em que se encontram. Além disso, a TIP busca capacitar os pacientes a mobilizarem suportes sociais, reconhecendo a importância da construção de conexões saudáveis e de apoio em suas vidas caso desejem apresentar melhoras em sua saúde mental.[4]

No âmbito dos TA, a terapia cognitivo-comportamental aprimorada (TCC-A) segue sendo a principal escolha de tratamento para situações em que o transtorno de compulsão alimentar (TCA) e a bulimia nervosa (BN) se apresentam. A TIP, no entanto, é considerada também uma abordagem de primeira linha nos *guidelines* da Academia Americana de Psiquiatria (American Psychiatric Association – APA) e segunda linha no *guideline* da Academy for Eating Disorders (AED).

A revisão histórica do desenvolvimento dessa abordagem para aplicação nesse cenário irá sugerir taxas de eficácia similares entre as duas abordagens, tendo, no entanto, uma curva de resposta diferenciada quando observado o período de tratamento.[5] O objetivo deste capítulo é, justamente, fornecer um panorama acerca dessa forma de psicoterapia, apresentando algumas de suas principais características, potencialidades, indicações e limitações.

POR QUE UTILIZAR A TIP PARA TRANSTORNOS ALIMENTARES?

Pode-se apontar diversas razões que justifiquem o uso da TIP na abordagem de pacientes com TA. A principal delas é a presença frequente de dificuldades interpessoais, que parecem contribuir para a emergência e a persistência dos sintomas em indivíduos acometidos. As dificuldades interpessoais podem surgir antes do transtorno ou ser uma consequência dele, tendo em vista o caráter crônico desses distúrbios. Os TA tendem a eclodir na adolescência e no início da vida adulta, fases cruciais para o desenvolvimento de habilidades sociais e relacionais. Esse fato contribui para que o impacto interpessoal do adoecimento seja ainda mais significativo.[2,6]

As questões interpessoais parecem desempenhar um papel na manutenção do TA por meio de uma variedade de mecanismos. Primeiro, os pacientes tendem a se tornar mais isolados, o que diminui o questionamento social acerca de seus comportamentos adoecidos, fortalecendo a psicopatologia. Em segundo lugar, certas características do TA podem ser diretamente influenciadas por dificuldades interpessoais e as emoções provenientes destas. Tanto a compulsão quanto a restrição alimentar tendem a ocorrer no contexto de relações interpessoais adversas ou são agravadas por elas. Em terceiro lugar, as dificuldades interpessoais muitas vezes afetam negativamente a autoestima, o que, por sua vez, intensifica os esforços para controlar a alimentação, o formato do corpo e o peso, buscando uma sensação maior de controle.[2,6] Em síntese, relações interpessoais podem resultar diretamente em comportamentos alimentares transtornados, ou indiretamente, quando essas relações geram afetos de difícil processamento com potencial interferência negativa nos comportamentos típicos da BN ou do TCA.

Portanto, a TIP é uma abordagem adequada para auxiliar os pacientes a lidar com essas dificuldades interpessoais, eliminando os processos que sustentam o transtorno alimentar, promovendo a recuperação e a prevenção de recaídas.[6]

QUAIS SÃO AS EVIDÊNCIAS DA TIP PARA TRANSTORNOS ALIMENTARES?

Uma revisão narrativa identificou que tanto a TIP quanto a terapia cognitivo-comportamental (TCC), embora com diferentes durações e métodos, demonstraram eficácia equivalente estatisticamente no médio/longo prazo para pacientes com BN e TCA. Quando comparada à TCC e à TCC-E, embora estas tenham proporcionado mudanças mais rápidas na fase aguda/inicial do tratamento, a TIP levou a melhorias que ocorreram linearmente, com mudanças mais graduais que tendem a se intensificar ao longo do tempo, e a manter a eficácia no longo prazo. Ou seja, pacientes que mostraram melhora com a TIP apresentaram períodos prolongados de remissão clínica. Uma interpretação alternativa dessas evidências é que os efeitos da TCC, quando comparados à TIP em longo prazo, podem diminuir com o tempo.[*,2]

Outro aspecto notabilizado nas pesquisas comparativas observa que a TIP pode ser indicada em situações de maior cronicidade associadas ao baixo peso, em situações em que o contexto interpessoal seja considerado especialmente "difícil" ou em situações em que a TCC-A já tenha sido tentada sem sucesso.[7]

---

* Torna-se útil observar que o trabalho citado se iniciou com a perspectiva de ser uma revisão sistematizada da literatura, no entanto o déficit de publicações acerca da TIP fez com que os autores publicassem o estudo como revisão narrativa. Isso nos expõe a duas percepções importantes: (1) o corpo de evidências da TIP ainda é modesto quando comparado à TCC; (2) é necessário estudar mais sobre a TIP para melhor compreender seus mecanismos de atuação e elegibilidade.

Em relação à BN, especificamente, os estudos apontam que a TCC se mostrou significativamente mais eficaz do que a TIP na redução dos principais sintomas comportamentais. No entanto, ao longo dos 8 meses seguintes ao tratamento, a diferença entre os dois grupos diminuiu devido à melhoria contínua observada na TIP. A versão comportamental da TCC para BN foi menos eficaz devido a recaídas significativas após o tratamento. Portanto, embora a TIP tenha apresentado resultados mais lentos em comparação à TCC, ambas foram igualmente eficazes a longo prazo.[6] No caso do TCA, a TIP, ao reduzir o comer emocional, demonstra eficácia tanto no controle quanto na manutenção do peso corporal. No entanto, são necessárias mais pesquisas para entender especificamente como a TIP funciona nesses pacientes.[2]

Outro aspecto relevante a respeito da comparação desses modelos de tratamento para o TCA diz respeito a sua aplicabilidade em formato grupal. Tanto a TIP quanto a TCC-A demonstraram taxas de resposta similares quando aplicadas em grupo, embora a TIP seja considerada mais adequada quando as amostras revelaram maiores alterações psicopatológicas e baixa autoestima. Nessas amostras a avaliação de pós-tratamento sugere maior aceitabilidade da TIP quando comparada à TCC-A.[8]

Em suma, a TIP demonstra taxas de resposta comparáveis às da terapia cognitivo-comportamental aprimorada de Fairburn (TCC-A), embora apresente uma resposta mais lenta a curto prazo.[7] Em resumo, as pesquisas demonstram a eficácia da TIP como uma estratégia terapêutica que, ao intervir em dificuldades interpessoais que subjazem aos transtornos alimentares, obtém êxito no alívio e/ou remissão da sintomatologia.

PANORAMA DA TIP E SUA ESTRUTURA TERAPÊUTICA

Bases teóricas da TIP

As bases teóricas da TIP surgiram a partir da experiência clínica, ou seja, foram sendo construídas por meio dos esforços clínicos para manejar dificuldades interpessoais dos pacientes. A TIP é fundamentada em um modelo biopsicossocial para a compreensão dos transtornos mentais, no qual a etiologia dessas condições resulta da interação complexa entre fatores sociais, biológicos e interpessoais. Indivíduos que têm predisposição genética mais acentuada para transtornos mentais podem apresentar maior suscetibilidade ao desenvolvimento dessas condições quando expostos a situações de estresse interpessoal.

As bases teóricas da TIP têm origem em diferentes teorias, como a teoria interpessoal de Meyer e Sullivan, a teoria do apego proposta por Bowlby, a teoria da comunicação de Kiesler e Benjamin e a teoria social de Henderson. Essas teorias fornecem fundamentos conceituais importantes para a TIP, permitindo uma compreensão abrangente das dinâmicas interpessoais e dos processos comunicativos que influenciam o surgimento e a manutenção dos transtornos mentais.[9] A seguir serão abordados brevemente alguns aspectos centrais dessas teorias que servem de sustentação à TIP.

A teoria interpessoal surgiu em um contexto cultural e histórico dominado pelas teorias psicodinâmicas. No entanto, ela reconhece que não apenas os conflitos intrapsíquicos podem causar sofrimento como também os conflitos interpessoais desempenham um papel crucial no adoecimento. De acordo com essa teoria, a saúde mental do indivíduo depende da qualidade de suas relações, estabelecendo uma conexão entre a psiquiatria* e as ciências sociais. A ideia central é que os eventos de vida, especialmente as relações interpessoais, exercem uma influência crucial no desenvolvimento e na manutenção de psicopatologias.[9,10]

A teoria do apego fundamenta-se nas relações de vinculação emocional estabelecidas desde a infância e em sua influência no desenvolvimento psicológico. Essa teoria argumenta que as experiências de apego moldam a maneira como os indivíduos se relacionam ao longo da vida, afetando seus padrões de interação e suas expectativas interpessoais. Na terapia interpessoal, acredita-se que as dificuldades interpessoais, como a expressão emocional inadequada ou a dificuldade em estabelecer intimidade, possam estar relacionadas a padrões de apego inseguro ou a experiências traumáticas ocorridas em relacionamentos anteriores.[9,10]

A teoria da comunicação descreve como padrões disfuncionais de comunicação contribuem para dificuldades nas relações interpessoais. Esses padrões disfuncionais estão associados a um estilo de comunicação inflexível e automático, que provoca reações indesejadas e inadvertidas nos outros. Assim, é essencial identificar comportamentos interpessoais alternativos a esses padrões disfuncionais, visando despertar sentimentos de pertencimento e iniciativa nas relações, em vez de promover isolamento, distanciamento e passividade, que

---

* Notabiliza-se aqui a formação em psiquiatria dos criadores dessa teoria, embora possamos hoje dizer que a relação estabelecida seria mais bem descrita entre o campo da saúde mental e as ciências sociais.

podem agravar o desespero, o isolamento social e a baixa autoestima. Na terapia interpessoal, a comunicação é vista como um subproduto do comportamento de vinculação. Em outras palavras, se uma pessoa enfrenta dificuldades de vinculação, é previsível que ela também desenvolva problemas de comunicação que contribuem para o adoecimento.[9,10]

A teoria social estabelece a base para entender o contexto interpessoal do indivíduo e o impacto que a rede social exerce sobre o funcionamento interpessoal. Essa teoria argumenta que as deficiências nas relações sociais são um fator causal independente na origem das perturbações psicológicas, e assim o ambiente social atual desempenharia um papel crucial no desenvolvimento de dificuldades psicológicas. A relação entre o ambiente social atual e o adoecimento psicológico parece ser ainda mais significativa quando o indivíduo enfrenta um estressor psicossocial significativo. Indivíduos que não contam com uma rede de apoio social adequada ou percebem sua falta estariam, assim, em maior risco de desenvolver perturbações psicológicas.[9,10]

Compreender as bases teóricas que servem de arcabouço para a TIP nos permite melhor entendimento dos objetivos, dos procedimentos e das técnicas referentes a cada fase do tratamento, aspectos que serão vistos nos tópicos seguintes. Será percebido que essa abordagem terapêutica busca promover a consciência e a compreensão dos padrões interpessoais dos pacientes, auxiliando-os a desenvolver habilidades de comunicação mais assertivas, a estabelecer relações mais saudáveis e a lidar com os desafios interpessoais que possam estar relacionados a seus sintomas ou dificuldades emocionais.

Estrutura da TIP

A TIP é um tratamento de curto prazo, focado na relação entre sintomas comportamentais e problemas interpessoais. Geralmente é composto por 6 a 20 sessões, divididas em três fases distintas: fase inicial, fase intermediária e fase final. Cada fase é caracterizada pela implementação de tarefas e estratégias específicas, com o objetivo de identificar e solucionar quatro áreas-problema nas relações interpessoais. Essas áreas compreendem (1) o luto, (2) as disputas de papéis, (3) as transições de papéis e (4) os déficits interpessoais. Durante o tratamento, uma única área-problema é atribuída como foco principal, embora seja possível que o paciente apresente dificuldades em mais de uma área.[1]

O esboço apresentado na Tabela 1, formulado por Karam et al.,[1] apresenta um panorama da TIP em suas diferentes fases.

TABELA 1 Esboço da psicoterapia interpessoal

Fase inicial	▪ Avaliar a apresentação dos sintomas.
	▪ Fornecer diagnóstico formal e psicoeducação.
	▪ Incutir esperança para o processo de recuperação.
	▪ Estabelecer vínculo terapêutico.
	▪ Conduzir o inventário interpessoal.
	▪ Desenvolver a formulação de caso interpessoal:
	  ▪ Definir área(s)-problema.
	  ▪ Desenvolver, de forma colaborativa, os objetivos do tratamento.

Fase intermediária	▪ Avaliar os sintomas semanalmente. ▪ Relacionar os sintomas com a(s) área(s) problemática(s) identificada(s). ▪ Reconhecer a conexão entre a redução dos sintomas do TA e as melhorias no funcionamento interpessoal. ▪ Implementar estratégias e tarefas de tratamento da TIP. ▪ Manter o foco nos objetivos de tratamento estabelecidos.
Fase final	▪ Revisar o progresso. ▪ Descrever o trabalho restante. ▪ Discutir os sinais de alerta e a prevenção de recaídas.

TA: transtorno alimentar; TIP: terapia interpessoal.

Nos tópicos a seguir será feita uma breve exposição de alguns aspectos fundamentais relacionados a cada fase do tratamento.

AS TRÊS ETAPAS DE TRATAMENTO NA TERAPIA INTERPESSOAL

Como dito anteriormente, a TIP apresenta três fases distintas: a fase inicial, a fase intermediária e a fase final. O objetivo das seções seguintes é apresentar essas etapas, utilizando como base o artigo de Karam et al.[1]

Fase inicial

Na fase inicial do tratamento (sessões 1 a 5), o terapeuta deve conduzir uma avaliação abrangente, a fim de compreender a história interpessoal e os sintomas do paciente. Inicialmente, após uma avaliação da sintomatologia atual e pretérita, o terapeuta fornece um diagnóstico formal e realiza uma psicoeducação sobre o transtorno, incluindo informações sobre a prevalência, características clínicas e curso da doença. Essa abordagem visa desvincular o paciente de qualquer sentimento de culpa, externalizando a doença* e normalizando

* Embora a externalização não seja considerada um procedimento na TIP, a ênfase sobre a psicoeducação visa justamente sugerir ao paciente que ele não é sua própria doença, que ele não é o único a sofrer daquele transtorno. Dessa forma, pode-se entender que a instilação de esperança observada nesse modelo é um elemento crucial para a adesão ao tratamento.

o problema. Em seguida, discutem-se as expectativas para o tratamento, bem como a justificativa para o uso da TIP, destacando-se a eficácia comprovada desse tipo de terapia. Nesse momento é importante que o terapeuta instile alguma esperança e estabeleça expectativas positivas em relação à recuperação do paciente.

Após esses primeiros procedimentos, torna-se necessário identificar o foco do tratamento, e para isso o terapeuta realiza um inventário interpessoal, que auxilia na identificação das áreas-problema nas relações interpessoais que podem estar relacionadas ao surgimento e à manutenção dos sintomas. Os dois elementos em destaque são de grande importância, de modo que se considera adequado descrevê-los de maneira mais detalhada.

O inventário interpessoal desempenha um papel fundamental na TIP, pois é ele que estabelece uma conexão entre os eventos interpessoais, o contexto social e a cronologia da doença. Sua construção auxilia os terapeutas na identificação e nomeação dos padrões interpessoais que se manifestam ao longo da história de vida do paciente, e por isso ele é essencial e vital para o sucesso do tratamento. A Tabela 2 apresenta os principais objetivos do inventário interpessoal.

Após a construção criteriosa do inventário, parte-se para a formulação interpessoal de caso, que se baseia na história do paciente, sintetiza a fase inicial do tratamento e estabelece a base para o restante do tratamento. A formulação resume as informações obtidas no inventário e estabelece uma relação entre o surgimento e a manutenção da doença com a(s) área(s) problemática(s) identificada(s). A definição dos objetivos do tratamento é feita de forma colaborativa entre o terapeuta e o paciente, mas, para que a definição de objetivos seja possível, é essencial que se tenha clareza acerca da(s) área(s) problemática(s) que se apresentam na vida do paciente. Por essa razão, a Tabela 3 expõe, de maneira mais detalhada, as quatro áreas problemáticas abordadas pela TIP, bem como algumas estratégias e objetivos correspondentes a cada uma dessas áreas.*

Como vimos, o reconhecimento dessas quatro áreas problemáticas na vida do paciente fundamenta o desenvolvimento da formulação de caso e os objetivos e estratégias do tratamento. Uma vez que isso tenha sido feito, o terapeuta verbaliza para o paciente, de maneira clara, um resumo da formulação de caso, incluindo o padrão interpessoal de sintomas, a área(s) problemática(s) e os objetivos do tratamento, e isso deve ser negociado até que haja acordo entre o paciente e o terapeuta. A formulação é utilizada como uma estratégia

* Traduzido livremente e adaptado de Karam et al.[1]

de tratamento transparente para facilitar a transição da fase inicial para a fase intermediária.

TABELA 2 Principais objetivos do inventário interpessoal

- Realizar uma revisão detalhada e abrangente do paciente, abordando:
  - Seus relacionamentos significativos atuais e desde o início da doença.
  - Seu funcionamento interpessoal atual e desde o início da doença.
  - As áreas sociais e interpessoais a serem investigadas pelo terapeuta, incluindo família, escola, relacionamentos íntimos, românticos e/ou sexuais; indivíduos com os quais o paciente mantém contato diário; amigos e redes de apoio social; relacionamentos conflituosos; experiências recentes de perda; perdas emocionais; mudanças nas circunstâncias vocacionais, de saúde e/ou moradia.
- Auxiliar na identificação de fatores precipitantes interpessoais que contribuíram para o surgimento do transtorno.
- Permitir ao terapeuta estabelecer conexões entre os sintomas apresentados pelo paciente e o contexto interpessoal e social no qual ele está inserido.

TABELA 3 As quatro áreas problemáticas interpessoais identificadas pela TIP e os objetivos psicoterapêuticos correspondentes

Luto

Descrição: morte de um ente querido que resulta em luto complicado.

Objetivos e estratégias da TIP em relação a essa área:

1. Fazer uma revisão dos eventos que ocorreram antes, durante e após a morte.
2. Auxiliar o paciente no processo de luto.
3. Reconstruir o vínculo do paciente com a pessoa falecida.
4. Explorar os sentimentos associados, tanto os negativos quanto os positivos.
5. Estimular o interesse em desenvolver novos relacionamentos como forma de suprir a perda sofrida.

Disputas de papéis interpessoais

Descrição: conflito(s) com uma pessoa significativa (p. ex., parceiro, membro da família, amigo próximo ou colega de trabalho).

Objetivos e estratégias da TIP em relação a essa área:

1. Reconhecer a essência da disputa.
2. Enfatizar como as expectativas de papéis não recíprocos estão conectadas à disputa.
3. Determinar a fase da disputa: renegociação, impasse ou dissolução.
4. Elaborar um plano de ação.
5. Identificar os recursos disponíveis para promover mudanças no relacionamento.
6. Adaptar as expectativas e melhorar a comunicação inadequada para alcançar uma resolução satisfatória.

Transições de papéis

Descrição: dificuldade durante uma mudança significativa na vida (p. ex., tornar-se pai, começar a faculdade, ver os filhos crescidos deixarem a casa, mudar de emprego, divórcio ou aposentadoria).

Objetivos e estratégias da TIP em relação a essa área:

1. Analisar os aspectos positivos e negativos dos antigos e novos papéis.
2. Explorar os sentimentos em relação ao que foi perdido, as emoções em relação à mudança em si e as oportunidades no novo papel.
3. Estimular a construção de um sistema de apoio social e o desenvolvimento de novas habilidades exigidas no novo papel.

(continua)

TABELA 3 As quatro áreas problemáticas interpessoais identificadas pela TIP e os objetivos psicoterapêuticos correspondentes *(continuação)*

Déficits interpessoais
Descrição: histórico de "empobrecimento" social, isolamento, relacionamentos pouco gratificantes e/ou incapacidade de formar ou manter relacionamentos íntimos.
Objetivos e estratégias da TIP em relação a essa área:
1. Analisar os relacionamentos significativos do passado, considerando os aspectos positivos e negativos.
2. Explorar padrões repetitivos nos relacionamentos.
3. Incentivar a construção de novos relacionamentos.
4. Diminuir o isolamento social do paciente.
5. Aperfeiçoar a qualidade dos relacionamentos já existentes.

TIP: terapia interpessoal

Fase intermediária

A fase intermediária do tratamento tem duração média de 8 a 10 sessões e consiste em avaliar semanalmente os progressos do paciente e a análise contínua dos comportamentos relacionados ao TA, bem como as mudanças ocorridas nestes, em relação às situações e eventos interpessoais atuais. Nessa fase, o terapeuta desempenha um papel fundamental ao manter o paciente focado na(s) área(s) problemática(s) e trabalhando em direção aos objetivos pactuados no início do tratamento. Para tanto, o terapeuta aborda os objetivos do tratamento em cada sessão intermediária, estabelecendo uma linha do tempo do progresso do paciente desde o último encontro. Existem diversas técnicas terapêuticas gerais empregadas na terapia interpessoal que auxiliam na conquista dos objetivos estabelecidos.*,**

Fase final

A etapa de conclusão precisa ser conduzida cuidadosamente com os pacientes. O terapeuta deve fornecer apoio emocional e ajudá-los a lidar com os sentimentos de perda ou luto oriundos da finalização do tratamento. Além disso, é importante destacar para o paciente a importância de continuar cuidando

* Traduzido livremente e adaptado de Karam et al.[1]

** É importante observar que, devido a questões metodológicas, uma das principais técnicas utilizadas na TIP (*role playing*) não foi utilizada nos estudos clínicos randomizados (ECR) que investigaram sua aplicabilidade para TA. O principal motivo para a omissão dessa técnica no contexto da pesquisa disse respeito ao fato de ser observada tanto na TCC quanto na TIP.

TABELA 4 Tarefas e técnicas terapêuticas gerais utilizadas na fase intermediária da psicoterapia interpessoal

Técnica	Descrição
Exploração e esclarecimento	1. O terapeuta facilita a discussão de informações relevantes para o tratamento, utilizando frequentemente perguntas abertas. 2. O terapeuta obtém esclarecimentos por meio de questionamentos progressivamente mais específicos. 3. O esclarecimento pode ajudar a aumentar a consciência do paciente em relação a contradições, que podem ocorrer por meio de expressões verbais ou não verbais (p. ex., mostrar um sorriso ao descrever estar com raiva de um parceiro(a) significativo(a).
Postura terapêutica	1. O terapeuta promove uma aliança terapêutica positiva por meio de uma atitude de calor, apoio e empatia. 2. O terapeuta é ativo, atua como defensor do paciente e transmite uma atitude otimista em relação à recuperação do paciente. 3. O terapeuta concentra-se nos problemas atuais.
Focando metas	O terapeuta mantém o paciente focado nas áreas problemáticas e nos objetivos estabelecidos ao longo do curso da terapia.
Redirecionar o foco para os sintomas	O terapeuta redireciona o foco do cliente de discutir os sintomas para a maneira como os sintomas estão relacionados aos problemas interpessoais.
Encorajar afeto	1. Incentivar a aceitação de afetos dolorosos e vivenciar emoções suprimidas. 2. Ensinar ao paciente como utilizar o afeto nas relações interpessoais. 3. Destacar a ambivalência emocional. 4. Fornecer validação e tranquilidade.
Análise de comunicação	1. O terapeuta coleta um relato detalhado da conversa ou discussão com o parceiro significativo. 2. Explorar os sentimentos e intenções associados à comunicação. 3. Prestar atenção às expectativas de papel não recíprocas. 4. Observar atos de comissão ou omissão (p. ex., comunicação ambígua, indireta ou não verbal). 5. Auxiliar o paciente na expressão direta e assertiva apropriada. 6. Discutir como o paciente pode planejar a próxima conversa. 7. Os jogos de papéis são frequentemente usados para praticar habilidades de comunicação.
Uso da relação terapêutica	1. O relacionamento terapeuta-paciente pode ser usado como exemplo de outros relacionamentos. 2. Discutir os sentimentos positivos e negativos do paciente em relação ao terapeuta e buscar paralelos em outros relacionamentos. 3. Essa estratégia permite ao terapeuta identificar processos interpessoais problemáticos que podem ser alvo durante o tratamento.

de suas questões interpessoais mesmo após o término formal do tratamento, pois isso contribuirá para a manutenção dos ganhos obtidos e para a prevenção de recaídas.

É fundamental que os pacientes sejam informados sobre os sinais de alerta de recaída e sobre como lidar com possíveis dificuldades futuras. Ao reconhecer que o estresse interpessoal pode desencadear o reaparecimento dos sintomas do TA, os pacientes são capacitados a agir precocemente para prevenir uma recaída e buscar apoio adequado tão logo isso se mostre necessário.

Dessa forma, a fase de conclusão é um momento importante para consolidar os progressos alcançados durante o tratamento, fornecer orientações para o futuro e garantir que os pacientes estejam preparados para enfrentar os desafios interpessoais de maneira eficaz, mesmo após o fim das sessões formais de terapia.

LIMITAÇÕES E CONTRAINDICAÇÕES DA TIP PARA TRANSTORNOS ALIMENTARES

No campo dos TA, a TIP pode ser indicada para tratamento de portadores de BN e TCA, especialmente em contexto de cronicidade e falência do tratamento baseado na TCC-A. Esta abordagem demonstra relevância também quanto ao uso em contexto grupal, sendo considerada mais aceitável que a TCC-A para TCA nesses cenários. Também é importante notar que não há evidências de eficácia do uso dessa abordagem terapêutica na anorexia nervosa (AN).* Ressalta-se ainda que não há dados que suportem a indicação da TIP para o tratamento de crianças e adolescentes.[5]

CONSIDERAÇÕES FINAIS

Este capítulo abordou os fundamentos da TIP e sua eficácia no tratamento dos TA, como BN e TCA. Por meio da análise dos padrões de relacionamento interpessoal, a TIP proporciona uma compreensão profunda da origem e manutenção desses transtornos, permitindo aos pacientes identificarem e resolverem conflitos, melhorando seu funcionamento social e emocional. Além disso, a terapia interpessoal valoriza a relação terapêutica como um aspecto central do tratamento, construindo uma aliança sólida baseada em empatia e apoio, essencial para promover a mudança e a recuperação.

Em resumo, a terapia interpessoal se mostra uma abordagem clínica relevante e benéfica para o tratamento dos TA. Ao abordar as questões relacionais subjacentes e promover o aprimoramento das habilidades interpessoais,

* Embora se possa observar atualmente modelos que integram mentalidades da TIP como primeira linha de tratamento da AN em adultos (Mantra).

essa abordagem proporciona aos pacientes uma compreensão mais profunda dos fatores que contribuem para seus problemas alimentares. Além disso, ao destacar a importância da aliança terapêutica e da colaboração entre terapeuta e paciente, a terapia interpessoal cria um ambiente seguro e de apoio para explorar e resolver os desafios emocionais e comportamentais relacionados à alimentação.

No entanto, é importante reconhecer que a terapia interpessoal pode ser complementada por outras abordagens terapêuticas e integrada a um plano de tratamento abrangente. Cada paciente tem características e necessidades únicas, exigindo uma abordagem personalizada e adaptada. Além disso, são necessárias mais pesquisas em diferentes contextos para aprimorar e expandir as intervenções baseadas na terapia interpessoal, assim como para investigar sua eficácia a longo prazo e seu impacto na qualidade de vida dos indivíduos com TA. Apesar disso, os resultados até o momento indicam que a terapia interpessoal desempenha um papel relevante no tratamento desses transtornos, oferecendo esperança e oportunidades de recuperação para os pacientes.

Embora não tenha sido o foco deste capítulo, é importante mencionar que a TIP também é adaptada para AN, porém, pela rigidez e perfeccionismo (comuns no temperamento ou personalidade destas pacientes), apresenta resultados menos promissores, apesar das evidências. As próprias características da AN no tratamento demandam um tempo maior de TIP, sendo comum a fase inicial ser longa por conta da contemplação e falta de crítica da doença, assim como a fase intermediária em função das frequentes atitudes alimentares restritivas que comprometem a cognição.

REFERÊNCIAS

1. Karam AM, Fitzsimmons-Craft EE, Tanofsky-Kraff M, Wilfley DE. Interpersonal psychotherapy and the treatment of eating disorders. Psychiatr Clin. 2019;42(2):205-18.
2. Miniati M, Callari A, Maglio A, Calugi S. Interpersonal psychotherapy for eating disorders: current perspectives. Psychol Res Behav Manag. 2018;353-69.
3. Weissman MM. Interpersonal psychotherapy: history and future. Am J Psychother. 2020;73(1):3-7.
4. ISIPT. Overview of IPT. Brentwood. https://interpersonalpsychotherapy.org/ipt-basics/overview-of-ipt/. Acesso em: 30 set. 2023.
5. Serpell L, Lyster-Mensh L, Hilbert A, Peterson C, Waller G, Wisniewski L. A guide to selecting evidence-based psychological therapies for eating disorders. Acad Eat Disord. 2020.
6. Murphy R, Straebler S, Basden S, Cooper Z, Fairburn CG. Interpersonal psychotherapy for eating disorders. Clin Psychol Psychother. 2012;19(2):150-8.
7. Wilson GT, Wilfley DE, Agras WS, Bryson SW. Psychological treatments for binge eating disorder. Archives of General Psychiatry. 2010;67:94-101.

8. Wilfley DE, Welch RR, Stein RI, Spurrell EB, Cohen LR, Saelens BE, et al. A randomized comparison of group cognitive-behavioral therapy and group interpersonal psychotherapy for the treatment of overweight individuals with binge-eating disorder. Arch Gen Psychiatry. 2002 Aug;59(8):713-21. doi:10.1001/archpsyc.59.8.713.
9. Carvalho RA, Pupo MC, Mello MF. Terapia interpessoal: teoria, formação e prática clínica em um serviço de pesquisa e atendimento em violência. Rev Bras Psicoter. 2011;13(3):14-25.
10. de Melo Martins MA, Monteiro IS. Psicoterapia interpessoal: características e efetividade. Rev Bras Psicoter. 2016;18(2):109-23.

9

A psicoterapia de grupo no tratamento da bulimia nervosa

Rogéria Taragano

TRANSTORNOS ALIMENTARES E BULIMIA NERVOSA

O objetivo deste capítulo é a discussão sobre modalidades de tratamento psicológico indicadas para pacientes com bulimia nervosa (BN). Serão apresentadas as recomendações dos principais protocolos internacionais, focando benefícios e cuidados quando da utilização da psicoterapia de grupos com tais pacientes e considerando as principais características psicopatológicas, bem como aspectos terapêuticos inerentes ao trabalho grupal.

Os transtornos alimentares (TA) desencadeiam alterações nos hábitos alimentares e na relação do indivíduo com a comida. Caracterizam-se, em graus variados, por preocupações persistentes com o peso, a aparência e o tamanho corporal. Em geral são quadros graves, com sérias consequências físicas e emocionais e impactos no funcionamento psicossocial e na qualidade de vida dos pacientes,[1,2] podendo levar a risco de vida por complicações clínicas ou suicídio.

Apesar de mais frequentes em mulheres adolescentes e adultas jovens, podem afetar indivíduos de qualquer faixa etária, gênero, etnia e perfil socioeconômico. Não obstante, um dos grandes desafios para o tratamento desses quadros refere-se à minimização da gravidade da doença por alguns pacientes, que recusam ajuda ou se mostram ambivalentes para o tratamento. O aspecto egossintônico da doença (quando o paciente "identifica-se" com alguns sintomas) é frequente na anorexia nervosa (AN), dificultando a adesão ao tratamento.

Dos TA mais conhecidos – transtorno da compulsão alimentar (TCA), anorexia nervosa (AN) e bulimia nervosa (BN) –, este último é o segundo mais frequente, após o TCA. A prevalência da BN ao longo da vida é de 0,9 a 3%, e em 12 meses de 0,4%.[3-5] Nos EUA, estima-se que a prevalência da BN, ao longo da vida, entre mulheres é de 1,5%, e entre homens de 0,5%, com proporção entre homens e mulheres de 1:3.[6] Conforme o Manual Diagnóstico e Estatístico de Transtornos Mentais, em sua 5ª edição (DSM-V),[7] a prevalência da BN é maior entre adultos, visto que o transtorno tende a atingir seu pico no final da adolescência. Quanto à idade de início da BN, a estimativa é entre 16 e 17 anos.[3,4]

O transtorno caracteriza-se por episódios de grande ingesta alimentar em pouco tempo, com sensação de perda de controle. Envolve comportamentos compensatórios (p. ex., vômito autoinduzido, abuso de laxantes, diuréticos e medicações para emagrecer, mau uso de insulina, exercícios físicos exagerados), visando à perda de peso. Tais comportamentos devem ocorrer 1 vez por semana ou durar pelo menos 3 meses para caracterizar o quadro de BN. Sintomas de distorção da imagem corporal, forte medo de engordar e ausência de crítica quanto à seriedade da doença podem estar presentes. Sentimentos de culpa e de vergonha costumam ser frequentes.[7]

TRANSTORNOS ALIMENTARES E COMORBIDADES PSIQUIÁTRICAS

Observa-se frequente associação entre TA e comorbidades psiquiátricas[8] e, conforme já mencionado, riscos clínicos importantes.[9,10] Estudos como os de Milos et al.[11] demonstraram que uma minoria (16%) das pacientes apresenta o quadro exclusivo de TA. Comorbidades psiquiátricas podem interferir negativamente na evolução e no tratamento dos TA, com possibilidade de aumentar sua letalidade.[12-24]

Os transtornos de humor, de ansiedade e os relacionados ao abuso de álcool e drogas mostram-se os mais prevalentes em adultos e jovens com TA, com índices que oscilam de 58 a 98%, de acordo com os critérios diagnósticos e com o tipo de amostra.[12,13,21,23-30] Frequentemente o paciente recorre ao uso de álcool ou estimulantes, inicialmente, como uma tentativa de controlar o apetite ou o peso.[7] Transtornos do eixo II (também conhecidos como transtornos de personalidade) são tidos como frequentes nos TA e particularmente associados à cronicidade e a comorbidades do eixo I,[30-33] a maior número de hospitalizações, comportamento suicida e a pior evolução durante o tratamento.[30] Alguns dos pacientes podem inclusive preencher critérios para um ou mais transtornos de personalidade, sendo o tipo *borderline* um dos mais frequentes.[7]

PROTOCOLOS INTERNACIONAIS PARA O TRATAMENTO DA BULIMIA NERVOSA

Dada a gravidade dos TA, o prejuízo para a qualidade de vida do paciente e familiares e os altos custos do tratamento, que requer equipe especializada e multiprofissional, são de extrema importância o aprimoramento de intervenções eficazes e viáveis para a população em geral. Consequentemente, ao longo das últimas décadas nota-se esforço para o desenvolvimento de tratamentos psicológicos e médicos baseados em estudos bem desenhados, rigorosos e randomicamente controlados.[34-36] Em revisão sistemática de Hilbert et al.[37] foram identificados pelo menos 33 protocolos internacionais para o tratamento de TA.

De acordo com os critérios de inclusão da pesquisa, 9 deles foram selecionados para análise, tendo sido produzidos, em sua maioria, por grupos multiprofissionais, nos seguintes países: Dinamarca,[38,39] França,[40] região da Austrália e Nova Zelândia,[41] Alemanha,[42] Holanda,[43] Espanha,[44] Reino Unido,[45] EUA[46] e um da WFSBP (World Federation of Societies of Biological Psychiatry),[47] elaborado por um grupo de psiquiatras, abordando o tratamento medicamentoso dos TA. Esses 9 protocolos definem orientações para o tratamento da AN, BN e TCA. Especificamente quanto ao tratamento psicoterapêutico da BN, dos protocolos incluídos na revisão, 5 indicam a terapia cognitivo-comportamental (TCC), no formato individual. Outros dois protocolos também defendem os benefícios da TCC, mas priorizam sua aplicação manualizada (Reino Unido)[45] ou não explicitam uma hierarquia de tratamento (Espanha).[44]

Em 2020, a AED - The Academy for Eating Disorders[48] - lançou seu protocolo com as melhores práticas psicológicas para o tratamento dos TA, complementando seu trabalho anterior, o *Eating disorders: a guide to medical care* (2016),[49] que abordava exclusivamente os cuidados médicos para tais pacientes. O documento de 2020[48] é uma síntese de 7 protocolos diferentes, publicados a partir de 2010, nos seguintes países: região da Austrália e Nova Zelândia,[41] Dinamarca,[38,39] França,[40] Alemanha,[42] Holanda,[43] Reino Unido[45] e EUA.[46] Inclui recomendações para o tratamento de crianças, adolescentes e adultos com AN, BN, TCA e para outros transtornos alimentares mais recentemente incluídos no DSM-V, como pica, ruminação, e transtorno restritivo/evitativo.[7] O protocolo da AED para tratar BN em adultos recomenda como opções de primeira linha: a TCC-TA (TCC específica para TA) e a TCC manualizada. Como segunda linha, indica a psicoterapia interpessoal e a psicoterapia em grupo (sem especificar a escola terapêutica).

TERAPIA COGNITIVO-COMPORTAMENTAL NA BULIMIA NERVOSA

A terapia cognitivo-comportamental (TCC) e suas variações: TCC-TA (específica para transtornos alimentares); TCC-E (ampliada, com módulos adicionais de acordo com o perfil do paciente) é reconhecidamente indicada como a primeira linha de tratamento para adultos com BN,[48] particularmente no formato individual.[37] A abordagem tem sido recomendada para tratar TA por focar seus mecanismos mantenedores, por exemplo, a superavaliação de peso e forma corporais.[50] De acordo com a TCC-TA, é o esquema disfuncional de avaliação do corpo/forma que sustenta a psicopatologia dos transtornos e suas manifestações comportamentais e emocionais, e as compulsões resultariam das dietas restritivas.

Em paralelo a regras alimentares autoimpostas, observam-se reações extremas do indivíduo quando estas são "quebradas". Desvios são interpretados como falta de autocontrole, desencadeando vergonha e autocrítica exacerbada. A forma de resposta à quebra das regras são os episódios objetivos ou subjetivos de compulsão/restrição, em um ciclo repetitivo. Subjacente a tal comportamento alimentar, observam-se frequentemente estados de humor negativo, relacionados a eventos do dia a dia ou a ruminações críticas quanto à aparência corporal.

A compulsão faz o indivíduo desfocar temporariamente do sentimento incômodo e sentir alívio imediato. Outro aspecto mantenedor do ciclo compulsão/restrição é a crença de que a purgação trará perda de peso, fazendo os pacientes subestimarem seus riscos para a saúde. Portanto, de acordo com a TCC, o tratamento da BN implica a desconstrução de seus mecanismos mantenedores, ou seja: as restrições, os pensamentos ligados à superavaliação corporal e o uso da compulsão como mecanismo de regulação emocional.[51]

A TCC-E (terapia cognitivo-comportamental ampliada) é um aprimoramento da TCC original para tratar vários dos TA em adultos, com base no conceito do "transdiagnóstico". Utiliza-se um corpo comum de intervenções para cuidar de diversos TA com sintomatologia similar.[51] Assim, os pressupostos de tratamento da TCC para a BN podem ser estendidos para todos os TA.[51] Pacientes com AN, por exemplo, também tentam perder peso por meio de dietas rigorosas e recorrem aos mesmos comportamentos compensatórios observados na BN (como restrições, uso de laxantes, vômitos autoinduzidos etc.). A diferença é que na AN as restrições resultam em perda de peso mais significativa. Tal perda de peso gera efeitos físicos e psicossociais que também atuam como fatores mantenedores da AN. Ainda de acordo com Fairburn,[51] o mesmo processo mantenedor observado na BN e na AN se repetirá nos quadros de TCA e no OTAE – outro transtorno alimentar especificado – quando o paciente apresenta sintomas parciais de TA, sem satisfazer todos os critérios para completar um dos diagnósticos.[7] A diferença entre esses dois quadros (TCA e OTAE) e AN ou BN, dentro do conceito do transdiagnóstico, é que, nos dois primeiros, só um número limitado de componentes do processo mantenedor do transtorno estaria ativado, enquanto nos quadros completos de AN ou BN a maioria está em operação.

Para abordar o transdiagnóstico, a TCC-E oferece, além dos componentes básicos da TCC, blocos temáticos para trabalhar o perfeccionismo clínico, a autocrítica, ou autoestima rebaixada, dentre outros.[51]

TERAPIA DE GRUPO

De acordo com Yalom e Leszcz,[52] a grande potência da terapia de grupos reside em seu aspecto interacional, por permitir que seus membros interajam livremente entre si, com segurança e mediação do terapeuta. Tais interações possibilitam ao participante percepções sobre as dinâmicas do relacionamento interpessoal, propiciando ajustes nos padrões disfuncionais. Os autores destacam, para fins didáticos, 12 fatores terapêuticos, intrinsecamente conectados e que devem ser entendidos como parte de um processo dinâmico:

- Instilação de esperança: é primordial a expectativa de melhora a partir da intervenção, tanto por parte do paciente como do profissional. Estudos com placebo demonstram a relevância desse potente componente tanto para a adesão ao tratamento como para a qualidade dos desfechos.[53,54]
- Universalidade: muitos pacientes sentem vergonha e se isolam em suas problemáticas. O grupo possibilita a constatação de que existem experiências

similares, promovendo troca, compartilhamento, sentimentos de autoaceitação, validação e alívio.

- Compartilhamento de informações: nessa categoria incluem-se a psicoeducação, bem como informações gerais sobre o funcionamento do grupo.
- Altruísmo: sentimentos de não valia são frequentes entre pacientes, que acreditam não ter o que oferecer aos outros. No grupo podem experimentar a sensação curativa do altruísmo, alternando momentos em que se recebe ou em que se oferece ajuda.
- Recapitulação corretiva do grupo familiar primário: muitos pacientes trazem questões de relacionamentos familiares deficientes. O grupo terapêutico pode propiciar a vivência de relações similares àquelas do núcleo familiar; assim, conflitos podem ser reorganizados psicologicamente.
- Desenvolvimento de técnicas de socialização: nos grupos os participantes podem ser expostos a técnicas de habilidades sociais ou à aprendizagem social por observação. Podem trocar *feedbacks* sobre atitudes, comentários ou hábitos e sobre os impactos destes nos relacionamentos pessoais.
- Comportamento imitativo: a modelação de comportamentos e cognições a partir da observação dos terapeutas e dos demais membros é possível no grupo. Pode-se aprender como os outros lidam com seus problemas ou com a "terapia do outro". O "contraexemplo" pode também ser útil para o autodesenvolvimento, quando o indivíduo percebe que não deseja para si o que vê no outro.
- Autocompreensão: esse fator terapêutico tem um componente cognitivo e refere-se a quanto, ao longo do processo terapêutico, o indivíduo consegue entender, aceitar e integrar partes de si mesmo, inicialmente rechaçadas ou desconhecidas.
- Catarse: no processo grupal a descarga emocional é considerada necessária como parte de um processo de mudança, devendo gerar reflexão sobre a própria experiência.
- Coesão grupal: refere-se a quanto os membros do grupo sentem-se atraídos pelo grupo, vivenciando sentimentos de pertencimento e aceitação. Esse fator é básico para que outros fatores terapêuticos atuem. Pacientes muito isolados podem beneficiar-se de um contato humano único, rico e profundo.
- Aprendizagem interpessoal: o grupo "replica", em miniatura, o contexto social de cada indivíduo e evidencia como problemas psicológicos podem ser

resultantes de relacionamentos perturbados. Troca de *feedbacks*, autorreflexão e auto-observação tendem a gerar autodesenvolvimento.

- Fatores existenciais: envolve reflexões grupais relacionadas à existência humana, como a busca de significado, limites da vida, mortalidade, tempo, liberdade e escolhas.

UTILIZAÇÃO DA TERAPIA DE GRUPOS PARA TRATAR PACIENTES COM BULIMIA NERVOSA

Como já destacado, a TCC individual é uma abordagem amplamente estudada, e sua aplicação para tratar a BN tem sido extensamente documentada, consolidando um forte corpo de evidências sobre sua efetividade. No entanto, a terapia em grupo, que também tem sido utilizada com pacientes de BN, carece de maior robustez de estudos que sustentem sua eficácia. O protocolo dinamarquês, da Danish Health Authority[39] para o tratamento da BN indica, além da TCC individual, a terapia em grupo e a psicoterapia individual (sem especificar a abordagem teórica) como duas alternativas adicionais, apesar da insuficiência de evidências mais fortes, destacando, porém, a inexistência de dados indicando diferenças no efeito desses dois tipos de intervenção.

Publicado em 2006 pela American Psychiatric Association, o protocolo americano[30] para o tratamento dos TA destaca que, além da TCC individual, muitos clínicos têm utilizado a psicoterapia em grupo, inclusive combinada com a abordagem individual. O protocolo menciona ainda que o trabalho grupal ajuda o paciente a lidar com a vergonha em torno da doença, bem como proporciona *feedback* e suporte por parte de seus pares. No protocolo cita-se uma metanálise de Oesterheld et al. apud Yager et al.[30] que incluiu 40 trabalhos com tratamento em grupo, sugerindo eficácia moderada para esse tipo de abordagem, mas reportando que as melhoras foram mantidas em acompanhamento realizado após 1 ano. São comentados também os resultados do estudo de Chen et al. apud Yager et al.[30] que comparou diretamente a terapia em grupo com a TCC individual e que não encontrou diferenças significativas quanto à eficácia, pois com os dois tipos de intervenção os pacientes estavam igualmente bem no *follow-up*.

Grenon et al.[55] publicaram uma metanálise para comparar o efeito da terapia em grupo com lista de espera e com outros tratamentos "ativos" para adultos com TA. Incluíram-se 27 estudos controlados e randomizados, envolvendo 1.853 adultos. A terapia em grupo foi considerada mais efetiva que a lista de espera para cessar episódios de compulsão/purgação ou para diminuir a frequência destes e dos sintomas psicopatológicos dos TA. Na comparação entre os efeitos da psicoterapia em grupo com outras abordagens não foram encontradas diferenças significativas ao final do tratamento nem nos seguimentos.

TCC em grupo, bem como outras formas de terapia grupal, não apresentaram efeitos mais significativos em nenhum momento das comparações. Os autores Chen et al. apud Grenon et al.[55] e Nevonen e Broberg apud Grenon et al.[55] afirmaram ter encontrado somente três estudos controlados e randomizados que diretamente compararam os efeitos da terapia individual com a terapia grupal. Ao término do tratamento, terapia em grupo e terapia individual apresentaram resultados similares para abstinência de episódios de compulsão/purgação, melhoras na psicopatologia dos TA e declínio dos sintomas depressivos. No entanto, os autores sugerem cautela na interpretação dos dados e destacam a necessidade de mais estudos controlados e randomizados, incluindo-se ainda o componente custo-benefício.

De acordo com Polnay et al.,[56] aproximadamente 25% das pessoas com BN são tratadas com terapia em grupo. Em revisão sistemática, os autores compararam os efeitos da terapia em grupo para pacientes ambulatoriais, adultos, com BN com a mesma terapia individual, com lista de espera e com outras terapias. Incluíram-se 10 estudos que atendiam aos critérios de qualidade de evidência adotados na revisão. Foram encontradas evidências, porém, de baixa qualidade quanto à superioridade clínica da terapia em grupo na comparação com a lista de espera.

Melhores resultados foram notados quanto à remissão e diminuição da frequência dos episódios de compulsão nos grupos de TCC. Quando se avaliou o abandono de tratamento como mais um critério, apesar da insuficiência de evidências para traçar conclusões, os autores notaram que a taxa de abandono para grupos, considerando todos os estudos avaliados, era de 18,5%, tendo sido considerada relativamente baixa. A comparação entre grupo de TCC e a TCC individual não levou a resultados conclusivos.

Na sequência serão apresentados dados de um interessante estudo de caso que, embora tenha utilizado um pequeno número de participantes (N = 10), traz relevantes reflexões, não só da perspectiva dos profissionais de saúde envolvidos, mas dos próprios pacientes, sobre a experiência de participação no grupo terapêutico. No trabalho, Wanlass et al.[57] investigaram, na visão de pacientes e de terapeutas, a importância, os benefícios, os problemas e eventos críticos da utilização da terapia em grupo. O grupo contava com 10 mulheres (9 com diagnóstico de BN e 1 AN, com sintomatologia inicial considerada grave e crônica), em acompanhamento ambulatorial, com duração de 3 anos, pós alta de internação. O grupo, não estruturado, era voltado para as necessidades trazidas pelos participantes, com ênfase nas questões de aprendizagem interpessoal, expressão emocional e autoconhecimento. Segundo os autores, o grau de interação paciente-paciente variava, com alguns membros mais assertivos, que moderadamente confrontavam os demais diante de comportamentos autodestrutivos, de problemas interpessoais e em face de manifestações de resistência e negação, particularmente sobre a gravidade do próprio TA. Foram descritas situações sobre a dinâmica grupal em que alguns pacientes confrontavam aqueles que minimizavam seus problemas, culpavam os outros pelas próprias dificuldades, desvalorizavam a contribuição dos demais ou adotavam postura passiva ou de impotência. Os tópicos mais debatidos foram as dificuldades de relacionamento, abuso sexual, questões familiares, medos, pensamentos suicidas, comportamentos autodestrutivos, expressão emocional, dificuldades de autoaceitação e pertencimento e estratégias de enfrentamento. Discussão direta sobre alimentação e peso era pouco frequente, mas falava-se sobre como a comida pode ser usada, de forma disfuncional, para anestesiar emoções.

De acordo com as perspectivas dos pacientes, no que se refere à importância da intervenção grupal, estes numericamente a avaliaram como 5, em uma escala de 0 a 7; 70% deles a descreveram como positiva, destacando sensação de segurança e de pertencimento em função do compartilhamento de problemas similares como pontos relevantes. Outros ganhos referidos foram: oportunidades para praticar habilidades de comunicação, receber apoio e evitar o isolamento, bem como ajudar os demais, o que contribuiria para aumentar a esperança na própria recuperação. Tais comentários, segundo os autores, correspondem a fatores terapêuticos destacados por Yalom e Leszca,[52] como universalidade, aprendizagem interpessoal, instilação de esperança, dentre outros. Entretanto, os autores mencionaram que alguns membros do grupo não teriam avaliado a atividade grupal como importante por não se identificarem com os demais participantes.

Quanto aos benefícios, os pacientes identificaram o que mais gostaram da atividade em grupo ou o que teria sido mais proveitoso na experiência. Muitas das respostas refletiram, segundo os autores, similaridades com a categoria de importância: senso de pertencimento, apoio e perspectivas, além de oportunidades de honestamente abrir-se para testar novos comportamentos.

Dentre os problemas percebidos pelos pacientes, foram apontados: a "política de grupo aberto", sentida como fator que diminui a coesão, com membros participando com menor frequência e iniciando em momentos diferentes. O segundo problema identificado foi o de que o "paciente mais adoecido" frequentemente dominava as sessões.

Como incidentes ou momentos positivamente críticos, foram mencionadas pela maioria dos participantes situações de interação paciente-paciente, em que alguma confrontação ocorreu, desencadeando mudanças pessoais relevantes.

Na perspectiva dos terapeutas, os maiores benefícios e fatores de importância da intervenção grupal foram: comunicação e aprendizagem interpessoal, visto que muitos dos pacientes com TA enfrentam dificuldades de relacionamento. Atender às necessidades de pertencimento e conexão, bem como diminuição de sentimentos de vergonha e alienação foram destacados. A catarse foi apontada como fator-chave do processo, pois muitos dos pacientes com TA apresentam dificuldade de expressão emocional e usam a comida para regulação emocional. Destacou-se também o papel do grupo para ajudar os participantes a rever os mecanismos de negação e racionalização das questões afetivas. A possibilidade de os pacientes reestruturarem suas percepções problemáticas e seus papéis nos núcleos familiares primários, por meio de *insights* e acesso a sentimentos bloqueados, vivenciando a expressão emocional de maneiras mais adaptativas, recebeu destaque. Finalmente, foram enfatizadas as revelações, no grupo, de histórias de abuso sexual, gerando relevantes questionamentos existenciais (significado da vida, sentimentos de injustiça pelas vivências citadas) e, portanto, a manifestação de emoções profundas e intensas.

Alguns dos problemas citados, na visão dos terapeutas, correspondem aos já identificados pelos pacientes: a "política de grupo aberto" e frequência livre, interferindo na continuidade e adesão. Destacaram também o contato frequente extragrupo, por parte dos pacientes. Se por um lado tal contato era visto como benéfico, pelo suporte interpessoal oferecido, por outro dava margem a subgrupos que dificultavam a integração com os demais participantes. Citou-se também que nem todos os pacientes apresentavam perfil adequado para grupos pela gravidade psicopatológica. Um evento crítico, mas positivo, mencionado refere-se a uma situação de resolução de uma questão burocrática junto à administração do hospital, para a qual o grupo demonstrou capacidade para confrontar uma figura de autoridade de forma assertiva e saudável. O grupo teria migrado de uma prévia postura passivo-agressiva, com evitação de conflito e com comportamentos autodestrutivos.

CONSIDERAÇÕES FINAIS

Esperamos ter conseguido chamar a atenção do leitor para elementos importantes, propiciados pela terapia de grupo, para pacientes com BN, bem como para aqueles com outros diagnósticos, mas que igualmente se apresentam em condição de forte isolamento social, com pobreza de interações humanas significativas, baixa sensação de pertencimento e de identificação com outros indivíduos.

A atual insuficiência de evidências a favor da terapia em grupo para pacientes com BN pode nos indicar não uma fraqueza da modalidade, mas uma oportunidade de mais investigação e de publicações a respeito de suas contribuições e efetividade. Pesquisas adicionais podem indicar a terapia de grupos como mais uma opção promissora e, quem sabe, para alguns perfis de pacientes, mais vantajosa que a terapia individual.

Embora saibamos que a TCC individual merecidamente conquistou o reconhecimento como primeira linha de tratamento para adultos com BN, a partir de critérios quantitativos e científicos, vale destacar que no campo da psicoterapia, conforme ressaltado por Yalom e Leszcz,[52] "diferentes das ciências físicas, muitos aspectos da psicoterapia desafiam a quantificação e a psicoterapia pode ser considerada ciência sim, mas é também uma arte. Isso, por corresponder a uma experiência profunda, subjetiva e não quantificável na sua totalidade". Os autores nos lembram que "o produto da psicoterapia não é a cura – certamente uma ilusão em nosso campo –, mas a mudança ou o crescimento". Postulam, a favor dos grupos e, a partir de seus fatores terapêuticos, que, "quanto mais a terapia desfizer a autoimagem negativa do paciente, por meio de experiências relacionais, mais efetiva a terapia será". E, no quesito de experiências relacionais, o grupo, com a riqueza das interações paciente-terapeuta(s), paciente-paciente, traz a possibilidade de vivências que podem ser únicas.

Pacientes isolados e com habilidades interpessoais deficientes podem encontrar no grupo seu local exclusivo para contatos humanos profundos e restauradores de vivências anteriores negativas. Sabe-se que a necessidade de aceitação e pertencimento, pelo menos em algum grau, é vital para todo ser humano e para sua evolução. Conforme destacamos a partir do trabalho de Wanlass et al.,[57] a vivência do microcosmo social que o grupo possibilita não pode ser reproduzida no tratamento individual. Em pacientes que se sentem estigmatizados, envergonhados e únicos com suas angústias, o fator terapêutico da universalidade vivenciado no grupo e não necessariamente na terapia individual é preponderante e reforça a sensação de autoaceitação das próprias vulnerabilidades a partir do "espelho" oferecido pelos outros membros do grupo.

A importância do vínculo terapeuta-paciente é extensamente valorizada e documentada na literatura sobre psicoterapias. A qualidade da aliança terapêutica parece se sobrepor à corrente terapêutica e à técnica do profissional. Em pesquisa realizada por Ablon e Jones,[58] constatou-se que um vínculo forte por si já ajuda o indivíduo a desconstruir crenças negativas e contribui para a modificação de distorções cognitivas. No grupo de terapia o vínculo, análogo à coesão entre todos os pacientes entre si e entre os pacientes e o(s) terapeuta(s), pode potencializar, de maneira mais enfática, rica e variada a força de outros fatores terapêuticos utilizados nos processos de mudança.

Dessa forma, acreditamos que o ambiente grupal ofereça condições favoráveis para que os fatores terapêuticos do grupo sejam potencializados ao máximo e revertam em melhorias do TA, atacando seus fatores subjacentes e mantenedores e oferecendo maiores habilidades de enfrentamento.

No entanto, assim como nem todo indivíduo se beneficia da psicoterapia por questões que vão desde características de personalidade, abertura para receber *feedback*, quadros psicopatológicos, dentre outros, a psicoterapia na modalidade de grupo pode não ser a melhor opção para todos os tipos de pacientes. Alguns indivíduos podem apresentar características pessoais ou mesmo sintomatologia muito grave, que afetam negativamente a dinâmica do grupo, ao monopolizar atenção em excesso. Em paralelo, o manejo terapêutico de grupos requer conhecimento técnico, treinamento, experiência e sensibilidade por parte dos profissionais, os quais terão de dosar suas intervenções a partir de uma leitura aguçada sobre as forças atuantes no grupo. Trata-se de uma modalidade de tratamento que também não é adequada para todo perfil de terapeuta. Enfim, tanto a formatação e a composição do grupo, no que se refere ao perfil dos pacientes, como o perfil dos terapeutas devem ser organizados com critério a fim de que maiores benefícios sejam obtidos.

A vertente econômica deve também ser ponderada na comparação das intervenções individuais *versus* as grupais. Aumentos nos custos e na utilização dos sistemas de saúde envolvendo tratamentos de TA têm sido documentados.[59,60] Os custos de uma equipe multidisciplinar mínima, e especializada, para tratar pacientes com TA pode ser economicamente inviável para serviços públicos e para a maioria das famílias afetadas pelo problema. Principalmente por se tratar de intervenções que costumam ser de longa duração e de difícil manejo, oferecer o atendimento psicoterapêutico individual pode ser inexequível.

Pesquisas avaliando e comparando os custos de terapia de grupos com outras formas de tratamento para doenças mentais ainda são limitadas, de acordo com Grenon et al.,[55] mas os autores Otto et al. apud Grenon et al.[55] e Roberge et al. apud Grenon et al.[55] citam dois estudos envolvendo pacientes com transtorno do pânico, nos quais a terapia de grupos mostrou melhor relação custo-benefício que a psicoterapia individual ou a intervenção farmacológica. Os autores pontuam que, a despeito da limitada pesquisa nesse campo, e com base em dados da American Group Psychotherapy Association,[61] os clínicos há anos vêm notando a melhor relação custo-benefício a favor da terapia em grupo.

Portanto, parecem existir elementos encorajadores a favor de maior investigação sobre a utilização da terapia em grupo para pacientes com TA, tanto em função dos aspectos psicológicos envolvidos como pela possibilidade de ampliação do acesso ao tratamento pela promissora vantagem da relação custo-benefício. Indicadores confiáveis sobre os benefícios da terapia em grupo poderão, no futuro, incluí-la nas atualizações dos protocolos internacionais com maior destaque.

REFERÊNCIAS

1. Treasure J, Claudino AM, Zucker N. Eating disorders. Lancet. 2010;375:583-93.
2. Whiteford HA, Degenhardt L, Rehm J, Baxter AJ, Ferrari AJ, Erskine HE, et al. Global burden of disease attributable to mental and substance use disorders: findings from the Global Burden of Disease Study 2010. Lancet. 2013;382:1575-86.
3. Campbell K, Peebles R. Eating disorders in children and adolescents: state of the art review. Pediatrics. 2014;134:582-92.
4. Engel S, Steffen K, Mitchell JE. Bulimia nervosa in adults: clinical features, course of illness, assessment, and diagnosis. UpToDate, Waltham. 2017. Disponível em: https://www.uptodate.com/contents/bulimia-nervosa-in-adults-clinical-features-course-of-illness-assessment-and-diagnosis. Acesso em: 14 set. 2023
5. Kessler RC, Berglund PA, Chiu WT, Deitz AC, Hudson JI, Shahly V, et al. The prevalence and correlates of binge eating disorder in the World Health Organization World Mental Health Surveys. Biol Psychiatry. 2013;73:904-14.
6. Mehler PS. Medical complications of bulimia nervosa and their treatments. Int J Eat Disord. 2011;44:95-104.
7. American Psychiatric Association (APA). Manual Diagnóstico e Estatístico de Transtornos Mentais: DSM-5. 5.ed. Porto Alegre: Artmed; 2014.
8. Hudson JI, Hiripi E, Pope HG Jr, Kessler RC. The prevalence and correlates of eating disorders in the National Comorbidity Survey Replication. Biol Psychiatry. 2007;61:348-58.

9. Iwajomo T, Bondy SJ, de Oliveira C, Colton P, Trottier K, Kurdyak P. Excess mortality associated with eating disorders: population-based cohort study. Br J Psychiatry. 2021;219:487-93.
10. van Hoeken D, Hoek HW. Review of the burden of eating disorders: mortality, disability, costs, quality of life, and family burden. Curr Opin Psychiatry. 2020;33:521-27.
11. Milos G, Spindler A, Schnyder U. Psychiatric comorbidity and Eating Disorder Inventory (EDI) profiles in eating disorder patients. Can J Psychiatry. 2004;49:179-84.
12. Fleitlich-Bilyk B, Lock J. Eating disorders. In: Banaschewski T, Rohde LA (eds.). Biological child psychiatry: recent trends and developments. Basel: Karger; 2008. p.138-52.
13. Kreipe RE, Birndorf SA. Eating disorders in adolescents and young adults. Med Clin North Am. 2000;84:1027-49.
14. Nicholls D, Chater R, Lask B. Children into DSM don't go: a comparison of classification systems for eating disorders in childhood and early adolescence. Int J Eat Disord. 2000;28:317-24.
15. Graber JA, Brooks-Gunn J. Co-occurring eating and depressive problems: an 8-year study of adolescent girls. Int J Eat Disord. 2001;30:37-47.
16. Wentz E, Gillberg C, Gillberg IC, Råstam M. Ten-year follow-up of adolescent-onset anorexia nervosa: psychiatric disorders and overall functioning scales. J Child Psychol Psychiatry. 2001;42:613-22.
17. Chamay-Weber C, Narring F, Michaud PA. Partial eating disorders among adolescents: a review. J Adolesc Health. 2005;37:417-27.
18. Lewinsohn PM, Shankman SA, Gau JM, Klein DN. The prevalence and co-morbidity of subthreshold psychiatric conditions. Psychol Med. 2004;34:613-22.
19. Milos G, Spindler A, Hepp U, Schnyder U. Suicide attempts and suicidal ideation: links with psychiatric comorbidity in eating disorder subjects. Gen Hosp Psychiatry. 2004;26:129-35.
20. Moya T. Criação e análise da Sessão de Transtornos Alimentares do DAWBA (Levantamento Sobre o Desenvolvimento e Bem-Estar de Crianças e Adolescentes) [dissertação]. São Paulo: Faculdade de Medicina, Universidade de São Paulo; 2004.
21. Machado PPP, Machado BC, Gonçalves S, Hoek HW. The prevalence of eating disorders not otherwise specified. Int J Eat Disord. 2007;40:212-7.
22. Herzog DB, Greenwood DN, Dorer DJ, Flores AT, Ekeblad ER, Richards A, et al. Mortality in eating disorders: a descriptive study. Int J Eat Disord. 2000;28:20-6.
23. Bulik CM. Anxiety, depression, and eating disorders. In: Fairburn CG, Brownell KD (eds.). Eating disorders and obesity: a comprehensive handbook. 2.ed. New York: The Guilford Press; 2002. p.193-8.
24. Bravender T, Bryant-Waugh R, Herzog D, Katzman D, Kreipe RD, Lask B, et al.; Workgroup for Classification of Eating Disorders in Children and Adolescents. Classification of child and adolescent eating disturbances. Workgroup for Classification of Eating Disorders in Children and Adolescents (WCEDCA). Int J Eat Disord. 2007;40(Suppl):S117-22.
25. Halmi KA, Eckert E, Marchi P, Sampugnaro V, Apple R, Cohen J. Comorbidity of psychiatric diagnoses in anorexia nervosa. Arch Gen Psychiatry. 1991;48:712-8.
26. Herzog DB, Nussbaum KM, Marmor AK. Comorbidity and outcome in eating disorders. Psychiatr Clin North Am. 1996;19:843-59.
27. Hudson JI, Pope HG Jr, Jonas JM, Yurgelun-Todd D. Phenomenologic relationship of eating disorders to major affective disorder. Psychiatry Res. 1983;9:345-54.
28. Braun DL, Sunday SR, Halmi KA. Psychiatric comorbidity in patients with eating disorders. Psychol Med. 1994;24:859-67.
29. Godart NT, Flament MF, Perdereau F, Jeammet P. Comorbidity between eating disorders and anxiety disorders: a review. Int J Eat Disord. 2002;32:253-70.
30. Yager J, Devlin MJ, Halmi KA, Herzog DB, Mitchell III JE, Powers P, et al. Practice guideline for the treatment of patients with eating disorders. 3.ed. Washington: American Psychiatric Association; 2006.
31. Shearer SL, Peters CP, Quaytman MS, Wadman BE. Intent and lethality of suicide attempts among female borderline inpatients. Am J Psychiatry. 1988;145:1424-7.

32. Herzog DB, Keller MB, Sacks NR, Yeh CJ, Lavori PW. Psychiatric comorbidity in treatment-seeking anorexics and bulimics. J Am Acad Child Adolesc Psychiatry. 1992;31:810-8.
33. Skodol AE, Oldham JM, Hyler SE, Kellman HD, Doidge N, Davies M. Comorbidity of DSM-III-R eating disorders and personality disorders. Int J Eat Disord. 1993;14:403-16.
34. Brownley KA, Berkman ND, Peat CM, Lohr KN, Cullen KE, Bann CM, et al. Binge-eating disorder in adults: a systematic review and meta-analysis. Ann Intern Med. 2016;165:409-20.
35. Hay P. A systematic review of evidence for psychological treatments in eating disorders: 2005-2012. Int J Eat Disord. 2013;46:462-9.
36. Mitchell JE, Roerig J, Steffen K. Biological therapies for eating disorders. Int J Eat Disord. 2013;46:470-7.
37. Hilbert A, Hoek HW, Schmidt R. Evidence-based clinical guidelines for eating disorders: international comparison. Curr Opin Psychiatry. 2017;30:423-37.
38. Danish Health Authority. National clinical guideline for the treatment of anorexia nervosa: quick guide. Danish Health Authority; 2016. Disponível em: http://www.sst.dk/da/udgivelser/2016/~/media/36D31B378C164922BCD96573749AA206.ashx. Acesso em: 14 set. 2023.
39. Danish Health Authority. National clinical guideline for the treatment of moderate and severe bulimia: quick guide. Danish Health Authority; 2016. Disponível em: https://www.sst.dk/-/media/Udgivelser/2015/NKR-Bulimi/EN_194413_Quick-Guide-NKR-Bulimi_print.ashx?la=da&hash=54B13E57E7515B317B889CCFD1B9F7725F72C69F. Acesso em: 14 set. 2023.
40. Haute Autorité de Santé. Anorexia nervosa: management. Clinical practice guidelines. Saint-Denis: Haute Autorité de Santé; 2010. Disponível em: https://www.has-sante.fr/upload/docs/application/pdf/2013-05/anorexia_nervosa_guidelines_2013-05-15_16-34-42_589.pdf. Acesso em: 14 set 2023.
41. Hay P, Chinn D, Forbes D, Madden S, Newton R, Sugenor L, et al.; Royal Australian and New Zealand College of Psychiatrists. Royal Australian and New Zealand College of Psychiatrists clinical practice guidelines for the treatment of eating disorders. Aust N Z J Psychiatry. 2014;48:977-1008.
42. Arbeitsgemeinschaft der Wissenschaftlichen Medizinischen Fachgesellschaften (AWMF). S3-Leitlinie Diagnostik und Behandlung der Essstörungen. AWMF; 2010. Disponível em: https://www.awmf.org/leitlinien/detail/ll/051-026.html. Acesso em: 14 set. 2023.
43. Dutch Foundation for Quality Development in Mental Healthcare. Practice guideline for the treatment of eating disorders. Utrecht: Netwerk Kwaliteitsontwikkeling GGz; 2017.
44. Working Group of the Clinical Practice Guideline for Eating Disorders. Clinical practice guideline for eating disorders. Madrid: Quality Plan for the National Health System of the Ministry of Health and Consumer Affairs. Catalan Agency for Health Technology Assessment and Research; 2009. Disponível em: https://portal.guiasalud.es/wp-content/uploads/2019/01/GPC_440_Eat_Disorders_compl_en.pdf. Acesso em: 14 set. 2023.
45. National Institute for Health and Care Excellence (Nice). Eating disorders: recognition and treatment. London: Nice; 2017. Disponível em: www.nice.org.uk/guidance/ng69. Acesso em: 14 set. 2023.
46. Yager J, Devlin MJ, Halmi KA, Herzog DB, Mitchell III JE, Powers P, et al. Guideline watch (August 2012): practice guideline for the treatment of patients with eating disorders. 3.ed. Washington, DC: American Psychiatric Association; 2012. Disponível em: psychiatryonline.org/pb/assets/raw/sitewide/practice_guidelines/guidelines/eatingdisorders-watch.pdf. Acesso em: 14 set. 2023.
47. Aigner M, Treasure J, Kaye W, Kasper S; WFSBP Task Force on Eating Disorders. World Federation of Societies of Biological Psychiatry (WFSBP) guidelines for the pharmacological treatment of eating disorders. World J Biol Psychiatry. 2011;12:400-43.
48. Academy for Eating Disorders (AED). A guide to selecting evidence-based psychological therapies for eating disorders. Reston: Academy for Eating Disorders; 2020. Disponível em: https://higherlogicdownload.s3.amazonaws.com/AEDWEB/27a3b69a-8aae-45b2-a04c-2a078d02145d/UploadedImages/Publications_Slider/FINAL_AED_Psycholohgical_book.pdf. Acesso em: 14 set. 2023.
49. Academy for Eating Disorders (AED). Eating disorders: a guide to medical care. 3.ed. Reston: Academy for Eating Disorders; 2016. Disponível em: https://www.massgeneral.org/assets/MGH/pdf/psychiatry/eating-disorders-medical-guide-aed-report.pdf. Acesso em: 14 set. 2023.

50. Fairburn CG, Cooper Z, Shafran R. Cognitive behaviour therapy for eating disorders: a "transdiagnostic" theory and treatment. Behav Res Ther. 2003;41:509-28.
51. Fairburn CG. Cognitive behavior therapy and eating disorders. New York: The Guilford Press; 2008.
52. Yalom ID, Leszcz M. Psicoterapia de grupo: teoria e prática. Porto Alegre: Artmed; 2006.
53. Leuchter AF, Cook IA, Witte EA, Morgan M, Abrams M. Changes in brain function of depressed subjects during treatment with placebo. Am J Psychiatry. 2002;159:122-9.
54. Seligman ME. The effectiveness of psychotherapy. The Consumer Reports study. Am Psychol. 1995;50:965-74.
55. Grenon R, Schwartze D, Hammond N, Ivanova I, Mcquaid N, Proulx G, et al. Group psychotherapy for eating disorders: a meta-analysis. Int J Eat Disord. 2017;50:997-1013.
56. Polnay A, James VA, Hodges L, Murray GD, Munro C, Lawrie SM. Group therapy for people with bulimia nervosa: systematic review and meta-analysis. Psychol Med. 2014;44:2241-54.
57. Wanlass J, Moreno JK, Thomson HM. Group therapy for eating disorders: a restrospective case study. Journal for Specialists in Group Work. 2005;30:47-66.
58. Ablon JS, Jones EE. Validity of controlled clinical trials of psychotherapy: findings from the NIMH Treatment of Depression Collaborative Research Program. Am J Psychiatry. 2002;159:775-83.
59. Ágh T, Kovács G, Supina D, Pawaskar M, Herman BK, Vokó Z, et al. A systematic review of the health-related quality of life and economic burdens of anorexia nervosa, bulimia nervosa, and binge eating disorder. Eat Weight Disord. 2016;21:353-64.
60. Stuhldreher N, Konnopka A, Wild B, Herzog W, Zipfel S, Löwe B, et al. Cost-of-illness studies and cost-effectiveness analyses in eating disorders: a systematic review. Int J Eat Disord. 2012;45:476-91.
61. American Group Psychotherapy Association. Practitioners tout cost effectiveness of group therapy. Mental Health Weekly. 2010;20:6-7.
62. Chen E, Touyz SW, Beumont PJ, Fairburn CG, Griffiths R, Butow P, et al. Comparison of group and individual cognitive-behavioral therapy for patients with bulimia nervosa. Int J Eat Disord. 2003;33:241-54.
63. Nevonen L, Broberg AG. A comparison of sequenced indi-vidual and group psychotherapy for eating disorder not otherwise specified. Eur Eat Disord Rev. 2005;13:29-37.
64. Nevonen L, Broberg AG. A comparison of sequenced individual and group psychotherapy for patients with bulimia nervosa. Int J Eat Disord. 2006;39:117-27.
65. Oesterheld JR, McKenna MS, Gould NB. Group psychotherapy of bulimia: a critical review. Int J Group Psychother. 1987;37:163-84.
66. Otto MW, Pollack MH, Maki KM. Empirically supported treatments for panic disorder: costs, benefits, and stepped care. J Consult Clin Psychol. 2000;68:556-63.
67. Roberge P, Marchand A, Reinharz D, Savard P. Cognitive-behavioral treatment for panic disorder with agoraphobia: a randomized, controlled trial and cost-effectiveness analysis. Behav Modif. 2008;32:333-51.

Seção 3
Psicoterapia dos transtornos alimentares complexos

Terapia comportamental dialética para transtornos alimentares graves (DBT-MED)

Fellipe Augusto de Lima S. Lenzing

INTRODUÇÃO

As psicoterapias dos transtornos alimentares (TA) recomendadas nas principais diretrizes internacionais mostram-se insuficientes para quase metade dos pacientes, apresentando uma remissão completa de sintomas em apenas 54 a 60% dos casos.[1-4]

A psicoterapia recomendada como tratamento padrão ouro é a terapia cognitiva comportamental (TCC-A), porém as contraindicações, o elevado número de desistências e a pouca atenção para as comorbidades psiquiátricas transformam o tratamento em um grande desafio para os clínicos.[1,5,6]

A terapia comportamental dialética (DBT) é uma psicoterapia contextual bem recomendada para pacientes com transtorno de personalidade *borderline*, comportamento suicida e que apresentam uma intensa desregulação emocional.[7]

Atualmente existem duas revisões sistemáticas avaliando a DBT para TA,[8,9] demonstrando que a DBT é um tratamento a ser considerado para pacientes não respondentes à TCC-A, principalmente se as razões da baixa resposta envolvem dificuldade na regulação do afeto negativo, comorbidade com o transtorno de personalidade *borderline* e comportamentos de risco à vida.

O objetivo deste capítulo é descrever uma visão geral da adaptação DBT-MED para pacientes com TA complexos.

ADAPTAÇÃO E IMPLEMENTAÇÃO DA DBT PARA TRANSTORNOS ALIMENTARES

A DBT-*Standard* (modelo padrão) é um tratamento ambulatorial intensivo com duração mínima de 1 ano de intervenção. É composta por terapia individual, treino de habilidades, *coaching* por telefone, reunião de consultoria e tratamentos complementares.[7]

As adaptações da DBT para TA associados a múltiplos diagnósticos (DBT-MED) apresentam a mesma estrutura da DBT-*Standard*, porém com algumas modificações para atender às necessidades de pessoas com TA e implementação com as estratégias focadas no comportamento alimentar da TCC-A.[10,11]

A DBT-MED unificou as estratégias bem consagradas de intervenção no comportamento alimentar da TCC-A, como automonitoramento (diário alimentar), pesagem colaborativa, comer regular, exposição aos alimentos e o módulo 3 de imagem corporal. Inclui ainda as importantes adaptações da DBT-*Standard*, relacionadas a teoria biossocial, alvos dos estágios de tratamento (Tabela 1), regras do *coaching* por telefone, considerações no uso das habilidades e a integração de profissionais da equipe multidisciplinar (nutricionistas e psiquiatras) no treino de habilidade e reunião de consultoria[10-12] (Tabela 2)

Os pacientes com TA que fizeram tratamento de DBT-MED tiveram remissão de sintomas que variam, nos estudos, entre 29 e 89% dos casos.[8,9] E os pacientes com TA associados ao transtorno de personalidade *borderline* tiveram remissão dos sintomas entre 33 e 50% dos casos.[8,9]

TEORIA BIOSSOCIAL

A desregulação emocional ou dificuldade para regular o afeto negativo é considerada uma consequência da complexa interação entre vulnerabilidade biológica às emoções (hipersensibilidade emocional de base) e a relação com um ambiente cronicamente invalidante.[7]

Nos TA os comportamentos compulsivos, compensatórios ou restritivos são considerados meios desadaptativos de regular, anestesiar ou fugir de estados emocionais indesejados.[13,14]

A teoria biossocial sofreu algumas adaptações na DBT-MED, necessitando ampliar a vulnerabilidade biológica para os aspectos interoceptivos de pacientes com TA, que apresentam dificuldades no reconhecimento de fome e saciedade, na precisão do tamanho corporal e na hipersensibilidade às pistas de comida.[15]

Os aspectos interoceptivos podem ocasionar aumento da vulnerabilidade às emoções, deixando os pacientes mais suscetíveis a comer em maior ou menor quantidade dependendo do desconforto físico e emocional.[11]

O ambiente invalidante na DBT-MED inclui variáveis culturais que influenciam diretamente a relação que as pessoas têm com peso, corpo e alimentação.

Em nossa cultura existe a valorização de um único biotipo (magro), invalidando os diversos tipos de corpos como inadequados ou não pertencentes. A cultura da dieta, a pressão estética e a valorização do corpo magro em nossa sociedade são variáveis a serem consideradas nos contextos de desenvolvimento do paciente, tendo influência nos ambientes familiares e nas relações interpessoais e interferindo diretamente na relação do paciente com o próprio peso, o corpo e a alimentação.

A teoria biossocial é uma maneira didática de explicar para o paciente, compreensivamente, o entendimento de seus comportamentos alimentares desadaptativos, por exemplo:

- O paciente chegou ao consultório relatando que desde pequena era uma criança muito sensível emocionalmente e que comia muito em todas as refeições, sendo chamada de "Magali" (referência à personagem da Turma da Mônica) devido às grandes ingestões alimentares. O comer em excesso/compulsivo era constante motivo de brigas em casa, sendo colocada de castigo (às vezes apanhava), e era obrigada a fazer dieta, não podendo comer doces ou açúcar. A paciente sentia-se muito culpada e fracassada a cada refeição que comia, não sabendo o momento quando estava cheia ou quando deveria parar de comer. Na adolescência começou a induzir vômitos para tentar reduzir os prejuízos do comer no peso. Além disso, toda semana sentia muita vergonha do próprio corpo, apresentando comportamentos autolesivos na barriga.
- Pistas de vulnerabilidade biológica: "desde pequena era muito sensível emocionalmente" (hipersensibilidade emocional de base) e "não sabia o momento quando estava cheia ou o momento de parar de comer" (dificuldade no processamento interoceptivo de saciedade).
- Ambiente invalidante: apelido de Magali; castigos por comer demais; obrigada a fazer dietas e nunca poder comer doces ou açúcar.

A desregulação emocional é a consequência da complexa interação crônica da vulnerabilidade biológica (emocional e interoceptiva), associada ao ambiente invalidante, que pode ocasionar comportamentos alimentares desadaptativos.[11,13,14] Neste caso, Magali apresentava elevados sentimentos de culpa, fracasso e vergonha, ocasionando maior inclinação a comportamento de comer excessivo, vômitos autoinduzidos e comportamento autolesivo, como estratégia de regular emoções desconfortáveis.

PRÉ-TRATAMENTO

O pré-tratamento é um momento mútuo de avaliação entre paciente e terapeuta, com duração em média de 2 a 4 semanas.[16]

O psicoterapeuta avalia a gravidade clínica do paciente, realizando uma hierarquia de alvos, levantamento das metas, possíveis motivação, e analisa duas variáveis essenciais:

1. A elegibilidade do paciente para a DBT-MED.
2. Se o psicoterapeuta tem condições de atender o paciente após avaliar as necessidades dele.

Os pacientes, ao fazerem o pré-tratamento da DBT-MED, precisam saber que o psicoterapeuta pode ser o clínico que irá atendê-lo ou não, dependendo da avaliação do melhor tratamento disponível. É preciso avaliar também se é seguro fazer o tratamento no consultório (avaliar o risco médico) e o nível de comprometimento do paciente em fazer um tratamento com duração mínima de 3 horas semanais (50 a 60 minutos de terapia individual e, em média, mais 2 horas de grupo de habilidades, por 1 ano).

A avaliação do pré-tratamento na DBT-MED incorpora os seguintes itens:

- Avaliação do TA: realizar o levantamento da história do paciente, início dos sintomas, avaliando a frequência e a intensidade dos seguintes aspectos:
  - Restrição alimentar: pular refeições completas com objetivo de emagrecer; restrição de grupos alimentares (carboidratos, gordura, entre outros) nas refeições diárias; prejuízos no comer social (trabalho, amigos, festas de aniversário, entre outros).

- Comportamentos compensatórios: vômitos autoinduzidos; uso de laxantes e diuréticos; remédios para emagrecer; atividade física excessiva; outros comportamentos compensatórios.
- Compulsão alimentar e problemas no comer: quantos episódios de compulsão alimentar tem diariamente ou semanalmente? É uma compulsão alimentar com volume ou sem volume? Qual a frequência do comer excessivo? Qual a frequência do comer beliscador?
- Imagem corporal: medo de engordar; checagem corporal (p. ex., usar o espelho, balança, fita métrica, entre outros); evitação corporal e crises de imagem corporal.

- Avaliação do risco médico: usualmente pacientes encaminhados para DBT-MED apresentam acentuada severidade do caso, tornando importante os psicoterapeutas solicitarem avaliação da gravidade física. A segurança médica para início do tratamento no consultório é parte essencial do pré-tratamento, pois alguns pacientes podem precisar de internação clínica em hospital geral ou psiquiátrico para estabilização dos sintomas. Os sinais de risco clínico envolvem sangue no vômito, convulsão, desmaios, instabilidade dos batimentos cardíacos, entre outros.[17]
- Teoria biossocial: meio didático de explicar de forma transdiagnóstica o transtorno alimentar, associada à interação com as diversas comorbidades psiquiátricas (consultar o exemplo da teoria biossocial).
- Alvos: os alvos são comportamentos que precisam ser reduzidos seguindo uma hierarquia do mais grave (risco iminente de vida) para comportamentos de menor gravidade. Na DBT-MED é necessário fazer a hierarquia de alvos, avaliando todo comportamento associado ao peso, corpo e alimentação que ocasione risco iminente de vida (Tabela 1).
- Metas: os valores, propósitos e motivações dos pacientes quando pensam em uma vida de sentido. A ideia é ajudar os pacientes a construírem uma vida valiosa e os comportamentos dos TA serem alvos a serem diminuídos ou eliminados, criando proximidade com a construção de uma vida que valha a pena ser vivida.
- Cartão diário: automonitoramento dos comportamentos alimentares (pular refeições, vômitos, compulsão alimentar, entre outros) da hierarquia de alvos.
- Análise em cadeia: análise funcional para avaliar os comportamentos mais graves na hierarquia de alvos. Não existe uma adaptação específica para

o comportamento alimentar, sendo recomendado utilizar os princípios da DBT-*Standard*.

- Encaminhamentos: é necessário, no tratamento de DBT-MED, ter no mínimo um psiquiatra, um psicólogo e uma nutricionista, sendo incluídos os demais profissionais de saúde de acordo com a avaliação da equipe. Os pacientes precisam finalizar o pré-tratamento cientes do compromisso de ter toda a equipe multidisciplinar.
- Compromisso: é parte fundamental; sem compromisso não existe tratamento. Na DBT-MED, os pacientes precisam estar dispostos a se comprometerem com a construção de uma vida de sentido, e isso envolve trabalhar ativamente na redução da hierarquia de alvos (Tabela 1), no manejo de emoções desconfortáveis e reconectar-se com os próprios valores. Os psicoterapeutas incentivam o compromisso mínimo de trabalharem 1 ano na estabilização do TA, comorbidades psiquiátricas e construção de uma vida valiosa.

ESTÁGIO 1 DA TERAPIA INDIVIDUAL: RISCO IMINENTE DE VIDA

Os pacientes, ao se comprometerem com o tratamento, têm acesso à estrutura da DBT-MED, recebendo assistência da terapia individual (Tabela 1), grupo de habilidades e *coaching* por telefone para momentos de crise (entre outros objetivos da terapia) (Tabela 2).

Na DBT-MED, os psicoterapeutas iniciam o tratamento com os comportamentos de risco à vida (comportamento suicida, autolesivo ou comportamento severo de TA).[10]

Os TA ocasionam elevadas taxas de óbito por suicídio, podendo chegar a 20% dos pacientes com anorexia.[18] As taxas de tentativas de suicídio estão presentes em todos os TA clássicos, sendo em média 15,7% em pacientes com anorexia, 31,4% na bulimia e 22,9% nos transtornos de compulsão alimentar (TCA).[19]

Nos TA o comportamento suicida e o autolesivo seguem as mesmas orientações da DBT-*Standard*, não apresentando adaptações, porém o risco iminente de vida associado ao comportamento alimentar necessita de adaptações e estratégias específicas.

Os comportamentos típicos de risco iminente de vida dos TA são pacientes bradicárdicos que fazem importante restrição alimentar ou de líquidos; comportamentos compensatórios (vômitos autoinduzidos, uso de laxantes ou diuréticos) apesar do desequilíbrio hidroeletrolítico; uso indevido da insulina em pacientes diabéticos, entre outros.[10]

TABELA 1 Adaptação da terapia individual no modelo de DBT-MED

Adaptação DBT	Estrutura da sessão	Pré-tratamento	Hierarquia de alvos	Alvos secundários e implementação
DBT-MED (terapia comportamental dialética para TA com múltiplos diagnósticos)	▪ Receber o paciente com entusiasmo. ▪ Fazer a pesagem colaborativa em sessão.* ▪ Pegar o cartão diário adaptado com a inclusão do diário alimentar. ▪ Avaliar os alvos de maior gravidade do cartão diário. ▪ Fazer a análise em cadeia do alvo mais grave. ▪ Fazer a análise de solução do alvo mais grave. ▪ Realizar os combinados da sessão e proximidade com as metas do tratamento.	▪ Adaptação da teoria biossocial. Vulnerabilidade biológica: incluir os aspectos interoceptivos (dificuldade em reconhecer fome e saciedade, hipersensibilidade a pistas de comida; hipersensibilidade a mudanças corporais **). ▪ Ambiente invalidante: incluir aspectos culturais, como: a cultura da dieta, padrões de beleza, invalidação corporal, valorização de um único biotipo (magro).**	▪ Alvo 1: restrição alimentar ou líquidos em pacientes bradicárdicos; vômitos autoinduzidos, uso de laxantes ou diuréticos apesar do desequilíbrio hidroeletrolítico e uso indevido da insulina em pacientes diabéticos associado ao TA.** ▪ Alvo 1.2: dificuldade em se concentrar na sessão derivada da desnutrição ou restrição alimentar; não preencher o cartão diário/diário alimentar; beber muita água antes da pesagem para alterar o peso.** ▪ Alvo 1.3: todos os comportamentos típicos do TA, sem risco iminente de vida, como RA, VA, UILD, CA, AFE.*	Alimentar-se de modo extremamente controlado x ausência de um plano alimentar.*** Diário alimentar, pesagem colaborativa, comer regular, exposição aos alimentos e módulo de imagem corporal da TCC-A.****

* No Brasil, a pesagem colaborativa é feita usualmente pelo nutricionista treinado em transtornos alimentares.
** Entre outros.
*** Alvos secundários da DBT-MED.
**** Procedimentos da terapia cognitiva-comportamental que são implementados no tratamento.
AFE: atividade física excessiva; CA: compulsão alimentar; RA: restrição alimentar; TA: transtorno alimentar; TCC-A: terapia cognitivo-comportamental (modelo transdiagnóstico) para transtornos alimentares; VA: vômitos autoinduzidos; UILD: uso indevido de laxantes e diuréticos.

Os comportamentos de risco à vida raramente são gerenciados exclusivamente pelos psicoterapeutas (não médicos), sendo necessário um médico na equipe para gerenciar o risco clínico associado aos comportamentos do TA.

Estrutura da sessão

- Receber o paciente com entusiasmo: nos transtornos alimentares os pacientes podem ser ambivalentes em relação ao tratamento e ter índices mais baixos de motivação, principalmente pacientes com anorexia nervosa. Receber os pacientes com entusiasmo é uma boa forma de envolvê-lo e mostrar a importância dele no tratamento.
- Fazer a pesagem colaborativa em sessão: a pesagem colaborativa é uma estratégia bem conhecida da TCC-A no campo dos TA, porém pouco conhecida pelos terapeutas DBT. Nos EUA e na Europa os terapeutas frequentemente pesam os pacientes, porém no Brasil essa é uma conduta tipicamente do atendimento nutricional, sendo os pacientes pesados no contexto da psicoterapia apenas se o terapeuta nutricional estiver impossibilitado ou o paciente apresentar uma intensa desregulação emocional no momento da pesagem. Instruções para a pesagem colaborativa:
  a. Pedir para o paciente vir com roupas leves, preferencialmente roupas de academia.
  b. Pesar o paciente de costas para ele não ver o peso.
  c. Anotar o peso e abrir o número na sessão caso tenha algum objetivo específico.

No exterior a pesagem colaborativa é aberta e visível para todos os pacientes, mas no Brasil é aberto o peso quando existe algum objetivo terapêutico, caso contrário esse número é apenas um parâmetro para o clínico.

- Pegar o cartão diário adaptado com a inclusão do diário alimentar: o automonitoramento (cartão diário) no exterior é conhecido como os exames do paciente. O médico pode fazer o atendimento do paciente sem seus exames, com eles à mão no momento da consulta a qualidade das orientações será melhor. Encorajamos os psicoterapeutas que trabalham com DBT-MED a ter essa perspectiva ao conversar com o paciente sobre o automonitoramento. O cartão diário na DBT-MED é ampliado com o diário alimentar da TCC-A, tornando importante o comprometimento em anotar todas as refeições diárias, quantidades, horário, local e comentários (pensamento, sentimentos, ações, sensações) no momento da refeição.

- Avaliar os alvos do cartão diário: ao pegar o cartão diário (ampliado com o diário alimentar), o psicoterapeuta precisa avaliar qual comportamento de maior gravidade clínica (alvo) aconteceu na semana e selecionar o comportamento para entenderem com base na análise em cadeia. Consultar os alvos típicos na Tabela 1.
- Fazer a análise em cadeia: a análise em cadeia é uma análise funcional do comportamento que proporciona o entendimento das razões da emissão do comportamento problema (Formulário 1).
- Fazer a análise de solução do alvo mais grave: após analisar o comportamento baseado na análise em cadeia, o próximo passo é propor possíveis habilidades para manejar, cuidar ou regular os impulsos do comportamento problema (Formulário 1).
- Realizar os combinados da sessão: ao finalizar a sessão, é importante obter o comprometimento do paciente com o plano realizado na análise de soluções, conectando-o com as razões de reduzir os comportamentos problemas alvo e motivando-o na construção de uma vida de sentido.

Formulário 1: análise em cadeia e de soluções

Comportamento-problema: vomitar até desmaiar no banheiro.

Vulnerabilidade: paciente retornou o ciclo menstrual no dia da viagem para o litoral, ficando 2 anos sem conseguir menstruar em decorrência da desnutrição. Desconforto abdominal nos últimos 3 dias, após o aumento da ingesta alimentar prescrita pela nutrição.

Evento desencadeante: Ao chegar à casa de seus avós, Magali ouviu inúmeros comentários sobre o seu corpo, sendo dito: "Como você está melhor!"; "Acho que agora você se curou, está mais gordinha"; "Graças a Deus você engordou, estávamos todos muito aflitos" e "Agora precisa tomar cuidado para não engordar muito".

Elos	Análise em cadeia	Análise de soluções
Ação	Sai correndo para o banheiro.	Ir para o quarto (ação oposta) e deitar-se (mente sábia).
Pensamento	Eu sabia que estava gorda!! Não foi à toa que menstruei!!	Postura de não julgamento diante dos pensamentos da doença e respiração compassada.
Emoção	Raivaaaaaa.	Validar e cuidar da raiva (aceitação radical). Lembrar que "tudo bem eu sentir raiva e não é tudo bem eu me agredir vomitando" (pensamento dialético).

(continua)

(continuação)

Elos	Análise em cadeia	Análise de soluções
Pensamento	Como eles tiveram coragem? Eu sou uma gorda maldita.	Postura de não julgamento. Mente sábia para tentar entender as falas deles! Se não entender, tentar manter a postura de não julgamento...
Ação	Comecei a olhar minha barriga no espelho e a apertá-la.	Ação oposta ao ímpeto de olhar no espelho e ir na direção de sair do banheiro.
Sensação física	Desconforto abdominal.	Deitar-se (mente sábia), pois sempre passa quando estou deitada (habilidade SABER).
Emoção	Raiva e nojo.	Validar minha raiva e ligar via FaceTime para o meu namorado (distrair-se com o envolvimento). Se ele não atender, vou ligar minha série na Netflix no celular e continuar assistindo (compromisso e mente sábia).
Pensamento	Faça algo, sua inútil.	Postura de não julgamento e *mindfulness* dos pensamentos para conseguir tolerar as ordens do TA.
Ação	Abri a tampa da privada.	Sair do banheiro (ação oposta) e deitar-se (mente sábia).
Pensamento	Vou tirar tudo que comi no almoço! Foda-se!	Ação oposta ao ímpeto de vomitar. Colocar as mãos no bolso e deitar-se (mente sábia).
Ação	Vomitei 15 vezes com o dedo.	Ação oposta, renovar meu comprometimento e ir deitar.
Pensamento	Não saiu tudo, sua burra!! Continue vomitando.	*Mindfulness* de pensamentos; sair do banheiro (ação oposta) e deitar-se (mente sábia).
Ação	Vomitei mais 25 vezes e não lembro de mais nada.	Ação oposta, gritar no banheiro para virem me tirar se o impulso de vomitar estiver muito forte e ir para o quarto deitar-se. Não ligo de passar vergonha, é até bom para eles verem o que fizeram comigo. Agora eu só preciso ficar em segurança e deitar.
Consequência a curto prazo: alívio, sensação de estar limpa, desmaio, corte na cabeça e internação no hospital geral. **Consequência a médio e longo prazo:** brigas com a família, não poder mais morar sozinha, perder a liberdade e risco de internação psiquiátrica.		

Problemas que interferem na terapia

O segundo alvo na terapia individual são os problemas que interferem na terapia, e refere-se a qualquer comportamento que tenha potencial para destruir ou diminuir a resposta do tratamento.

- Problemas do paciente que interferem na terapia: não preencher o automonitoramento; omitir informações no automonitoramento; mentir que cumpriu as refeições planejadas; recusar-se a se pesar em sessão; tentar alterar o peso na balança (p.ex.: bebendo 2 litros de água antes da pesagem); faltar às sessões; chegar após o horário da pesagem; recusar-se a participar do grupo de habilidades DBT; recusar-se a ir ao nutricionista ou médico; não tomar a medicação; mentir sobre o uso de laxantes e diuréticos; faltar às exposições aos alimentos aversivos; mentir para os pais sobre os combinados da terapia; não seguir os combinados do tratamento; entre outros.
- Problemas dos familiares que interferem na terapia: não fazer as refeições em família (em paciente adolescente ou combinado previamente); não preparar as refeições combinadas (em paciente adolescente ou combinado previamente); omitir informações no automonitoramento; mentir que o paciente cumpriu as refeições; chegar após o horário da pesagem (em pacientes adolescentes); ensinar métodos compensatórios para o paciente; ter um TA não tratado; recusar-se a participar do treino de habilidades (em pacientes adolescentes); julgar o paciente em vez de usar alguma habilidades, entre outros.
- Problemas do terapeuta que interferem na terapia: ter um TA não tratado; não atender em equipe multidisciplinar; encaminhar para profissionais não treinados em TA; negligenciar parâmetros clínicos (peso e avaliação do risco médico); não ter treinamento/conhecimento em TA; não ter treinamento/conhecimento em DBT; não utilizar os procedimentos de terapia individual da DBT (automonitoramento, pesar o paciente, análise em cadeia e soluções); resistir a encaminhar o paciente para o treino de habilidades; resistir a atender o *coaching* por telefone, mesmo combinado com o paciente previamente; dificuldade em validar as emoções e pequenas conquistas do paciente; faltas e atrasos nas sessões; entre outros.

Problemas graves que interferem na qualidade de vida

Os problemas graves que interferem na qualidade de vida são considerados comportamentos que ocasionem prejuízos à vida do paciente, porém que não apresentam risco iminente de vida.[7]

Nos TA é basicamente grande parte dos comportamentos de que os pacientes se queixam no consultório, como restrição alimentar (quantidade ou grupo), pular refeições completas, comportamentos compensatórios (vômitos autoinduzidos, uso de laxantes, diuréticos, atividade física excessiva), compulsão alimentar e qualquer outro comportamento alimentar desadaptativo com prejuízo importante.

Treino de habilidades DBT

Na DBT-MED os pacientes com TA precisam de cuidados mais elevados, necessitando aprender habilidades práticas para conseguir regular o afeto negativo e lidar com as questões diárias relacionadas ao peso, corpo e alimentação. A seguir serão apresentados estrutura, formato e informações prévias sobre o treino de habilidades:

- Currículo de habilidades: 24 semanas da DBT-*Standard*,[7] com considerações na aplicação de pacientes com TA (Tabela 2).
- Módulos: Habilidades de *mindfulness* (2 semanas); Habilidades de tolerância ao mal-estar (6 semanas), Habilidades de *mindfulness* (2 semanas); Habilidades de regulação emocional (7 semanas); Habilidades de *mindfulness* (2 semanas) e Habilidades de efetividade interpessoal (5 semanas). Ao todo, o treino de habilidades na DBT-MED tem 24 semanas (6 meses), sendo repetida mais uma rodada de 24 semanas, até completar 1 ano de treino de habilidades. Nos TA é importante dar atenção aos módulos de *mindfulness* e tolerância ao mal-estar, adaptando-os conforme descrito na Tabela 2.
- Duração: 1 vez por semana, em média 2 horas cada encontro e ao longo de 1 ano.
- Formato: em grupo ou individual, podendo ocorrer *online* ou presencialmente.
- Número de pacientes: mínimo de 3 e máximo de 14.
- Materiais: manual do paciente[20] e manual do terapeuta,[21] adaptando a narrativa dos exemplos para problemas típicos de pessoas com TA.

Coaching por telefone

O *coaching* por telefone é um dos componentes da DBT-*Standard* para manejo de comportamentos ou impulsos que ocorrem fora do *setting* de terapia.[7]

Nos TA o *coaching* por telefone é usado apenas quando os pacientes têm comportamento de risco à vida (Tabela 1) ou quando o terapeuta tem outros objetivos específicos (p. ex., a generalização das habilidades).

TABELA 2 Adaptação dos modos da DBT para transtornos alimentares (DBT-MED)

Adaptação DBT	Terapia individual	Grupo de habilidades	*Coaching* por telefone	RC e TTC
DBT-MED (terapia comportamental dialética para TA com múltiplos diagnósticos)	▪ Alvo 1: restrição alimentar ou líquidos em pacientes bradicárdicos; vômitos autoinduzidos, uso de laxantes ou diuréticos apesar do desequilíbrio hidroeletrolítico e uso indevido da insulina em pacientes diabéticos associado ao TA.* ▪ Alvo 1.2: dificuldade em se concentrar na sessão derivada da desnutrição ou restrição alimentar; não preencher o cartão diário/diário alimentar; beber muita água antes da pesagem para alterar o peso.* ▪ Alvo 1.3: todos os comportamentos típicos do TA, sem risco iminente de vida, como RA, VA, ULD, CA, AFE.* ▪ Implementação com os procedimentos da TCC-A: diário alimentar, pesagem colaborativa, comer regular, exposição aos alimentos e o estágio 3 de tratamento para imagem corporal.	▪ Expansão da habilidade de participar do *mindfulness*, para incluir o *mindful eating*. ▪ Considerações nas práticas de *mindfulness*: evitar práticas direcionadas ao corpo.** ▪ Considerações com as HTM: não usar a habilidade TIP com gelo em pacientes com IMC abaixo de 17,5; [20] não usar a habilidade TIP com gelo para o impulso de ter uma compulsão alimentar e vômitos autoinduzidos;*** retirar a habilidade de exercício físico intenso das habilidades TIP e retirar o item de autoacalmar-se com o paladar.*** ▪ Incluir profissionais da equipe multidisciplinar (nutricionistas, psiquiatras e enfermeiros).***	▪ Utilizar a regra das 24 horas da DBT-*Standard* para comportamento suicida e autolesivo. ▪ Para o comportamento alimentar, usar a regra de "até a próxima refeição". ▪ Uso comum do *coaching* por telefone: tomar o suplemento (hipercalórico), iniciar uma refeição que se encontra com impulso de restringir; manejo dos impulsos de alta intensidade de VA, RA, VA, ULD, CA, AFE.*	Incluir profissionais da equipe multidisciplinar (nutricionistas, psiquiatras e enfermeiros).*

* Entre outros.

** Principalmente em pacientes com anorexia.

*** Dados do Grupo de DBT do Programa de Transtornos Alimentares do Instituto de Psiquiatria do Hospital das Clínicas da Faculdade de Medicina da Universidade de São Paulo (AMBULIM/IPq-HCFMUSP).

AFE: atividade física excessiva; AN: anorexia nervosa; CA: compulsão alimentar; HTM: Teste de Habilidade para o Trabalho Mental; IMC: índice de massa corporal; RA: restrição alimentar; RC: reunião de consultoria; TA: transtornos alimentares; TTC: tratamentos complementares; VA: vômitos autoinduzidos; UILD: uso indevido de laxantes e diuréticos; TCC-A: terapia cognitivo-comportamental (modelo transdiagnóstico) dos transtornos alimentares; TIP: habilidade de alteração da fisiologia corporal.

As intervenções do *coaching* por telefone para comportamento suicida e autolesivo não passam por adaptações no contexto dos TA, mantendo-se as regras descritas em Linehan.[7]

As modificações do coaching por telefone nos TA aplicam-se apenas ao comportamento alimentar, sendo alterada a regra das 24 horas para a regra de "até a próxima refeição".[22]

A regra de "até a próxima refeição" refere-se a incentivar os pacientes a procurarem *coaching* por telefone antes de engajar-se em algum comportamento alvo de TA.[10,22] Por exemplo: ao prever que terá dificuldade com alguma refeição programada, o paciente pode ter acesso ao *coaching* por telefone para se autoacalmar e manejar o ímpeto de restringir a alimentação. Caso o paciente tenha se engajado em um dos comportamentos alvos do TA (restringir ou métodos compensatórios), precisa solicitar *coaching* por telefone e receber suporte minutos antes da próxima refeição para voltar aos trilhos do tratamento.

Ao oferecer *coaching* por telefone, os psicoterapeutas focam em fazer o paciente retomar a alimentação naquele momento, usando habilidades DBT para manejar emoções desconfortáveis e evitar resolver a situação de ter pulado a refeição anterior (deixar para a terapia individual), mantendo-se firme em regular as emoções e fazer o paciente voltar para os trilhos do comer regular.

Os psicoterapeutas podem aprofundar-se nas intervenções de *coaching* por telefone para pacientes com TA nos textos indicados na seção de referências deste capítulo.[22,23]

Reunião de consultoria

Não sofre adaptações na estrutura em comparação com a DBT-*Standard*, porém usualmente, em consultorias típicas de DBT-MED, conta com a presença de terapeutas nutricionais (nutricionistas treinados em TA), enfermeiros (que estão monitorando o paciente na internação domiciliar) e os médicos que acompanham os pacientes. Todos os profissionais envolvidos no tratamento podem fazer parte da reunião de consultoria.

Alvos secundários

Os pacientes com transtornos alimentares são bem ambivalentes sobre o tratamento e as mudanças relacionadas ao peso, corpo e alimentação.

Na DBT-MED é incluído um novo dilema dialético comum em pacientes com TA, sendo necessário encontrar uma síntese entre o alimentar-se extremamente controlado x ausência de um plano alimentar.[24]

Nos TA os pacientes acabam controlando excessivamente a alimentação, e isso pode ocasionar episódios de compulsão alimentar. Quanto maior o controle, mais vulneráveis eles podem estar correndo o risco de cair no comer compulsivo ou excessivo.

A síntese desse dilema dialético envolve o "comer efetivo" ou "comer dialético", oferecendo em mente sábia a permissão para o paciente comer quando estiver com fome, independentemente do julgamento da escolha alimentar (ser efetivo), com liberdade para parar quando estiver saciado.[10,24]

A expansão da habilidade ser efetivo de *mindfulness* relacionada à alimentação permite os pacientes olharem para a fome e a saciedade como pontos de partida, tentando ser efetivos em suprir suas necessidades, sem julgamentos e sem ficarem aprisionados nas dúvidas quanto a ser aquele alimento "bom" ou "ruim".

Os clínicos podem aprender mais sobre os dilemas dialéticos dos transtornos alimentares no texto de Wisniewski e Ben-Porath[24] indicado na seção de referências do capítulo.

ESTÁGIO 2: IMPLEMENTAÇÃO COM O MÓDULO DE IMAGEM CORPORAL

O estágio 2 na DBT-MED é o momento que o psicoterapeuta pode implementar com o módulo de imagem corporal da TCC-A, utilizando os seguintes procedimentos:

- Identificar a supervalorização do peso, corpo e alimentação e suas consequências.
- Aumentar a importância de outros domínios de vida.
- Abordar a verificação corporal.
- Abordar a evitação corporal.
- Abordar o "sentir-se gordo".
- Explorar as origens da supervalorização.
- Aprender a influenciar a mentalidade do TA.

Os psicoterapeutas podem aprender cada um desses procedimentos no capítulo 8 do manual de Fairburn[6] para implementar o tratamento com as intervenções da DBT-MED.

ESTÁGIO 3: PROBLEMAS QUE INTERFEREM NA QUALIDADE DE VIDA

A DBT-MED foi projetada para pacientes típicos de estágios 1 e 2 de tratamento dos TA, e pouca ou nenhuma atenção foi destinada aos pacientes em estágio 3.

Os pacientes com TA em estágio 3 são encaminhados para as adaptações da DBT-*Stanford* para bulimia nervosa e TCA[25] ou DBT-*Stanford* de autoajuda guiada para o comer emocional problemático e compulsivo.[26]

No tratamento de DBT-*Stanford* os pacientes têm 13 a 20 sessões de habilidades reduzidas de *mindfulness*, regulação emocional e tolerância ao mal-estar.[25,26]

As taxas de resposta variam de 64 a 89% dos pacientes,[27,28] mostrando-se um tratamento potencial para pacientes com bulimia nervosa e TCA não respondentes à TCC-A.

REFERÊNCIAS

1. Serpell L, Lyster-Mensh L, Hilbert A, Peterson C, Waller G, Wisniewski L. A guide to selecting evidence-based psychological therapies for eating disorders. Academy for Eating Disorders, 2020.
2. Murphy R, Straebler S, Cooper Z, Fairburn CG. Cognitive behavioral therapy for eating disorders. Psychiatric Clinics. 2010;33(3):611-27.
3. Monteleone AM, Pellegrino F, Croatto G, Carfagno M, Hilbert A, Treasure J, et al. Treatment of eating disorders: a systematic meta-review of meta-analyses and network meta-analyses. Neuroscience & Biobehavioral Reviews. 2022;142:104857.
4. National Institute for Health and Care Excellent (Nice). Core interventions in the treatment and management of anorexia nervosa, bulimia nervosa and binge eating disorders (National Clinical Practice Guideline CG6). 2004.
5. Solmi M, Wade TD, Byrne S, Del Giovane C, Fairburn CG, Ostinelli EG, et al. Comparative efficacy and acceptability of psychological interventions for the treatment of adult outpatients with anorexia nervosa: a systematic review and network meta-analysis. The Lancet Psychiatry. 2021;8(3):215-24.
6. Fairburn CG. Cognitive behavior therapy and eating disorders. Guilford Press; 2008.
7. Linehan M. Terapia cognitivo-comportamental para transtorno da personalidade borderline: tratamentos que funcionam. Guia do terapeuta. Porto Alegre: Artmed; 2016.
8. Ben-Porath D, Duthu F, Luo T, Gonidakis F, Compte EJ, Wisniewski L. Dialectical behavioral therapy: an update and review of the existing treatment models adapted for adults with eating disorders. Eating Disorders. 2020;28(2):101-21.
9. Bankoff SM, Karpel MG, Forbes HE, Pantalone DW. A systematic review of dialectical behavior therapy for the treatment of eating disorders. The Journal of Treatment & Prevention. 2012;20(3):196-215.

10. Wisniewski L, Safer DL, Adler S, Wagar CM. DBT e transtornos alimentares. In: Dimeff L, Rizvi SL, Koerner K. Organizadores. Terapia comportamental dialética: aplicações em diferentes transtornos e cenários. 2.ed. São Paulo: Artmed; 2020. p.310.
11. Wisniewski L, Kelly E. The application of dialectical behavior therapy to the treatment of eating disorders. Cognitive and Behavioral Practice. 2003;10(2):131-8.
12. Wisniewski L, Safer D, Chen E. Dialectical behavior therapy and eating disorders. In: Dimeff LA, Koerner K (eds.). Dialectical behavior therapy in clinical practice: applications across disorders and settings. Guilford Press; 2007. p.174-221.
13. Chen EY, Safer D. Dialectical behavior therapy. In: The Oxford handbook of eating disorders. 2010. p.402-16.
14. Bhatnagar K, Martin-Wagar C, Wisniewski L. DBT for eating disorders: an overview. 2017.
15. Swales MA. Implementing dialectical behaviour therapy: organizational pre-treatment. The Cognitive Behaviour Therapist. 2010;3(4):145-57.
16. Academy for Eating Disorders Medical Care Standards Committee. Eating disorders: a guide to medical care. 2021.
17. Auger N, Potter BJ, Ukah UV, Low N, Israel M, Steiger H, et al. Anorexia nervosa e o risco de mortalidade a longo prazo em mulheres. Psiquiatria Mundial. 2021;20(3):448.
18. Udo T, Bitley S, Grilo CM. Suicide attempts in US adults with lifetime DSM-5 eating disorders. BMC Medicine. 2019;17:1-13.
19. Linehan MM. Treinamento de habilidades em DBT: manual de terapia comportamental dialética para o paciente. Porto Alegre: Artmed; 2017.
20. Linehan MM. Treinamento de habilidades em DBT: manual de terapia comportamental dialética para o terapeuta. Porto Alegre: Artmed; 2017.
21. Wisniewski L, Ben-Porath DD. Telephone skill-coaching with eating-disordered clients: clinical guidelines using a DBT framework. European Eating Disorders Review: The Professional Journal of the Eating Disorders Association. 2005;13(5):344-50.
22. Limbrunner HM, Ben-Porath DD, Wisniewski L. DBT telephone skills coaching with eating disordered clients: who calls, for what reasons, and for how long?. Cognitive and Behavioral Practice. 2011;18(2):186-95.
23. Wisniewski L, Ben-Porath DD. Dialectical behavior therapy and eating disorders: the use of contingency management procedures to manage dialectical dilemmas. American Journal of Psychotherapy. 2015;69(2):129-40.
24. Safer DL, Telch CF, Chen EY. Dialectical behavior therapy for binge eating and bulimia. Guilford Press; 2009.
25. Safer DL, Adler S, Masson PC. Programa DBT® para o comer emocional e compulsivo. Hogrefe; 2020.
26. Safer DL, Robinson AH, Jo B. Outcome from a randomized controlled trial of group therapy for binge eating disorder: comparing dialectical behavior therapy adapted for binge eating to an active comparison group therapy. Behavior Therapy. 2010;41(1):106-20.
27. Telch CF, Agras WS, Linehan MM. Dialectical behavior therapy for binge eating disorder. Journal of Consulting and Clinical Psychology. 2001;69(6):1061.

Seção 4
Psicoterapias contextuais

Terapia comportamental dialética (DBT-*Stanford*) para bulimia e o transtorno de compulsão alimentar

Fellipe Augusto de Lima S. Lenzing
Beatriz Passos Guimarães
Simone Ilma do Carmo Klemens

INTRODUÇÃO

Nas últimas décadas, novos modelos de psicoterapias começaram a surgir, como possível caminho para pacientes não respondentes aos tratamentos clássicos dos transtornos alimentares (TA).[1,2]

Um desses modelos é a terapia comportamental dialética (DBT-*Standard*), que inicialmente foi desenvolvida para mulheres com transtorno de personalidade *borderline* que apresentavam comportamento suicida, autolesivo e uma intensa desregulação emocional.[3]

Ao longo dos anos, a DBT começou a ser testada para diversos outros transtornos psiquiátricos, principalmente em pacientes que tinham dificuldade em regular o afeto negativo, como nos casos de pacientes com bulimia (BN) e transtorno de compulsão alimentar (TCA).[4,5]

A primeira testagem de DBT dos TA foi nomeada como DBT-*Stanford*, tornando-se um possível modelo alternativo para pacientes com baixa resposta ao tratamento da terapia cognitivo-comportamental (TCC).[6,7] A pesquisa mostra que em média metade dos pacientes tratados com TCC não responde bem ao tratamento.[8,9] E uma das hipóteses seria a dificuldade de os pacientes com TCA e BN regularem o afeto negativo.[4,5,10,11] Isso impulsionou novos modelos de terapias focadas nos processos de desregulação emocional, aumentando a elasticidade da intervenção para estratégias além do comportamento alimentar.

Os resultados da DBT-*Stanford* foram promissores em pacientes adultos com BN e TCA, incluindo remissão da compulsão alimentar entre 64 e 89% dos pacientes adultos[11,12] e melhora positiva da relação com o peso, forma corporal e redução das preocupações excessivas com a alimentação.[7,12]

A DBT-*Stanford* é um programa recomendado para os pacientes com TCA ou BN que se encontram em estágio 3 de tratamento DBT, ou seja, pacientes estáveis de comorbidades psiquiátricas, sem comportamentos de TA graves, principalmente que envolva risco à vida, mas que necessitam de intervenções específicas para trabalhar os episódios residuais de compulsão alimentar, comer emocional problemático e métodos compensatórios.[5,13]

O tratamento da DBT-*Stanford* é diferente da DBT-*Standard* (Tabela 1), sendo considerado um programa reduzido de habilidades DBT. Os encontros da DBT-*Stanford* acontecem preferencialmente em grupo, ocorrendo 1 vez na semana, com duração de 2 horas ou 2h30 cada sessão. Os pacientes com BN necessitam fazer o programa de 20 semanas,[5] e os pacientes com TCA ou comer emocional problemático precisam fazer o programa de 13 semanas.[13]

Na Tabela 1 é possível os clínicos perceberem a redução das intervenções que usualmente acontecem na DBT-*Standard*, não sendo utilizados muitos dos componentes essenciais da DBT, como: terapia individual, *coaching* por telefone (para manejo de crise), reunião de consultorias para os terapeutas e tratamentos complementares (atendimento nutricional ou farmacológico). É importante ressaltar que não ser incluído não significa ser contraindicado. Dependendo da gravidade, os clínicos podem implementar ou escolher retornar para o modelo de DBT-*Standard* com adaptações para TA graves, como no caso da DBT-MED.[7]

No treino de habilidades, como visto na Tabela 1, foi retirado o módulo de habilidades de efetividade interpessoal na DBT-*Stanford*. A retirada ocorreu pelo fato de que fazer intervenções nas relações interpessoais de pessoas com BN e TCA melhora clinicamente os sintomas de TA, por isso a psicoterapia interpessoal é considerada o tratamento de segunda escolha pela Academy for Eating Disorders para esses pacientes.[2] Então, para não correr o risco de as habilidades DBT serem consideradas efetivas simplesmente pela resposta das habilidades de efetividade interpessoal, foram retiradas para testar o efeito das demais habilidades DBT.[14]

TABELA 1 Comparação entre a DBT-*Standard* e os modelos DBT-*Stanford*

DBT-*Standard*	DBT-*Stanford* para BN e TCA	DBT-*Stanford* para TCA e CEP
Terapia individual para pacientes em todos os estágios de tratamento, porém a maioria dos pacientes encontra-se no estágio 1	Terapia individual apenas para pacientes com BN, preferencialmente em estágio 3 de tratamento	Não inclui terapia individual*
Treino de habilidades DBT (duração de 1 ano) com os seguintes módulos: ▪ *Mindfulness*. ▪ Regulação emocional. ▪ Tolerância ao mal-estar. ▪ Efetividade interpessoal.	Treino de habilidades DBT (duração de 20 semanas) com os seguintes módulos reduzidos: ▪ *Mindfulness* (incluindo *mindful eating*). ▪ Regulação emocional. ▪ Tolerância ao mal-estar.	Treino de habilidades DBT (duração de 13 semanas) com os seguintes módulos reduzidos: ▪ *Mindfulness* (incluindo *mindful eating*). ▪ Regulação emocional. ▪ Tolerância ao mal-estar.
Coaching por telefone	Não inclui *coaching* por telefone*	Não inclui *coaching* por telefone*
Reunião de consultoria para os terapeutas	Não inclui reunião de consultoria para terapeutas*	Não inclui reunião de consultoria para terapeutas*

* Não incluir não significa ser contraindicado.
BN: bulimia nervosa; CEP: comer emocional problemático; DBT: terapia comportamental dialética; TCA: transtorno de compulsão alimentar.

Os clínicos que perceberem dificuldades no contexto interpessoal dos pacientes podem implementar com o módulo de efetividade interpessoal e aumentar o número de sessões do treino de habilidades DBT-*Stanford*, não sendo uma contraindicação.[14,15]

Outro componente retirado da DBT-*Stanford* é o *coaching* por telefone em seu formato usual.[5,13] Na DBT-*Standard* o *coaching* por telefone é utilizado principalmente para manejo de crises suicidas ou comportamentos autolesivos relacionados ao risco de vida dos pacientes.[3] Como a DBT-*Stanford* é um tratamento de estágio 3, espera-se que os pacientes não tenham esses comportamentos ou se encontrem estáveis. Caso o paciente apresente, é contraindicada a DBT-*Stanford*, sendo recomendada a DBT-*Standard* com adaptação para transtornos alimentares (DBT-MED), e não a DBT-*Stanford*.[5,13,14]

A seguir será descrita uma visão geral dos modelos de DBT-*Stanford*, o primeiro destinado a pacientes com BN e TCA[5] e o segundo no formato de autoajuda guiada por um clínico para pacientes com TCA ou comer emocional problemático.[13]

PROGRAMA DE 20 SEMANAS DA DBT-*STANFORD* PARA BULIMIA NERVOSA E COMPULSÃO ALIMENTAR

O tratamento na DBT-*Stanford* inicia-se com o pré-tratamento, momento em que paciente e clínico trabalham em uma extensa avaliação para decidir se a DBT é realmente a melhor recomendação. Atualmente a DBT-*Stanford* é um tratamento a ser considerado caso o paciente apresente baixa resposta à TCC (média de 2 anos de acompanhamento), principalmente se essa baixa resposta ocorreu pela dificuldade em regular o afeto negativo ou problemas que interferem na terapia.[7]

Na sessão zero do pré-tratamento, os clínicos:

- Avaliam os comportamentos alimentares desadaptativos.
- Fazem uma hierarquia de alvos.
- Realizam o levantamento das metas do paciente.
- Fornecem uma visão geral do tratamento (regras, combinados, teoria biossocial) e motivam o paciente a comprometer-se com ele.[5]

Caso o tratamento aconteça em grupo, é importante ter todas as sessões de pré-tratamento individualmente com os pacientes, e serem alocados no grupo após assinarem o comprometimento com o tratamento.

Na DBT-*Stanford*, de modo semelhante à intervenção da DBT-*Standard*, os comportamentos-alvo são organizados seguindo uma hierarquia de alvos com base em sua gravidade:

- Interromper qualquer comportamento que interfira na terapia, por exemplo, chegar constantemente atrasado, faltar nas sessões, não praticar as habilidades, entre outros.
- Interromper a compulsão alimentar com volume e/ou sem volume.
- Interromper o comer no "piloto automático", o que inclui comer demais ou comer quando não se está fisicamente com fome, sem prestar atenção, por exemplo, fazer as refeições assistindo à televisão.
- Preocupações excessivas com a comida.
- Ter o comprometimento ativo de não ter a compulsão alimentar, ou usar alguma habilidade DBT quando sentir emoções e impulsos desconfortáveis.

- Diminuir os "comportamentos aparentemente irrelevantes", por exemplo, ficar abrindo e fechando a geladeira, comprar a comida favorita para tê-la em casa caso os amigos façam uma visita surpresa algum dia, entre outros.

O modelo de desregulação emocional na DBT-*Stanford* compreende que eventos internos ou externos (A) desencadeiam respostas emocionais de difícil manejo (B), ocasionando tentativas de escapar ou fugir dos estados emocionais desconfortáveis (C), e deixando o paciente vulnerável a estratégias desadaptativas de regulação do afeto negativo (D), pois os pacientes, quando se envolvem nesses comportamentos, apresentam alívio do desconforto emocional (E). Ao sentir um alívio de curta duração, os pacientes ficam anestesiados de seus estados emocionais, não aprendendo formas efetivas para lidar com estados emocionais indesejados, apresentando consequências negativas e elevada vulnerabilidade a novos episódios de descontrole alimentar. Por exemplo:

- Situação (A): Joana teve uma discussão com sua mãe decorrente do uso excessivo de redes sociais.
- Resposta emocional (B): Joana sentiu raiva excessiva e incompreensão de sua mãe.
- Tentativas de escapar da emoção (C): Joana ficou ruminando mentalmente a briga com sua mãe e pensou que iria se sentir melhor se comesse alguma coisa.
- Comportamento de regulação emocional desadaptativa (D): Joana foi até a cozinha, comeu três pacotes de bolacha e bebeu uma lata de leite condensado.
- Alívio temporário e consequências negativas (E): Joana se sentiu aliviada e parecia que a raiva tinha desaparecido. Após alguns minutos começou a passar mal, apresentando um elevado medo de engordar e autodepreciação. Joana ficou vulnerável a pensar novamente em comer o resto dos pacotes que estavam no armário, retornando para tentativas de escapar da emoção (C) e mantendo o ciclo da compulsão alimentar.

Na sessão 1 do pré-tratamento os clínicos trabalham com os pacientes os prós e contras da compulsão alimentar ou métodos compensatórios, obtêm o comprometimento em se manter sem compulsão alimentar, oferecem uma breve introdução sobre o comer com atenção (*mindful eating*), orientam os pacientes sobre o uso do cartão diário (automonitoramento) e realizam análise em cadeia.

A análise em cadeia na DBT-*Stanford* é um modelo de análise funcional do comportamento utilizado para uma avaliação profunda dos acontecimentos que levaram o paciente de um evento desencadeante ao comportamento alimentar desadaptativo, por exemplo, comer compulsivamente, purgação, entre outros métodos compensatórios.

Os clínicos precisam ficar sensíveis aos componentes da análise em cadeia, que envolve a identificação do comportamento desadaptativo (episódio de compulsão alimentar), o evento desencadeante (situação "gatilho"), vulnerabilidade emocional (sono irregular, restrição alimentar, entre outros) e os elos (pensamentos, sentimentos, sensações físicas e comportamentos). Além das consequências que acontecem a curto, médio e longo prazo quando o paciente se envolve em um episódio de compulsão alimentar. É importante mencionar que a análise em cadeia proposta na DBT-*Stanford* não apresenta adaptações em relação à descrita no manual de DBT-*Standard*.[3]

Na sessão 2 do pré-tratamento os pacientes aprenderão sobre a abstinência dialética, a respiração compassada (diafragmática) e revisar a análise em cadeia da compulsão alimentar.

A abstinência dialética é uma habilidade originalmente da DBT para dependência química.[16,17] Basicamente, é uma síntese entre estar totalmente comprometido em manter-se sem compulsão alimentar e igualmente comprometido com as estratégias de contenção de danos.[14] Os pacientes que acabam cedendo aos episódios de compulsão alimentar estão fortemente insistindo no compromisso de se manter sem compulsão alimentar, mas, caso apresentem um episódio, a ênfase é destinada à aceitação radical, à solução de problemas, à renovação do compromisso e à prevenção efetiva de recaída.[5]

Não se trata de uma liberação para ter um episódio de compulsão alimentar, e sim de ajudar o paciente a ser efetivo, gastando tempo e energia para aprender com aquela situação, elaborando um plano mais aperfeiçoado para não cair novamente nas armadilhas dessa compulsão alimentar.

Essa postura é mais efetiva, mantendo o paciente firme no compromisso com o tratamento em vez de ele ficar se culpando, julgando-se e aumentando a angústia, que o deixará vulnerável a ter outros episódios recorrentes de compulsão alimentar.

Orientações para início da DBT-*Stanford* em grupo

Os pacientes, após realizarem o pré-tratamento individualmente, iniciam o treino de habilidades da DBT-*Stanford*. Usualmente o número de pacientes varia de 8 até no máximo 12, diagnosticados com TCA e/ou BN. É importante os pacientes encontrarem-se no estágio 3 do tratamento DBT ou estáveis em relação a qualquer comorbidade psiquiátrica associada.

A DBT-*Stanford* é contraindicada se o paciente apresentar comportamento suicida, autolesivo, anorexia nervosa ou TA graves,[5,14] sendo indicada nesse caso a DBT-MED[7] ou a DBT-*Standard*.[3]

As sessões em grupo têm duração de 2 horas e ocorrem semanalmente. A primeira hora é utilizada para a revisão de exercícios de casa. Os membros do grupo relatam sua prática de habilidades DBT durante a última semana (registrada em cartões diários coletados a cada encontro) e são avaliados quaisquer episódios de compulsão alimentar ou outros episódios de alimentação desadaptativas que ocorreram por meio da análise em cadeia em grupo.

Na segunda hora os membros do grupo aprendem novas habilidades DBT por meio de apresentações didáticas e de exercícios experimentais. Toda a intervenção é guiada por meio de fichas, folhas explicativas que resumem os conteúdos abordados.[5]

Habilidades de *mindfulness*: sessões 3 a 5

Iniciam-se as sessões em grupo com o módulo de *mindfulness*. Sabendo que a compulsão alimentar envolve perda de controle sobre o que se está fazendo ou a falta de consciência sobre o que está acontecendo, o *mindfulness* consiste em prestar atenção às emoções, pensamentos e experiências físicas sem tentar se esquivar. Assim, *mindfulness* e compulsão alimentar são incompatíveis.[5]

As principais estratégias de *mindfulness* incluem os conjuntos de habilidades: "O que fazer?" e "Como fazer?". Nas habilidades de "O que fazer?", inclui:

- A habilidade de observar a experiência no momento presente, sem colocar palavras.
- A habilidade de descrever, isto é, colocar em palavras a experiência como ela é, sem adicionar quaisquer outros elementos (julgamentos, opiniões, significados ou interpretações).

- A habilidade de participar, que diz respeito ao contato direto com a experiência tal qual ela é.[5]

Mindfulness direcionado ao ato de comer (*mindful eating*)

Na DBT-*Stanford* é ampliada a habilidade de participar do *mindfulness* com a introdução do *mindful eating*.[5] O objetivo é ajudar os pacientes a utilizarem a postura *mindfulness* durante as refeições, participando ativamente de forma consciente do momento. Essa adaptação foi baseada no trabalho de Kabat-Zinn,[18] que oferecia tradicionalmente algumas uvas-passas para seus pacientes. Enquanto as seguravam nas palmas das mãos, os pacientes usavam a observação para se tornar conscientes do cheiro e da textura do alimento. Ao colocá-las na boca, eles mantinham o foco na sensação, sabor e forma da uva-passa. Posteriormente, ao mastigarem conscientemente, percebiam transformações na textura, sabor e salivação. Os pacientes, quando estão em *mindful eating*, naturalmente estão usando todas as habilidades de *mindfulness*, deixando de comer no piloto automático para dar plena atenção à experiência de comer.[5]

O segundo conjunto de habilidades, "Como fazer?", inclui:

- Habilidade de postura de não julgamento, não adicionar valor moral ou adjetivar.
- Habilidade de fazer uma coisa de cada vez, que visa dar total atenção ao aqui e agora, seja comer, dirigir ou pensar sobre um problema.
- Habilidade de ser efetivo, ou seja, fazer o que funciona para interromper os episódios de compulsão alimentar.[5]

A postura de não julgamento é essencial para pacientes com elevado criticismo relacionado ao peso e à forma corporal, ajudando-os a cultivar descrições mais neutras sobre sua aparência e corpo.

A habilidade de ser efetivo é ampliada na DBT-*Stanford*, implementada com duas habilidades de tolerância ao mal-estar, chamadas surfando o impulso e rebelião alternativa.

Surfando o impulso de comer compulsivo

A habilidade de surfar o impulso é usada para descolar as vontades e impulsos do comportamento de comer compulsivo. O paciente pode sentir a vontade e o impulso de forma segura, sem ir na direção de envolver-se com o comportamento de ter um episódio de compulsão alimentar. Essa habilidade inclui receber e aceitar intencionalmente o impulso, reconhecendo que ele tem um tempo de duração (média de 20 minutos), podendo aceitá-lo e resistir à urgência de tentar pará-lo por meio de comportamentos desadaptativos.

Os clínicos podem usar práticas de mentalização, metáforas ou até mesmo práticas formais de *mindfulness* para praticar com os pacientes,[5,13] fazendo-os imaginar os impulsos ou emoções como ondas no mar, que sobem e têm um tempo de duração, até começarem a cair. Pode demorar um pouco, mas certamente irá diminuir enquanto o paciente não briga com a vontade, permitindo-se sentir, pois logo as ondas começam a cair e retornam para a praia (estado basal). Pode acontecer de outra onda começar a surgir (um novo impulso), e o paciente irá fazer o mesmo procedimento de surfar o impulso, aceitando e sentindo com segurança, mantendo as portas do comportamento alimentar desadaptativo fechadas.

A ideia central é o paciente poder sentir vontades e impulsos descolados de qualquer comportamento desadaptativo; devolve-se a escolha de ação para a mão do paciente, sem ficar refém do impulso.

Rebelião alternativa

A habilidade de rebelião alternativa é um meio funcional de tolerância ao mal-estar sem o paciente perder o alvo de interromper os episódios de compulsão alimentar. Trata-se de uma habilidade principalmente usada nas situações em que o comer compulsivo torna-se uma forma de rebelar-se contra comentários negativos sobre o corpo, pressão estética ou gordofobia: o paciente se percebe movido pela raiva, apresentando urgência de ter um comer opositor ou compulsivo. A ideia é o paciente contar com um meio alternativo de rebelar-se de forma criativa em vez de suprimir ou perder o objetivo de interromper a CA.

Existem caminhos funcionais para o paciente rebelar-se. Ele pode usar modelos de roupas, cores ou acessórios que tipicamente seriam vistos como "inapropriados" para pessoas com "corpo não padrão". O caminho é rebelar-se de uma forma alternativa, e não destrutiva. É importante discutir em grupo ou na terapia individual meios seguros de "como?" e "quando?" utilizar essa habilidade.[14,17]

Habilidades de regulação emocional: sessões 6 a 13

O módulo de regulação emocional não apresenta adaptações em relação à descrição no manual de DBT-*Standard*.[3] Apenas foi reduzido o conjunto de habilidades e transformado a narrativa para o comportamento alimentar.

- Identificar e rotular as várias partes de uma resposta emocional.
- Entender a função das emoções (primária e secundárias).
- Aprender sobre os mitos sobre as emoções.
- Reduzir a vulnerabilidade a emoções desconfortáveis.
- Ensinar a habilidade de ação oposta (agir de forma contrária ao impulso constantemente).
- Construir experiências emocionais positivas.
- Aumentar a atenção às emoções.
- Aumentar estados emocionais positivos.
- *Mindfulness* das emoções atuais.[5,19]

As habilidades de regulação emocional consistem em ajudar os clientes a adquirir, desenvolver e implementar habilidades adaptativas que lhes permitam gerenciar com mais eficácia os estados emocionais desagradáveis, bem como cultivar maior capacidade de experienciar emoções agradáveis ou desagradáveis.

Os clientes são encorajados a avaliar, cuidar e manejar suas emoções para diminuir a frequência e a intensidade dos episódios de compulsão alimentar.[5]

Habilidades de tolerância ao mal-estar: sessões 14 a 18

Os clínicos ensinam aos pacientes como lidar com situações altamente angustiantes que não é possível alterar naquele momento. São utilizadas estratégias específicas para usar quando estiverem sobrecarregados e/ou se sentirem incapazes de aceitar a situação em que se encontram.

As habilidades de tolerância ao mal-estar têm como objetivo manejar as situações e sentimentos sem piorá-los, ou seja, não se envolver em episódios de compulsão alimentar ou qualquer outro comportamento alimentar problema.[5]

No módulo de tolerância ao mal-estar existem dois conjuntos diferentes de habilidades: aceitar a realidade e sobrevivência à crise. A primeira tem por objetivo que o cliente aceite a vida como está no momento e lide com situações dolorosas que atualmente não podem ser alteradas, o que inclui habilidades de observar a respiração, meio sorriso e aceitação radical.

Em contrapartida, as habilidades de sobrevivência são projetadas para facilitar o suporte a situações dolorosas de curto prazo. Seu objetivo é ajudar os clientes a permanecerem funcionais sem recorrer a comportamentos impulsivos, o que inclui usar as habilidades de distrair-se, melhorar o momento, autoacalmar-se; prós e contras, exercício consciente e a habilidade de queimar pontes.[5]

Queimando pontes

É uma habilidade de aceitação que envolve a ação de eliminar tudo o que conecta ao comportamento ativo de comer compulsivamente, por exemplo, sair dos grupos de dietas restritivas do WhatsApp, deixar de seguir blogueiras *fitness*, jogar fora as dietas da moda, entre outros. É o compromisso com uma vida aberta a sentir todas as emoções (incluindo a insatisfação corporal), sem usar da comida de forma compulsiva, como anestesiante ou para fugir da realidade. Abre espaço para ações de cuidar, manejar e aceitar as emoções, usando todas as habilidades DBT aprendidas.

Prevenção de recaídas: sessões 18 a 20

As 2 últimas sessões do tratamento de DBT-*Stanford* são reservadas para revisão de todo o programa, fortalecimento de todas as habilidades e elaboração de um plano de prevenção de recaídas.[5] Cada paciente precisará avaliar seu progresso desde o começo do tratamento e elaborar um plano detalhado de como continuará usando as habilidades DBT em seu dia a dia. Caso o paciente apresente episódios de compulsão alimentar residual, é necessário que haja um plano para manter o comprometimento ativo e manejo da compulsão alimentar.

Os pacientes precisam ser encorajados a permanecer no caminho da construção de uma vida de sentido, sem usar o comer compulsivo como meio de enfrentamento das dificuldades cotidianas.

Programa DBT-*Stanford* de autoajuda guiada

Outra adaptação da DBT-*Stanford* é a DBT-*Stanford* de autoajuda guiada por um clínico.[13] É um tratamento utilizado para pessoas com TCA leve ou pacientes que não se encaixam nos critérios oficiais de um TCA, porém apresentam problemas relacionados ao comer, por exemplo, comer por ansiedade, comer por estresse, comer exagerado, entre outros.

A DBT-*Stanford* de autoajuda guiada é organizada em 13 sessões, sendo o tratamento manualizado,[13] acompanhado por um clínico treinado em DBT e com bons conhecimentos em TA. O clínico poderá escolher a frequência dos encontros (preferencialmente quinzenais ou semanais) para juntos seguirem o programa.

Os módulos de habilidades da DBT-*Stanford* de autoajuda guiada incluem sessões no formato em grupo ou individuais, contendo pré-tratamento, habilidades de *mindfulness*, regulação emocional e tolerância ao mal-estar.[13]

Normalmente, os tratamentos de autoajuda guiados são uma escolha para pacientes com sintomas leves que não necessitam de tratamentos intensivos com equipe multidisciplinar especializada.

O tratamento ser acompanhado por um clínico pode ser um bom direcionamento para avaliar se o paciente está respondendo bem ou se precisará de acompanhamento multidisciplinar especializado ao longo do tempo. É importante mencionar que os tratamentos de autoajuda guiados estão classificados como tratamentos de primeira linha para BN e TCA.[2]

REFERÊNCIAS

1. Grenon R, Carlucci S, Brugnera A, Schwartze D, Hammond N, Ivanova I, et al. Psychotherapy for eating disorders: a meta-analysis of direct comparisons. Psychotherapy Research.2019;29(7):833-45.
2. Serpell L, Lyster-Mensh L, Hilbert A, Peterson C, Waller G, Wisniewski L. A guide to selecting evidence-based psychological therapies for eating disorders. Academy for Eating Disorders, 2020.
3. Linehan M. Terapia cognitivo-comportamental para transtorno da personalidade borderline: tratamentos que funcionam: guia do terapeuta. Porto Alegre: Artmed; 2016.
4. Safer DL, Telch CE, Agras WS. Dialectical behavior therapy for bulimia nervosa. American Journal of Psychiatry. 2001;158:632-4.
5. Safer DL, Telch CF, Chen EY. Dialectical behavior therapy for binge eating and bulimia. New York: Guilford Press; 2009.
6. Bankoff SM, Karpel MG, Forbes HE, Pantalone DW. A systematic review of dialectical behavior therapy for the treatment of eating disorders. The Journal of Treatment & Prevention. 2012;20(3):196-215.
7. Ben-Porath D, Duthu F, Luo T, Gonidakis F, Compte EJ, Wisniewski L. Dialectical behavioral therapy: an update and review of the existing treatment models adapted for adults with eating disorders. Eating Disorders. 2020;28(2):101-21.
8. Wilson GT, Grilo CM, Vitousek KM. Psychological treatment of eating disorders. American Psychologist. 2007;62(3):199.
9. Haye PPJ, Bacaltchuk J, Stefano S. Psychological treatments for bulimia nervosa and binging. Cochrane Database of Systematic Reviews (Online). 2009;4:CD000562.

10. Telch CF, Agras WS, Linehan MM. Group dialectical behavior therapy for binge-eating disorder: a preliminary, uncontrolled trial. Behavior Therapy. 2000;31(3):569-82.
11. Safer DL, Robinson AH, Jo B. Outcome from a randomized controlled trial of group therapy for binge eating disorder: comparing dialectical behavior therapy adapted for binge eating to an active comparison group therapy. Behavior Therapy. 2010;41(1):106-120.
12. Telch CF, Agras WS, Linehan MM. Dialectical behavior therapy for binge eating disorder. Journal of consulting and clinical psychology. 2001;69(6):1061.
13. Safer DL, Adler S, Masson PC. Programa DBT® para o comer emocional e compulsivo. 2.ed. São Paulo: Hogrefe; 2020.
14. Wisniewski L, Safer DL, Adler S, Wagar CM. DBT e transtornos alimentares. In: Dimeff L, Rizvi SL, Koerner K (orgs.). Terapia comportamental dialética: aplicações em diferentes transtornos e cenários. 2.ed. São Paulo: Artmed; 2020.
15. Erb S, Farmer A, Mehlenbeck R. A condensed dialectical behavior therapy skills group for binge eating disorder: Overcoming winter challenges. Journal of Cognitive Psychotherapy. 2013;27(4):338-58.
16. Linehan MM, Dimeff LA, Reynolds SK, Comtois KA, Welch SS, Heagerty P, et al. Dialectical behavior therapy versus comprehensive validation therapy plus 12-step for the treatment of opioid dependent women meeting criteria for borderline personality disorder. Drug and Alcohol Dependence. 2002;67(1):13-26.
17. Linehan MM, Dimeff LA. Dialectical behavior therapy manual of treatment interventions off drug abuser with borderline personality disorder. Seattle: University of Washington; 1997.
18. Kabat-Zinn J. Full catastrophe living: the program of the stress reduction clinic at the University of Massachusetts Medical Center. New York: Delacorte Press;1990.
19. Wiser S, Telch CF. Dialectical behavior therapy for binge-eating disorder. Journal of Clinical Psychology. 1999;55(6):755-68.
20. Wilks CR, Valenstein-Mah H, Tran H, King AMM, Lungu A, Linehan MM. Dialectical behavior therapy skills for families of individuals with behavioral disorders: initial feasibility and outcomes. Cognitive and Behavior Practice. 2017;24:288-95.

12

Terapia comportamental dialética radicalmente aberta (RO DBT)

Juliana Lopes Massapust
Pedro Paulo Pires
Fellipe Augusto de Lima S. Lenzing

INTRODUÇÃO

A *radically open dialectical behavior therapy* (RO DBT) ou, em português, terapia comportamental dialética radicalmente aberta, vem sendo desenvolvida há mais de 20 anos pelo Dr. Thomas Lynch. É considerada uma terapia baseada em evidências, que emergiu da terapia comportamental dialética (DBT), desenvolvida pela Dra. Marsha Linehan inicialmente, para mulheres com comportamento parassuicida, e, ao longo das pesquisas, mostrou-se eficaz para transtorno de personalidade *borderline* (TPB), transtornos da dependência química e transtornos alimentares.[1]

Baseada em diferentes modelos, a RO DBT manteve em sua nomenclatura os termos "dialético" e "terapia comportamental" por serem suas raízes. Entretanto, não são as únicas raízes importantes para RO DBT, por também agregar a filosofia dialética, *mindfulness*, terapia cognitivo-comportamental (TCC), *gestalt*-terapia, entrevista motivacional, teoria sobre emoções, neurociências, teorias da personalidade e desenvolvimento, teoria da evolução, sufismo malamati e a própria terapia comportamental dialética.[2]

A RO DBT, tal como a DBT, é considerada uma terapia transdiagnóstica, porém focada em transtornos do supercontrole, caracterizados pelo estilo de *coping* mal adaptativo, ou seja, pacientes supercontrolados. Atualmente modelos transdiagnósticos são recomendados, pois é comum a presença de comorbidades em saúde mental – e comorbidades representam múltiplos protocolos de intervenção em uma estrutura de tratamento. Por exemplo, a terapia de aceitação e compromisso (ACT) é considerada um modelo transdiagnóstico para transtornos do humor e da ansiedade e a terapia comportamental dialética (DBT) para transtornos da desregulação emocional, considerando como protótipo o transtorno de personalidade *borderline*.[1]

Embora tenha a mesma estrutura que a DBT padrão, a RO DBT difere em mecanismos de mudança. De acordo com Lynch,[2] a RO DBT apresenta 5 alvos relacionados à tendência de supercontrole:

- Hiperfoco em detalhes e comportamento excessivamente cauteloso.
- Comportamento rígido governado por regras.
- Expressão emocional inibida e dissimulada.
- Distanciamento e indiferença social nos relacionamentos e conectividade.
- Tendências em se engajar em comportamentos de comparação, inveja e amargura.

De acordo com Lynch, Hempel e Dunkley,[3] a RO DBT postula que o problema central do supercontrole é a solidão emocional secundária a déficits de sinalização social e baixa abertura às experiências, ou seja, a base dos transtornos do supercontrole não está relacionada à desregulação emocional, como postulado pela DBT.

O termo supercontrole foi desenvolvido a partir da noção de autocontrole, que, de acordo com Lynch,[2] é a habilidade de inibir urgências, impulsos, comportamentos, desejos, além de adiar a gratificação para alcançar objetivos mais distantes. É uma habilidade necessária, valorizada e equiparada ao sucesso e à felicidade na sociedade. Entretanto, muito autocontrole ou pouco autocontrole podem ser problemáticos. No espectro do baixo autocontrole, estudos longitudinais apontam a correlação com uso e abuso de substâncias, atividades criminais, violência doméstica, dificuldades financeiras e obesidade.[4]

No espectro do supercontrole, há correlação com depressão crônica, anorexia e transtorno da personalidade obsessivo-compulsiva, pois o supercontrole está relacionado com isolamento social, indiferença e distanciamento emocional, rigidez cognitiva, aversão ao risco, hiperperfeccionismo e inibição da expressão emocional.[3] Dessa forma, o supercontrole mal adaptativo é caracterizado por 4 principais déficits:[4]

- Baixa receptividade e abertura para novidades, imprevistos ou *feedback* crítico, intolerância à incerteza, aversão ao risco, hipervigilância a riscos potenciais e tendência a desqualificar ou dispensar *feedback* crítico.
- Baixa flexibilidade, observada por necessidade compulsiva de estrutura e ordem, perfeccionismo, alta obrigação social, obediência, ensaio compulsivo, premeditação e planejamento, além da alta certeza moral, ou seja, a convicção de que existe uma forma certa de fazer algo.
- Expressão emocional inibida e baixa consciência emocional, expressão emocional incongruente ou insincera ao contexto e consciência diminuída das sensações corporais.
- Baixa conectividade social e intimidade, manifestada por indiferença e distanciamento emocional, sensação de ser diferente dos demais, frequente comparação social tendo como subprodutos inveja, amargura, ressentimento e empatia reduzida.

A RO DBT engloba uma série de novos recursos, e, principalmente, desafia a heurística de linearidade no que diz respeito ao que a sociedade e as pesquisas básicas sobre autocontrole e funcionamento saudável apontam. Além disso, a RO DBT tira o foco do processo cognitivo, ou seja, de mudança cognitiva que domina a TCC, destacando a importância de direcionar a comunicação social e a conectividade psicológica com pessoas importantes, de forma similar à terapia intrapessoal (IPT).[1]

O que torna a RO DBT única é ser a primeira teoria que enfatiza a sinalização social, como mecanismo de mudança primário,[1] considerando que as pesquisas emergentes atuais apontam a conectividade social como preditor de saúde mental. Um sinal social é qualquer ação ou comportamento, independentemente da sua forma e intenção, sendo realizado na presença de outra pessoa. Percebe-se que um sinal social é uma forma de comunicação, muitas vezes não verbal e sem intenção, mas sendo identificada por outra pessoa. É possível sinalizar por meio de expressões faciais, pela postura corporal, pelo toque, linguagem, pelo tom de voz e ações. E é importante observar que o sinal social é muito mais forte e impactante que qualquer conteúdo verbalizado. Por exemplo: uma pessoa diz "Isto aqui é brilhante!" e, ao mesmo tempo, revira os olhos. O sinal social de revirar os olhos tem maior chance de ser identificado e impactar a comunicação que a própria verbalização.[5] Dessa forma, a RO DBT é uma intervenção para pessoas supercontroladas que visa modificar a sinalização social, a expressão e a vulnerabilidade emocional, habilidades que estão relacionadas com o aumento da conectividade social.

A RO DBT postula que, para sobreviver, nossa espécie precisou desenvolver meios de formar laços estreitos, compartilhar recursos e trabalhar de maneira colaborativa com indivíduos que não compartilhavam a mesma genética, desenvolvendo uma forma de comunicar a intenção rapidamente.[2] A sinalização social também envolve facilitar o desenvolvimento de laços sociais e conectividade, tornando-se a chave para a sobrevivência. Assim, a RO DBT, em seu processo terapêutico, visa atuar diretamente na sinalização social mal adaptativa, incluindo microexpressões que interferem na relação com outras pessoas e no desenvolvimento de sinais sociais adaptativos.

Antes de iniciar as intervenções em RO DBT, é necessário avaliar e determinar que o cliente tem critérios suficientes para se considerar que o supercontrole é seu estilo predominante e que esse funcionamento supercontrolado o deixa exausto, mas sem esperança de mudar. A RO DBT apresenta um protocolo de investigação próprio para compreender se o cliente apresenta estilo de *coping* supercontrolado e se irá se beneficiar do tratamento. Para identificar o estilo supercontrolado, é indicado avaliar o cliente e suas experiências a partir dos seguintes pressupostos:[5]

- Alta sensibilidade à ameaça: maior probabilidade de perceber determinada situação como ameaçadora.
- Baixa sensibilidade a experiências recompensadoras: pessoas supercontroladas tendem a adiar recompensas e a apreciar menos quando as experiências estão acontecendo, principalmente, no âmbito social.
- Alto controle inibitório: dificulta a expressão emocional genuína e a agir de acordo com os impulsos, prejudicando a conectividade social, pois a tendência é a outra pessoa não confiar ou não querer se conectar com quem geralmente demonstra indiferença e falta aparente de emoção.
- Hiperprocessamento em detalhes: pessoas supercontroladas percebem mais detalhes que os outros e sentem o forte impulso de corrigir/consertar, independentemente de esse comportamento prejudicar o relacionamento.

Além dos pressupostos, há um protocolo de avaliação terapêutica desenvolvido por Lynch,[2] composto pelos seguintes instrumentos: *Assessing styles of Coping: Word-Pair Checklist (ASC-WP); Personal Need for Structure (PNS) measure*, que estão em fase de tradução e validação para português, e *Accep-*

tance and Action Questionnaire II (AAQ-II), já traduzida e validada em português. As três escalas devem ser preenchidas pelo cliente. Existem duas escalas a serem preenchidas em paralelo pelo terapeuta: *The Clinical-Rated OC Trait Rating Scale* (OC-TS) e *The Overcontrolled Global Prototype Rating Scale* (OC-PRS), que estão sendo traduzidas e validadas para português.

O protocolo de tratamento em RO DBT consiste em sessões de terapia individual de 1 hora semanal, além de 30 sessões em classes de habilidades semanais com duração de 2 horas em média. O *coaching* telefônico (ligações fora do horário de terapia) é encorajado, porém opcional, tendo como objetivo criar oportunidades para clientes indiferentes aprenderem a comemorar seus sucessos em terapia e ter um senso de conectividade social.

De acordo com Lynch,[2] o sucesso da terapia individual ocorre pelo equilíbrio do dilema dialético: ao mesmo tempo que o terapeuta precisa ser um modelo de abertura e flexibilidade, há um formato de terapia bastante estruturado para que seja eficaz. A RO DBT apresenta hierarquia de alvos de tratamento para organizar a sessão individual e permitir ajustes, quando necessário. Para a estrutura das sessões individuais, a seguinte hierarquia deve ser considerada:

- Comportamentos que ameaçam a vida: a prioridade é reduzir comportamentos que estejam relacionados à autolesão intencional, como se cortar, queimar ou overdoses. Nesse alvo, é importante também lidar com ideações, urgências e planos de suicídio e comportamentos que não causam danos físicos diretos, mas que estejam intimamente relacionados à ameaça à vida.
- Reparar rupturas de aliança: rupturas de aliança são desejadas e necessárias em RO DBT, e é responsabilidade do terapeuta saber manejá-las. Denomina-se ruptura de aliança quando o cliente se sente pouco compreendido pelo terapeuta ou experimenta que o tratamento é irrelevante ou desnecessário aos seus problemas.
- Temas relacionados ao supercontrole mal adaptativo: grande parte das sessões e das classes de habilidades tem como foco o déficit de sinalização social, resultante do supercontrole mal adaptativo.

Comportamento de ameaça à vida
Autolesão intencional, ideação suicida e comportamentos que ameaçam a vida

↓

Ruptura de aliança terapêutica
O cliente se sente incompreendido ou a terapia é percebida como irrelevante. Não engajamento na terapia.

↓

Temas de supercontrole mal adaptativo
Expressão emocional inibida, comportamento hipervigilante, comportamento rígido e governado por regras, comportamento indiferente e distante, inveja e amargura.

FIGURA 1 Hierarquia de alvos em sessão individual.

RELAÇÃO ENTRE AUTOCONTROLE E ANOREXIA NERVOSA

A anorexia nervosa (AN) é um transtorno alimentar com alta taxa de mortalidade e importante causa de morbidade física e psicossocial.[6,7] De acordo com a American Psychiatric Association (DSM-V TR),[8] a AN tem como características o peso corporal anormalmente abaixo do esperado, o medo intenso de ganhar peso e cognições distorcidas em relação ao peso, forma e desejo de magreza.

A RO DBT propõe, em um olhar transdiagnóstico, a relação entre autocontrole e AN. Define-se autocontrole como a capacidade de inibir impulsos, urgências e desejos, sendo altamente valorizado na maioria das sociedades. Em excesso, pode ser igualmente problemático, estando ligado ao isolamento social, dificuldade no relacionamento interpessoal, perfeccionismo, rigidez, aversão ao risco, falha na expressividade emocional e relação com problemas de saúde mental, como depressão refratária, anorexia nervosa e transtornos de personalidade do *cluster* A e C.[9]

O subtipo restritivo está intimamente ligado ao supercontrole, por contemplar comportamentos como distanciamento e indiferença social, rigidez e padrões persistentes, baixa busca por novidades, baixa sensibilidade à recompensa, perfeccionismo e histórico de ambiente invalidante na infância,[10,11] além de déficits no reconhecimento emocional, particularmente na expressão de emoções negativas. Entretanto, as características do supercontrole não são o foco das principais intervenções e tratamentos atuais para AN.

Para compreender as características do supercontrole, Lynch[12] desenvolve o modelo neurorregulatório da RO DBT, postulando a existência de uma discrepância entre a experiência emocional interna e a expressão/sinalização social dessa experiência emocional em pessoas supercontroladas. Dessa forma, os estímulos emocionais podem ser percebidos e categorizados como seguros, novidade, ameaçador, recompensa e sobrecarga, tornando-se vieses para a resposta comportamental.

O modelo neurorregulatório provê uma nova compreensão sobre como a alimentação restritiva e a autoinanição podem se desenvolver: a pessoa supercontrolada já apresenta maior sensibilidade à ameaça (temperamento) e, em transação com um ambiente que supervaloriza o autocontrole e evita críticas e *feedback*, passa a super-regular o sistema de luta e fuga do sistema nervoso simpático (SNS).

No caso da AN, após períodos de restrição alimentar, o sistema neurorregulatório percebe o estado metabólico deficitário como uma ameaça à vida, ativando o complexo vagal dorsal do sistema nervoso parassimpático (SNP-CVD), sistema evolutivamente mais antigo que funciona para inibir ações mediadas pelo SNS, resultando na redução da sensibilidade à dor e entorpecimento emocional, ou seja, a privação alimentar se desenvolve como um meio de regular o afeto negativo.[12]

TRATAMENTO EM ANOREXIA NERVOSA COM RO DBT

As primeiras sessões em RO DBT são nomeadas como orientação e compromisso e ocorrem em 4 sessões, observando as seguintes etapas (destaca-se que a RO DBT segue um modelo sequencial):[3]

1. Acolhimento e entrevista inicial, ou seja, ouvir a história do cliente.
2. Identificação de alvos e objetivos valorizados, de acordo com a RO DBT.
3. Explicar o modelo neurorregulatório da RO DBT.
4. Trabalhar o comprometimento com o tratamento.

De acordo com Lynch, Gray, Hempel, Titley, Chen e O'Mahen,[3] é essencial que terapeutas em RO DBT identifiquem objetivos e valores que não estejam ligados à alimentação, peso e forma do corpo ao tratarem pessoas com

AN. É recomendado que os terapeutas "contrabandeiem" a ideia para pessoas com AN de que eles são muito mais do que um transtorno. Contrabandear é uma estratégia de comunicação em RO DBT com o objetivo de introduzir uma nova informação, como "plantar uma semente" para que a pessoa possa refletir sobre algo sem se sentir obrigada a tomar uma decisão, de aceitar ou não o tratamento.

Esse estilo de comunicação permite que a pessoa possa se comprometer a mudar um comportamento problemático percebendo que esse comportamento é o que impede de alcançar uma vida valorizada a ser compartilhada. Dessa forma, os objetivos valorizados não podem estar relacionados à temática da alimentação, corpo ou peso. São exemplos de objetivos valorizados: ter uma família, ter um emprego, desenvolver um relacionamento amoroso, conhecer novas pessoas, compartilhar informações com a mãe.

Os alvos da terapia individual em RO DBT são dispostos na seguinte hierarquia e devem ser seguidos:

1. Reduzir comportamentos de risco.
2. Reparar rupturas de aliança.
3. Reduzir comportamentos mal adaptativos ligados a temas de supercontrole.
    a. Em um primeiro momento da terapia, semelhante ao que ocorre na DBT padrão, é a intervenção em comportamentos com risco de morte, como ações, planos, impulsos e ideações cujo objetivo é causar intencionalmente morte ou dano, ou comportamentos que não visam intencionalmente à morte/dano, mas que são uma ameaça iminente à vida. Em casos de AN, comportamentos como estar abaixo do peso, restrição e purgar são, inicialmente, considerados comportamentos que afetam a qualidade de vida até o momento em que a avaliação médica indique ser iminentemente fatal.

De acordo com os autores citados, a palavra-chave a ser lembrada para essa distinção de função do comportamento é a palavra "iminente", evitando que pessoas e profissionais de saúde reforcem um comportamento mal adaptativo. Pessoas com AN com baixo índice de massa corporal (IMC) mas sem risco de vida podem, de forma inadvertida, receber atenção especial de profissionais de saúde, que reforçam comportamentos restritivos ou a manutenção do quadro. A proposta da RO DBT é minimizar potenciais reforçadores de comportamento mal adaptativo.

O segundo alvo da hierarquia é reparar a relação terapêutica. O papel do terapeuta na RO DBT é dar as boas-vindas ao cliente de volta à tribo, permitindo ao cliente estabelecer contato e formar laços com outros. Porém, pela predisposição biotemperamental e pelo próprio estilo de enfrentamento distante e indiferente, é esperado que o cliente mascare emoções e busque uma relação terapêutica superficial. Geralmente, pessoas supercontroladas se orgulham de serem complexas e únicas. Torna-se fundamental que o terapeuta observe comportamentos de ruptura de aliança, como respostas vagas e pouco comprometidas; respostas que não revelem mal-estar estando sob estresse, obediência hostil ("se é isso que você acha") e corrigir o terapeuta de forma insistente. Cabe ao terapeuta manejar esses comportamentos, praticar a abertura radical para não culpar o cliente pela ruptura e sinalizar comprometimento com o relacionamento, sem arrogância e com humildade.

Em relação ao terceiro alvo, o objetivo é reduzir comportamentos supercontrolados mal adaptativos, que são monitorados por meio do cartão diário, utilizado durante toda a terapia individual, cujas informações serão utilizadas para análise em cadeia, para avaliar e tratar comportamentos específicos de supercontrole. Será também o momento de discutir comportamentos ligados ao quadro de AN, porém na última parte da sessão de terapia individual (nos últimos 20 minutos de sessão), pois a RO DBT preconiza que as questões alimentares como AN estão relacionadas ao supercontrole, que é anterior ao diagnóstico de transtorno alimentar; postula-se que o tratamento para AN pode ter maior sucesso quando comportamentos supercontrolados são priorizados e que intervenções diretas em cognições ou comportamentos ligados ao transtorno alimentar podem ser reforçados ou bloquear questões relevantes a serem discutidas em terapia.[9]

HABILIDADES RO DBT PARA ANOREXIA NERVOSA

As habilidades incluem envolver-se em novos comportamentos, expressar emoções e abandonar o mascaramento, desenvolver compaixão e perdão, lidar com a inveja e amargura oriunda de comparações, aprender a provocar, ser provocado, ser brincalhão e espontâneo, aprender a ativar o sistema de segurança antes e durante situações sociais, aprender com o *feedback* corretivo e criar e manter relacionamentos íntimos.

Na Tabela 1 são listadas as principais habilidades ensinadas no treinamento de habilidades em RO DBT para AN.

TABELA 1 Habilidades de RO DBT e alvos comportamentais em AN

Módulo da habilidade	Alvos comportamentais
Mindfulness	Rigidez e comportamento governado por regras Esforço compulsivo para correção
Efetividade interpessoal	Indiferença e afastamento social Medo de parecer vulnerável
Regulação emocional	Mascarando sentimento internos Alta comparação social/inveja/amargura
Tolerância ao mal-estar	Negligência ao autocuidado Necessidade rígidas de estrutura e ordem
Abertura radical	Baixa abertura Evitação de riscos e novidades *Feedback* desconfirmante (?) Alta desconfiança e suspeitas Baixa empatia e validação de outros Dificuldade no perdão e compaixão

AN: anorexia nervosa; RO DBT: terapia comportamental dialética radicalmente aberta.

Com relação à habilidade de abertura radical, habilidade central na RO DBT, preconiza-se a vontade de renunciar sobre a visão de mundo já conhecida ou de como deveria ser para se adaptar a um ambiente em constante mudança. A prática de abertura radical envolve três transações:[9]

- Reconhecimento ou consciência de que o estímulo ambiental é desconfirmante, inesperado e/ou incongruente.
- Uso da autoinvestigação sobre hábitos ou tendência de ações e respostas automáticas baseadas em emoções secundárias ao *feedback* desconfirmante (p. ex., defender, regular, evitar ou ceder).
- Responder de forma flexível ao *feedback*, comportando-se de forma genuína à situação e considerando as necessidades de outra pessoa.

A abertura radical propõe desafiar a própria percepção da realidade, envolve uma vida radicalmente aberta, investigando nosso desconhecido pessoal e nosso limite, a fim de aprender com um ambiente em constante mudança. Além disso, a abertura radical exige o sacrifício de convicções e construções arraigadas e, apesar de dolorosa, ajuda na construção e aprofundamento de relacionamentos, pois modela a humildade e a vontade de aprender com o mundo.[2]

A habilidade de *mindfulness* propõe práticas que possam abordar a adesão rígida às regras, necessidades de estrutura e desejo compulsivo de evitar cometer riscos. Dessa forma, as práticas de *mindfulness* focam o reconhecimento imparcial de desejos por conformidade e adesão às regras, equilibrando-as como uma postura compassiva, sem julgamento e espontânea. Especificamente em AN, o cliente é ensinado a surfar a resposta aversiva a alimento, ao inchaço, náuseas, vômitos ou pensamentos catastróficos, sendo encorajado a observar de forma desapaixonada a repulsa à comida e sua tendência de resposta, com foco em sensações, emoções e pensamentos aversivos associados a comida e sem responder a eles com uma crise.

As habilidades de regulação emocional em RO DBT buscam desenvolver habilidades para experimentar emoções e expressá-las em contexto efetivo, aumentar a sinalização social e lidar com a vergonha, constrangimento e culpa.

A proposta de habilidades de tolerância ao mal-estar envolve apenas uma aula, pois pessoas supercontroladas são menos propensas a crises ou a comportamentos impulsivos. Por fim, em habilidades de efetividade interpessoal, são explorados temas comuns em supercontrole, como inveja, ressentimento, vingança e amargura, que são subprodutos da comparação social. A RO DBT propõe a ação oposta como uma forma de ir contra o desejo de esconder essas emoções, rotulando-as, revelando-as e indo contra o desejo de vingança, bloqueando fantasias sobre o invejado fracassando, falhando ou mesmo o impulso de fazer fofoca. O principal ensinamento da RO DBT é aprender a se opor à amargura e aumentar as ações pró-sociais.

PESQUISAS ATUAIS EM ANOREXIA NERVOSA EM RO DBT

Estudo de Lynch, Gray, Hempel, Titley, Chen e O'Mahen[3] foi conduzido no Serviço de Saúde Haldon, na unidade de internação de transtornos alimentares, entre os anos de 2010 à 2012, e foi aprovado pelo Devon Research and Development Trust. Para participar da pesquisa foram incluídas pessoas que preencheram critérios para AN no subtipo restritivo de acordo com a Classificação Internacional de Doenças (CID-10) por meio de avaliação com psiquiatra da unidade de admissão. Durante o processo de admissão, os participantes passam por 2 semanas de treinamento em RO DBT para familiarizá-los com o modelo da intervenção e estrutura geral do atendimento. Os profissionais que participaram do estudo foram treinados em RO DBT de forma intensiva pelo autor da abordagem (Thomas Lynch), receberam supervisão e compareceram às reuniões de consultoria.

Além do cálculo do IMC, os seguintes instrumentos de avaliação foram utilizados: *Eating Disorder Examination-Questionnaire* (EDE-Q), *Eating Disorders Quality of Life* (EDQoL) e *Clinical Outcome in Routine Evaluation* (Core). Inicialmente, 34 pacientes completaram o protocolo de 30 encontros e 20 pacientes tiveram seus dados mapeados na admissão e alta. Desses 20 pacientes, 35% (n = 7/20) estavam em remissão completa, 55% em remissão parcial (n = 11/20) e dois pacientes tiveram pontuação maior que 3 na escala restrição do EDE-Q e IMC < 18,5. Houve também aumento do IMC médio desde a admissão até a alta, respondendo a um tamanho de efeito grande (d = 1,71). Apesar de ser o primeiro estudo em RO DBT para AN, três foram os principais achados dessa pesquisa:

1. A RO DBT pode ser uma opção de tratamento para pessoas que sofrem com AN e estão em contexto de internação por seus achados, diante da ausência de um tratamento padrão ouro.
2. Apesar de não focar o peso, corpo e sintomas de AN, as análises de ganho de peso apontam aumento significativo e as taxas de remissão são significativas, já que a literatura relaciona IMC com prevenção de recaída.
3. Por fim, a RO DBT se apresenta com uma abordagem multicomponente, transdiagnóstica, que enfatiza a necessidade de desenvolver habilidades para uma resposta mais flexível em diferentes contextos.

Também com pacientes com AN, porém em uma série de casos, Chen et. al.,[13] em um estudo piloto, complementou a DBT padrão individual com 32 sessões semanais de treinamento de habilidades em RO DBT endereçando supercontrole. As 9 participantes do estudo tinham entre 19 e 55 anos, 62% das participantes tiveram ganho de peso significativo e retomada da menstruação (anteriormente estavam em amenorreia), os efeitos benéficos do tratamento foram mantidos no seguimento de 6 e 12 meses. Houve também melhora na pontuação da escala de transtornos alimentares.

Em pesquisa de Isaksson, Ghaderi, Ramklint e Wolf-Arehult[5] em 2021 no Hospital Universitário de Uppsala, foram selecionados 13 pacientes com diagnóstico de AN ou AN atípica de acordo com o DSM-V, IMC > 16 e identificados com personalidade supercontrolada para tratamento de 40 semanas com RO DBT, incluindo terapia individual, treinamento de habilidades, *coaching* telefônico (quando necessário) e consultoria para terapeutas de frequência semanal.

Nesse estudo, as 6 primeiras sessões focaram o engajamento, 2 sessões foram para orientação sobre a RO DBT, 8 sessões tiveram foco nos primeiros passos para retorno de hábitos alimentares regulares e sobre peso corporal e as demais sessões, objetivaram a abertura radical, flexibilidade, conectividade social, continuidade na restauração do peso, minimizar a solidão e criar uma vida que valha a pena ser compartilhada. Como resultado, 8 pacientes completaram todo o protocolo e obtiveram remissão total dos sintomas após o tratamento, alcançando IMC > 18,5. Destaca-se que a melhora ocorreu a partir da intervenção baseada em RO DBT, e o estudo tem a limitação de apenas ter investigado a utilização da RO DBT em mulheres com AN moderada e de seus resultados não poderem ser generalizados para casos de AN graves ou para pacientes homens.

CONSIDERAÇÕES FINAIS

A RO DBT vem sendo desenvolvida há mais de 20 anos pelo Dr. Thomas Lynch. Especificamente em AN, as pesquisas em RO DBT são poucas, e, apesar de promissoras, serão necessários novos estudos terapeutas, em diferentes contextos e culturas. Atualmente, as pesquisas em RO DBT ocorrem em centros de pesquisa nos EUA, Inglaterra, Suécia, China, França, Itália e, mais recentemente, no Brasil.

Por ser um modelo de intervenção para transtornos psiquiátricos com baixa adesão aos tratamentos ou por serem quadros refratários aos tratamentos apresentados, a RO DBT desponta como uma possibilidade de tratamento para casos de depressão crônica, anorexia nervosa e transtornos de personalidade *cluster* A ou C.

REFERÊNCIAS

1. Gilbert K, Hall K, Codd RT. Radically open dialectical behavior therapy: social signaling, transdiagnostic utility and current evidence. Psychology Research and Behavior Management. 2020;13:19-28.

2. Lynch TR. Radically open dialectical behavior therapy; theory and practice for treating disorders of overcontrol. Oakland: New Harbinger Publications; 2018.
3. Lynch TR, Hempel RJ, Dunkley C. Radically open-dialectical behavior therapy for disorders of over-control: signaling matters. American Journal of Psychotherapy. 2015;69(2):141-62.
4. Moffit TE, Arsenault L, Belsky D, Dickson N, Hancox RJ, Harrington H, et al. A gradient of childhood self-control predicts health, wealth, and public safety. Proceedings of the National Academy of Sciences of the United States of America. 2011;108(7):2693-8.
5. Hall KD, Astrachan-Fletcher E, Simic M. The radically open DBT workbook for eating disorders: from overcontrol and loneliness to recovery and connection. New Harbinger Publications; 2022.
6. Gorwood P, Blanchet-Collet C, Chartrel N, Duclos J, Dechelotte P, Hanachi M, et al. New insights in anorexia nervosa. Frontiers in Neuroscience. 2016;10:256.
7. Zipfel S, Giel KE, Bulik CM, Hay P, Schmidt U, et al. Anorexia nervosa: aetiology, assessment, and treatment. The Lancet Psychiatry. 2015;2(12):1099-111.
8. American Psychiatric Association. (2023). DSM-5-TR: Manual diagnóstico e estatístico de transtornos mentais, texto revisado. Artmed Editora.
9. Lynch TR, Gray KL, Hempel RJ, Titley M, Chen EY, O'Mahen HA. Radically open-dialectical behavior therapy for adult anorexia nervosa: feasibility and outcomes from an inpatient program. BMC Psychiatry. 2013;13(1).
10. Zucker NL, Losh M, Bulik CM, LaBar KS, Priven J. Anorexia nervosa and autism spectrum disorders: guided investigation of social cognitive endophenotypes. Psychol Bull. 2007;133:976-1006.
11. Cassin SE, von Ranson KM. Personality and eating disorders: a decade in review. Clin Psychol Rev. 2005;25:895-916.
12. Hempel R, Vanderbleek E, Lynch TR. Radically open DBT: targeting emotional loneliness in anorexia nervosa. Eating Disorders. 2018;26(1):92-104.
13. Chen EY, Segal K, Weissman J, Zeffiro TA, Gallop R, Linehan MM, et al. Adapting dialectical behavior therapy for outpatient adult anorexia nervosa: a pilot study. International Journal of Eating Disorders. 2014;48(1):123-32.

13

Terapia de aceitação e compromisso

Ariovaldo Lunardi Filho

INTRODUÇÃO

Seres humanos são criaturas dotadas de linguagem, isto é, são capazes de realizar atividades simbólicas, sejam públicas ou encobertas; sejam sonoras, gestuais ou escritas. Porém, diferentemente de outros animais, conseguem se envolver com os estímulos simbólicos de modo que podem responder a estes como se estivessem na presença do evento simbolizado.[1,2] Um motorista não precisa bater o carro para aprender a parar na luz vermelha do semáforo; ele pode aprender a fazer isso simplesmente lendo "você deve parar quando o semáforo estiver vermelho para evitar acidentes".

Tal relação de literalidade com a linguagem apresenta-se como a proverbial "faca de dois gumes". Se, por um lado, tem possibilitado cooperação social, maiores chances de sobrevivência, desenvolvimento científico e cultural,[2] por outro, dá origem ao sofrimento humano.[1] Eventos desconfortáveis, como os pensamentos, impulsos, memórias, emoções e sensações (acrônimo Pimes), podem ser experienciados de maneira fusionada, o que significa que o indivíduo não discrimina entre os contextos internos e externos. Assim, seu repertório comportamental passa a ser ampla e rigidamente governado por regras verbais, ficando progressivamente mais restrito.[1]

Uma regra bastante popular na cultura ocidental é o mito da normalidade saudável, que pressupõe que a felicidade é a consequência inequívoca da ausência de vivências negativas (Pimes aversivos), sendo este o estado natural ou normal da condição psíquica humana.[1,3] Dito isso, não é de estranhar que quaisquer eventos internos desagradáveis sejam seguidos por comportamentos de fuga e/ou esquiva (públicos ou encobertos), em um processo conhecido como evitação experiencial.[1] Quem nunca ouviu expressões como "Tem que pensar positivo!", "Dizer que odeia algo é uma coisa muito forte, não podemos ter ódio em nossas vidas!" ou "Não pense nisso, não! Vá fazer alguma coisa para distrair sua cabeça!". Ou, ainda, situações nas quais alguém ansioso ingere álcool para se tranquilizar ou alguém, com medo de fracassar em uma apresentação no trabalho, posterga esse projeto.

Seja via fusão cognitiva, evitação experiencial ou ambos, o resultado é o mesmo: a restrição comportamental – que no vocabulário da terapia de aceitação e compromisso é referenciada como inflexibilidade psicológica.[1]

O QUE É A TERAPIA DE ACEITAÇÃO E COMPROMISSO?

A terapia de aceitação e compromisso (amplamente referenciada como ACT – sigla em inglês para *acceptance and commitment therapy*) é uma abordagem em psicoterapia que se origina da integração dos estudos da linguagem (RFT* ou teoria das molduras relacionais**) com a análise do comportamento, cuja base filosófica é o contextualismo funcional.***[4,5] É, portanto, referida como como uma das terapias da terceira onda da análise do comportamento.[5,6]

No entendimento da ACT, o sofrimento humano**** nasce de processos psicológicos normais da linguagem – os mesmos que possibilitam a resolução de problemas, desenvolvimentos tecnológicos etc. – mas que no contexto do controle evitativo dos eventos privados mostram-se não só ineficazes como também prejudiciais.[1-3] Na tentativa frustrada de controlar seus Pimes aversivos, as pessoas passam por desconfortos adicionais àqueles eliciados pelas situações concretas (contextos externos), pois, embora no curto prazo a evitação experiencial possa produzir um alívio, no longo e médio prazo, indubitavelmente, os Pimes serão novamente eliciados,[1,3,5] e o indivíduo, como o mitológico Sísifo,

---

* Sigla em inglês para *relational frame theory*.

** RFT também aparece, por vezes, traduzida como teoria dos quadros relacionais

*** Para uma explicação mais extensa sobre a RFT e o contextualismo funcional, indica-se a leitura do capítulo 2 de Hayes et al.[1]

**** Ou mais precisamente o modelo processual e transdiagnóstico de psicopatologia.

está condenado a um trabalho sem fim.* Indivíduos com dificuldades alimentares podem utilizar a alimentação em excesso para controlar suas emoções (evitação experiencial), o que não soluciona o problema, pois o sujeito sempre precisará utilizar dessa estratégia, o que, inclusive, pode contribuir para gerar problemas futuros, como a obesidade.

Não obstante, ao se enredar na evitação experiencial de alta frequência, a pessoa gradativamente fica "presa em sua mente", respondendo cada vez menos aos contextos externos (e suas mudanças) que seriam discriminativos para outros comportamentos, culminando na inflexibilidade psicológica.[1,3,5]

Enquanto psicoterapia, a ACT tem como objetivo final fomentar a flexibilidade psicológica por meio da redução do excessivo controle verbal e da esquiva experiencial. Para tanto, os clínicos promovem 6 processos centrais (explicados adiante) utilizando especialmente metáforas e exercícios vivenciais/experienciais (como as técnicas de *mindfulness* e de dramatização), que visam ampliar o controle contextual dos comportamentos e permitir a escolha de ações que aproximem a pessoa para uma vida orientada a valores, mais rica de sentido.[1,3,5,7,8]

CONCEITUAÇÃO DA ACT PARA OS TRANSTORNOS ALIMENTARES

Por apresentar um modelo processual e transdiagnóstico de psicopatologia, a ACT mostra-se alinhada com o crescente corpo de pesquisas que apontam que comportamentos sintomáticos comuns em indivíduos com transtornos alimentares (restrições, compulsões, purgações e autochecagens) têm função de esquiva experiencial** para esses indivíduos.[9-16] Em outras palavras, o fator central e subjacente aos principais transtornos alimentares (anorexia nervosa, bulimia nervosa e transtorno de compulsão alimentar) seria o uso desses sintomas como estratégia para o controle dos eventos privados aversivos.

---

* Na mitologia grega, Sísifo foi um rei condenado a uma pena perpétua na qual deveria rolar uma enorme pedra até o ápice de uma colina. Contudo, chegando lá, a pedra rolava colina abaixo e Sísifo, mais uma vez, deveria rolar a pedra colina acima, em vão.

** É comum na literatura o uso dos termos regulação emocional ou intolerância aos afetos (*mood intolerance*), que podem ser efetivamente tomados como conceitos equivalentes ao da evitação experiencial, embora este último esteja mais em consonância com o vocabulário da análise do comportamento, além de descrever a função de qualquer comportamento de controle para qualquer evento privado.

Como se pode imaginar, à medida que essas estratégias vão sendo reforçadas, maior é a gravidade do transtorno, maior é a limitação do repertório comportamental – consequentemente afastando o indivíduo de uma vida direcionada a seus valores[17-19] – e maiores são as chances de suscitar uma alexitimia.[9,12,20]

Dado que essa nova conceituação dos transtornos alimentares (TA) estava em acordo com o modelo de psicopatologia da ACT, viu-se então o surgimento de trabalhos propondo orientações de tratamento baseados nessa abordagem,[7,21-23] bem como pesquisas que avaliaram seus efeitos terapêuticos em pacientes com TA[24-30] ou com alguns de seus sintomas.[31-36]

Independentemente de como cada grupo de pesquisa optou por efetuar seu plano de tratamento, todos abordaram os 6 processos centrais para o desenvolvimento da flexibilidade psicológica.

OS SEIS PROCESSOS CENTRAIS

A ação inaugural do tratamento em questão é a realização de uma avaliação inicial. Além do levantamento de informações que são praxe de qualquer clínico, essas primeiras entrevistas, quando realizadas por profissionais da ACT, visam à construção de uma formulação de caso em termos de cada um dos processos de inflexibilidade/flexibilidade. A formulação, feita desse modo, auxiliará o terapeuta a decidir quais processos necessitam de maior atenção nas sessões que se seguirão e avaliar o progresso do cliente.[1,5,7]

Quais são esses processos, como eles podem se apresentar nas pessoas com TA e de que maneira se pode intervir em cada um deles é o que será exposto nos tópicos subsequentes.

Construção de valores

No caso de indivíduos com TA, alguns autores sugerem que, após a avaliação inicial e a formulação de caso (pré-tratamento), o primeiro processo a ser promovido é a construção dos valores.[7,21,36,37]

Valores podem ser compreendidos como motivadores intrínsecos, verbalmente construídos, que dão um senso de significado ou propósito de vida.[1] Não são, de forma alguma, "o que" a pessoa deve fazer, mas "sobre o que" a pessoa quer que sua vida seja e que tipo (qualidade) de pessoa ela quer ser.[3] Em confluência com a teoria de Viktor Frankl,[38] valores dão um senso de direção existencial a partir do qual a pessoa pode escolher suas ações, naquele contexto presente, independentemente da desejabilidade social ou da inevitabilidade da dor e do sofrimento.[1]

Pacientes com TA geralmente iniciam a terapia acreditando que "ser magro(a)" ou "perder peso" são exemplos de valores. Porém, valores não são o produto de controle aversivo. Na verdade, esses objetivos são o resultado de regras que prometem eliminar pensamentos como "sou obeso(a)", "vão rir de mim com este corpo", "ninguém me respeita", ou são resultado de aprendizagens de comportamentos que causaram alívio de emoções desconfortáveis, por exemplo, após se engajar em compulsões ou purgações.

Valores costumam surgir quando se pergunta ao paciente algo como "O que você faria se já tivesse o peso ou o corpo que almeja?" ou "O que você faz – ou deixou de fazer – que traz (trouxe) sentimentos de satisfação e completude na sua vida?".[1]

Naturalmente a resposta "não sei" é comum, afinal podem ser anos de uma vida monotemática, devotada (p. ex.) à "restrição dietética" a fim de controlar seus Pimes, que não há espaço para vivenciar o que traz felicidade e não apenas um alívio vazio, momentâneo. Em outros casos, menos graves, os pacientes falam de família, amigos, trabalho, lazer, espiritualidade... Valores que surgem em seus discursos, como se fossem fantasmas de um passado distante e há muito abandonado, em prol da busca do corpo idealizado.

Independentemente do grau de desconexão com valores, terapeutas da ACT frisam, logo na primeira sessão, que o objetivo maior da terapia não é a redução de sintomas, ou fazer o paciente se sentir feliz com seu corpo, ou o ganho/perda de peso. Embora essas coisas possam (ou não) acontecer no meio do caminho, o propósito da terapia é ajudar a pessoa a viver uma vida cujo centro seja aquilo que é importante para ela, seus valores.[7]

Os valores podem ser construídos, resgatados ou clarificados com o uso de intervenções como os exercícios "A Dor Foi Embora, e Agora?", "Indo ao Seu Próprio Funeral",[20,39] "O Que Quer Que Sua Vida Signifique?", "Na Mosca",[1] "*Valued Directions Map*",[24] "*Reaching in*" e "*You Get to Pick*";[7] as metáforas "*The Compass*", "*Two Kids in The Car*"[4] e "*A Free Breath*".[7] Bem como solicitar o preenchimento da planilha "Avaliação dos Valores", do "Formulário de Narrativa dos Valores" e do "Questionário da Vida Valorizada-2".[1]

Aceitação

Aceitação é o processo oposto à evitação experiencial. Trata-se de uma disposição para se conectar com eventos encobertos sem que se sigam ações para modificá-las.[1] Longe de significar uma atitude passiva, resignada ou derrotista, a aceitação é, acima de tudo, a atitude corajosa de permanecer em contato com emoções ou pensamentos que frequentemente podem ser intensos e dolorosos. De fato, a aceitação assemelha-se muito ao preconizado por Rogers[40] a respeito de uma liberdade para vivenciar seus estados internos.

Pacientes com TA, com frequência têm Pimes aversivos associados ao corpo e à alimentação – mas não só –, por exemplo: pensar que está "gorda"; sentir-se envergonhada ao imaginar que sua barriga está "gigante"; lembrar de episódio em que sofreu *bullying* etc. Esses Pimes não são submetidos a uma avaliação racional para alterar seu conteúdo (como em um exame de evidências);[7] em vez disso, o terapeuta da ACT poderia convidar o paciente a notar a presença do evento encoberto sem tentar afastá-lo de sua "mente" e ver o que acontece em seguida.[1]

Uma prática notória na promoção da aceitação é a realização de uma conversa explorando a função e a eficácia dos comportamentos – especialmente os que são sintomas de TA – para o controle dos Pimes. A ideia aqui é encorajar uma autorreflexão identificando a relação funcional do sintoma (p. ex., "Quais Pimes você estava experienciando pouco antes de ter a compulsão?", "O que queria fazer com essa memória?", "O que você esperava que fosse acontecer com o sentimento de raiva após você ter provocado o vômito?") e também a utilidade ("E o que, de fato, aconteceu com o sentimento de raiva após você ter provocado o vômito?" ou "Você se recorda de ter conseguido se livrar, de uma vez por todas, da vontade de comer 'besteira'?").

Essa conversa leva ao que é nomeado como desesperança criativa, ou seja, ela auxilia o cliente a discriminar entre o que está sob seu controle e o que não está, além de compreender o alto custo de suas tentativas; ou, como dizem os proponentes dessa abordagem, "o controle é o problema, e não a solução".[1]

Tentar convencer-se de que tal pensamento é "bobagem" ou de que aquela emoção é "nada a ver", se distrair vendo TV, comer um "pote inteiro de sorvete", beber "até ficar ruim", "pular" o almoço, subir na balança todo dia, não subir mais na balança, ficar horas em frente ao espelho, nem chegar perto de um espelho, postar várias fotos em redes sociais, não tirar mais fotos, ficar horas olhando fotos de outras pessoas em redes sociais... Nada que a pessoa tenha feito deu resultado. Os Pimes continuam voltando. Perceber esse fato pode ser "desesperador", mas é o vazio fértil para a "criação" de uma nova postura perante eles, envolvendo escolhas em direção ao que realmente importa para a pessoa, mesmo na presença de eventos privados desconfortáveis.

Para trabalhar o processo de aceitação e a desesperança criativa, os autores da área sugerem o uso de metáforas como: "Cabo de Guerra", "Um Jipe Amarelo",[39] "Pessoa no Buraco", "Passageiros no Ônibus", "Polígrafo", "Joe Vagabundo", "Procurando o Senhor Desconforto", "Fiscalizando", "Monstro de Lata",[1] "*Demons on the Boat*",[4] "*The Floating*" e os exercícios "*Holding Breath*" e "*The Gift*".[7]

Desfusão cognitiva

Compreende-se como desfusão cognitiva uma relação com as experiências internas nas quais o indivíduo consegue percebê-las sem que estas tenham controle excessivo sobre o repertório comportamental, isto é, uma redução na tirania da governança por regras.[1,3,4] Dito de outra maneira, seria a capacidade de discriminar a relação funcional dos próprios eventos encobertos com os comportamentos, de modo que a pessoa possa escolher agir de forma mais adaptativa e espontânea, diante dos diversos contextos.

Na ACT a desfusão não é realizada treinando mudanças na frequência ou o conteúdo das cognições; o foco é uma mudança na relação funcional. O cliente é encorajado a perceber que ele pode escolher se irá (ou não) agir de acordo com o que está pensando/sentindo.[1]

No âmbito dos TA, entende-se que é a fusão com os sentimentos de insatisfação com a imagem corporal – e não os sentimentos em si – que são responsáveis pela adoção de atitudes para modificação do peso e forma.[37,41] Contudo, tais atitudes não garantem uma alteração desse sentimento e menos ainda uma mudança duradoura na relação fusionada, perpetuando assim o ciclo vicioso.[20]

Durante a vida, as pessoas entram em contato com comunidades verbais em ambientes reais (família, amigos etc.) ou virtuais (sites, vídeos, mídias sociais etc.), onde aprendem regras sobre o corpo, alimentação, desejabilidade, saúde, sucesso, *status* etc. Todos aprendem, isso é inevitável, porém somente aqueles indivíduos que mantiverem uma relação fusionada com essas regras é que irão segui-las. Esse processo, levado ao extremo de uma rigidez, é o que se observa nos TA e nas conturbadas relações que as pessoas têm com seus corpos e com os alimentos;[12,35,36] além de ocultar os resultados destrutivos do seguimento dessas regras[37] e de ser o modelo conceitual do perfeccionismo para ACT.[12,22]

Encontra-se na literatura a indicação das seguintes intervenções para favorecer a desfusão, por exemplo, as metáforas "*Yellow Glasses*",[20] "Encontrando um Lugar Para Sentar", "*Phishing*", "Não Vá Dançar", "Xícara Cheia";[1] e também os exercícios vivenciais "Leite, Leite, Leite"[1] – ou, em sua versão modificada, "*Fat, Fat, Fat*"[30] –, "Soldados no Desfile", "Nomeando a Mente", "Estar Fora", "*Cubbyholing*",[1] "Descrevendo Pensamentos e Sentimentos", "Explorando a Diferença Entre Descrições e Avaliações",[39] "*The Buffet*", "*Searchlight*" e "*Face the 'Fats'*".[7]

Atenção flexível ao momento presente

Igualmente oriundo das mesmas competências verbais, seres humanos são capazes de se relacionar com eventos internos que simbolizam passado e futuro, respectivamente, memória e imaginação. Ninguém interage com o passado ou o futuro, ambos são inacessíveis. O que as pessoas fazem é interagir com seus próprios eventos encobertos "como se" estes fossem efetivamente os contextos distintos dos do aqui-agora. Como dito anteriormente, essa capacidade possibilitou à espécie humana uma inquestionável vantagem evolutiva para a resolução de problemas. Via linguagem, os humanos podem interagir com simbolizações de consequências adiadas e de eventos pregressos.[1,2]

Na ACT o processo estimulado é a atenção flexível ao momento presente. Essa conexão voluntária com contexto exterior do aqui-agora expõe o sujeito às contingências reais (em oposição às verbais) da experiência direta, conduzindo à flexibilidade psicológica.[1]

Todavia, a evolução não "colocou" um limite nesse processo, de modo que o contato com as representações de passado e o futuro podem perpetuar à revelia das consequências geradas no presente ou das mudanças contextuais.[1] Pacientes com TA habitualmente estão emaranhados em ruminações de eventos passados ou em fantasias de um futuro idealizado, enquanto sua vida fica mais empobrecida e limitada; e seus corpos, adoecidos e machucados.[7]

Buscar as razões pelas quais determinado acontecimento ocorreu "comigo"; culpar-se indefinidamente por se julgar a causa de algum infortúnio; elaborar uma infinidade de planos para se precaver contra futuros fracassos; devanear constantemente sobre como sua vida seria "se" isso ou aquilo tivesse ocorrido ou ter uma crise de pânico enquanto pensa nos supostos efeitos da próxima refeição (ou mesmo pela anterior)... São exemplos de como pacientes podem se afastar da dor de Pimes sobre passado e futuro, eliciados sem seu controle.

Uma atenção rígida e involuntária ao momento presente também é possível e pode ser igualmente prejudicial, atuando como evitação experiencial. Portadores de TA relatam um foco persistente em sensações corporais, como a presença de alimentos no estômago, ânsia de vômito, pressão da roupa no corpo ou a fricção entre suas coxas, de modo que outros importantes eventos externos ocorrendo concomitantemente são amplamente ignorados.[7,37]

Uma das práticas interventivas mais difundidas para a atenção flexível ao momento presente é, sem dúvida, atenção plena ou *mindfulness*,[1,23,25,31,34,42] porém existem muitas outras opções, como as metáforas "*The Time Machine*" e "*Dropping Anchor*"[4] e os exercícios vivenciais "Esteja Onde Você Estiver", "Caminhando em Silêncio", "Apenas Ficar Sentado",[39] "*The Mindfulness of the Breath*", "*The Mindfulness of Your Hand*", "*Eating a Raisin*",[4] "*Hearing the Now*" e "*Slowing Down*".[7]

Self-como-contexto

Logo nos primeiros momentos da aquisição da linguagem, os seres humanos aprendem a fazer descrições verbais distintas em termos de si mesmos (*self*) e dos outros. É um treino simples, que começa, por exemplo, com "Quem fez isso foi você ou foi fulano?", "Eu gosto de ir à praia" ou "Ela é muito boazinha". Ao longo da sua história, essas autonarrativas vão se interconectando,* e as pessoas podem se fusionar a elas, naquilo que é chamado de *self*-conceitual, frequentemente rígido e a partir do qual o indivíduo define suas ações.[1,5]

Em razão disso, ouvem-se discursos que denunciam a inflexibilidade psicológica como em "Sou tímido, não consigo ir àquela festa", "Nada dá certo na minha vida pois sou um fracasso" ou "Sou uma pessoa sem autoestima, é por isso que não passo nas entrevistas de emprego".

O terapeuta da ACT toma cuidado para não se perder na tentativa de mudança do conteúdo dessas expressões – o que tem se mostrado infrutífero[43,44] e perigoso.[45,46] Em vez disso, suas intervenções têm como foco a mudança na relação que o indivíduo tem com elas, reduzindo a governança das autorregras.

Self-como-contexto é como se chama o processo que será reforçado pelo clínico nesses casos. Refere-se à habilidade de observar os acontecimentos de outros pontos de vista, sempre de um modo desfusionado, fornecendo contex-

* O que é bem explicado pelos processos de relações derivadas e responder relacional, da RFT.[2]

tos alternativos para os comportamentos do indivíduo. A ideia é que o paciente perceba que seu autoconceito é apenas um dentre os diversos contextos (ou pontos de vista) à sua disposição. Usando as habilidades cognitivas a seu favor, ele é estimulado a ver a situação, por exemplo, como se estivesse no lugar de outra pessoa, ou como alguém que estivesse apenas passando por ali, ou enquanto criança, ou como seu eu do futuro etc.[1,3,5,41]

Não à toa, os termos *self*-observador, tomada de perspectiva e *self*-transcendente podem ser encontrados na literatura da ACT como sinônimos de *self*-como-contexto. Aliás, não se trata de um processo novo na psicologia, como se pode notar estudando os trabalhos da *gestalt* terapia[47] e do psicodrama.[48] O que é inovador na ACT é sua fundamentação em pesquisa cognitiva básica dentro de um modelo científico,[2] sustentando a teoria subjacente a esses processos, tanto para o adoecimento quanto para a saúde psicológica.

Nos TA, os pacientes podem se mostrar fusionados ao *self*-conceitual em expressões do tipo "Isso é coisa de gente gorda", "Não sou alguém com autocontrole", "Me falta força de vontade para isso", "Esse transtorno é o meu estilo de vida" ou "Não quero que me vejam como uma pessoa fraca".

Assim, tratam essas narrativas autorreferentes como se fossem as únicas perspectivas possíveis, inalteráveis pelo tempo e o espaço, como fatos ou objetos, e não como mais uma dentre as inúmeras verbalizações encobertas aprendidas ao longo de sua vida. Elas não são a pessoa, mas somente uma história que a pessoa conta sobre si mesma. O indivíduo é, na verdade, o ser que conta essas histórias.[7,41]

O *self*-como-contexto pode ser fomentado com o uso de metáforas e exercícios experienciais como: "Tabuleiro de Xadrez",[1,24] "Cadeira Vazia Inteiro-Completo-Perfeito", "Enredo", "Observador", "*Mindfulness*",[1] "Recontando Sua Própria História", "Experiencialmente Eu Não Sou Isso", "Rastreando Seus Pensamentos no Tempo",[39] "*The Slit Lamp*", "*The Sky and the Weather*", "*There Go Your Thoughts*", "*Noticing the Stage Show*", "*Notice Who's Noticing*", "*Talking and Listening*", "*The Continuous You*", "*The Good Self/Bad Self*",[4] "*I Am*", "*The Playground*" e "*I-Contact*".[7]

Ações de compromisso

Para alguns autores,[20,24,25,29,36,37] o exercício desse processo deverá assumir um maior protagonismo após o trabalho com os anteriores, habitualmente nas últimas sessões da terapia – embora a estimulação eventual aconteça no decorrer de todo o tratamento.

Ações de compromisso é o nome usado para descrever o processo de flexibilidade psicológica oposto aos da inação e da impulsividade. Trata-se do reiterado engajamento com as ações que aproximam o indivíduo de seus valores, momento a momento, a despeito da dor e do sofrimento.[7]

Os pacientes aprendem que o compromisso com a tentativa, com o "caminhar em direção a", pode ser intrinsecamente reforçador, não apenas seu resultado imediato, seu "sucesso" ou sua "falha". Notar quando suas ações estão se distanciando do foco nos valores e, metaforicamente falando, "colocar o trem de volta nos trilhos".[1]

É comum que indivíduos com TA demonstrem impulsividade, como nas compulsões alimentares e na realização de purgações, logo que começam a experienciar Pimes aversivos em contextos de alimentação ou de contato com o corpo. A inação, porém, é vista nesses pacientes quando estes abandonam, por exemplo, atividades que consideram significativas, como lazer e a interação com amigos.[7,41]

Ações de compromisso são vastamente praticadas utilizando ferramentas tradicionais de exposição e ativação comportamental, comuns na análise do comportamento,[1] mas também recebem aporte de intervenções como metáforas e exercícios experienciais, por exemplo: ter um diário anotando as ações direcionadas aos valores que a pessoa fez a cada dia,[24] "A Planilha de Objetivos", "Fazendo os Objetivos Acontecerem por Meio da Ação",[39] "*Magic Wand*", "*It's Not in the Cards*", "*Changing Direction*",[7] "*Smart Goals*", "*Public Commitments*", "*The Tiniest Step?*", "*Impossible Goals*", "*The Willingness and Action Plan*" e "*From Fear to Dare*".[4]

CONSIDERAÇÕES FINAIS

Neste capítulo, buscou-se apresentar os principais fundamentos da ACT, sua conceituação sobre os TA e como ela pode ser aplicada nessa população. Naturalmente, não se almejou uma extensa e definitiva exposição do tema, para a qual seria necessária uma obra inteiramente dedicada a esse propósito. Assim, foi feita a opção por realizar um trabalho introdutório. A expectativa do autor é instigar a reflexão, a curiosidade e o estudo por parte dos leitores.

Em tempo, não é possível concluir este capítulo sem esclarecer ou reforçar alguns pontos.

As metáforas e exercícios vivenciais apresentados para promoção de um determinado processo não são, de forma alguma, restritos a ele. De fato, dependendo do material referenciado, pode-se encontrar uma mesma intervenção sendo sugerida para outro processo. Nada mais justo vindo de uma abordagem que tanto preza pela flexibilidade e conta com práticas clínicas tão integrativas. Cabe ao profissional, diante de cada paciente, escolher e adaptar as técnicas que julga oferecer o resultado mais promissor.

Por fim, a ACT exibe algumas características potencialmente vantajosas, quando usada no tratamento de pessoas com TA. Manlick, Cochran e Koon[37] destacam quatro dessas vantagens. Primeiro, a ACT é menos patologizante, pois se baseia em um modelo transdiagnóstico em que o sofrimento humano é resultado de processos psicológicos normais. Segundo, a ACT pode ser oferecida de maneira dinâmica, sensível aos contextos emergentes a cada encontro. Em vez de utilizar um roteiro predeterminado para cada sessão, ela mantém sua estrutura devido ao foco nos 6 processos centrais e na formulação de caso do paciente. Terceiro, ao colocar os valores do cliente como verdadeiro guia do tratamento, tem-se um potente antídoto para a natureza egossintônica dos TA e aumento de engajamento com o trabalho. Em quarto e último, os autores citados comentam sobre o amplo suporte empírico a favor do modelo da evitação experiencial para o manejo dos sintomas de TA, em contraste com o modelo de reestruturação cognitiva.

AGRADECIMENTOS

Agradeço aos queridos psicólogos: minha esposa Lívia e meus amigos Fábio Domingues e Guilherme Affonso, que contribuíram com sugestões e comentários para este capítulo.

REFERÊNCIAS

1. Hayes SC, Strosahl KD, Wilson KG. Terapia de aceitação e compromisso: o processo e a prática da mudança consciente. 2.ed. Porto Alegre: Artmed; 2021.
2. Torneke N. Learning RFT: an introduction to relational frame theory and its clinical application. Oakland: New Harbinger; 2010.
3. Hayes SC, Luoma JB, Bond FW, Masuda A, Lillis J. Acceptance and commitment therapy: model, processes and outcomes. Behaviour Research and Therapy. 2006;44:1-25.
4. Harris R. ACT Made simple: an easy-to-read primer on acceptance and commitment therapy Oakland: New Harbinger; 2009.
5. Hayes S, Strosahl K, Bunting K, Twohig M, Wilson K. A pratical guide to acceptance and commitment therapy. New York: Springer; 2004.

6. Lucena-Santos P, Pinto-Gouveia J, Oliveira MdS. Primeira, segunda e terceira geração de terapias comportamentais. In: Lucena-Santos P, Pinto-Gouveia J, Oliveira MdS (orgs.). Terapias comportamentais de terceira geração. Novo Hamburgo: Sinopsys; 2015. cap.1.
7. Sandoz EK, Wilson K, DuFrene T. Acceptance and commitment therapy for eating disorders: a process-focused guide to treating anorexia and bulimia. Oakland: New Harbinger; 2010.
8. Hayes SC, Villatte M, Levin M, Hildebrandt M. Open, aware, and active: contextual approaches as an emerging trend in the behavioral and cognitive therapies. Annual Review of Clinical Psychology. 2011;7:141-68.
9. Hayaki J. Negative reinforcement eating expectancies, emotion dysregulation, and symptoms of bulimia nervosa. International Journal of Eating Disorders. 2009;42:552-6.
10. Wildes JE, Ringham RM, Marcus MD. Emotion avoidance in patients with anorexia nervosa: initial test of a functional model. International Journal of Eating Disorders. 2010;43:398-404.
11. Merwin RM, Zucker NL, Lacy JL, Elliott CA. Interoceptive awareness in eating disorders: Distinguishing lack of clarity from non-acceptance of internal experience. Cognition and Emotion. 2010;24(5):892-902.
12. Merwin RM, Timko CA, Moskovich AA, Ingle KK, Bulik CM, Zucker NL. Psychological inflexibility and symptom expression in anorexia nervosa. Eating Disorders: The Journal of Treatment & Prevention. 2011;19: 62-82.
13. Lillis J, Hayes SC, Levin ME. Binge eating and weight control: the role of experiential avoidance. Behavior Modification. 2011;35:252-64.
14. Svaldi J, Griepenstroh J, Tuschen-Caffier B, Ehring T. Emotion regulation deficits in eating disorders: amarker of eating pathology or general psychopathology? Psychiatry Research. 2012;197:103-11.
15. Brockmeyer T, Skunde M, Wu M, Bresslein E, Rudofsky G, Herzog W, et al. Difficulties in emotion regulation across the spectrum of eating disorders. Comprehensive Psychiatry. 2014;55:565-71.
16. Berner LA, Crosby RD, Cao L, Engel SG, Lavender JM, Mitchell JE, et al. Temporal associations between affective instability and dysregulated eating behavior in bulimia nervosa. Journal of Psychiatric Research. 2017;92:183-90.
17. Rawal A, Park RJ, Williams JMG. Rumination, experiential avoidance, and dysfunctional thinking in eating disorders. Behaviour Research and Therapy. 2010;48: 851e859.
18. Kolar DR, Hammerle F, Jenetzky E, Huss M, Burger A. Aversive tension in female adolescents with anorexia nervosa: a controlled ecological momentary assessment using smartphones. BMC Psychiatry. 2016;16(1): 97.
19. Meule A, Richard A, Schnepper R, Reichenberger J, Georgii C, Naab S, et al. Emotion regulation and emotional eating in anorexia nervosa and bulimia nervosa. Eating Disorders. 2019; p.1-17.
20. Juarascio A, Shaw J, Forman EM, Timko CA, Herbert JD, Butryn ML, et al. Acceptance and commitment therapy for eating disorders: clinical applications of a group treatment. Journal of Contextual Behavioral Science. 2013;2:85-94.
21. Wilson KG, Roberts M. Core principles in acceptance and commitment therapy: an application to anorexia. Cognitive and Behavioral Practice. 2002;9:237-43.
22. Hayes SC, Pankey J. Experiential avoidance, cognitive fusion, and an ACT approach to anorexia nervosa. Cognitive and Behavioral Practice. 2002;9:243-7.
23. Orsillo SM, Batten SV. ACT as treatment of a disorder of excessive control: anorexia. Cognitive and Behavioral Practice. 2002;9:253-9.
24. Heffner M, Sperry J, Eifert GH, Detweiler M. Acceptance and commitment therapy in the treatment of an adolescent female with anorexia nervosa: a case example. Cognitive and Behavioral Practice. 2002;9:232-6.
25. Berman MI, Boutelle KN, Crow SJ. A case series investigating acceptance and commitment therapy as a treatment for previously treated, unremitted patients with anorexia nervosa. Eur Eat Disorders Rev. 2009;17:426-34.
26. Wildes JE, Marcus MD. Development of emotion acceptance behavior therapy for anorexia nervosa: a case series. Int J Eat Disord. 2011;44:421-7.

27. Wildes JE, Marcus MD, Bright AC, Dapelo MM. Emotion and eating disorder symptoms in patients with anorexia nervosa: an experimental study. Int J Eat Disord. 2012;45(7):876-82.
28. Juarascio A, Shaw J, Forman E, Timko CA, Herbert J, Butryn M, et al. Acceptance and commitment therapy as a novel treatment for eating disorders: an initial test of efficacy and mediation. Behavior Modification. 2013;37(4):459-89.
29. Parling T, Cernvall M, Ramklint M, Holmgren S, Ghaderi A. A randomised trial of acceptance and commitment therapy for anorexia nervosa after daycare treatment, including five-year follow-up. BMC Psychiatry. 2016;16:272.
30. Juarascio AS, Manasse SM, Schumacher L, Espel H, Forman EM. Developing an acceptance-based behavioral treatment for binge eating disorder: rationale and challenges. Cognitive and Behavioral Practice. 2017;24(1):1-13.
31. Baer RA, Fischer S, Huss DB. Mindfulness and acceptance in the treatment of disordered eating. Journal of Rational-Emotive & Cognitive Behavior Therapy. 2005;23(4):281-300.
32. Katterman SN, Goldstein SP, Butryn ML, Forman EM, Lowe MR. Efficacy of an acceptance-based behavioral intervention for weight gain prevention in young adult women. Journal of Contextual Behavioral Science. 2014;3(1):45-50.
33. Boucher S, Edwards O, Gray A, Nada-Raja S, Lillis J, Tylka TL, et al. Teaching intuitive eating and acceptance and commitment therapy skills via a web-based intervention: a pilot single-arm intervention study. JMIR Research Protocols. 2016;5:e180-e180.
34. Palmeira L, Pinto-Gouveia J, Cunha M. Exploring the efficacy of an acceptance, mindfulness & compassionate-based group intervention for women struggling with their weight (Kg-Free): a randomized controlled trial. Appetite. 2017;112:107-16.
35. Levin ME, Potts S, Haeger J, Lillis J. Delivering acceptance and commitment therapy for weight self-stigma through guided self-help: results from an open pilot trial. Cognitive and Behavioral Practice. 2018;25(1):87-104.
36. Fogelkvist M, Gustafssona SA, Kjellina L, Parling T. Acceptance and commitment therapy to reduce eating disorder symptoms and body image problems in patients with residual eating disorder symptoms: a randomized controlled trial. Body Image. 2020;32:155-66.
37. Manlick F, Cochran SV, Koon J. Acceptance and commitment therapy for eating disorders: rationale and literature review. J Contemp Psychother. 2013;43:115-22.
38. Frankl VE. Em busca de sentido: um psicólogo no campo de concentração. 23.ed. Petrópolis: Vozes; 2006.
39. Hayes SC, Smith S. Saia da sua mente e entre na sua vida: a nova terapia de aceitação e compromisso. Novo Hamburgo: Sinopsys; 2022.
40. Rogers CR. Tornar-se pessoa. 3.ed. São Paulo: Martins Fontes; 1977.
41. Kater K. New pathways: applying acceptance and commitment therapy to the treatment of eating disorders. In: Maine M, McGilley BH, Bunnell DW (eds.). Treatment of eating disorders. Academic Press; 2010. p.163-80.
42. Butryn ML, Juarascio A, Shaw J, Kerrigan SG, Clark V, O'Planick A, et al. Mindfulness and its relationship with eating disorders symptomatology in women receiving residential treatment. Eating Behaviors. 2013;14(1):13-6.
43. Longmore RJ, Worrell M. Do we need to challenge thoughts in cognitive behavior therapy? Clinical Psychology Review. 2007;27:173-87.
44. Haeffel GJ. When self-help is no help: Traditional cognitive skills training does not prevent depressive symptoms in people who ruminate. Behaviour Research and Therapy. 2010;48(2):152-7.
45. Baumeister RF, Campbell JD, Krueger JI, Vohs KD. Does high self-esteem cause better performance, interpersonal success, happiness, or healthier lifestyles? Psychological Science in the Public Interest. 2003;4:1-44.
46. Wood JV, Perunovic WQE, Lee JW. Positive self-statements: power for some, peril for others. Psychological Science. 2009;20:860-6.
47. Perls FS. Gestalt: terapia explicada. 2.ed. São Paulo: Summus; 1977.
48. Gonçalves CS, Wolff JR, de Almeida WC. Lições de psicodrama: Introdução ao pensamento de J. L. Moreno. 2.ed. São Paulo: Ágora; 1988.

14

Terapia do esquema e transtornos alimentares

Amália Teixeira dos Santos
Bruna Basso Boaretto

INTRODUÇÃO À TERAPIA DO ESQUEMA

A terapia do esquema (TE) é uma abordagem considerada inovadora e rica por ser integrativa. Ela reúne e mescla características das terapias cognitivo-comportamentais (TCC), psicanálise, modelo das relações objetais, *gestalt* e teoria do apego.[1] É uma abordagem eficaz no manejo de pacientes com transtornos de personalidade (TP) e outros quadros graves e/ou refratários, incluindo transtornos alimentares (anorexia nervosa, bulimia nervosa e transtorno da compulsão alimentar), abuso de substâncias e conflitos de casais. Trata-se de uma abordagem baseada em evidências.[2-5]

Pode-se dizer que o tratamento dos transtornos alimentares (TA) baseado na TE é promissor, principalmente nos casos em que as intervenções padrão ouro não apresentam bons resultados a curto/longo prazo. A TE também é considerada promissora porque apresenta um modelo teórico e prático abrangente para compreensão das origens e desenvolvimento da personalidade, fornece intervenções cognitivas, comportamentais e vivenciais que visam e causam maior adesão ao tratamento, postura colaborativa entre paciente e profissional, e foca o estabelecimento de uma relação terapêutica sólida, empática e afetiva. A TE propõe-se a sempre equilibrar o tratamento entre validação emocional e necessidade de mudanças.[3,6]

CONHECENDO A TEORIA DA TERAPIA DO ESQUEMA

Na TE a parte teórica tem como principais conceitos os esquemas iniciais desadaptativos (EID), processos esquemáticos (PE) e modos esquemáticos (ME).[7] A palavra "esquema" é utilizada em diversas frentes de estudos e representações, principalmente nas áreas da filosofia e da psicologia. Um esquema, de maneira geral, é uma estrutura. A definição de esquema dentro da TE é a de estruturas responsáveis por processos de funcionamento da personalidade de cada indivíduo que determinam suas formas de interação. Essas estruturas são chamadas de esquemas iniciais desadaptativos (EID).

Os EID são desenvolvidos durante a infância e/ou adolescência; são crenças nucleares sobre temas centrais do desenvolvimento emocional; estabelecem padrões comportamentais, cognitivos e emocionais. Essas estruturas interpretativas extremamente estáveis, duradouras e rígidas geram sofrimento e comportamentos disfuncionais em grau significativo.[3,8]

Os EID são formados pela interação de três fatores:

1. Temperamento emocional.
2. Como foram supridas as necessidades emocionais.
3. Experiências de vida.

O temperamento emocional diz respeito à herança biológica de características de personalidade. Esse é um fator inato.[3] O atendimento das necessidades emocionais é universal e fundamental para o desenvolvimento humano; mesmo que todo ser humano tenha essas necessidades, algumas pessoas apresentam necessidades mais fortes do que outras.

As necessidades emocionais fundamentais são vínculo seguro com os outros (aceitação, pertencimento, segurança, estabilidade e cuidado), senso de autonomia e competência, limites realistas, autocontrole, autodisciplina, sentido de identidade, liberdade de expressão das necessidades e emoções, expressão emocional legítima, espontaneidade e lazer.[3]

As experiências de vida englobam as interações das dinâmicas familiares, interpessoais com colegas/amigos, professores, amorosas, grupos da comunidade, religiosas etc.

Geralmente o que influencia a formação de esquemas não é o resultado de acontecimentos traumáticos isolados, mas padrões continuados de experiências nocivas.[3]

Na TE são descritos 18 EID, divididos em 5 domínios esquemáticos, cada um deles ligado a necessidades emocionais e experiências de vida específicas. Estão descritos no Quadro 1.

QUADRO 1 Domínios esquemáticos e esquemas iniciais desadaptativos

1º DOMÍNIO – DESCONEXÃO E REJEIÇÃO
(Falta de ambiente seguro e estável, com vivências primitivas de experiências sociais negativas como abuso, rejeição, isolamento social ou frieza)
Privação emocional → Acredita que o outro não atenderá adequadamente a sua necessidade de apoio emocional, seja ele de proteção, empatia e/ou cuidado.
Abandono/instabilidade → Enxerga as relações como indignas de confiança e instáveis. Sensação de que as pessoas importantes irão embora.
Desconfiança/abuso → Sensação de que sempre será enganado, traído ou machucado pelo outro. Considera as relações perigosas.
Isolamento social/alienação → Percebe-se diferente das outras pessoas. Não tem a sensação de pertencimento a um grupo ou comunidade.
Defectividade/vergonha → Sente-se indesejado, defeituoso, inferior e por isso acredita não ser merecedor do amor e da valorização dos outros. Esse EID carrega uma hipersensibilidade à crítica, sensação de insegurança, vergonha e postura autoacusatória (presença da emoção culpa).
2º DOMÍNIO – AUTONOMIA E DESEMPENHO PREJUDICADOS
(Falta de um ambiente encorajador da autonomia e experiências de superproteção)
Fracasso → Acredita que fracassou e inevitavelmente fracassará, percebe-se inferior e menos apto a conquistas do que os demais.
Dependência/incompetência → Percebe-se como incapaz de executar as responsabilidades do dia a dia de forma competente sem a ajuda de outras pessoas.
Vulnerabilidade ao dano ou à doença → Sente que uma catástrofe ocorrerá a qualquer momento. Catástrofes de saúde (como ataques do coração, IST etc.), catástrofes emocionais (p. ex., enlouquecer) e/ou catástrofes externas (queda de elevadores, tsunamis, desastres de avião, terremotos etc.).
Emaranhamento/*self* subdesenvolvido → Dificuldade de separação de pessoas importantes e individuação. As relações são caracterizadas por muita intimidade, muito envolvimento emocional e falta de privacidade. Pessoas com esse esquema costumam ter sensações de vazio, falta de direção e fracasso devido à falta de uma identidade individual suficiente.
3º DOMÍNIO – LIMITES PREJUDICADOS
(Relacionado a um ambiente extremamente tolerante, indulgente ou permissivo. Acarreta prejuízos com relação a respeitar os direitos dos outros, a cooperar e a se comprometer com metas ou desafios)
Grandiosidade/arrogância → Percebe-se como superior aos outros e às regras sociais (p. ex., não estar sujeito às regras de reciprocidade social tendo privilégios especiais) e busca regularmente poder e controle.
Autocontrole/autodisciplina insuficientes → Pessoas com esse esquema apresentam dificuldade ou recusa ao autocontrole e tolerância à frustração em relação a seus objetivos e/ou expressão das emoções e impulsos. Evitam demasiadamente desconfortos, como dor, conflito, confrontação e responsabilidade à custa da realização pessoal, comprometimento ou integridade.

(continua)

QUADRO 1 Domínios esquemáticos e esquemas iniciais desadaptativos *(continuação)*

4º DOMÍNIO – ORIENTAÇÃO PARA O OUTRO
(Ambiente de aceitação condicional. Quando presente, ocasiona um foco excessivo para os desejos e sentimentos dos outros)
Subjugação → Percebe seus desejos, opiniões e sentimentos como pouco importantes para os outros. Apresenta uma submissão excessiva ao controle dos outros porque precisa evitar a raiva, a retaliação, a rejeição e/ou o abandono.
Autossacrifício → Busca suprir as necessidades das outras pessoas à custa de suas próprias necessidades. A sensação é de que isso é voluntário.
Busca de aprovação/busca de reconhecimento → Procura constante de aprovação, reconhecimento ou atenção das outras pessoas. A autoestima está condicionada à aceitação social e tem um foco exagerado em aparência, status, aceitação social, realizações profissionais e/ou dinheiro como forma de obter aprovação.
5º DOMÍNIO – SUPERVIGILÂNCIA E INIBIÇÃO
(Origem em experiências primitivas exigentes, punitivas, excesso de perfeccionismo, cumprimento de normas, ocultação de emoções e evitação de erros; sobressaem prazer, alegria e relaxamento)
Inibição emocional → Autocontrole excessivo, inibição de sentimentos, ações e comunicação sem espontaneidade. A inibição pode ser da raiva e da agressão, de impulsos positivos (como alegria, afeto, excitação sexual, brincadeira), dificuldade de expressar vulnerabilidade ou comunicar livremente seus sentimentos e necessidades e /ou ênfase excessiva na racionalidade, desconsiderando as emoções.
Padrões inflexíveis/postura crítica exagerada → Esse esquema tem como características o perfeccionismo, regras rígidas e excessiva preocupação com a eficiência. Indivíduos com esse esquema apresentam dificuldade para relaxar e sentir prazer. Apresentam problemas nos relacionamentos por conta de uma postura crítica exagerada sobre si mesmas e sobre os outros.
Negativismo/pessimismo → Foco exagerado nos aspectos negativos das situações, o que gera preocupações constantes, vigilância excessiva, muitas queixas e indecisão crônica.
Postura punitiva → Falta de tolerância com erros e com a imperfeição humana, gerando dificuldade de ser empático. Forte concepção de que as pessoas precisam ser punidas quando cometem erros.

Os processos esquemáticos (PE) são ações internas e externas que perpetuam os EID; são estilos de enfrentamento. O surgimento desses estilos ocorre ao longo da vida como uma maneira de responder e se adaptar às condições ambientais. Os enfrentamentos acabam se tornando desadaptativos na vida adulta quando não se discrimina que os contextos mudaram; a pessoa age da mesma forma, e isso consolida os EID.[7] Os comportamentos que fazem parte dos estilos de enfrentamento não fazem parte do conteúdo dos EID; agem em sua manutenção.

Os estilos de enfrentamento são três:

1. Evitação.
2. Resignação.
3. Hipercompensação.

Cada sujeito pode utilizar qualquer um dos estilos de enfrentamento a partir de contextos diferentes, mas já se sabe que, dependendo do temperamento emocional, uma pessoa tende a utilizar mais um tipo do que outro.[3]

A evitação ocorre em relação a informações, situações, pessoas que possam contrariar os conteúdos dos EID. Pode ser uma evitação cognitiva, afetiva e/ou comportamental. A hipercompensação consiste em uma tentativa de compensar os EID, dando origem a comportamentos e cognições opostos ao conteúdo dos esquemas. E a resignação refere-se a comportamentos e cognições disfuncionais que acabam por reforçar diretamente o conteúdo do esquema.[2,7]

No desenvolvimento da TE, os estudiosos observaram que abordar os EID e processos esquemáticos demonstra insuficiência para tratar casos muito graves em que o sujeito apresenta EID e PE em grande quantidade e/ou muito enraizados. Para isso foi desenvolvido o trabalho com modos esquemáticos, recomendado para pacientes com transtornos alimentares (TA).[3,6]

Os modos esquemáticos (ME) são padrões característicos do funcionamento de cada ser humano. Um ME é um estado específico que engloba sentimentos, pensamentos, formas de enfrentamento saudáveis ou que não são vivenciados em situações específicas de ativação emocional.[6] Quando um indivíduo tem muitos EID e PE, eles tendem a se agrupar e a criar uma maneira de se apresentar.[3]

A Tabela 1 descreve os principais ME, EID relacionados e particularidades na população com TA.

TERAPIA DO ESQUEMA APLICADA AOS TRANSTORNOS ALIMENTARES

Evidências sugerem que indivíduos com um TA apresentam mais EID e ME comparados à população geral. Um aspecto central que sabidamente exerce essa influência diz respeito a experiências precoces traumáticas e de invalidação emocional. Diversos estudos apontam a história de abuso emocional, físico e sexual na infância e adolescência como fator de risco para o desenvolvimento de um TA, bem como de esquemas desadaptativos.[9-11]

Importante ressaltar que a negligência emocional, apesar de não intencional, traz consequências significativas no processo de estruturação da personalidade do indivíduo, comprometendo a maneira como ele se relaciona com os pares e consigo mesmo.[6]

TABELA 1 Modos esquemáticos e transtornos alimentares

Modos criança	
Modo	**Descrição das particularidades nos transtornos alimentares**
Criança vulnerável	▪ Principalmente vulnerabilidade ligada à solidão e a sensações de vergonha. ▪ Neste modo, o indivíduo pode se sentir rejeitado, ferido, um fardo, envergonhado, indigno, invisível, ansioso, em pânico, perdido, pouco atraente, inferior, indefeso, impotente, preso e/ou desesperado por nutrição, proteção e atenção. ▪ Pode se sentir como uma criança solitária que é valorizada apenas quando prova para si mesma e para os outros, por meio de realizações, de sua aparência física, e/ou quando atende às necessidades dos outros. ▪ Pode também sentir vergonha das emoções e necessidades normais. E sentir-se diferente e inferior devido a falhas percebidas, sejam elas físicas ou características de personalidade. ▪ Pode se sentir pouco atraente e envergonhada por causa de sua percepção/sensação emocional e corporal.
	*EID relacionados: abandono/instabilidade, desconfiança/abuso, privação emocional, defectividade/vergonha, isolamento social/alienação, dependência/incompetência, vulnerabilidade ao dano ou à doença, emaranhamento/*self *subdesenvolvido e negativismo/pessimismo.*
Criança raivosa	▪ Sente-se intensamente irritado porque as necessidades emocionais não foram atendidas. Neste modo, a emoção é a raiva. Pode expressá-la por meios passivo-agressivos. ▪ A emoção pode também ser suprimida, pois é experimentada como "fora de controle", o que é visto como inaceitável e vergonhoso. ▪ Pode se machucar para expressar raiva ou punir os outros, p. ex., usar restrição ou compulsão como forma de se vingar de outras pessoas. ▪ Explosões de raiva são acionadas se as operações dos modos de enfrentamento – p. ex., rituais compulsivos, episódios de compulsão ou compensatórios como vômitos – forem interrompidas.
	EID relacionados: abandono/instabilidade, desconfiança/abuso, privação emocional e subjugação.
Criança impulsiva/indisciplinada	▪ A criança impulsiva se apresenta como se nunca se cansasse do que precisa. ▪ Age por impulso de forma descontrolada, sem levar em conta as consequências. ▪ Comportamentos impulsivos e compulsivos agem como meio de atender/preencher necessidades. ▪ Também pode funcionar como uma reação contra demandas externas/internas para ser "boa" ou controlada. ▪ A indisciplina se apresenta a partir da dificuldade em tolerar desconforto físico ou emocional, para completar tarefas que exigem determinação e perseverança e em tolerar o desconforto associados à recuperação do TA.
	EID relacionados: grandiosidade/arrogância e autocontrole/autodisciplina insuficientes.
Criança feliz	▪ Sente-se amada, conectada, contente e satisfeita. ▪ Percebe o corpo como um aspecto positivo de si mesma e o utiliza adequadamente para brincadeiras, expressão de sentimentos e atividades prazerosas.
	Nenhum EID relacionado
Modos de enfrentamento	

(continua)

TABELA 1 Modos esquemáticos e transtornos alimentares *(continuação)*

Modo	Descrição das particularidades nos transtornos alimentares
Capitulador complacente *(resignação)*	Passivamente, permite que outros assumam o controle na tentativa de obter aprovação, aceitação e/ou reduzir conflitos, críticas, rejeição e humilhação.
Protetor desligado *(evitação)*	▪ Adota um estilo de retraimento emocional, desconexão, isolamento e evitação comportamental. ▪ Mantém as relações no nível superficial. ▪ Usa restrição alimentar ou trabalho/estudo para se desligar das demandas da vida. ▪ O planejamento meticuloso das compulsões alimentares e a preocupação com a alimentação/forma/peso também podem funcionar para se desligar de sentimentos e sensações corporais.
Protetor autoaliviador *(evitação)*	▪ Desliga a emoção ao se envolver em atividades solitárias que o irão acalmar, estimular ou distrair de sentimentos desconfortáveis. Esses comportamentos funcionam principalmente de forma impulsiva. ▪ Compulsões, excesso de exercício físico, drogas e álcool e comportamentos purgativos podem estar presentes neste modo.
Autoengrandecedor *(hipercompensação)*	▪ Este modo compensa os sentimentos de defeito ou inferioridade buscando ativamente aprovação ou tentando parecer "perfeito" e/ou superior aos outros. ▪ Só se sente digno de valor se for "especial", ou melhor, no que faz – p. ex., em relação às realizações de trabalho/estudo/dieta, peso, forma, aparência. ▪ Pode ter falta de consciência dos estados emocionais dos outros. ▪ Sente-se poderoso, derruba os outros, exclui e julga os outros por motivos superficiais, pode ser agressivo e opinativo.
Poliana *(hipercompensação)*	▪ Mantém uma atitude persistentemente positiva, mesmo diante de eventos difíceis e tensões interpessoais. ▪ Evita a assertividade genuína e minimiza sentimentos que podem levar a críticas ou rejeição. ▪ Pode comunicar-se de forma entusiasmada, ou "agradável", ao mesmo tempo que minimiza externamente as vulnerabilidades e/ou a luta dos outros. ▪ Neste modo, a pessoa é frequentemente otimista sobre a recuperação, apresentando uma atitude positiva que é dissonante com o ganho de peso real/mudança comportamental do tratamento.
Supercontrolador *(hipercompensação)*	▪ Este modo é geralmente o de um "guardião" gerado para fornecer orientação, certeza, orgulho, previsibilidade, segurança e a promessa de que a autoestima é alcançável apenas se as regras forem seguidas. Quando essas regras são cumpridas, elas também compensam a ausência de um senso de realização e orgulho em outros domínios da vida. ▪ Seguir e formular as regras minimiza as emoções ao mesmo tempo que visa aumentar a produtividade. ▪ Investe energia significativa no planejamento futuro para garantir que a vida seja previsível e/ou controlável. ▪ Busca autossuficiência completa de todas as necessidades emocionais e físicas. ▪ As regras sobre alimentação fornecem um senso de direção e propósito. Acredita que quebrá-las levará à perda de autocontrole, ganho excessivo de peso e rejeição. ▪ Altera as metas assim que são alcançadas. ▪ Adesão excessiva a rotinas, regras alimentares restritivas, compulsão ritualizada, comportamentos purgativos, limpeza, exercício físico excessivo, planejamento de compulsões e/ou acumulações de alimentos podem estar presentes neste modo. ▪ O supercontrolador pode ter características mais perfeccionistas, mais suspeito (hipervigilante/desconfiado), mais invencível ou mais flagelador.

(continua)

TABELA 1 Modos esquemáticos e transtornos alimentares *(continuação)*

Modos vozes internalizadas	
Modo	**Descrição das particularidades nos transtornos alimentares**
Vozes internalizadas exigente	▪ Funciona como a voz internalizada dos pais, família, professores, pares, mídia, religião etc. ▪ Este modo vê as necessidades emocionais como inaceitáveis, incontroláveis e um fardo para os outros. ▪ Acredita que é errado expressar sentimentos ou agir espontaneamente. ▪ Exige que se comporte da maneira "certa". ▪ Continuamente empurra e pressiona a pessoa para atender padrões excessivamente elevados. ▪ Considera que o caminho "certo" é atingir um nível muito alto, ser eficiente, manter tudo em ordem, lutar por *status* elevado, ser humilde, colocar outras necessidades antes das suas próprias e/ou evitar perder tempo. ▪ Tem padrões irrealistas em relação à alimentação e ao corpo.
	EID relacionados: padrões inflexíveis/postura crítica exagerada e autossacrifício.
Vozes internalizadas punitiva	▪ Esta é a voz internalizada das pessoas, pais, família, professores, pares, líderes religiosos etc. que criticaram ou intimidaram. ▪ Neste modo, o sujeito se torna "seu próprio intimidador", direcionando a crítica para si mesmo por mostrar necessidades ou sentimentos normais. ▪ O tom deste modo é duro, crítico e implacável. A punição pode tomar a forma de cortar ou privar a si mesmo – p. ex., de comida – e falar sobre si mesmo de forma malvada e dura. ▪ Pode expressar mensagens duras de desgosto, crítica e rotulagem para o corpo. ▪ Repudia o corpo e o culpa por tudo que dá errado.
	EID relacionados: subjugação, postura punitiva, defectividade/vergonha e desconfiança/abuso.
Adulto saudável	▪ Reconhece e entende a própria vulnerabilidade, é compassivo com o eu e com os outros. ▪ Tenta melhorar comportamentos úteis e responsáveis (sustentar um trabalho, assumir responsabilidades e/ou conectar-se com os outros). ▪ Busca um bom equilíbrio entre atividades adultas agradáveis (intelectuais, culturais, físicas) e obrigações sociais. ▪ É capaz de dar e receber nutrição e cuidado. ▪ Mostra respeito pelo corpo. ▪ Vivencia o corpo e a mente como partes integradas do eu. ▪ É totalmente incorporado e capaz de experimentar e tolerar a vulnerabilidade (tanto angústia, vergonha, como alegria) dentro do corpo.
	Nenhum EID relacionado.

EID: esquema inicial desaptativo; TA: transtorno alimentar.
Fonte: adaptada de Simpson; Smith.[6]

Além disso, é sabido que características de temperamento do indivíduo o tornam mais vulnerável para o desenvolvimento tanto do TA quanto de outras patologias. Algumas dessas características são: ansiedade, perfeccionismo, alta sensibilidade emocional e capacidade de empatia, obsessividade, timidez, alta necessidade de controle, baixa tolerância à incerteza e rigidez cognitiva.[12]

A complexa interação entre temperamento, necessidades emocionais e ambiente é consistente com o modelo proposto pela TE para explicar a origem dos EID e de que forma interferem tanto no desenvolvimento quanto na manutenção da psicopatologia dos TA.[13]

Por se tratar de uma abordagem recente, há uma escassez de estudos mais robustos que explorem a eficácia da TE para os TA. Um único estudo controlado randomizado foi aplicado para avaliar a eficácia da TE para o tratamento da compulsão alimentar como sintoma. Nesse estudo, 112 mulheres diagnosticadas com bulimia nervosa (BN) e TCA foram submetidas à TE, terapia cognitivo-comportamental (TCC) tradicional ou TCC *appetite-focused*. As participantes frequentaram sessões semanais durante 6 meses e, após esse período, mais 6 meses de sessões mensais. As três abordagens mostraram-se igualmente efetivas, com uma redução significativa dos episódios de compulsão e melhora de funcionamento global dos indivíduos.[14]

Em outro estudo com menor amostragem (42 pacientes), a TE se mostrou efetiva no tratamento de casos de TA comórbidos com TP, que não responderam a intervenções prévias. Os pacientes apresentaram melhora significativa dos EID e ME, com consequente diminuição dos sintomas.[15]

Quanto à aplicabilidade e aos resultados da TE no formato de grupo, evidências preliminares baseadas em dois estudos pilotos demonstraram redução significativa na patologia alimentar e aumento nos escores de qualidade de vida.[5] O protocolo utilizado é baseado em 25 sessões com 90 minutos de duração e mais 2 sessões de *follow-up*. Tem uma estrutura flexível e foi manualizado por Susan Simpson.[6] No âmbito nacional, vem sendo realizado estudo piloto para avaliar a eficácia da intervenção em grupo para anorexia nervosa (AN) e BN pela Comunidade Especializada em Transtornos Alimentares (Ceta), em Curitiba, no Paraná. Ainda não há dados preliminares ou conhecimento de outros estudos sobre a TE aplicada aos TA no Brasil.

Etapas do tratamento

A psicoterapia em TE para TA pode ocorrer na modalidade individual e/ou em grupo. Tem como etapas do tratamento o processo de avaliação, conceitualização e intervenção. Por mais que exista esse fluxo proposto, pode ser necessário reavaliar as etapas e alinhar o tratamento de cada indivíduo/grupo por diversos motivos, como adesão ao tratamento, gravidade e risco de vida, novas informações, estressores e mudanças etc. A seguir serão detalhadas as etapas.

Avaliação

Os TA se desenvolvem por meio de uma complexa interação entre diversos fatores, como temperamento, traços de personalidade, fatores genéticos, fatores socioculturais e história de vida. Uma avaliação elucidativa deve levar em consideração todos esses aspectos a fim de possibilitar uma conceitualização de caso coerente e fidedigna. Por se tratar de uma abordagem transdiagnóstica, a TE fornece uma compreensão abrangente, que contempla múltiplos diagnósticos e comportamentos por meio de um diagrama, chamado de mapa dos modos. Para a sua elaboração, o terapeuta se utiliza de diversos meios e técnicas, incluindo uma ampla anamnese para coleta de dados e questionários e técnicas imagéticas e vivenciais.[6,16]

Uma importante etapa da avaliação consiste na compreensão da história de vida do cliente. Em um período que leva de 2 a 6 sessões, são explorados aspectos como temperamento, relação com pais/cuidadores e amigos e cultura familiar no que diz respeito à alimentação e à relação com o corpo. O principal intuito é identificar pontos de vulnerabilidade relativos às necessidades físicas e emocionais do indivíduo, de acordo com os 5 domínios abordados no início deste capítulo.[6,17]

Outros aspectos investigados e de extrema relevância para a compreensão da psicopatologia do TA e das comorbidades existentes dizem respeito a sintomas e comportamentos inerentes às condições apresentadas. Para tanto, além da entrevista, são utilizados questionários autoaplicáveis e outras ferramentas, tais como o recordatório alimentar. Destacam-se dois questionários em específico: *The Schema Mode Inventory for ED* (SMI-ED) e *The Schema Mode Inventory Short-Form* (SMI-ED-SF), adaptados e validados para aplicação na população com TA. Além desses, outros sugeridos são o *The Young Schema Questionnaire* (YQS-3) e o *Young Parenting Inventory* (YPI), que auxiliam na identificação de aspectos cognitivos dos EID.

Todos esses instrumentos, associados à relação terapêutica que vai sendo construída, possibilitam a compreensão das necessidades emocionais não atendidas e dos consequentes esquemas desadaptativos e modos, bem como sua relação com os sintomas da patologia alimentar e das comorbidades.[6]

Conceitualização

A conceitualização de caso sintetiza todas as informações coletadas no processo de avaliação por meio de um mapa de modos (Figura 1), que ilustra de que forma os ME se manifestam, incorporando tanto os sintomas do TA quanto os diagnósticos comórbidos. O reconhecimento dos comportamentos do TA enquanto modos de enfrentamento e de sua ineficácia na diminuição do estresse emocional servirão como motivadores para a mudança nas etapas que seguem.[18]

Todos os modos de enfrentamento, sejam eles de padrão evitativo, resignado ou hipercompensador, contribuem para a manutenção dos sintomas dos TA e apresentam múltiplas e complexas relações com os EID.[18] No processo de conceitualização, cada modo deve ser identificado de acordo com o esquema subjacente, comportamentos, sensações, pensamentos, origem, emoções envolvidas e sua função. Utilizar a própria linguagem do paciente para rotulá-los contribui para que ele se aproprie e internalize os conceitos e vivências. Por exemplo, em vez de dizer "Eu tive compulsão ontem", dizer que "Uma ligação foi o gatilho para que minha criança vulnerável surgisse, me senti muito sozinha e envergonhada, e então o 'general' (modo vozes internalizadas) começou a acabar comigo, dizendo que eu não poderia me sentir daquela forma. Então entrei naquele estado "Garfield" (modo protetor autoaliviador) e a compulsão alimentar aconteceu".[6]

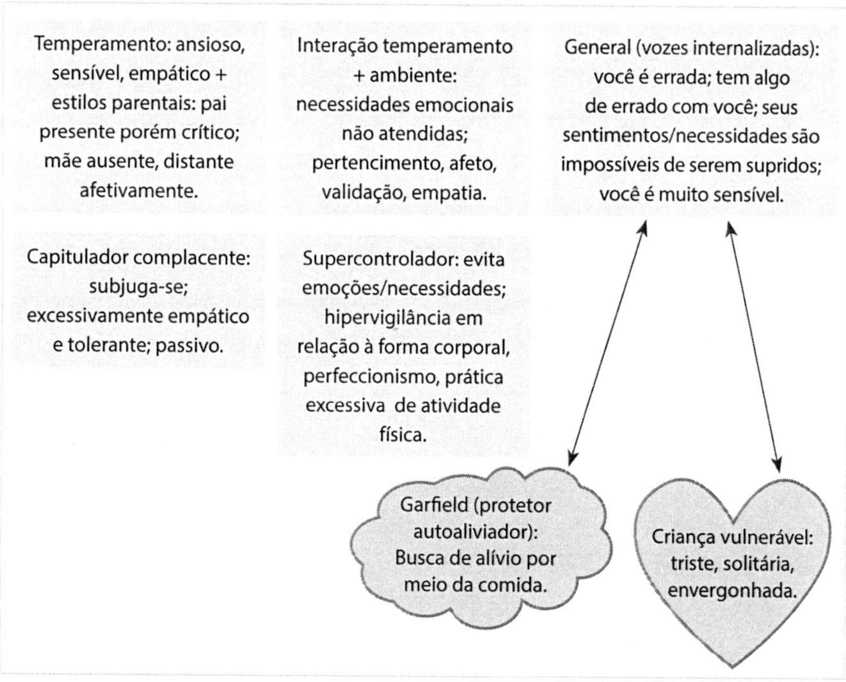

FIGURA 1 Mapa de modos.
Fonte: adaptada de Simpson; Smith.[6]

Intervenção

Na etapa intervenção é necessário traçar os objetivos individuais e/ou de grupo a partir dos dados da avaliação e conceitualização. Além da compreensão do funcionamento de cada cliente, a TE tem em seu guarda-chuva de técnicas uma diversidade para ser personalizada em cada processo. Esse guarda-chuva contém técnicas cognitivas, comportamentais e vivências e também duas posturas terapêuticas que norteiam todo o processo de mudança, chamadas de confrontação empática e reparentalização limitada.[7,8]

Na população com TA, o recomendado é a utilização da linguagem de ME, cada um deles com objetivos específicos para promover a mudança. São eles:

- Desenvolver e fortalecer o modo adulto saudável.
- Desenvolver reconhecimento, atendimento e cuidado das necessidades emocionais do modo criança vulnerável.
- Estabelecer empatia, limites nos modos criança raivosa/impulsiva/indisciplinada.
- Enfraquecer e lutar contra o modo vozes críticas e aprender a reconhecer, negociar e contornar os modos de enfrentamento.

Os modos de enfrentamento devem ser priorizados, pois são eles que carregam os sintomas do TA.[6]

CONSIDERAÇÕES FINAIS

Nos últimos anos acompanhamos o crescimento exponencial dos tratamentos psicológicos baseados em evidências para os transtornos alimentares. Entretanto, ainda se observa uma grande parte da população acometida por um TA que não responde aos tratamentos propostos, seja por não se enquadrar nos protocolos vigentes ou por se manter sintomática mesmo após a intervenção. Esses pacientes tendem a desenvolver um quadro crônico e resistente, e representam um grande desafio, até mesmo para profissionais de saúde altamente capacitados. Os estudos demonstram que cerca de metade dos pacientes submetidos ao protocolo de tratamento considerado de primeira linha, denominado *enhanced cognitive behavior therapy* (CBT-E), não responde ou mantém sintomas residuais.[19-21] Entre os fatores que sabidamente contribuem para esse cenário, está o elevado número de pacientes que apresentam um quadro psiquiátrico comórbido ao TA: 93% exibe também um quadro de transtorno de humor, abuso de substâncias e/ou transtornos de ansiedade,[9] e 58 a 69% preenchem critérios para um diagnóstico de TP.[22]

A intersecção entre TA e TP tem ficado cada vez mais evidente, e diversos estudos vêm explorando de que forma o temperamento e os traços de personalidade desempenham um papel tanto como fatores predisponentes quanto como fatores que perpetuam os sintomas alimentares.

Características como instabilidade afetiva, impulsividade e compulsividade estão relacionadas à resposta insuficiente aos tratamentos de primeira linha. Assim, a TE, como um modelo de tratamento focado no transdiagnóstico, tem se mostrado efetiva no tratamento dos TA. Por meio de uma abordagem integrativa, focada e intensiva, aborda a patologia alimentar e ao mesmo tempo as características de personalidade do indivíduo que estão inter-relacionadas.[23]

Os estudos preliminares indicam resultados promissores, principalmente nos casos complexos, envolvendo múltiplos diagnósticos comórbidos e que não respondem à primeira linha de tratamento.[14,24] Entretanto, estudos mais robustos são necessários para elevar os níveis de evidência da TE para os TA.

REFERÊNCIAS

1. van Vreeswijk M. The Wiley Blackwell handbook of schema. van Vreeswijk M, Broersen J, Nadort M (ed.). v.1. 2015. Disponível em: https://www.google.com.br/books/edition/The_Wiley_Blackwell_Handbook_of_Schema_T/S0dCCgAAQBAJ?hl=pt-BR&gbpv=0. Acesso em: 15 set. 2023.
2. Ball SA, Cobb-Richardson P, Connolly AJ, Bujosa CT, O'Neall TW. Substance abuse and personality disorders in homeless drop-in center clients: symptom severity and psychotherapy retention in a randomized clinical trial. Comprehensive Psychiatry. 2005;46(5):371-9. Disponível em: https://www.sciencedirect.com/science/article/pii/S0010440X04001956. Acesso em: 15 set. 2023.
3. Young JE, Klosko JS, Weishaar ME. Terapia do esquema: guia de técnicas cognitivo-comportamentais inovadoras. v.1. Porto Alegre: Artmed; 2008.
4. Cockram DM, Drummond PD, Lee CW. Role and treatment of early maladaptive schemas in Vietnam veterans with PTSD. Clinical Psychology & Psychotherapy. 2010.
5. Simpson SG, Morrow E, van Vreeswijk M, Reid C. Group schema therapy for eating disorders: a pilot study. Frontiers in Psychology. 2010;1.
6. Simpson S, Smith E. Schema therapy for eating disorders. Simpson S, Smith E (eds.). v.1. Routledge; 2019. Disponível em: https://doi.org/10.4324/9780429295713. Aceso em: 15 set. 2023.
7. Wainer R, Paim K, Erdos R, Andriola R. Terapia cognitiva focada em esquemas. v.1. Porto Alegre: Artmed; 2016.
8. Young JE. Terapia cognitiva para transtornos da personalidade: uma abordagem focada no esquema. v.3. Porto Alegre: Artmed; 2003.
9. Kent A, Waller G. Childhood emotional abuse and eating psychopathology. Clinical Psychology Review. 2000 Oct;20(7):887-903.
10. Ford G, Waller G, Mountford V. Invalidating childhood environments and core beliefs in women with eating disorders. European Eating Disorders Review. 2011 Jul;19(4):316-21.
11. Vajda A, Láng A. Emotional abuse, neglect in eating disorders and their relationship with emotion regulation. Procedia – Social and Behavioral Sciences. 2014 May;131:386-90.

12. Gulliksen KS, Nordbø RHS, Espeset EMS, Skårderud F, Holte A. Four pathways to anorexia nervosa: patients' perspective on the emergence of AN. Clinical Psychology & Psychotherapy. 2017 Jul;24(4):846-58.
13. Sternheim LC, Fisher M, Harrison A, Watling R. Predicting intolerance of uncertainty in individuals with eating disorder symptoms. Journal of Eating Disorders. 2017 Dec 1;5(1):26.
14. McIntosh VVW, Jordan J, Carter JD, Frampton CMA, McKenzie JM, Latner JD, et al. Psychotherapy for transdiagnostic binge eating: a randomized controlled trial of cognitive-behavioural therapy, appetite-focused cognitive-behavioural therapy, and schema therapy. Psychiatry Research. 2016 Jun;240:412-20.
15. Schaap GM, Chakhssi F, Westerhof GJ. Inpatient schema therapy for nonresponsive patients with personality pathology: changes in symptomatic distress, schemas, schema modes, coping styles, experienced parenting styles, and mental well-being. Psychotherapy. 2016 Dec;53(4):402-12.
16. Kimber M, McTavish JR, Couturier J, Boven A, Gill S, Dimitropoulos G, et al. Consequences of child emotional abuse, emotional neglect and exposure to intimate partner violence for eating disorders: a systematic critical review. BMC Psychology. 2017 Dec 22;5(1):33.
17. Simpson S. Schema therapy conceptualisation of eating disorders. In: Schema therapy for eating disorders. Routledge; 2019. p.56-66.
18. Brown JM, Selth S, Stretton A, Simpson S. Do dysfunctional coping modes mediate the relationship between perceived parenting style and disordered eating behaviours? Journal of Eating Disorders. 2016 Dec 2;4(1):27.
19. Fairburn CG, Cooper Z, Doll HA, O'Connor ME, Bohn K, Hawker DM, et al. Transdiagnostic cognitive-behavioral therapy for patients with eating disorders: a two-site trial with 60-week follow-up. American Journal of Psychiatry. 2009 Mar;166(3):311-9.
20. Byrne SM, Fursland A, Allen KL, Watson H. The effectiveness of enhanced cognitive behavioural therapy for eating disorders: an open trial. Behaviour Research and Therapy. 2011 Apr;49(4):219-26.
21. Poulsen S, Lunn S, Daniel SIF, Folke S, Mathiesen BB, Katznelson H, et al. A Randomized Controlled Trial of Psychoanalytic Psychotherapy or Cognitive-Behavioral Therapy for Bulimia Nervosa. American Journal of Psychiatry. 2014 Jan;171(1):109-16.
22. Blinder BJ, Cumella EJ, Sanathara VA. Psychiatric comorbidities of female inpatients with eating disorders. Psychosomatic Medicine. 2006 May;68(3):454-62.
23. Cooper M, Kelland H. Medication and psychotherapy in eating disorders: is there a gap between research and practice? Journal of Eating Disorders. 2015 Dec 1;3(1):45.
24. Simpson SG. Video therapy for atypical eating disorder and obesity: a case study. Clinical Practice & Epidemiology in Mental Health. 2011 Mar 4;7(1):38-43.

15

Terapia focada na compaixão e transtornos alimentares

Bolivar Cibils Filho
Sandiléia Pfeiffer
Laura Goulart
Érika Leonardo de Souza

INTRODUÇÃO

A terapia focada na compaixão (TFC), do inglês "*compassion focused therapy* (CFT)", é um modelo psicoterapêutico integrativo, embasado principalmente na psicologia evolucionista, teoria do apego e neurociência afetiva.[1] A TFC se propõe a integrar diferentes práticas baseadas em evidências direcionadas ao fomento de relações interpessoais e intrapessoais permeadas por compaixão.[2]

O objetivo geral dessa abordagem consiste no desenvolvimento de uma série de competências e processos fisiológicos que atuam na regulação das emoções e autotranquilização.[2] A TFC tem um grande foco em como indivíduos se relacionam com suas próprias sensações, pensamentos e emoções, buscando o desenvolvimento de posturas de acolhimento, validação e suporte consigo. Isso se torna especialmente relevante para indivíduos com transtornos alimentares (TA), tendo em vista que esses quadros são marcados por posturas hostis, críticas e rígidas dos indivíduos com seus próprios corpos e hábitos alimentares.[3]

O modelo biopsicossocial compreendido na TFC elucida a maneira como diferentes motivações e emoções selecionadas evolutivamente interagem com o ambiente atual, contribuindo com uma série de dificuldades em saúde mental.[1] O entendimento de que o cérebro humano foi moldado para a sobrevivência clarifica a tendência humana a focar potenciais ameaças externas e internas, fator que favorece o autocriticismo e a vergonha.

Uma das ênfases da TFC inclui auxiliar os pacientes a pararem de se culpar por aspectos pelos quais não escolheram, a fim de, assim, poderem construir um repertório de habilidades para lidar com adversidades e irem ao encontro de uma vida significativa e valorosa para eles.[4] Esse trabalho é realizado por meio de aspectos implícitos na terapia, como a relação terapêutica, e com a utilização de técnicas, como a descoberta guiada, técnicas de geração de imagens mentais, de cadeira vazia e práticas direcionadas para o cultivo de compaixão e de raciocínio compassivo.[4]

A compaixão, construto que desempenha um papel central nessa abordagem, é compreendida como uma sensibilidade ao sofrimento, juntamente com o compromisso de tentar aliviá-lo e/ou preveni-lo.[2] Partindo de uma visão evolucionista, a compaixão pode se desenvolver a partir da motivação inata de reconhecer o sofrimento em si e em outros, com a intenção ativa de buscar fornecer cuidado e acolhimento perante ele.[5]

Sugere-se que essa tendência pró-social foi selecionada evolutivamente em função de sua importância para a sobrevivência da espécie humana a partir do estabelecimento de relações afiliativas, principalmente entre cuidadores e sua prole – dinâmicas essenciais na capacidade de autorregulação. Por isso, compreende-se que indivíduos que se desenvolvem em contextos adversos, permeados por negligência e crítica, podem desenvolver bloqueios, resistências e medos em relação à compaixão.[1,6] Dessa forma, o processo clínico da TFC envolve construir uma abertura ao cuidado e compaixão de outros, assim como ter a capacidade de fornecer acolhimento e desenvolver uma postura encorajadora, suportiva e compassiva para os outros e consigo mesmo.[7]

AUTOCRITICISMO E VERGONHA

A TFC foi originalmente desenvolvida para pacientes hipercríticos e com altos níveis de vergonha, visto que esses indivíduos têm dificuldade em receber e oferecer compaixão a si e a outras pessoas.[2] Autocriticismo e vergonha são fenômenos transdiagnósticos, identificados como potenciais fatores etiológicos, mantenedores e fatores de risco para uma série de dificuldades em saúde mental, incluindo transtornos alimentares (TA).[3,5]

O autocriticismo é um dos conceitos-chave a serem trabalhados na TFC. Esse construto compreende avaliações negativas, autodepreciação e crítica excessiva direcionadas a si mesmo.[2] A TFC adota uma análise funcional evolutiva ao compreender o autocriticismo, sugerindo que os indivíduos tendem a criticar seus próprios comportamentos na busca de um melhor ajuste ao grupo social.

Gilbert e Irons[8] propuseram que o autocriticismo tem duas funções principais: a primeira, relacionada a sensações de inadequação, volta a atenção do indivíduo a comportamentos ou características próprias que são vistas como falhas, na busca de alterar esses defeitos ou comportamentos. A segunda se relaciona a sensações de ódio, raiva e nojo direcionadas a si mesmo, associando-se a sensações de rechaço, desprezo e punição do próprio *self*. Apesar de pacientes com TA utilizarem o argumento de que sua autocrítica tem como objetivo um "autoaprimoramento", principalmente em relação ao corpo, observa-se que esses pacientes tendem a adotar a segunda forma de autocriticismo de maneira mais proeminente, apresentando uma relação interna extremamente prejudicial.[9]

Assim como o autocriticismo, a vergonha exerce um papel relevante nos TA. Sugere-se que pacientes com essa condição de saúde experienciam níveis maiores de vergonha em comparação a outros quadros clínicos, sendo grande parte direcionada à alimentação e ao corpo.[3] A vergonha é um fenômeno complexo, caracterizado por diferentes emoções, padrões comportamentais e respostas fisiológicas.[3] Sugere-se que esse construto pode ser dividido em duas formas: vergonha interna/internalizada, que consiste na visão de si como inadequado, defectivo, inferior e indesejável; e vergonha externa, caracterizada por crenças negativas a respeito de como se é visto aos olhos de outras pessoas.[2,10]

A vergonha, de forma geral, é associada a respostas de evitação, submissão e ao ocultamento de aspectos próprios vistos como negativos.[10] Assim, na TFC se busca o desenvolvimento da compaixão com aspectos de si e do corpo, visando reduzir os níveis de vergonha e autocriticismo.

SISTEMAS MOTIVACIONAIS E MENTALIDADES SOCIAIS

Em sua abordagem terapêutica, a TFC sofre grande influência da teoria das mentalidades sociais, que discorre sobre motivações e processos biopsicossociais que foram selecionados evolutivamente ao favorecerem a sobrevivência e a reprodução da espécie (p. ex., pertencer a um grupo; competir por *status* e recursos; fornecer cuidado).[2] Essas mentalidades são consideradas motivações inatas que organizam uma série de funções psicológicas como atenção, emoções, pensamentos e comportamentos na busca de determinado objetivo biossocial.[7] Por exemplo, um indivíduo em uma mentalidade social de competição, ou seja, com todas as suas funções orientadas para competir, terá sua forma de pensar, sentir e agir diferente de um momento no qual está em uma mentalidade de fornecimento de cuidado.

Apesar de inatas, essas mentalidades são moldadas de acordo com a história desenvolvimental e se adéquam ao contexto no qual o indivíduo está inserido, fazendo com que algumas mentalidades sejam hiperdesenvolvidas, ao passo que outras são hipodesenvolvidas. Indivíduos que se desenvolvem em ambientes nos quais a comparação com base no corpo é estimulada, acabam tendo reforçadas mentalidades de *ranking* e hierarquia social, enquanto mentalidades relacionadas a compaixão, conexão e afiliação tendem a ser pouco desenvolvidas.[11,12]

A TFC focaliza o trabalho com essas motivações, ajudando as pessoas a identificarem as mentalidades que regulam seus estados internos e comportamentos, na medida em que visa ao desenvolvimento de mentalidades de cuidado e afiliação consigo e com os outros, proporcionando um senso de segurança nas relações interna e externas.[13]

Ao falarmos sobre TA, muitas atitudes e comportamentos são motivados por uma mentalidade de *ranking*/hierarquia social. Indivíduos com TA, principalmente anorexia nervosa (AN), são altamente focados em dinâmicas de competição e comparação, nas quais a vergonha de si e o orgulho em relação a comportamentos de restrição e perda de peso desempenham um papel importante.[3] Busca-se, assim, auxiliar esses pacientes a notarem a mentalidade social que pode estar regulando comportamentos desadaptativos em relação ao corpo e à restrição alimentar.[3]

SISTEMAS DE REGULAÇÃO DO AFETO

A TFC é derivada de um modelo evolucionista e neurocientífico de regulação do afeto, o qual propõe que diferentes sistemas regulatórios evoluíram com base em tarefas evolutivas distintas.[1,7] Nesse aspecto, são propostos três grandes sistemas relacionados a diferentes emoções, que são trabalhados no processo clínico da TFC:[7]

FIGURA 1 Os três sistemas de regulação de afeto.
Fonte: Gilbert.[7]

- Sistema de defesa e ameaça *(threat):* a sobrevivência foi possibilitada para aqueles indivíduos que desenvolveram mecanismos de proteção perante ameaças, por isso este sistema opera de forma rápida e fora da consciência. Ele envolve a detecção de potenciais estímulos ameaçadores e respostas de luta, fuga ou congelamento em face deles. É considerado o "sinal de alerta" do cérebro, sendo mais sensível e com maior capacidade de alteração fisiológica e do estado mental que os outros sistemas.
- Sistema de busca por recompensas (*drive*): este sistema é responsável pela motivação na busca de recursos e tarefas necessárias para a sobrevivência. Em termos evolutivos, o desenvolvimento do sistema de *drive* possibilitou a busca por alimento, território e *status*, gerando sensação de alegria, prazer e excitação quando alcançado.
- Sistema de afiliação e tranquilidade (*soothing*): este foi o último sistema desenvolvido na história evolutiva, tendo sido concebido quando os seres estavam seguros diante de ameaças e tinham recursos necessários para a sobrevivência. Essa sensação de segurança foi possibilitada pela interação social e pela formação de vínculos, tornando esse sistema intimamente ligado a comportamentos de afiliação e cuidado. Com isso, estabelece-se uma relação clara entre esse sistema e as sensações promovidas por uma postura compassiva.

Os três sistemas interagem reciprocamente, e o sistema de afiliação desempenha um papel essencial na regulação dos outros dois sistemas.[7] A TFC sugere que indivíduos que não conseguem ativar seu sistema de afiliação tendem a se tornar dependentes do sistema de busca por recompensas, precisando constantemente buscar conquistas, ou se veem presos em respostas associadas ao sistema de ameaça.[2] Nesse aspecto, o sistema de busca por recompensas desempenha um papel essencial nos pacientes com transtornos alimentares, visando regular o sistema de ameaça, por meio do desenvolvimento de orgulho e conquista em comportamentos transtornados, como restrição alimentar ou exercício físico excessivo.[3] Comportamentos de compulsão alimentar e purgação também são compreendidos como uma tentativa de regular o sistema de defesa e ameaça.[9]

TERAPIA FOCADA NA COMPAIXÃO PARA TRANSTORNOS ALIMENTARES

Apesar de ser uma teoria com forte base teórica e empírica, a TFC não se propõe a ser uma terapia com uma estrutura rígida; seus protocolos testados empiricamente tendem a servir de orientação ao processo terapêutico.[1,4,5] As bases da TFC podem ser vistas como complexas, uma vez que se estruturam no entendimento evolutivo, fisiológico, neurológico, social e psicológico de emoções, motivações e cognições que orientam valores e ações individuais e coletivas.[1,4] Reconhecendo, por base, a complexidade da natureza e da vida humana, a TFC propõe, assim, sua intervenção em processos e práticas "em camadas", como proposto por Kolts.[4] Tais camadas compõem as bases das intervenções da TFC:

- Relação terapêutica.
- Entendimento compassivo.
- *Mindfulness* (atenção plena).
- Práticas de compaixão.[4]

No trabalho com TA, o processo pode seguir os mesmos passos, com uma orientação mais focada para a compreensão do sofrimento gerado pelo transtorno. Diferentes estudos apontam que baixos níveis de autocompaixão e altos níveis de medo da compaixão se fazem presentes nos diferentes TA, reforçando a importância de focar o processo de tratamento desses transtornos no desenvolvimento de uma postura compassiva.[14-19]

Parte importante do trabalho da TFC com TA envolve a sabedoria para reconhecer aspectos da relação humana com a alimentação que extrapolam o individual.[3] Aspectos evolutivos sobre a disponibilidade de comida que podem aparecer na compulsão alimentar, o papel social sobre a valorização da forma física e sua relação com a sensação de poder provocado na anorexia, assim como a fisiologia do corpo em resposta a alimentos ricos em gordura e açúcar, são alguns dos pontos que podem ser explorados. Reconhecer a influência de aspectos evolutivos, sociais, contextuais e fisiológicos é um dos elementos mais importantes da construção de uma postura compassiva, uma vez que busca o alívio da vergonha, elemento com grande impacto sobre o sofrimento e a manutenção dos TA.[17]

Assim, a psicoeducação é elemento fundamental do trabalho, tanto para o reconhecimento de aspectos da natureza humana quanto sobre o funcionamento do próprio transtorno. Além disso, é o ponto-chave que engaja o paciente com TA para o tratamento.[20] Partindo disso, busca-se desenvolver uma postura encorajadora e de cuidado para lidar com os sintomas e com o processo de mudança.[21] Para tanto, o trabalho terapêutico busca a sensibilização do paciente para compreender a complexidade de lidar com o próprio transtorno e o auxilia a desenvolver estratégias compassivas com esse objetivo.[4,20]

Estratégias de ativação do sistema de tranquilização por meio de respiração calmante, técnicas de aterramento, técnicas de imagem compassiva e lugar seguro, por exemplo, fazem parte do escopo de estratégias iniciais do processo.[20,22] A atenção para a promoção de estados de calma na fase inicial do tratamento é um passo importante que respeita e contorna os prejuízos fisiológicos provocados pelos TA, uma vez que promovem o aprimoramento de funções parassimpáticas do sistema autônomo e ajudam a estabilizar mente e corpo, antes do trabalho com ações que trabalham a coragem e a sabedoria do paciente.[20] Para atender às nuances dos transtornos alimentares, um protocolo de TFC foi desenvolvido por Goss e Allan, conforme exposto a seguir.[3]

COMPASSION FOCUSED THERAPY-EATING (CFT-E)

Goss e Allan[3] propuseram uma adaptação da TFC para transtornos alimentares chamada CFT-E (*compassion focused therapy-eating*). Essa abordagem foi desenhada inicialmente em um modelo de terapia em grupo para pacientes adultos com restrição alimentar, compulsão alimentar e comportamentos purgativos. Em recente publicação, Goss e Kelly[20] oferecem uma visão bem estruturada e organizada da CFT-E com maiores instruções para tratamento individual destinado a pacientes tanto com transtorno quanto com comer transtornado, mas sem critérios para diagnóstico. Nesse material, avalia-se o risco psicológico e biológico dos pacientes e atenta-se ao treinamento e supervisão para trabalhar com os transtornos.

Dentre as orientações, alguns pontos são destacados, como chave no tratamento dos TA:

- Orientação para comer o necessário e suficiente.
- Desenvolver hierarquia de comportamentos de riscos e medos de alimentos.
- Alimentação planejada.
- Envolvimento de mudança gradual e planejada.
- Alimentação consciente.
- Trabalho com imagem corporal, auxiliando o paciente a ter motivação compassiva para cuidar do corpo.
- Atenção aos desafios sociais de recuperação, como a cultura da dieta.
- Alerta aos impactos da autocrítica.
- Fortalecimento do *self* compassivo para lidar com lapsos e recaídas.[20]

Os autores orientam que o tratamento siga um fluxo contemplando as fases apresentadas a seguir.[20]

Psicoeducação

A psicoeducação pode ser considerada a fase inicial do tratamento de TFC para TA, sendo o principal meio para que os pacientes engajem no tratamento. A psicoeducação envolve clarificar aos clientes os processos básicos e naturais dos seres humanos, por exemplo, determinados tipos de alimento gerarem respostas de conforto. Essa fase envolve explicar para o paciente que determinados processos que influenciam seu corpo e alimentação não são sua culpa, mas características compartilhadas pelos seres humanos. Objetiva-se, assim, o desenvolvimento de um senso de humanidade comum.

Essa fase abrange, também, discussões com o cliente sobre a cultura da dieta e sobre o fato de que a recuperação do TA envolve uma série de desafios contraculturais.

Formulação

Nesta fase é estabelecido colaborativamente com o paciente seu funcionamento no modelo dos três círculos. Busca-se discorrer sobre como o sistema de defesa e ameaça pode estar ativado na relação com o corpo e alimentação, ao passo que o sistema de busca por recompensas pode motivar comportamentos transtornados e a sensação de orgulho com eles. Além disso, é compreendida a relação do sistema de tranquilização com a alimentação, pois muitos pacientes veem apenas a comida como fonte de conforto.

Nesse estágio também se busca estabelecer com os clientes quais mentalidades motivam seus comportamentos, compreendendo como mentalidades de competição e hierarquia social podem ter sido estimuladas em sua história de vida ou contexto atual.

Os pacientes com TA precisam compreender as funções evolutivas de mentalidades de competição e de cuidado, para que possam fornecer compaixão diante de seu próprio funcionamento. Nesse momento são levantadas as consequências das estratégias de segurança adotadas por eles, explorando como os comportamentos transtornados se relacionam com seus sistemas de regulação das emoções.

Desenvolvimento e utilização de habilidades de tranquilização e aterramento

Esse processo é destinado ao desenvolvimento do sistema de tranquilização, por meio de práticas que ativem o sistema nervoso parassimpático. Nessa fase, o paciente é encorajado a encontrar pistas que o auxiliem a alcançar a sensação de calma e aterramento, mediante diferentes aspectos sensoriais e exercícios imagísticos.

Nessa etapa também são trabalhadas práticas de respiração tranquilizante e exercícios de *mindfulness*. É importante que sejam trabalhados, ainda, os medos, bloqueios e resistências em relação a estados de tranquilização e ao desenvolvimento de posturas de acolhimento consigo.

Aprimoramento e uso do sistema motivacional compassivo

Nessa etapa inicia-se o desenvolvimento de uma compreensão compartilhada de compaixão, questionando possíveis mitos acerca do construto por meio do questionamento socrático (p. ex., "compaixão é um sinal de fraqueza", "compaixão me deixará displicente e permissivo").

A ideia de compaixão como um engajamento com o sofrimento e um compromisso em tentar aliviá-lo deve ser bem estabelecida com o paciente. Aqui, objetiva-se trabalhar medos, bloqueios e resistências especificamente em relação à compaixão, buscando compreender quais são os dificultadores e qual a sua função. Técnicas de cadeira são utilizadas nessa fase, visando possibilitar que os pacientes desenvolvam compaixão por seus bloqueios, ao invés de se autocriticarem em função deles. Diferentes caminhos são utilizados para que os pacientes possam experienciar a sensação de receber compaixão. Esse trabalho pode ser feito mediante práticas de ativação de memórias, nas quais se encoraja o paciente a lembrar de situações em que recebeu compaixão de outras pessoas, em que forneceu cuidado a outros e memórias nas quais foi compassivo consigo.

Desenvolvimento de focos alternativos em face do sistema de busca por recompensas

Muitos pacientes com TA podem desenvolver sintomas de ansiedade social e ter dificuldade em experienciar emoções positivas, como alegria e espontaneidade. As sensações de recompensa e orgulho se organizam com base na restrição alimentar e atividades voltadas ao corpo, criando lógicas dicotômicas de tudo ou nada (p. ex., "ou me alimento do jeito certo, ou estou sendo desleixada"). Com isso, esses pacientes comumente experienciam sentimentos de solidão e desconexão, tendo uma vida voltada a preocupações com o corpo e a dieta.

Nessa fase, busca-se auxiliá-los a se engajar em atividades prazerosas, para além de fatores relacionados ao TA. Busca-se, assim, desenvolver a sensação de prazer e completude em atividades não relacionadas ao corpo e à dieta, ao passo que o paciente é reforçado a sentir orgulho ao conseguir não se engajar em comportamentos transtornados. A intenção não é que o paciente se autocritique em função de sua sensação de prazer ao realizar comportamentos associados ao TA, mas desenvolver caminhos alternativos de acesso ao sistema de recompensa. Por isso, é importante que o paciente seja reforçado quando se demonstra compassivo diante de suas próprias dificuldades.

Nesse estágio, pode-se trabalhar a compaixão com as possíveis recaídas, desenvolvendo um senso de recompensa pela coragem e comprometimento com a mudança e a sensação de sabedoria ao aprender com os lapsos.

Aprimoramento de conexões sociais e manejo da mentalidade de competição

Nessa fase, busca-se auxiliar os pacientes a experienciarem relações afiliativas significativas, permeadas por menos críticas a si e aos outros, e reduzindo a pressão pela aparência. São consideradas e trabalhadas possíveis experiências negativas que os pacientes possam ter sofrido com outras pessoas, como experiências de *bullying* em função do corpo, as quais podem vir a dificultar o processo de construção de vínculos positivos. Busca-se auxiliar o paciente a criar relações significativas e a procurar suporte social em pessoas que não reforcem seus padrões críticos e comportamentos de TA. Ainda, são investigados os possíveis bloqueios para o estabelecimento de relações próximas, em função da vergonha, do autocriticismo e do próprio transtorno.

Devem ser abordadas questões relativas à comparação social, com o intuito de que os pacientes experienciem a possibilidade de estabelecer relações seguras, e tenham o desejo genuíno de conexão com outros. Nesse momento, investe-se no desenvolvimento de mentalidades afiliativas, para que se enfraqueça a lógica de competição.

EVIDÊNCIAS DA TFC PARA TRANSTORNOS ALIMENTARES

Tanto a TFC quanto a CFT-E são abordagens que, embora tenham todos os seus processos empiricamente sustentados, têm pouco tempo desde sua proposição, e suas pesquisas ainda podem ser entendidas como incipientes. Contudo, os resultados da incorporação da TFC têm sido encorajadores no tratamento dos TA.

Uma revisão sistemática sobre terapias de terceira onda para TA conduzida por Linardon et al.[23] aponta a terapia focada na compaixão como possivelmente eficaz para o transtorno de compulsão alimentar (TCA). Uma recente metanálise sobre o papel da autocompaixão no tratamento de transtornos alimentares identificou que a autocompaixão mantém uma relação causal com patologias alimentares e imagem corporal, com tamanho de efeito moderado.[24]

Kelly, Carter e Borairi[25] realizaram um programa de terapia em grupo de 12 semanas baseado em terapia cognitivo-comportamental (TCC) e TFC em um hospital com 97 pacientes com TA. O estudo indicou que, ao final do programa, as pacientes demonstraram maiores níveis de autocompaixão, menores níveis de vergonha e redução na sintomatologia do TA. Uma contribuição importante desse estudo envolve o achado de que, quanto mais cedo as pacientes demonstraram aumento nos níveis de autocompaixão, mais rápido demonstraram diminuição nos níveis de vergonha. Concomitantemente, as pacientes que mais cedo haviam reduzido os níveis de vergonha apresentaram maior redução na sintomatologia de TA ao final do programa, indicando o potencial papel da autocompaixão no tratamento.[25]

Gale et al.[22] encontraram resultados semelhantes ao incluir a TFC em um programa de TCC para TA em um centro especializado no Reino Unido. Nesse estudo, 99 pacientes receberam o tratamento em grupo durante 16 semanas, e apresentaram melhora na sintomatologia de TA, autoestima e bem-estar. Os resultados indicaram que 40% dos pacientes foram considerados recuperados, sendo, destes, 73% com bulimia nervosa (BN) e 30% com transtorno alimentar não especificado (Tane), sugerindo que pacientes com BN e Tane parecem se beneficiar particularmente do programa. Ainda que pacientes com AN também tenham demonstrado melhora, os resultados foram menos expressivos.[22]

Kelly e Carter[26] realizaram um ensaio clínico randomizado com pacientes com TCA, comparando um grupo de autoajuda baseado em TFC (n = 15) *versus* um grupo de autoajuda em TCC (n = 13) *versus* lista de espera (n = 13). O grupo que recebeu a intervenção baseada em autocompaixão demonstrou maior redução na sintomatologia de TA, menos preocupações com peso/alimentação e demonstraram maiores níveis de autocompaixão ao final do programa.

Ainda, Kelly et al.[21] realizaram um ensaio clínico randomizado, no qual 22 participantes com TA foram designados a uma terapia em grupo com tratamento usual (TCC e terapia comportamental dialética) e um segundo grupo de tratamento usual + TFC. Após as 12 semanas de programa, o grupo com TFC demonstrou melhoras mais significativas na autocompaixão, nos níveis de vergonha e na sintomatologia de TA, em comparação ao grupo controle. Os efeitos variaram de médios a altos e se mantiveram mesmo quando controlados para o subtipo de TA.[21]

Uma nova versão do CFT-E (o CFT-E2) foi desenvolvida recentemente, com foco maior na construção de motivações e competências compassivas. O novo protocolo vem apresentando resultados promissores, com melhora reportada em um estudo qualitativo[27] e resultados preliminares significativamente melhores em comparação ao protocolo original para construtos como restrição alimentar, vergonha, níveis de autocompaixão e de medos da compaixão.[20]

Em outra pesquisa atual, ainda em desenvolvimento, Vrabel et al.[28] vêm conduzindo um estudo randomizado para avaliar a eficácia do CFT-E em comparação à TCC tradicional em pacientes com TA com e sem histórico de trauma na infância.

Esses estudos atuais apontam para novos caminhos de atenção da TFC para TA e contribuem para maior robustez dos resultados até então apresentados na literatura, suportando os tratamentos propostos pela terapia focada na compaixão até o momento.

CONSIDERAÇÕES FINAIS

A TFC é uma abordagem processual, que objetiva desenvolver relações interpessoais e intrapessoais mais afiliativas e acolhedoras.[1,2] Pacientes com TA podem se beneficiar especialmente dessa abordagem, tendo em vista seus altos níveis de vergonha, autocriticismo e comparação social.[3]

Ao desenvolver o sistema de tranquilização, sugere-se que esses indivíduos possam ressignificar positivamente sua relação com o corpo e a alimentação e, assim, tenham maior capacidade de regular suas emoções.[9,20]

A TFC é uma psicoterapia ainda em construção: seu primeiro artigo de introdução à abordagem foi publicado no ano de 2009.[2] Com isso, torna-se relevante ressaltar a necessidade de mais estudos, principalmente ensaios clínicos randomizados, que investiguem seus efeitos em populações com TA. Os estudos existentes sugerem que agregar a TFC ao tratamento padrão para TA parece potencializar a recuperação dos pacientes.[21,26] Atrelado a isso, diferentes processos subjacentes a essa terapêutica, como o desenvolvimento de autocompaixão, têm evidências bem estabelecidas de suas relações negativas com a sintomatologia de TA.[30]

De forma geral, a TFC pode acrescentar ao tratamento de TA ao trabalhar especificamente fatores mantenedores desses quadros, como a comparação social e a crítica quanto ao peso e à alimentação.[9] Auxiliar os pacientes a desenvolverem mentalidades mais afiliativas pode contribuir para a mudança de estados de competição para conexões e vínculos seguros, favorecendo sensações positivas para além dos comportamentos de segurança reforçados pelo

TA.[3] Assim, a TFC demonstra-se uma abordagem promissora no tratamento dessas demandas clínicas, contribuindo para sua recuperação e para o desenvolvimento de uma imagem corporal positiva.[20]

REFERÊNCIAS

1. Gilbert P. Compassion: from its evolution to a psychotherapy. Front Psychol. 2020 Dec;11.
2. Gilbert P. Introducing compassion-focused therapy. Adv Psychiatr Treat. 2009;15(3):199-208.
3. Goss K, Allan S. The development and application of compassion-focused therapy for eating disorders (CFT-E). Br J Clin Psychol. 2014;53(1):62-77.
4. Kolts R. CFT Made simple: a clinician's guide to practicing compassion-focused therapy. Oakland: New Harbinger Publications; 2016.
5. Gilbert P. Psychotherapy for the 21st century: an integrative, evolutionary, contextual, biopsychosocial approach. Psychol Psychother Theory, Res Pract. 2019;92(2):164-89.
6. Gilbert P, Mascaro JS. Compassion fears, blocks and resistances: an evolutionary investigation. In: Seppälä EM, Simon-Thomas E, Brown SL, Worline MC, Cameron CD, Doty JR (orgs.). The Oxford handbook of compassion science. Oxford University Press; 2017. p.399-418.
7. Gilbert P. The origins and nature of compassion focused therapy. Br J Clin Psychol. 2014;53(1):6-41.
8. Gilbert P, Irons C. A pilot exploration of the use of compassionate images in a group of self-critical people. Memory. 2004;12(4):507-16.
9. Allan S, Goss K. Compassion focused therapy for eating disorders eating disorder service. Int J Cogn Ther. 2010;3(2):141-58. Disponível em: http://guilfordjournals.com.zorac.aub.aau.dk/doi/pdf/10.1521/ijct.2010.3.2.141.
10. Matos M, Steindl SR. "You are already all you need to be": a case illustration of compassion-focused therapy for shame and perfectionism. J Clin Psychol. 2020;76(11):2079-96.
11. Kirby JN, Sampson H, Day J, Hayes A, Gilbert P. Human evolution and culture in relationship to shame in the parenting role: implications for psychology and psychotherapy. Psychol Psychother Theory, Res Pract. 2019;92(2):238-60.
12. Hermanto N, Zuroff DC, Kopala-Sibley DC, Kelly AC, Matos M, Gilbert P, et al. Ability to receive compassion from others buffers the depressogenic effect of self-criticism: a cross-cultural multi-study analysis. Pers Individ Dif. 2016;98:324-32.
13. Gilbert P. Explorations into the nature and function of compassion. Curr Opin Psychol. 2019;28:108-14.
14. Kelly AC, Vimalakanthan K, Carter JC. Understanding the roles of self-esteem, self-compassion, and fear of self-compassion in eating disorder pathology: an examination of female students and eating disorder patients. Eat Behav. 2014;15(3):388-91.
15. Mendes CB, Ferreira C. A social rank approach to disordered eating: exploring relationships between shame, fears of compassion, striving, and body shame. Psychol Psychother Theory, Res Pract. 2019; p.1-13.
16. Geller J, Iyar MM, Kelly AC, Srikameswaran S. Barriers to self-compassion in the eating disorders: the factor structure of the fear of self-compassion scale. Eat Behav. 2019;35(Aug):101334.
17. Kelly AC, Carter JC, Zuroff DC, Borairi S. Self-compassion and fear of self-compassion interact to predict response to eating disorders treatment: a preliminary investigation. Psychother Res. 2013;23(3):252-64.
18. Duarte JA, Mendes AL, Marta-Simões J, Ferreira C. Striving as a paradoxical strategy to deal with fears of compassion: impact on disordered eating. Eat Weight Disord. 2020;25(4):983-90.
19. Merritt OA, Purdon CL. Scared of compassion: fear of compassion in anxiety, mood, and non-clinical groups. Br J Clin Psychol. 2020;59(3):354-68.

20. Goss K, Kelly AC. The roles of shame, self-criticism, and compassion focused therapy in eating disorders and disordered eating. In: Gilbert P, Simos G (orgs.). Compassion Focused Therapy: Clinical Practice and Applications. New York: Routledge; 2022. p.1387.
21. Kelly AC, Wisniewski L, Martin-Wagar C, Hoffman E. Group-based compassion-focused therapy as an adjunct to outpatient treatment for eating disorders: a pilot randomized controlled trial. Clin Psychol Psychother. 2017;24(2):475-87.
22. Gale C, Gilbert P, Read N, Goss K. An evaluation of the impact of introducing compassion focused therapy to a standard treatment programme for people with eating disorders. Clin Psychol Psychother. 2014;21(1):1-12.
23. Linardon J, Fairburn CG, Fitzsimmons-Craft EE, Wilfley DE, Brennan L. The empirical status of the third-wave behaviour therapies for the treatment of eating disorders: a systematic review. Clin Psychol Rev. 2017;58(Oct):125-40.
24. Turk F, Waller G. Is self-compassion relevant to the pathology and treatment of eating and body image concerns? A systematic review and meta-analysis. Clin Psychol Rev. 2020;79(Apr):101856.
25. Kelly AC, Carter JC, Borairi S. Are improvements in shame and self-compassion early in eating disorders treatment associated with better patient outcomes? Int J Eat Disord. 2014;47(1):54-64.
26. Kelly AC, Carter JC. Self-compassion training for binge eating disorder: a pilot randomized controlled trial. Psychol Psychother Theory, Res Pract. 2015;88(3):285-303.
27. Mullen G, Dowling C, Doyle J, O'Reilly G. Experiences of compassion focused therapy in eating disorder recovery: a qualitative model. Couns Psychother Res. 2020;20(2):248-62.
28. Vrabel KAR, Wampold B, Quintana DS, Goss K, Waller G, Hoffart A. The modum-ED trial protocol: comparing compassion-focused therapy and cognitive-behavioral therapy in treatment of eating disorders with and without childhood trauma: protocol of a randomized trial. Front Psychol. 2019;10(Jul):1-10.
29. Kirby JN, Tellegen CL, Steindl SR. A meta-analysis of compassion-based interventions: current state of knowledge and future directions. Behav Ther. 2017;48(6):778-92.
30. Braun TD, Park CL, Gorin A. Self-compassion, body image, and disordered eating: a review of the literature. Body Image. 2016;17:117-31.

Seção 5
Outros modelos de psicoterapias

16

Terapia de remediação cognitiva para anorexia

Andreza Carla Lopes de Siqueira

INTRODUÇÃO

A anorexia nervosa (AN) é um transtorno mental multifacetado caracterizado por comportamentos alimentares patológicos. É uma séria condição clínica que, em alguns casos, pode apresentar risco de vida, com comorbidades psiquiátricas e físicas significativas, afetando a qualidade de vida do indivíduo. A AN é caracterizada por imagem corporal distorcida e dieta excessiva que leva à perda de peso grave, com medo patológico de engordar.[1]

Nos últimos anos houve um aumento significativo de pesquisas investigando o impacto da neuropsicologia nos transtornos alimentares (TA), na etiologia, na manutenção e na recuperação. A neuropsicologia é uma ciência que busca estabelecer uma relação entre os processos mentais e o funcionamento cerebral,[2] e na AN o foco tem sido principalmente estabelecer até que ponto as fraquezas na flexibilidade cognitiva (ou seja, a incapacidade de mudar estratégias mentais e comportamentais) e na coerência central (ou seja, a preocupação com detalhes ao custo de processamento global/contextual), que contribuem para o desenvolvimento da doença, sua perseverança e a probabilidade de recuperação.[3] Esses estudos neuropsicológicos iniciais e observações clínicas de pessoas com AN lançaram as bases para o desenvolvimento da terapia de remediação cognitiva (TRC), uma intervenção especificamente adaptada para remediar fraquezas nesses dois domínios (ou seja, flexibilidade cognitiva e coerência central), e projetada para realizar a reabilitação de pacientes, levando-os a refletir sobre seus estilos de pensamento.

A TRC é uma técnica de reabilitação cognitiva que utiliza exercícios cognitivos em *setting* clínico, baseados em tarefas de alternância cognitiva, que visam impulsionar o engajamento em trabalhos psicológicos futuros, bem como promover a viabilidade de tornar pequenas mudanças diárias um hábito rotineiro, que podem fornecer subsídios para grandes mudanças para comportamentos problemáticos ligados ao comer, autoimagem, peso e relacionamentos problemáticos.[4] Tem como objetivo dar aos indivíduos uma oportunidade de fortalecer conexões cerebrais por meio dos exercícios e fornece uma forma de encorajamento e reflexão sobre os estilos de pensar, incluindo pequenas tarefas comportamentais, o que dá ao paciente senso de bem-estar relacionado à conclusão de uma tarefa, bem como ajuda a mentalizar e internalizar modelos de pensar diferentes.

RACIONAL DO TRATAMENTO

Terapia de remediação cognitiva é um termo guarda-chuva para intervenções psicológicas que utilizam uma série de exercícios de treinamento cognitivo para refletir sobre processos cognitivos, desenvolver novas estratégias e habilidades de pensamento e facilitar o "pensamento" para permitir que os pacientes façam mudanças comportamentais. Foi originalmente desenvolvida para uso em lesões cerebrais[5] e posteriormente aplicada para o tratamento de psicose.[6,7]

A TRC foi introduzida pela primeira vez no tratamento de ED em 2005 como uma nova abordagem para adultos com AN crônico e duradouro. Na última década, as evidências vêm crescendo para a TRC no tratamento de pacientes com AN (Tchanturia, Lloyd et al., 2013). A TRC para AN é uma intervenção breve, que consiste em vários exercícios de flexibilidade e percepção do todo (*bigger picture*). aborda os processos de pensamento, em vez do conteúdo, visando assim processos cognitivos e não os principais recursos dos TA.

Na AN vários traços causam e contribuem para o desenvolvimento e a manutenção do transtorno. Tais traços estão relacionados ao transtorno obsessivo-compulsivo de personalidade (TOC), que está associado às más consequências da doença. Essas consequências são: ver as coisas em detalhes,[8-10] comportamento de rigidez, ou seja, inflexível[11-13] e guiado por regras.[14] Evidências mostram que essas características persistem mesmo após o ganho de peso.[13]

Pesquisas destacam um perfil neuropsicológico particular na AN, no qual são observadas certas ineficiências no processamento cognitivo. Em particular, tais ineficiências foram identificadas nas áreas de flexibilidade e coerência central.[11,15-19] A flexibilidade refere-se à capacidade de se mover de um comportamento ou pensamento para outro e se adaptar a um ambiente, buscar novos caminhos e explorar novas ideias.[20] No dia a dia, ela é expressa na flexibilidade de pensamento, na capacidade de resolução de problemas e na adaptação a diferentes contextos e situações. A consequência da falta de flexibilidade mental é a rigidez cognitiva, que pode gerar bloqueio mental ou a criação de padrões mentais capazes de trazer prejuízos significativos.

Diante do quadro da AN, muitos pacientes relatam que acham a resolução de problemas desafiadora, devido a seu estilo de pensamento inflexível ou rígido. Isso é combinado com nossas observações clínicas de que a maioria dos pacientes com anorexia considera difícil aceitar a ideia de recuperação (principalmente quando muito abaixo do peso e nutricionalmente comprometido) ou mudar seus comportamentos não apenas em relação à alimentação, mas também às rotinas diárias.[4]

Outra característica cognitiva importante na literatura associada à AN é a extrema atenção aos detalhes *versus* o pensamento geral, denominada coerência central. A coerência central é a capacidade de contextualizar a informação e integrá-la no "quadro maior".[21]

Com um estilo de processamento rígido e detalhado extremamente focado, é compreensível que indivíduos com AN achem difíceis os tratamentos psicológicos convencionais. A ideia de tais traços cognitivos atuando como mecanismos de manutenção foi proposta por Schmidt e Treasure,[22] que sugeriram que esses estilos cognitivos podem ser um dos principais fatores de manutenção da AN.

Evidências posteriores apoiaram essa hipótese, encontrando níveis mais fracos de coerência central em adultos com AN e também com bulimia nervosa (BN),[23,24] sugerindo que a obsessão associada a um estilo de processamento rígido e focado em detalhes impede a resposta ao tratamento como de costume e está associada a um prognóstico mais pobre em AN.[25,26]

Considerando tais traços de funcionamento do transtorno, verificou-se a evidência científica de que a TRC aumenta a flexibilidade cognitiva, o pensamento abstrato e a qualidade de vida, melhorando não somente o funcionamento neurocognitivo, mas a adesão ao tratamento multiprofissional.[10,27-32]

TAXAS DE RESPOSTA E/OU DADOS QUE JUSTIFICAM O USO DA TRC NO TRATAMENTO DOS TRANSTORNOS ALIMENTARES

Segundo Tchanturia, as evidências do uso da TRC em pacientes com AN se baseiam nos seguintes critérios:

- Não existe tratamento baseado em evidências forte o suficiente para todos os adultos com AN. O National Institute of Clinical Excellence resumiu em 2004 as evidências para pesquisa em AN, concluindo que para pacientes jovens a terapia familiar é altamente recomendada. No entanto, por conta de estudos limitados e resultados não promissores para adultos com AN, nenhuma recomendação pôde ser feita.
- Existem evidências de pesquisas segundo as quais pessoas com AN têm dificuldade em alternar entre estratégias cognitivas.[12,33]
- Pessoas com AN tendem a focar extensivamente os detalhes em vez de observar situações como um todo (pensamento fragmentado mais do que integrado).[18]
- Uma grande proporção de casos de AN é resistente ao tratamento.[34-37]

Vários resultados têm sido apresentados, mediante estudos realizados utilizando o TRC com pacientes com AN, apresentando evidências com base em dados quantitativos e qualitativos:

- Baixa taxa de desistência.[38]
- Mudança significativa na *performance* dos pacientes em tarefas cognitivas.[38]
- Melhora da autoavaliação dos pacientes em estratégias cognitivas.[39]
- *Feedbacks* positivos de modo geral para esse tratamento foram dados por pacientes e terapeutas.[38,41-44]
- Evidências também indicam benefícios de longo prazo da TRC.[32,45]

ETAPAS DO TRATAMENTO

A TRC pode ser aplicada individualmente ou em grupo; o objetivo das sessões em grupo é praticar o pensamento global e flexível, com o apoio dos membros, de seus pares e dos facilitadores do grupo. Todas as sessões são planejadas para incluir os seguintes elementos: psicoeducação, exercícios práticos, reflexão e discussão dentro da sessão e planejamento de tarefas de casa. A discussão contínua relaciona os exercícios e tarefas de casa aos pensamentos e comportamentos da vida real, como parte essencial do processo de reflexão.[4,46]

O grupo é ministrado por membros da equipe clínica multidisciplinar com dois facilitadores por grupo. A postura dos facilitadores visa ser motivacional, colaborativa e interativa. As sessões exploram os diferentes estilos de pensamento dos membros do grupo, e os facilitadores devem enfatizar que não há maneiras certas ou erradas de pensar, mas sim a identificação dos prós e contras de diferentes estilos de pensamento.

A principal diferença entre os formatos individual e de grupo do TRC é que o formato de grupo é muito mais curto; portanto, a reflexão e a relação dos conteúdos com a vida cotidiana devem ser iniciadas muito mais cedo. No entanto, com a contribuição de vários membros do grupo e dos facilitadores, essas reflexões tendem a surgir com mais facilidade nas primeiras sessões.

Assim, 6 sessões de grupo são planejadas e implementadas; o esboço de cada uma é fornecido a seguir. Não há critérios de exclusão para o grupo flexibilidade, e, independentemente da gravidade da doença, são incluídos pacientes desde os primeiros dias de sua admissão, para garantir que o trabalho psicológico comece imediatamente após a chegada ao programa de internação juntamente com tratamento nutricional.[4,46]

Indicações e contraindicações da terapia de remediação cognitiva

Nas abordagens de tratamento tradicionais, é comum esperar até que o estado nutricional melhore, uma vez que o funcionamento cognitivo é limitado quando os pacientes estão na faixa grave de índice de massa corporal (IMC) entre 10,5 e 15.[1] Assim, a maioria das terapias de fala individuais é administrada quando os pacientes estão no estágio de restauração do peso. No entanto, dado que a AN é um transtorno egossintônico (os pacientes geralmente se identificam com a doença e têm uma sensação de realização e controle a partir dela), quando o peso é restaurado, as chances de engajamento terapêutico e motivação para o tratamento psicológico são bastante baixas. Diante desse fato é que a TRC nos formatos individual e grupal preenche essa lacuna e ajuda os pacientes a iniciar o trabalho psicológico no início do programa de tratamento. Isso se deve à natureza da TRC, que tem um foco longe da alimentação e dos sintomas relacionados a distúrbios e ainda é relevante para a jornada de recuperação. Portanto, não há contraindicações para a intervenção com a TRC.

Objetivos de cada fase do tratamento

Com relação ao conteúdo, o foco principal da TRC é a cognição. Em particular, a consciência da inflexibilidade cognitiva e a ausência de um pensamento mais amplo são os alvos desse tratamento psicológico. Cada sessão apresenta, assim, um objetivo específico, considerando cada técnica utilizada:[46]

- Sessão 1: descrição da TRC, o cérebro e os estilos de pensamento.
- Sessão 2: reflexão e atividades sobre pensamento global (coerência central).
- Sessão 3: reflexão e atividades sobre flexibilidade.
- Sessão 4: reflexão e atividades sobre multitarefas.
- Sessão 5: sessão motivacional e de reflexão.
- Sessão 6: mapas mentais, o sentido da vida e o panorama geral da recuperação.

Procedimentos e técnicas realizadas em cada sessão

Os procedimentos e as técnicas das sessões aqui descritas estão disponíveis no *Manual de terapia de remediação cognitiva*, com versão traduzida na língua portuguesa,[47] e nas referências utilizadas pelo Institute of Psychiatry, Maudsley NHS Trust King's College London.[4,46]

Sessão 1: descrição da TRC, o cérebro e os estilos de pensamento

Os membros do grupo são recebidos e alguns minutos são gastos discutindo as regras básicas para a participação do grupo, como respeito, manutenção do tempo e confidencialidade. Os facilitadores de grupo normalmente dão uma breve explicação sobre a base do grupo, da mesma forma que se apresentam sessões individuais de TRC a um paciente. É enfatizado que as sessões são projetadas para serem interativas e não necessariamente focadas em alimentação, peso e forma.

Nessa sessão há uma breve explicação, em linguagem clara e objetiva, sobre o funcionamento cerebral e a importância da TRC no processo de tratamento. Nesse mesmo sentido, são discutidos os estilos de pensamento, incentivando a reflexão sobre o estilo de pensamento. Em particular, pode-se pedir que os pacientes reflitam sobre:

- Pontos fortes e fracos das estratégias de pensamento. Por exemplo, no que se refere à tarefa da imagem complexa, o terapeuta poderia perguntar: "O que você poderia mudar ao descrever uma outra imagem a alguém?".
- Ansiedades desafiadoras relacionadas ao estilo de pensamento.
- Construção da confiança, mediante, por exemplo, a conclusão de tarefas e o reconhecimento e apreciação dos pontos fortes da pessoa.

Sessão 2: reflexão e atividades sobre pensamento global (coerência central)

Essa sessão começa com um breve lembrete da sessão 1 e a reflexão sobre como as pessoas pensam quando estão no estágio mais grave da doença em comparação com quando estão em melhor estado nutricional. Os membros do grupo que tentaram um desafio de lição de casa são incentivados a compartilhar suas experiências. O grupo é estimulado a comentar como a atenção e a percepção podem ser afetadas no estado de fome.

É trabalhada nesse momento a definição de pensamento global, ou seja, coerência central, por meio da descrição, com exemplos de um estilo de processamento de informações excessivamente detalhado, negligenciando o pensamento holístico.

Sessão 3: reflexão e atividades sobre flexibilidade

Pergunta-se aos membros do grupo se podem fornecer um resumo da sessão anterior e o que aprenderam. Os membros que tentaram um desafio de lição de casa são incentivados a compartilhar suas experiências. Em seguida, ilusões visuais (Figuras 1 e 2) podem ser ampliadas e exibidas em um *flipchart*, ou podem ser distribuídas como folhetos.

Os facilitadores devem encorajar uma discussão sobre cada ilusão, perguntando aos membros do grupo o que eles podem ver – essa tarefa é um boa meio de promover a interação entre os diferentes membros do grupo que vêm ao quadro para apontar diferentes partes da imagem. Em seguida, pede-se ao grupo que reflita sobre o que a tarefa diz sobre nossas formas de pensar. Por exemplo:

- O que as pessoas notaram primeiro: as partes maiores ou as partes menores?
- Os membros do grupo podem ver as diferentes perspectivas?
- Quando precisamos ser capazes de mudar na vida cotidiana?

- Às vezes é difícil ver as coisas de outro ponto de vista?
- As pessoas acham difícil mudar de rotinas e hábitos normais? Algum exemplo?

FIGURA 1 Ilusão.

FIGURA 2 Ilusão.

Sessão 4: reflexão e atividades sobre multitarefas

Assim como as sessões anteriores, esta começa com um lembrete dos tópicos da sessão anterior e o *feedback* dos membros do grupo que tentaram desafios de lição de casa. Em seguida são realizadas atividades que demonstram a dificuldade com que o cérebro gerencia duas coisas ao mesmo tempo, especialmente quando elas são feitas de uma maneira a que não estamos acostumados, por exemplo, um jogo de cartas de baralho, como buraco, truco etc. As reflexões devem suscitar discussões sobre o motivo de a tarefa ter sido difícil e sobre como os membros do grupo gerenciam as multitarefas na vida cotidiana. Por exemplo:

- O que todos acharam da tarefa?
- Quando ficou mais difícil?
- De quais habilidades precisamos para poder fazer o jogo de cartas e a discussão?
- Quando precisamos fazer isso na vida cotidiana? Quando é difícil?

Sessão 5: sessão motivacional e de reflexão

Como antes, o grupo começa com um resumo do que foi abordado na sessão anterior e uma discussão sobre o dever de casa. O objetivo da sessão é resumir e consolidar o que foi abordado nas sessões anteriores e pensar em como os membros do grupo podem levar adiante o que aprenderam. Os facilitadores devem perguntar aos membros se eles se lembram dos quatro estilos de pensamento diferentes que foram abordados na sessão sobre estilos de pensamento:

1. Pensamento focado em detalhes
2. Pensamento geral
3. Comutação
4. Multitarefa

Em seguida é realizada uma atividade que permita que os membros do grupo explorem quatro estilos de pensamento diferentes ("flexível", "focado", "detalhado" e "percepção do todo") e digam eles seriam úteis na vida cotidiana. O objetivo geral é que os pacientes concluam que nenhum estilo de pensamento específico é o melhor, mas é útil, se possível, ter habilidades em todos os quatro estilos de pensamento, pois todos são necessários em diferentes momentos da vida.

Em seguida é realizado um encerramento cujo objetivo é fornecer algumas mensagens motivacionais para o grupo discutir na sessão. Provérbios e ditos que capturam os objetivos e temas das sessões de grupo são apresentados ao grupo e fornecidos em um folheto, por exemplo, "As regras são feitas para serem quebradas"; "É melhor dobrar do que quebrar" (provérbio indiano); "A variedade é o tempero da vida"). Os facilitadores devem encorajar uma discussão sobre esses ditos e sobre como os membros do grupo se sentem a respeito do fim do grupo, por exemplo:

- Alguma dessas frases chama a atenção de alguém?
- Alguém tem um favorito?
- Alguém tem outros exemplos que não estão na lista?
- Algum deles realmente resume o que este grupo quis dizer?
- Todos podem compartilhar a mensagem principal que levarão deste grupo e como a passarão adiante?

Sessão 6: mapas mentais, o sentido da vida e o panorama geral da recuperação

O objetivo principal dessa sessão final é reunir o que foi abordado ao longo das sessões de grupo anteriores. Para tanto, os membros são levados a avaliar como foi a experiência de grupo, o que foi aprendido e experimentado, quais são as mensagens percebidas e como esse conhecimento pode ser consolidado na vida real.

CONSIDERAÇÕES FINAIS

A TRC é uma intervenção que foi adaptada para pessoas com TA para atingir dificuldades em processos neurocognitivos e incentivar a reabilitação neuropsicológica em AN. Destinada a ser uma breve intervenção ministrada como tratamento adjunto, além do tratamento psiquiátrico, nutricional e psicológico, consiste em exercícios com foco em estratégias e processos de pensamento, incentivando o pensamento flexível e do todo.

Tem demonstrado achados promissores em faixas etárias adultas e continua sendo alvo de pesquisa em diversos centros de tratamento de pessoas com TA. Achados de mudanças no perfil neuropsicológico de pessoas com AN após a TRC têm sido evidenciados por meio dessas pesquisas,[38] bem como melhora da autoestima e do engajamento dos pacientes no tratamento multiprofissional.

O material completo para a utilização da TRC está traduzido para o português e disponível no *site* https://www.katetchanturia.com/publications.

REFERÊNCIAS

1. American Psychiatric Association (APA). Manual Diagnóstico e Estatístico de Transtornos Mentais – DSM-5. 5.ed. Porto Alegre: Artmed; 2014. p.948.
2. Malloy-Diniz LF, Mattos P, Abreu N, Fuentes D. Neuropsicologia: aplicações clínicas. Porto Alegre: Artmed; 2016.
3. Lindvall Dahlgren C, Rø O. A systematic review of cognitive remediation therapy for anorexia nervosa: development, current state and implications for future research and clinical practice. J Eat Disord. 2014;2(1):26. Disponível em: https://www.ncbi.nlm.nih.gov/pubmed/25254110. Acesso em:15 set. 2023.
4. Tchanturia K. Cognitive remediation therapy (CRT) for eating and weight disorders. London, England: Routledge; 2014.
5. Cicerone KD, Langenbahn DM, Braden C, Malec JF, Kalmar K, Fraas M, et al. Evidence-based cognitive rehabilitation: updated review of the literature from 2003 through 2008. Arch Phys Med Rehabil. 2011 Apr;92(4):519-30. Disponível em: https://pubmed.ncbi.nlm.nih.gov/21440699/. Acesso em:15 set. 2023.
6. Wykes T, Huddy V, Cellard C, McGurk SR, Czobor P. A meta-analysis of cognitive remediation for schizophrenia: methodology and effect sizes. Am J Psychiatry. 2011 May;168(5):472-85. Disponível em: https://pubmed.ncbi.nlm.nih.gov/21406461/. Acesso em: 15 set. 2023.
7. Lejeune JA, Northrop A, Kurtz MM. A Meta-analysis of cognitive remediation for schizophrenia: efficacy and the role of participant and treatment factors. Schizophr Bull. 2021 Jul 1;47(4):997-1006.
8. Lopez C, Tchanturia K, Stahl D, Booth R, Holliday J, Treasure J. An examination of the concept of central coherence in women with anorexia nervosa. Int J Eat Disord. 2008 Mar;41(2):143-52. Disponível em: https://pubmed.ncbi.nlm.nih.gov/17937420/. Acesso em: 15 set. 2023.
9. Lopez CA, Tchanturia K, Stahl D, Treasure J. Central coherence in women with bulimia nervosa. Int J Eat Disord. 2008/02/29. 2008;41(4):340-7.
10. Southgate L, Tchanturia K, Treasure J. Neuropsychology in eating disorders. In: The neuropsychology of mental illness. Section of Eating Disorders Psychological Medicine, King's College London Institute of Psychiatry, De Crespigny Park, London, United Kingdom Department of Academic Psychiatry, Guy's Hospital, King's College London Institute of Psychiatry. London: Cambridge University Press; 2009. p.316-25. Disponível em: https://www.scopus.com/inward/record.uri?eid=2-s2.0-78651318300&doi=10.1017%2FCBO9780511642197.026&partnerID=40&md5=c4adfcc520004ed12853ed7a62bf28f0. Acesso em: 15 set. 2023.
11. Roberts ME, Tchanturia K, Stahl D, Southgate L, Treasure J. A systematic review and meta-analysis of set-shifting ability in eating disorders. Psychol Med. 2007;37:1075-84. Disponível em: https://pubmed.ncbi.nlm.nih.gov/17261218/. Acesso em: 15 set. 2023.
12. Roberts ME, Tchanturia K, Treasure JL. Exploring the neurocognitive signature of poor set-shifting in anorexia and bulimia nervosa. J Psychiatr Res. 2010/04/20. 2010;44(14):964-70.
13. Tchanturia K, Morris RG, Anderluh MB, Collier DA, Nikolaou V, Treasure J. Set shifting in anorexia nervosa: an examination before and after weight gain, in full recovery and relationship to childhood and adult OCPD traits. J Psychiatr Res. 2004;38(5):545-52. Disponível em: http://www.ncbi.nlm.nih.gov/pubmed/15380406. Acesso em: 15 set. 2023.
14. Southgate L, Tchanturia K, Treasure J. Neuropsychology in eating disorders. In: Wood SJ, Allen NB, Pantelis C (eds.). The Neuropsychology of mental illness. Cambridge: Cambridge University Press;

2009. p.316-25. Disponível em: https://www.cambridge.org/core/product/identifier/9780511642197%23c86289-21-1/type/book_part. Acesso em: 15 set. 2023.
15. Lounes N, Khan G, Tchanturia K. Assessment of cognitive flexibility in anorexia nervosa: self-report or experimental measure? A brief report. J Int Neuropsychol Soc. 2011/07/07. 2011;17(5):925-8.
16. Tchanturia K, Davies H, Roberts M, Harrison A, Nakazato M, Schmidt U, et al. Poor cognitive flexibility in eating disorders: examining the evidence using the Wisconsin Card Sorting Task. García AV (ed.). PLoS One. 2012 Jan;7(1):e28331.
17. Lang K, Stahl D, Espie J, Treasure J, Tchanturia K, Lang K, et al. Set shifting in children and adolescents with anorexia nervosa: an exploratory systematic review and meta-analysis. Int J Eat Disord. 2014;47(4):394-9.
18. Lopez C, Tchanturia K, Stahl D, Booth R, Holliday J, Treasure J. An examination of the concept of central coherence in women with anorexia nervosa. Int J Eat Disord. 2008 Mar;41(2):143-52. Disponível em: https://www.ncbi.nlm.nih.gov/pubmed/17937420. Acesso em: 15 set. 2023.
19. Lopez C, Tchanturia K, Stahl D, Treasure J. Central coherence in eating disorders: a systematic review. Psychol Med. 2008 Oct;38(10):1393-404. Disponível em: https://pubmed.ncbi.nlm.nih.gov/18447964/. Acesso em: 15 set. 2023.
20. Lezak MD. Neuropsychological assessment. 5.ed. Oxford; New York: Oxford University Press; 2012.
21. Happé F, Frith U. The weak coherence account: detail-focused cognitive style in autism spectrum disorders. Journal of Autism and Developmental Disorders. 2006;36:5-25. Disponível em: https://link.springer.com/article/10.1007/s10803-005-0039-0. Acesso em: 15 set. 2023.
22. Schmidt U, Treasure J. Anorexia nervosa: valued and visible. A cognitive-interpersonal maintenance model and its implications for research and practice. Br J Clin Psychol. 2006 Sep;45(Pt 3):343-66. Disponível em: https://pubmed.ncbi.nlm.nih.gov/17147101/. Acesso em: 15 set. 2023.
23. Lang K, Tchanturia K. A systematic review of central coherence in young people with anorexia nervosa. J Child Adolesc Behav. 2014 Jun 13;2(3):1-5. Disponível em: https://www.omicsonline.org/open-access/a-systematic-review-of-central-coherence-in-young-people-with-anorexia-nervosa-2375-4494.1000140.php?aid=27407. Acesso em: 15 set. 2023.
24. Lang K, Roberts M, Harrison A, Lopez C, Goddard E, Khondoker M, et al. Central coherence in eating disorders: a synthesis of studies using the Rey Osterrieth complex figure test. PLoS One. 2016 Nov 1;11(11):e0165467. Disponível em: https://journals.plos.org/plosone/article?id=10.1371/journal.pone.0165467. Acesso em: 15 set. 2023.
25. Sauro C Lo, Castellini G, Lelli L, Faravelli C, Ricca V. Psychopathological and clinical features of remitted anorexia nervosa patients: a six-year follow-up study. Eur Eat Disord Rev. 2013 Jan 1;21(1):78-83. Disponível em: https://onlinelibrary.wiley.com/doi/full/10.1002/erv.2177. Acesso em: 15 set. 2023.
26. Leslie M, Halls D, Leppanen J, Sedgewick F, Lang K, Fonville L, et al. The neural correlates of a central coherence task in young women with anorexia nervosa. Eur Eat Disord Rev. 2021 Sep 1;29(5):744-55. Disponível em: https://onlinelibrary.wiley.com/doi/full/10.1002/erv.2852. Acesso em: 15 set. 2023.
27. Giombini L, Nesbitt S, Kusosa R, Fabian C, Sharia T, Easter A, et al. Neuropsychological and clinical findings of Cognitive remediation therapy feasibility randomised controlled trial in young people with anorexia nervosa. Eur Eat Disord Rev. 2022 Jan 1;30(1):50-60.
28. Leppanen J, Adamson J, Tchanturia K. Impact of cognitive remediation therapy on neurocognitive processing in anorexia nervosa. Front Psychiatry. 2018 Mar 20;9(Mar):96. Disponível em: https://www.ncbi.nlm.nih.gov/pmc/articles/PMC5869183/. Acesso em: 15 set. 2023.
29. Giombini L, Nesbitt S, Waples L, Finazzi E, Easter A, Tchanturia K. Young people's experience of individual cognitive remediation therapy (CRT) in an inpatient eating disorder service: a qualitative study. Eat Weight Disord. 2017/03/01. 2017.
30. Tchanturia K, Lock J. Cognitive remediation therapy for eating disorders: development, refinement and future directions. Curr Top Behav Neurosci. 2011;6(1):269-87.

31. Whitney J, Easter A, Tchanturia K. Service users' feedback on cognitive training in the treatment of anorexia nervosa: a qualitative study. Int J Eat Disord. 2008 Sep 1;41(6):542-50. Disponível em: http://doi.wiley.com/10.1002/eat.20536. Acesso em: 15 set. 2023.
32. Genders R, Davies H, St. Louis L, Kyriacou O, Hambrook D, Tchanturia K. Long-term benefits of CRT for anorexia. Br J Healthc Manag. 2008 Dec 1;14(12 Suppl):15-9. Disponível em: http://www.scopus.com/inward/record.url?partnerID=yv4JPVwI&eid=2-s2.0-58149240071&md5=c33b691c51fe843401cca914c87bd224. Acesso em: 15 set. 2023.
33. Tchanturia K, Campbell IC, Morris R, Treasure J. Neuropsychological studies in anorexia nervosa. Int J Eat Disord. 2005/04/27. 2005;37 (Suppl):S72-6; discussion S87-9.
34. Steinhausen HC. The outcome of anorexia nervosa in the 20th century. Am J Psychiatry. 2002;159(8):1284-93.
35. Steinhausen HC, Weber S. The outcome of bulimia nervosa: findings from one-quarter century of research. Am J Psychiatry. 2009;166(12):1331-41.
36. Treasure J, Claudino AM, Zucker N. Eating disorders. Lancet. 2010;375(9714):583-93.
37. Lock JD, Fitzpatrick KK. Anorexia nervosa. BMJ Clin Evid. 2009 Mar 10;2009. Disponível em: http://www.ncbi.nlm.nih.gov/pubmed/19445758. Acesso em: 15 set. 2023.
38. Tchanturia K, Davies H, Lopez C, Schmidt U, Treasure J, Wykes T. Neuropsychological task performance before and after cognitive remediation in anorexia nervosa: a pilot case-series. Psychological Medicine. 2008;38:1371-3. Disponível em: https://www.ncbi.nlm.nih.gov/pubmed/18578900. Acesso em: 15 set. 2023.
39. Genders R, Tchanturia K. Cognitive remediation therapy (CRT) for anorexia in group format: a pilot study. Eat Weight Disord. 2010;15(4). Disponível em: https://pubmed.ncbi.nlm.nih.gov/21406946/. Acesso em: 15 set. 2023.
40. Giombini L, Nesbitt S, Waples L, Finazzi E, Easter A, Tchanturia K. Young people's experience of individual cognitive remediation therapy (CRT) in an inpatient eating disorder service: a qualitative study. Eat Weight Disord. 2018;23(4):499-505. Disponível em: https://www.scopus.com/inward/record.uri?eid=2-s2.0-85020101614&doi=10.1007%2Fs40519-017-0369-x&partnerID=40&md5=c2a6d9a53b7a45ecc24106ad8dba358d. Acesso em: 15 set. 2023.
41. Davies H, Tchanturia K. Cognitive remediation therapy as an intervention for acute anorexia nervosa: a case report. Eur Eat Disord Rev. 2005;13(5):311-6. Disponível em: https://www.scopus.com/inward/record.uri?eid=2-s2.0-25844470930&doi=10.1002%2Ferv.655&partnerID=40&md5=a119a2a11e60feca74b63d54edcba189. Acesso em: 15 set. 2023.
42. Tchanturia K, Whitney J, Treasure J. Can cognitive exercises help treat anorexia nervosa? Eat Weight Disord. 2006;11(4):e112-6.
43. Tchanturia K, Davies H, Campbell IC. Cognitive remediation therapy for patients with anorexia nervosa: preliminary findings. Ann Gen Psychiatry. 2007;6:14.
44. Whitney J, Easter A, Tchanturia K. Service users' feedback on cognitive training in the treatment of anorexia nervosa: a qualitative study. Int J Eat Disord. 2008;41(6):542-50.
45. Herbrich L, van Noort B, Pfeiffer E, Lehmkuhl U, Winter S, Kappel V. Follow-up assessment of cognitive remediation therapy in adolescent anorexia nervosa: a pilot study. Eur Eat Disord Rev. 2017;25(2):104-13. Disponível em: https://www.scopus.com/inward/record.uri?eid=2-s2.0--85013335948&doi=10.1002%2Ferv.2501&partnerID=40&md5=de138c57c7219ea53ac6ef10ce42a54e. Acesso em: 15 set. 2023.
46. Tchanturia K. Brief group psychoterapy for eating disorders. New York: Routledge Taylor & Francis Group; 2015.
47. Tchanturia K. Cognitive remediation therapy (CRT) for eating and weight disorders. Londres: Routledge; 2014. Tradução em Português: Lopes, Andreza C. S. L., Cordás, Táki, Flaks, Mariana. Terapia de remediação cognitiva para anorexia nervosa. 2019.

17

Psicanálise de transtornos alimentares – compreensão e técnica

Patricia Gipsztejn Jacobsohn

INTRODUÇÃO

Transtornos alimentares (TA) são patologias psíquicas de manifestação somática, que levam a condições clínicas complexas. Dada sua multifatorialidade, a abordagem terapêutica é sempre desafiadora. Por isso, condição essencial de tratamento é o trabalho multiprofissional e com equipe especializada.

A psicanálise é considerada uma terapia psicodinâmica. E configura-se como um modelo de psicoterapia tradicionalmente pesquisado no campo dos TA.[1] A psicoterapia psicodinâmica tem, atualmente, eficácia comprovada como modalidade terapêutica para TA.[2]

A psicoterapia psicodinâmica figura como abordagem recomendada pela American Psychological Association (APA), no *Guia Prático para o Tratamento dos Transtornos Alimentares*.[3] O Manual sugere que a psicoterapia psicodinâmica seja aplicada a pacientes mais graves, com maior presença de comorbidades psiquiátricas e que não obtiveram sucesso terapêutico após serem expostos a técnicas cognitivo-comportamentais.[4,5]

Não há evidências quanto às contraindicações das abordagens psicodinâmicas nos TA, não sendo possível identificar efeitos adversos dessa modalidade terapêutica.[1]

A história dos TA, desde os primeiros relatos de anorexia de Richard Morton em 1691, passando ao *status* de entidades clínicas com William Gull na Inglaterra (1868) e Charles Lasègue na França (1873), até as concepções contemporâneas, misturam-se à psicanálise, que nascia no final do século XIX, com as compreensões sobre a histeria por Sigmund Freud e Jean-Martin Charcot.

O modelo pioneiro de compreensão dos TA foi a psicanálise. Lasègue,[6] em texto de 1873, compreende a anorexia pelo modelo da histeria.

O pensamento psicanalítico, à medida que desenvolve a compreensão do aparelho psíquico como sistema, com leis e funcionamentos próprios, certamente contribui como terapêutica para a compreensão e o tratamento dos TA. Freud, o pai da psicanálise, propõe a psicanálise como ciência. Teoriza um modo de tratamento baseado na escuta preparada do analista e na livre associação do paciente, com um arcabouço teórico consistente e derivações técnicas que dão forma ao tratamento. Por isso a psicanálise é conhecida como a cura pela palavra. De acordo com as concepções psicanalíticas, o psiquismo abarca, além do consciente, processos inconscientes e o corpo é compreendido para além do biológico, abarcando também uma esfera libidinal.

A ênfase da etiologia dos TA recai sobre as falhas na constituição psíquica, nos primórdios da complexa relação mãe/bebê. A psicanálise considera a singularidade de cada sujeito, dada a particularidade de cada história libidinal, identificações e identidade. A clínica centra-se no sujeito e não em suas manifestações sintomáticas. O sintoma é entendido como formação inconsciente, protegido pela ação do recalque. É uma saída psíquica, a melhor encontrada pelo sujeito, que visa dar contorno ao sofrimento psíquico, encontrando uma via de satisfação pulsional. Por isso a psicanálise não visa à extinção do sintoma a todo e qualquer custo (o que poderia incorrer na substituição de um sintoma por outro), mas sim à compreensão do que revela o sintoma, do sentido do sintoma, por meio da palavra e de sua significação. Isso se dá no processo analítico pela relação transferencial.

No caso dos TA, não raro o sintoma, de tão arraigado, torna-se um pilar identificatório para o sujeito, o que aponta para uma dificuldade de manejo terapêutico. Para além das significações subjetivas, esse pilar identificatório é também sustentado pela cultura contemporânea, voltada de forma maciça ao culto do corpo e à valorização da imagem corporal, como também à perversão do conceito da saudabilidade.

A psicanálise de TA entende o corpo como depositário de angústias inomináveis e experiências psíquicas que não puderam ser adequadamente representadas, ou seja, que não puderam passar por um trabalho psíquico. O corpo torna-se, então, garantia de existência e também via de expressão de um mal-estar psíquico.

Pela ação da singularidade, a modalidade de tratamento escolhida (entre as abordagens encontradas na psicologia) deve se dar no caso a caso. Não parece haver evidências de que uma modalidade terapêutica se sobreponha ou seja mais eficaz ou indicada do que outras. Ainda, pela natureza e complexidade na avaliação de um processo terapêutico, ou de um "sucesso terapêutico", há uma dificuldade de comparações entre modalidades terapêuticas.

O objetivo aqui será enfocar a psicanálise como forma de psicoterapia para TA: seus pressupostos, expressões, características e manejo clínicos. Não é escopo deste capítulo a compreensão etiológica dos sintomas alimentares pela psicanálise ou uma leitura psicanalítica dos TA. Se esse for o interesse de pesquisa, existe atualmente ampla bibliografia sobre o tema, sendo sugeridos aqui dois livros,[7] além da bibliografia aqui utilizada.

SOBRE A PSICANÁLISE

Foi a ciência fundada por Sigmund Freud, no fim do século XIX em Viena. Os primeiros textos psicanalíticos datam de 1886 e são chamados de publicações pré-psicanalíticas. O estudo sobre a histeria, primeiro grande texto de Freud, data de 1893.

A psicanálise pode ser considerada em três sentidos:[8]

1. Como um método interpretativo.
2. Como uma forma de tratamento psicológico (ou psicoterapia analítica).
3. Como o nome do conhecimento que o método produz – a teoria psicanalítica.

São muitos os conceitos da psicanálise, mas a grande contribuição freudiana foi organizar o mundo mental como aparelho psíquico, ou seja, com um funcionamento próprio (tal qual os outros sistemas – circulatório, digestório etc.). O aparelho psíquico abarca três instâncias ou sistemas: consciente, pré-consciente e inconsciente. Esses sistemas são "lugares virtuais", lugares hipotéticos, e têm elementos que o compõem. Tais elementos são as marcas psíquicas criadas pelas nossas percepções (tanto endógenas quanto exógenas). Diz-se que o aparelho tem um ponto de vista econômico, já que lida com cargas, intensidades, ou seja, existem forças que impulsionam a vida mental.

A prática psicanalítica, ou a análise, leva em conta todo esse arcabouço teórico. E a partir dele estabeleceu-se um conjunto de técnicas que propiciam a prática analítica. Por exemplo, o divã, a frequência das sessões, o pagamento. Tudo isso emoldura a análise. Por isso é também chamado de *setting* terapêutico. Herrmann afirma que o *setting* serve para sustentar e delimitar a prática clínica.[9]

PRESSUPOSTOS PSICANALÍTICOS

Para uma melhor compreensão da psicanálise de transtornos alimentares, serão abordados alguns conceitos psicanalíticos fundamentais e diretrizes essenciais do tratamento. Logo em seguida será abordada a clínica dos TA.

As bases da teoria psicanalítica assentam-se sob alguns conceitos-chave: inconsciente, transferência, sexualidade infantil e pulsão. Sigmund Freud foi o precursor desses conceitos; depois dele, alguns autores propuseram reelaborações importantes para a psicanálise, como narcisismo, identificação projetiva, contratransferência e masoquismo.

Atualmente existe dentre da psicanálise uma pluralidade teórica, mas que mantém uma coerência interna. Essas teorias levam a enfoques técnicos diferentes.

Serão abordados aqui conceitos teóricos fundamentais e as questões técnicas mais importantes, essenciais para a compreensão das diretrizes do trabalho analítico.

O inconsciente

O fio condutor da psicanálise é a noção de inconsciente. Existem leis que regem o inconsciente e as modalidades de suas manifestações (como sonhos, sintomas, atos falhos, lapsos).

Para Freud, os sonhos são uma forma de expressão do inconsciente e visam à realização de um desejo reprimido. Portanto, se todos sonham, todos têm inconsciente – aí reside a universalidade da temática.

Uma das leis do inconsciente é a atemporalidade, ou seja, o inconsciente não conhece tempo ou cronologia. Passado e presente têm igual carga afetiva. Figura no inconsciente como uma representação e efetivamente funciona como se tivesse acabado de acontecer. Esse ponto facilita a compreensão do conceito da transferência.

A transferência

A transferência pode ser entendida como um deslocamento para o presente de uma situação emocional vivida anteriormente com um objeto e reatualizada com um novo objeto, diferente do original. Laplanche e Pontalis[9] a definem como a repetição de protótipos infantis vivida com um sentimento de atualidade acentuada.

No texto "A dinâmica da transferência"[10] (1912), Freud fornece-nos instrumentos para pensar a transferência como resistência no trabalho analítico. O autor nos faz saber que a transferência pode tanto ser determinante para o sucesso do trabalho como para o insucesso, quando se torna um meio de resistência. Diz ele que uma das explicações para isso é que, quando os impulsos libidinais forem "retirados do seu esconderijo", tornando-se acessíveis à consciência, todas as forças que fizeram a libido regredir e reviver os protótipos infantis do sujeito se erguerão como resistências. A resistência, então, faz-se presente no momento em que um conteúdo inconsciente está prestes a emergir, e, assim, alia-se à doença. O que chamou a atenção de Freud no exercício de sua clínica foi exatamente o fato de seus pacientes, quando tomados por pensamentos a respeito do analista, terem seu fluxo associativo interrompido.

Para Freud, a deformação que mais oferece vantagem para o paciente é a transferência. No curso da análise o paciente se dá conta de que as deformações do material patogênico não oferecem proteção quanto a sua revelação e assim mais sistematicamente fará uso da transferência, chegando à situação na qual todo conflito será vivenciado transferencialmente.

A última questão abordada por Freud no texto citado diz respeito à atemporalidade da ação do recalcado. Quando em análise, os pacientes, em vez de rememorarem os impulsos inconscientes, os repetem no presente como se fossem atuais ou contemporâneos. Assim, aos pacientes, é impossível perceber que aquilo que estão dizendo ou transferindo para a figura do analista não diz respeito a uma situação presente, mas, sim, a uma situação traumática do passado que não pode ser recordada.

Laplanche e Pontalis[11] (p.519) atentam para o fato de que, quando se fala em repetições das experiências do passado, essas repetições não devem ser tomadas em um sentido realista, como relações efetivamente vividas. O que é essencialmente transferido é a realidade psíquica, ou seja, o desejo inconsciente e suas fantasias. E os autores terminam dizendo: "as manifestações transferenciais não são literalmente repetições, mas equivalentes simbólicos do que é transferido".

A interpretação

A interpretação é um dos pilares da teoria e da técnica psicanalítica. Entende-se que há um sentido latente no material manifesto, que pode ser o discurso do paciente, o sintoma, o ato falho ou o sonho. A análise dos sonhos foi o primeiro grande modelo de interpretação freudiana. A partir do conteúdo manifesto a interpretação visa à descoberta de seu conteúdo latente, e isso só pode ser feito por meio das associações do paciente.

Laplanche e Pontalis[11] (p.246) colocam a comunicação da interpretação como sendo o modo de ação do analista. Dizem que o termo "interpretação", se usado de forma absoluta, tem igualmente o sentido técnico de interpretação comunicada ao paciente. Para os autores, entretanto, as interpretações não abrangem as intervenções do analista no tratamento (o encorajamento a falar, a tranquilização, a explicação de um mecanismo, por exemplo), por mais que possam ter um valor interpretativo.

As interpretações transferenciais são de extrema importância para o trabalho analítico.

TÉCNICA PSICANALÍTICA

Conforme avançava em sua obra, desenvolvendo e costurando formulações teóricas, Freud foi paulatinamente construindo suas concepções técnicas. Com base em sua experiência clínica, delineou diretrizes sobre questões como pagamento, tempo de sessão, uso do divã e associação livre.

Garcia[12] afirma que as questões técnicas, quando manejadas de forma rígida e mecânica, podem limitar o trabalho do analista. Precisam, portanto, ser cuidadosamente pensadas e pautadas nas descobertas do analista em seu trabalho clínico, em sua supervisão e em sua análise pessoal. Para o autor, o que sustenta a posição do analista é seu tipo de escuta e a maneira de compreender e interpretar a partir de seu lugar na transferência, e não a rigidez do enquadre.

A ATENÇÃO FLUTUANTE

Freud[13] sugere não privilegiar nenhum elemento no material que o paciente apresenta, o que significa não focar nada específico e "manter a mesma 'atenção uniformemente suspensa' em face de tudo que se escuta" (p.125). Com isso não incorremos no risco de selecionar o material escolhendo inconscientemente uma parte e negligenciando outra.

Diz o autor, sagazmente, que a atenção flutuante é a contrapartida necessária à livre associação. Em seu artigo "Recomendações aos médicos que exercem a psicanálise"[13] (p.126), explica que, se o paciente deve relatar o que lhe vier à mente, impedindo as objeções lógicas e afetivas, também o analista deve usar tudo que escuta para interpretar, identificando o material inconsciente oculto a fim de reconstruí-lo por meio das associações livres do paciente.

A atenção flutuante permite ainda que a atenção esteja voltada para além do que está sendo dito. Permite escutar o paciente em vez de simplesmente ouvi-lo. Possibilita perceber, por exemplo, o tom de voz, a cadência, a respiração, a movimentação corporal, a gestualidade, as pausas, o silêncio. Permite ainda que se possa escutar o que se passa com o analista, os pensamentos, as fantasias, as lembranças que são ativadas, os sentimentos que o atravessam, enfim, como é impactado pela fala do paciente.

A CLÍNICA PSICANALÍTICA DOS TRANSTORNOS ALIMENTARES E A PLASTICIDADE DA TÉCNICA

A clínica dos TA impõe desafios diários.[14] É imperativo contar com uma diversidade de profissionais que cubram a ampla gama de determinantes e consequentes dessas patologias.

Algumas questões se fazem mais presentes no cotidiano da clínica. No caso das anorexias, uma delas é a total indiferença quanto ao emagrecimento do corpo e suas consequências negativas. E, por vezes, uma total negação da doença.

É extremamente delicada a posição do analista diante desses casos. Eles mobilizam aspectos contratransferenciais perturbadores. Sentimentos viscerais entram em cena: raiva, medo, impotência, perplexidade, descrença, estafa. Da viscerabilidade ao metabolismo psíquico, requerem muito do analista. Miranda[15] afirma que a psicanálise, no trato com TA, faz uso de equipamentos semelhantes metaforicamente aos da geologia, pois lida com vidas mentais ossificadas, nas quais as mudanças climáticas variam por vezes na mesma sessão ou, ainda, na mesma fala, passando da era glacial, com pontas de *iceberg* por todo lado, até áreas áridas e abafadas, quando não caímos em terrenos pantanosos, cheios de areias movediças, impossibilitados de caminhar.

No cotidiano clínico prevalecem a aridez psíquica, o desejo congelado e a frieza afetiva dos pacientes, que não podem contaminar o analista, o que impossibilitaria o trabalho.

A perda de peso de jovens com anorexia é constantemente tomada como conquista, disciplina, controle. E é comemorada com triunfo. Miranda[16] acrescenta que esses pacientes andam na contramão da natureza, delirando a posse de um controle supremo que vai além da carne, além da fome, da vontade sexual, subvertendo a ordem natural e se aproximando de pensamentos onipotentes, que, ironicamente, levam a sentimentos de alto desamparo e extrema solidão.

No contato com esses pacientes fica evidente a falta de contorno, que, muito mais do que corporal, é psíquico. Carecem de estofo emocional que possa dar conta do um empobrecimento psíquico. Esses pacientes têm um contato precário com a realidade interna e externa, a ponto de não reconhecerem sensações corporais bastante básicas, como fome, saciedade, sono, frio ou calor.

Catherine Chabert[17] afirma que pacientes de funcionamento limite apresentam um contato deficitário com a realidade interna e, consequentemente, também apresentam dificuldade no reconhecimento de suas percepções internas. A realidade externa se apresenta como um contrainvestimento mais forte que vem a encobrir e reforçar o déficit interno. O trabalho em análise, então, consistiria em auxiliar o paciente em uma construção do mundo interno para então colocar em cena seu sentimento de existência.

Uma existência empobrecida, carente de significações e afeto, bem como bastante desvitalizada, é característica de pacientes com TA. Parece haver um desinvestimento libidinal, em que tudo aquilo que não pertence ao corpo orgânico é tirado de cena. Calorias, alimentos, tabelas nutricionais, peso e numeração de vestuário são o todo da vivência desses pacientes. As relações, vínculos, interesses, conflitivas e problemáticas não fazem parte do discurso. O que chama a atenção, já que muitas vezes se trata de adolescentes, que de hábito, nos apresentam um colorido emocional e relacional com falas recheadas de detalhes, surpresas, afetos e desejos.

São pacientes com dificuldades de elaboração psíquica, de atribuição de significado para sua experiência. Diz-se na psicanálise que são pacientes com dificuldades de sonhar sua experiência emocional. A angústia é tão grande, tão poderosamente perturbadora, que esse sonhar fica dificultado. E, como afirma

Ogden,[18] à medida que é incapaz de sonhar sua experiência emocional, o indivíduo é incapaz de mudar, ou de crescer, ou de tornar-se diferente de quem ele tem sido. Ou seja, incapaz de mudança psíquica.

Segundo Bruch,[19] muitas vezes os tratamentos fracassam por não serem tratadas as áreas comprometidas, e, o que é pior, essas áreas acabam sendo reforçadas no enquadre analítico. Quando o paciente expressa seus pensamentos e o analista interpreta seus significados inconscientes, repete-se na transferência a relação de dependência do paciente com seus pais, transformando-se em algo como *minha mãe/analista sempre sabe como me sinto*, reforçando seu senso de inadequação e ineficácia.

Assim, a autora sugere uma reformulação no trabalho com esses casos, levando o paciente a expressar-se como participante ativo no processo terapêutico. Se algo deve ser interpretado, é importante que o paciente descubra sozinho e possa falar primeiro, o que auxilia no desenvolvimento da autonomia, iniciativa e senso de responsabilidade.

PLASTICIDADE TÉCNICA NA CLÍNICA DOS TRANSTORNOS ALIMENTARES

A experiência clínica com esses pacientes impõe-nos questões desafiadoras, principalmente no tocante às dimensões técnicas. Se na prática habitual muitas vezes podemos respeitar o *setting* clássico, como tempo de sessão, divã e interpretações, na clínica dos TA a rigidez do *setting* é muitas vezes impeditiva do trabalho de análise. Na maioria das vezes somos impelidos, pela gravidade dos casos, a oferecer mais sessões semanais, por exemplo. Mas percebemos que, diante de uma mesa tão farta, o paciente com anorexia pode fugir e o paciente com bulimia pode comer vorazmente, sem digerir adequadamente, e depois vomitar. Qual seria, então, a medida? Nas palavras de Fernandes,[20] como dosar proximidade e distância?

Parece que, para esse tipo de paciente, muitas vezes o dizer sobre seu corpo, a comida, a dieta, os horários, os rituais alimentares e purgativos transforma-se em um não dizer de si, uma impossibilidade psíquica de acessar um Eu destruído e alienado. Falar sobre o peso e alimentação acaba por representar o todo de suas identidades destroçadas. O paciente parece entrar em um curto-circuito pulsional, em que as cadeias associativas não encontram expressão. Ao analista cabe, então, um papel mais ativo, com recursos técnicos que auxiliem a metaforização, tais quais nos apresenta Françoise Dolto.[21]

Malzyner[22] apresenta importantes contribuições relativas à plasticidade técnica no trabalho com pacientes com transtornos alimentares:

- Não se deve esperar pela associação livre para iniciar o processo clínico. Ela é meta do trabalho, e não ponto de partida.
- Atentar à questão do desejo de tratar-se por parte do paciente. Aceitar em análise alguém que é incapaz de reconhecer seu sofrimento pode inviabilizar o trabalho clínico.
- É necessário, eventualmente, apresentar recursos lúdicos e ativamente buscar criar formas distintas para a comunicação. A interpretação clássica nem sempre encontra espaço nessas análises.
- O uso do divã tem de ocorrer com muita cautela. Em muitos momentos, ele pode se apresentar mais como elemento persecutório do que como possibilidade de livre associar.
- O tempo de consulta deve ser mantido. O importante é que o paciente saiba quanto tempo tem de consulta para que possa dosar o quanto suporta do contato com o analista.
- Verbalizar de forma clara o contrato de trabalho (como faltas, férias, pagamento). Um contrato frouxo impossibilita o trabalho.
- A atenção flutuante do analista é fundamental. Uma escuta atenta e sensível abre novas possibilidades de ser.
- Não se deve oferecer excesso de sessões. É comum a gravidade sintomatológica dos pacientes nos impelir a oferecer muitas sessões semanais. Porém, são pacientes que muitas vezes não suportam um contato tão frequente e podem até mesmo vir a abandonar o trabalho caso se vejam pressionados à proximidade. Apesar da gravidade dos casos, oferecemos apenas aquilo que possa caber em seu estômago, e, na maioria das vezes, uma sessão semanal é suficiente.
- O analista tem de ser capaz de dialogar com a equipe multidisciplinar envolvida no atendimento do caso. É de extrema relevância que o analista não se coloque em um lugar onipotente na relação com esses pacientes, reconhecendo a necessidade de um trabalho em equipe.

Segundo Cobelo, Gonzaga e Weinberg,[5] a psicanálise em seus moldes tradicionais requer adaptações ao ser eleita como terapêutica no tratamento dos transtornos alimentares. Adaptações técnicas e de enquadre são necessárias, sem dispensar a formação clássica do psicanalista no manejo dos recursos técnicos e metodológicos (como transferência, abstinência, atenção flutuante e análise de contratransferência e resistência). São adaptações que dizem respeito à:

- Atitude do analista, que, como afirma Brusset, deve deixar ao paciente "a iniciativa da fala sem nada impor, oferecendo-lhe uma atenção igual para tudo o que ele manifesta de si mesmo, ficando, durante as sessões, completamente disponível e benevolente quaisquer que sejam seus propósitos, constituindo uma experiência nova que seduz e inquieta", com o "valor de uma reparação narcísica".
- Necessidade de manter contato com outros profissionais que acompanham o paciente e com sua família, tendo por objetivos tanto o cuidado com as atuações que esses pacientes muitas vezes promovem (manipulações que visam contrapor profissionais e familiares) como a atenção para a perda de peso. Uma linguagem comum e integrada com os outros profissionais que cuidam do paciente promove uma boa evolução do tratamento.
- Observação de que esses pacientes não se beneficiam do uso do divã, sendo a posição face a face a mais recomendada, uma vez que precisam ser vistos pelo analista e usá-lo em sua função de espelho pelo menos até que sua capacidade simbólica seja restaurada.
- Preparação para o trabalho com adolescentes, uma vez que esses transtornos se iniciam principalmente nessa fase, o que por si só exige um trabalho diferenciado.

Por fim, essas alterações na técnica não devem comprometer a compreensão psicanalítica dos casos em questão.

PSICANÁLISE DOS TRANSTORNOS ALIMENTARES ONTEM E HOJE

Ao longo dos anos muitos foram os psicanalistas que se debruçaram sobre a temática dos transtornos alimentares. Forneceram ricas contribuições, tanto teóricas quanto técnicas, necessárias para firmar a psicanálise como prática clínica reconhecida. Paul Shilder[23] e Françoise Dolto[24] foram essenciais para a compreensão da imagem corporal e da imagem inconsciente do corpo. Hilde Bruch[25] foi primordial para o estudo da anorexia, da questão identitária das pacientes com anorexia, do manejo técnico, além da compreensão da etiologia da anorexia na complexa relação mãe e filha. Philippe Jeammet[26] fez considerações importantes sobre a questão da direção do tratamento, da técnica e da linguagem, da vulnerabilidade bulímica, capacidade vincular do paciente com bulimia, da problemática da adolescência e da dinâmica familiar. Bernard Brusset[27,28] teoriza sobre a atitude do analista, conclusões terapêuticas, crises bulímicas, condutas aditivas, relação materna, interpretações e deformações em análise.

Eric Bidaud,[29] por sua vez, traz contribuições sobre aspectos da relação mãe e filha das questões pré-edípicas e edípicas, da relação mortífera com o objeto de necessidade e o conceito de cilada narcísica.

Evelyn Kestemberg, Jean Kestemberg e Simone Decobert[30] fazem uma aproximação da anorexia à estrutura perversa, ao fetichismo e à psicose não delirante. Falam da tentação do ato alimentar, da erotização da fome, constatações fenomenológicas e dinâmica familiar. Apresentam uma excelente "tabela histórica das concepções patogenéticas" das condutas alimentares que se inicia em 1500.

Maurice Corcos[31] traz questões relativas a fatores socioculturais, à aproximação da psicanálise com questões relativas à neurobiologia e à dimensão genética, estrutura psicopatológica, adolescência, automutilações, depressão e melancolia, fatores de risco e modalidades de prevenção.

Susie Orbach,[32,33] psicanalista inglesa, propõe uma postura mais ativa do analista. Faz recomendações diretas a abordarmos a questão alimentar falando sobre comida e emoções envolvidas. Propunha uma espécie de diário alimentar que permitia um enfoque no campo alimentar.[34] A autora propõe fazer frente à mentalidade de dieta e ainda a conscientização por parte do paciente de sensações de fome e saciedade.

Maximo Recalcati[35] e Domenico Cosenza,[36] ambos analistas lacanianos italianos, são grandes expoentes da psicanálise contemporânea da anorexia e bulimia. Têm suas teorias pautadas em ricas atuações clínicas: em comunidades terapêuticas, em hospital e em consultório. Ambos são também professores universitários. Recalcati propõe a compreensão da anorexia e bulimia por meio da clínica estrutural diferencial lacaniana. Expande a leitura a anorexia e da bulimia para além do quadro da histeria. Com base na análise da recusa, propõe uma qualidade psicótica das questões alimentares. Teoriza a problemática alimentar dentro da chamada "clínica do vazio". Cosenza faz uma importante leitura da dimensão estrutural da recusa na anorexia, colocando-a distante da problemática narcísica (posição comum às leituras pós-freudianas).

PSICANÁLISE CONTEMPORÂNEA BRASILEIRA

Notáveis psicanalistas e instituições foram responsáveis pelo desapontar da psicanálise brasileira contemporânea dos TA. Cybelle Weinberg,[37,38] Marina Miranda[15,16] e Maria Helena Fernandes[39] têm amplo material publicado, contribuindo sobremaneira para a compreensão da psicanálise de TA. Muitos são os psicanalistas de TA que têm contribuído tanto na teorização quanto ao atendimento especializado, como Aline Eugênia Camargo,[40] Ana Cecília Magtaz Scazufca,[41] Mariangela Mendes de Almeida,[42] Luciana Saddi,[34] além daqueles já citados na bibliografia usada aqui como referência. As publicações *Psicanálise de transtornos alimentares*, volumes 1, 2 e 3, congregam várias dessas analistas.

Importantes grupos de trabalho em psicanálise realizam atendimento e têm publicado amplo material: Ceppan[7,43,44] (Clínica Cybelle Weinberg de estudos e pesquisas em psicanálise da anorexia e bulimia – instituição que coordeno), o Grupo de Estudos sobre Compulsões e Desvios Alimentares da Sociedade Brasileira de Psicanálise de São Paulo,[45] o Projeto de Pesquisa e Clínica Psicanalítica das Problemáticas Alimentares, vinculado ao Departamento de Psicanálise do Instituto Sedes Sapientiae, e o grupo Corpo e Cultura.

E a psicanálise faz presença, ainda, junto às equipes clínicas de ambulatórios de referência de transtornos alimentares, atuando tanto no atendimento individual como no grupal, além do atendimento familiar, como no Protad – Programa de Atendimento, ensino e Pesquisa dm Transtornos Alimentares na Infância e Adolescência, do Instituto de Psiquiatria do Hospital das Clínicas de São Paulo, e no Proata – Núcleo de Atendimento aos Transtornos Alimentares do Departamento de Psiquiatria da Unifesp. No Rio de Janeiro, no Cettao – Clínica de Estudos e Tratamento em Transtornos Alimentares e Obesidade do Serviço de Psiquiatria da Santa Casa de Misericórdia do Rio de Janeiro.

CONSIDERAÇÕES FINAIS

O tratamento psicanalítico dos transtornos alimentares é desafiador e complexo. Sustentado por um vasto arcabouço teórico e técnico, configura-se atualmente como abordagem recomendada e eficaz. Exige do profissional um conhecimento específico das patologias em questão, como também uma plasticidade da técnica. Ao profissional é necessária também a habilidade de diálogo com as equipes multidisciplinares, e ainda um preparo específico no atendimento de adolescentes.

É conhecida a resistência da comunidade científica relativa à abordagem, fruto principalmente do desconhecimento, mas também da dificuldade de esquematização da psicanálise como técnica, o que leva a outra questão: a escassez de publicações de trabalhos científicos controlados.

Porém, o amplo trabalho tanto de psicanalistas como de grupos de trabalho em psicanálise de transtornos alimentares com resultados positivos coloca a psicanálise como abordagem e modalidade de tratamento reconhecida.

REFERÊNCIAS

1. Souza FAL, Nunes MA. Outras formas de psicoterapia dos transtornos alimentares. In: Appolinario JC, Nunes MA, Cordás TA. Transtornos alimentares: diagnóstico e manejo. Porto Alegre: Artmed; 2022.
2. Abbate-Daga G, Marzola E, Amianto F, Fassino S. A compreensive review of psychodynamic treatments for eating disorders. Eat Weight Disord. 2016;21(4):553-80.
3. Practice guideline for the treatment of patients with eating disorders (revision). American Psychiatric Association Work Group on Eating Disorders. Am J Psychiatry. 2000 Jan;157(1 Suppl):1-39. PMID: 10642782. Disponível em: https://www.psychiatry.org/File%20Library/Psychiatrists/Practice/Clinical%20Practice%20Guidelines/APA-Draft-Practice-Guidelines-Eating-Disorders.pdf. Acesso em: 15 set. 2023.
4. Gorgati SB, Holcberg AS, Oliveira MD. Abordagem psicodinâmica no tratamento dos transtornos alimentares. Rev Bras Psiquiatr. 2002;24(Suppl 3).
5. Cobelo AW, Gonzaga A, Weinberg C. Contribuições da psicanálise para o tratamento dos transtornos alimentares. In: Psicanálise de transtornos alimentares. v.1. São Paulo: Primavera; 2010.
6. Lasègue C (1873). Da anorexia histérica. Revista Latinoamericana de Psicopatologia Fundamental. 1998;1(3):158-77.
7. Gonzaga AP, Weiberg C (orgs.). Psicanálise de transtornos alimentares. v.1. São Paulo: Primavera; 2010; Weiberg C (org.). Psicanálise de transtornos alimentares. v.2. São Paulo: Primavera; 2018.
8. Herrmann F. O que é a psicanálise: para iniciantes ou não. São Paulo: Blucher; 2015. p.21.
9. Laplanche J. Vocabulário da psicanálise Laplanche e Pontalis. 3.ed. São Paulo: Martins Fontes; 1998. p.514.
10. Freud S (1912). A dinâmica da transferência. Tradução sob a direção de Jayme Salomão. Rio de Janeiro: Imago, 1996 (Edição Standard Brasileira das Obras Completas de Sigmund Freud, v.XII).
11. Laplanche J. Vocabulário da psicanálise Laplanche e Pontalis. 3.ed. São Paulo: Martins Fontes; 1998.
12. Garcia JC. Desafios para a técnica psicanalítica. São Paulo: Casa do Psicólogo; 2007 (Col. Clínica Psicanalítica).
13. Freud S (1912). Recomendações aos médicos que exercem a psicanálise. Tradução sob a direção de Jayme Salomão. Rio de Janeiro: Imago, 1996 (Edição Standard Brasileira das Obras Completas de Sigmund Freud. v.XII).
14. Jacobsohn PG. A figura do analista na clínica das anorexias e bulimias [dissertação – Mestrado em Psicologia Clínica]. São Paulo: Pontifícia Universidade Católica de São Paulo; 2017.
15. Miranda MR. Anorexia, bulimia e compulsões: histórias de segredos e paixões. Trabalho apresentado no XX Congresso Brasileiro de Psicanálise, 2005.
16. Miranda MR. A representação simbólica nas perturbações alimentares à luz da relação mãe-filha. In: Gonzaga AP, Weinberg C (orgs.). Psicanálise de transtornos alimentares. São Paulo: Primavera, 2010. p.202.
17. Chabert C. Les fonctionnements limites: quelle limites?. In: Andre J (org). Les états limites. Paris: PUF; 2008. p.93.

18. Ogden TH. Esta arte da psicanálise: sonhando sonhos não sonhados e gritos interrompidos. Porto Alegre: Artmed; 2010. p.21.
19. Bruch H. Eating disorders: obesity, anorexia nervosa and the person within. New York: Basic Books; Harper Torchbooks, 1973.
20. Fernandes MH. Transtornos alimentares. São Paulo: Casa do Psicólogo; 2006.
21. Dolto F. A imagem inconsciente do corpo. São Paulo: Perspectiva; 1984.
22. Malzyner G. Atendimento de pacientes com transtornos alimentares: revisitando a técnica psicanalítica. São Paulo: Sá Editora; 2019. p.121.
23. Schilder P (1950). L'image du corps. Paris: Gallimard; 1991.
24. Dolto F. A imagem inconsciente do corpo. São Paulo: Perspectiva; 1984.
25. Bruch H. Eating disorders: obesity, anorexia nervosa and the person within. New York: Basic Books; Harper Torchbooks; 1973.
26. Jeammet P. A abordagem psicanalítica dos transtornos das condutas alimentares. In: Urribarri R (org.). Anorexia e bulimia. São Paulo: Escuta; 1999.
27. Brusset B, Couvreur C, Fine A (orgs.). A bulimia. São Paulo: Escuta; 2003.
28. Brusset B. Conclusões terapêuticas sobre a bulimia. In: Urribarri R (org). Anorexia e bulimia. São Paulo: Escuta; 1999.
29. Bidaud E. Anorexia mental, ascese, mística: uma abordagem psicanalítica. Rio de Janeiro: Companhia de Freud; 1998.
30. Kestemberg E, Kestemberg J, Decobert S (1972). La faim et le corps. Paris: PUF; 1998.
31. Corcos M. Le corps insoumis. Paris: Dunod; 2005.
32. Orbach S. Gordura é uma quastão feminista. Rio de Janeiro: Record; 1978.
33. Orbach S. Sobre a comida. Rio de Janeiro: Record; 2003.
34. Herrmann L, Saddi L. A clínica psicanalítica e os problemas alimentares: o ponto de vista da teoria dos campos. In: Bruno CANB (org.). Distúrbios alimentares: uma contribuição da psicanálise. Rio de Janeiro: Imago; 2011.
35. Recalcati M. Os dois nada da anorexia. Correio – Revista da Escola Brasileira de Psicanálise. 2001;32:26-36.
36. Cosenza D. A recusa na anorexia. Belo Horizonte: Scriptum; 2018.
37. Weinberg C. Transtornos alimentares na infância e adolescência. São Paulo: Sá Editora; 2008.
38. Weinberg C. Faces do martírio: anorexia e santidade. São Paulo: Sá Editora; 2019.
39. Fernandes MH. Corpo. São Paulo: Casa do Psicólogo; 2008.
40. Gurfinkel AC. Corpo e transferência na clínica dos sintomas alimentares. In: Ferraz FC, Volich RM, Ranña W (orgs.). Psicossoma IV: corpo, história, pensamento. São Paulo: Casa do Psicólogo; 2008.
41. Scazufca ACM, Berlinck MT. Sobre o tratamento psicoterapêutico da anorexia e bulimia. In: Cardoso MR (org.). Limites. São Paulo: Escuta; 2004.
42. Almeida MMA. Diferenciando a qualidade de projeções parentais na interface com dificuldades alimentares infantis: intervenção clínica e investigação psicanalítica com pais e bebês. In: Bruno CANB (org.). Distúrbios alimentares: uma contribuição da psicanálise. Rio de Janeiro: Imago; 2011.
43. Adami Lauand CB. A quem pertence essa história: compreendendo a transgeracionalidade nos transtornos alimentares. São Paulo: Sá Editora; 2020.
44. Fibe M. Muito corpo, poucas palavras: clínica dos casos-limite. São Paulo: Sá Editora; 2020.
45. Bruno CANB (org.). Distúrbios alimentares: uma contribuição da psicanálise. Rio de Janeiro: Imago; 2011.

Terapia cognitivo-comportamental para adultos com transtorno alimentar restritivo-evitativo

Vanessa Dentzien Pinzon
Wagner de Sousa Gurgel

INTRODUÇÃO

Uma das principais evoluções na classificação dos transtornos alimentares (TA) dos últimos anos foi a caracterização do transtorno alimentar restritivo-evitativo (Tare), além de anorexia nervosa (AN), bulimia nervosa (BN), transtorno de compulsão alimentar (TCA), transtorno de ruminação e pica.

O Tare incorporou ao grupo dos transtornos alimentares alguns quadros antes definidos separadamente, tanto no DSM-IV como na CID-10, como transtornos da alimentação na infância que descreviam quadros com prejuízo inicial durante o período de desenvolvimento (em geral, antes dos 12 anos de idade).[1-3]

Atualmente, o Tare não tem limite de idade para diagnóstico, podendo ser diagnosticado em adolescentes ou adultos. Vale ressaltar que os critérios diagnósticos para os TA incluem um formato de classificação que é mutuamente excludente, de maneira que apenas um dos diagnósticos pode ser atribuído em um mesmo episódio. Exceção ao quadro de pica, que pode ser diagnosticada em comorbidade com um dos demais TA.[4]

Os critérios diagnósticos segundo a CID-11 estão detalhados na Tabela 1.

No entanto, apesar de a maioria dos estudos com Tare ainda se concentrar em amostras de crianças e adolescentes, dados recentes mostram que a psicopatologia entre adultos pode ser tão prejudicial e prevalente quanto outros

TA mais estudados.[5,6] Estudo com 3.005 australianos com 15 anos de idade ou mais encontrou prevalência de Tare no ano de 2014 de 0,3%, em comparação com 0,4% para AN.[7]

TABELA 1 Critérios diagnósticos do transtorno alimentar restritivo-evitativo na CID-11
O transtorno alimentar restritivo-evitativo é caracterizado por comportamentos anormais de alimentação que resultam na ingestão de uma quantidade ou variedade insuficiente de alimentos para atender aos requisitos energéticos ou nutricionais adequados. O padrão de alimentação restrita leva a perda significativa de peso, falha no ganho de peso como esperado na infância ou na gravidez, deficiências nutricionais clinicamente significativas, dependência de suplementos nutricionais orais ou alimentação por sonda, ou afeta negativamente a saúde do indivíduo ou resulta em significativo comprometimento funcional. O padrão de comportamento alimentar não reflete preocupações sobre o peso ou a forma corporal. O comportamento alimentar restritivo e seus efeitos no peso, em outros aspectos da saúde ou no funcionamento, não são mais bem explicados pela indisponibilidade de alimentos, pelos efeitos de medicação ou de substância ou por outra condição de saúde.
Codificação: Não existe código específico na CID-10, sendo utilizado o F50.8, que designa Outro Transtorno Alimentar Especificado. Na CID-11, utiliza-se o código 6B83.

Fonte: adaptada de OMS.[3]

PRINCÍPIO DO TRATAMENTO DO TARE

Psicoterapias no Tare

Atualmente existem diversas abordagens psicoterápicas para Tare que já demonstraram eficácia em amostras de crianças e adolescentes.[8-14] Entretanto, estudos focados em avaliar a eficácia de intervenções para Tare em adultos ainda são escassos.[15]

- iEAT (*integrated eating aversion treatment*): intervenção baseada em terapia comportamental testada em ensaio clínico randomizado com 20 crianças menores de 6 anos com Tare dependentes de alimentação enteral ou suplementação, mostrando a viabilidade e eficácia preliminar de uma intervenção comportamental. As crianças designadas para o grupo intervenção mostraram um aumento significativamente maior nas mordidas aceitas pré-pós-tratamento do que o grupo da lista de espera (88,9% *vs.* 5,6%, respectivamente) e reduções significativamente maiores nas interrupções (55,6% *vs.* 9,2%). As melhorias comportamentais coincidiram com um aumento significativo no volume de alimentos consumidos pelas crianças do grupo iEAT após o tratamento (31 g líquidos na observação de 10 minutos).[8]

- Space-Arfid (*supportive parenting for anxious childhood emotions adapted for avoidant/restrictive food intake disorder*): modelo de tratamento ambulatorial de 12 semanas realizado com os pais de crianças com Tare que se concentra nas respostas dos cuidadores aos hábitos alimentares. A abordagem visa promover maior flexibilidade relacionada à alimentação e prevenir acomodação familiar aos sintomas. Em ensaio conduzido com 15 famílias, conseguiu reduzir significativamente a gravidade e o comprometimento dos sintomas do Tare, bem como mitigar sintomas ansiosos dos pacientes. Os participantes avaliaram o tratamento como altamente satisfatório.[9]
- FBT-Arfid (*family-based therapy adapted for Arfid*): adaptação da FBT, já consolidada como tratamento em outros TA, em paciente menores de 18 anos,[16] demonstrou viabilidade e eficácia preliminar em ensaio clínico randomizado com 20 pacientes entre 5 e 12 anos com Tare, quando comparado com o tratamento usual.[11] Embora FBT-Arfid tenha apresentado bom tamanho de efeito na recuperação de peso e redução dos sintomas da amostra, as limitações do estudo (como a taxa de desistência de 21% das 28 famílias inicialmente incluídas) não permitiram um poder estatístico suficiente para tirar conclusões mais consistentes dos dados.[16]

Além disso, dados preliminares sugerem que a FBT pode ser utilizada em conjunto com técnicas de terapia cognitivo-comportamental (TCC) para tratar adolescentes com Tare, como foi demonstrado em série de 6 casos tratados usando uma combinação de FBT, técnicas de TCC e terapia medicamentosa (incluindo olanzapina, fluoxetina e/ou ciproeptadina). Ao final do tratamento, todos os 6 pacientes atingiram seu peso-alvo.[12]

Terapia cognitivo-comportamental no Tare

- CBT-E (*enhanced cognitive behaviour therapy*): modelo transdiagnóstico de TCC para TA desenvolvido por Fairburn,[17] amplamente utilizado no tratamento de AN, BN e transtorno de compulsão alimentar (TCA) entre adultos,[18,19] não demonstrou aplicabilidade aos pacientes com Tare.[20]

Uma hipótese para tal dificuldade é o fato de os protocolos de CBT-E focarem as cognições e emoções relacionadas à distorção de imagem e ao peso, que não fazem parte da psicopatologia do Tare. Existem quatro relatos de casos que descrevem a utilização de técnicas de TCC para abordar medos e sintomas ansiosos relacionados à alimentação, sem o foco nas preocupações com peso e forma corporais usadas na CBT-E.[21-24]

Dumont et al.[13] publicaram uma série de 11 casos de adolescentes (idades entre 12 e 18 anos) com Tare que receberam tratamento com um novo protocolo de 4 semanas de TCC realizada de forma intensiva em hospital-dia, baseada em técnicas de exposição. Os resultados apontaram reduções significativas nos sintomas ansiosos em 7 (64%) pacientes e nos sintomas de Tare em 10 (91%) pacientes. Entretanto, mesmo sendo um protocolo adaptado especificamente para o Tare, falha em não separar formas diferentes de abordar cada uma das apresentações clínicas desse transtorno (falta de interesse em comer, sensibilidade às características sensoriais dos alimentos e medo de consequências aversivas de comer).[13]

- CBT-AR (*cognitive behaviour therapy for Arfid*): Thomas e Eddy[25] desenvolveram um protocolo de TCC adaptado especificamente para o Tare, levando em conta o modelo tridimensional explicativo das três apresentações clínicas do transtorno. O protocolo foi projetado para aplicação entre crianças acima de 10 anos, adolescentes e adultos, havendo duas versões do protocolo: CBT-AR, apoiada pela família para pacientes com menos de 16 anos, adolescentes e adultos com baixo peso; CBT-AR, individual para pacientes com 16 anos ou mais e sem necessidade de recuperação ponderal significativa.

Dependendo da apresentação clínica do paciente e do estado nutricional, a CBT-AR ocorre de forma modular e flexível, podendo durar entre 20 e 30 sessões ao longo de 6 e 12 meses.

No estudo de viabilidade e eficácia preliminar em crianças e adolescentes com Tare (idades de 10 a 17 anos), 17 dos 20 pacientes (85%) completaram o tratamento, tendo adicionado uma média de 16,7 novos alimentos a sua dieta, e pelo menos 10 (50%) pacientes não preenchiam mais os critérios para Tare ao final do tratamento.[13]

O estudo de viabilidade e eficácia preliminar em adultos incluiu 15 pacientes entre 18 e 55 anos, tendo 14 (93%) deles concluído o tratamento. Ao final deste, 7 (43%) pacientes não preenchiam mais os critérios para Tare e incorporaram a suas dietas uma média de 18 novos alimentos. Vale ressaltar que a maioria dos pacientes realizou algumas ou todas as sessões por videochamada em função da pandemia de Covid-19.[26]

Ambos os estudos com a CBT-AR tiveram amostras pequenas e sem grupo de comparação ativa; não se pode descartar a possibilidade de que os resultados observados nos sintomas de Tare tenham sido influenciados por fatores como a atenção do terapeuta ou a simples passagem do tempo.[27]

Procedimentos e técnicas de terapia cognitivo-comportamental no Tare

Experimentos comportamentais[13]

Baseou-se na hipótese de que o nojo ou aversão alimentar em adolescentes poderia emergir a partir de condicionamento clássico, no qual as respostas fisiológicas foram rotuladas negativamente. Assim, quebrar as expectativas comendo alimentos antes evitados e quantidades gradualmente maiores, enquanto o resultado esperado não ocorre, levará a melhora da aceitação alimentar.

Durante o protocolo intensivo de 4 semanas, os pacientes realizam 3 sessões individuais diárias incluindo:

- Psicoeducação – semanas 1 e 2.
- Reestruturação cognitiva – semana 1 – traçar conexões entre pensamentos, sentimentos e comportamento usando exemplos da alimentação do paciente.
- Reestruturação cognitiva – semanas 2, 3 e 4 – *helping thoughts* – exercícios para substituir pensamentos disfuncionais por pensamentos funcionais.
- Experimentos comportamentais com redução da catastrofização e exposição gradativa – semanas 1, 2, 3 e 4.
- Técnicas de relaxamento – semanas 2, 3 e 4.

Antes da intervenção, o terapeuta elabora com o paciente uma lista hierárquica de aceitação de itens alimentares pertencentes a diferentes categorias (como legumes, frutas, carnes etc.). A escolha dos alimentos a serem utilizados na exposição seguirá os itens dessa lista, também se baseando nas frases elaboradas na etapa seguinte.

A intervenção inicia-se com o terapeuta ajudando o paciente a formular de uma a três frases com "expectativas", perguntando sobre suas crenças catastróficas ao ingerir alimentos evitados (p. ex., "Se eu tiver que comer algo que não conheço ou não gosto, não vou conseguir engolir").

O paciente atribui uma pontuação de zero a 100 para cada frase antes e depois da sessão de exposição, em que 100 indica "Acredito extremamente nisso" e zero indica "Eu não acredito nisso de forma alguma". A quebra de expectativa é calculada subtraindo a pontuação final da pontuação inicial; pontuações negativas indicam redução da catastrofização.

Durante a sessão individual, entre 1 e 3 itens da lista de alimentos evitados são oferecidos, sendo a oferta e o incentivo repetidos no mínimo 5 vezes. Nas primeiras sessões esses alimentos são oferecidos separadamente. Nas sessões subsequentes podem ser ofertados em combinação com outros alimentos evitados que sejam "mais difíceis". Essa gradação também se aplica aos volumes, começando com porções mínimas (p. ex., migalhas ou uma pequena colherada) e ampliando-se para quantidades adequadas à idade do paciente.

O nível de ansiedade funciona como uma segunda medida durante as sessões de exposição. Antes da exposição, os pacientes são solicitados a pontuar o medo de comer em uma escala de zero a 100 (zero = "sem ansiedade"; 100 = "muito ansioso"). Após a exposição, o paciente pontua novamente. O nível de ansiedade e a diferenciação entre as pontuações são discutidos.

CBT-AR25

Dividida em 4 estágios, diferentes técnicas são aplicadas a depender do estado nutricional do paciente.

Estágio 1: psicoeducação e mudança precoce – 2 a 4 sessões

O terapeuta fornece psicoeducação sobre Tare e elabora a formulação cognitiva individualizada dos mecanismos mantenedores associados à apresentação clínica do paciente (ou seja, falta de interesse em comer, sensibilidade às características sensoriais dos alimentos e medo de consequências aversivas de comer).

Focando os alimentos já aceitos, incentiva a mudança precoce, pedindo ao paciente para tentar provar pequenas variações na apresentação dos alimentos preferidos e/ou na reintrodução de alimentos previamente aceitos mas que pararam de ser consumidos. Nos paciente em baixo peso, a mudança precoce envolve o incentivo para que aumente sua ingestão em pelo menos 500 calorias por dia usando os alimentos já aceitos.

Estágio 2: planejamento – 2 sessões

O terapeuta fornece psicoeducação sobre deficiências nutricionais e seleciona em conjunto com o paciente os alimentos para exposição no estágio 3. A escolha deve dar preferência para itens que, potencialmente, aumentem a representatividade dos 5 grupos alimentares principais (proteínas, cereais, laticínios, legumes e frutas), reduzam o comprometimento psicossocial, resolvam as deficiências nutricionais e/ou promovam a recuperação ponderal.

Estágio 3: enfrentamento dos mecanismos mantenedores – 14 a 22 sessões

O paciente completa exposições repetidas – tanto na sessão quanto como na lição de casa – focando os mecanismos mantenedores de seu quadro e seguindo uma ordem de prioridade na qual será abordado primeiro o mecanismo que gera maior prejuízo funcional:

- Sensibilidade sensorial: dessensibilização sistemática com 5 novos alimentos por sessão por meio da exploração repetida da visão, olfato, textura, paladar e/ou mastigação; planejamento específico e detalhado de como repetir a prática fora da sessão, com degustação e incorporação dos alimentos ao cotidiano do paciente.
- Medo de consequências aversivas: psicoeducação sobre como a evitação mantém a ansiedade, seguida da elaboração de uma hierarquia de medo e evitação de alimentos e situações relacionadas à alimentação que o paciente teme que levem a resultados negativos. O terapeuta então realiza exposições durante a sessão a esses alimentos e situações, em seguida pede que o paciente repita essas exposições como lição de casa, para testar as previsões sobre o resultado temido (náusea, vômito, asfixia ou outra consequência referida pelo paciente). A Escala de Unidades Subjetivas de Angústia (SUD – *Subjective Units of Distress Scale*), que varia de zero a 100, é utilizada para graduar o nível de estresse antes e depois das exposições.
- Falta de interesse em comer: o terapeuta introduz uma série de exposições interoceptivas (p. ex., empurrar a barriga para fora, tomar vários copos de água ou girar em uma cadeira até ficar tonto) para ajudar o paciente a se habituar às sensações associadas à alimentação e à saciedade. O terapeuta também ajuda o paciente a lembrar do que ele gosta em seus alimentos preferidos, descrevendo sua aparência, sensação, cheiro, sabor e textura.

Estágio 4: prevenção de recaídas – 2 sessões

Terapeuta e paciente elaboram um plano de prevenção de recaídas avaliando se os objetivos do tratamento foram alcançados, identificando técnicas que possa continuar a realizar fora das sessões e traçando estratégias de como continuar aprendendo sobre novos alimentos e manter o ganho de peso (se necessário).

CONSIDERAÇÕES FINAIS

Apesar das evidências ainda incipientes do uso de técnicas e protocolos de TCC adaptados ao Tare em adultos, os resultados positivos em relatos de caso[21,23,24,28] e no único ensaio prospectivo até o momento[26] são consistentes e sugerem que a TCC constitui uma metodologia promissora no tratamento para adultos com Tare.

REFERÊNCIAS

1. Organização Mundial da Saúde (OMS). CID-10: Classificação Estatística Internacional de Doenças. Genebra, 1994.
2. American Psychiatric Association (APA). Diagnostic and Statistical Manual of Mental Disorders (DMS-IV). Washington, DC, 1994.
3. Organização Mundial da Saúde (OMS). ICD-11 for mortality and morbidity statistics. Genebra, 2018.
4. American Psychiatric Association (APA). Diagnostic and Statistical Manual of Mental Disorders (DSM-V). Washington, DC, 2013.
5. Nakai Y, Nin K, Noma S, Teramukai S, Wonderlich SA. Characteristics of avoidant/restrictive food intake disorder in a cohort of adult patients. Eur Eat Disord ver. 2016;24:528-30.
6. Zickgraf HF, Franklin ME, Rozin P. Adult picky eaters with symptoms of avoidant/restrictive food intake disorder: comparable distress and comorbidity but different eating behaviors compared to those with disordered eating symptoms. J Eat Disord. 2016;4:26.
7. Hay P, Mitchison D, Collado AEL, González-Chica DA, Stocks N, Touyz S. Burden and health-related quality of life of eating disorders, including avoidant/restrictive food intake disorder (ARFID), in the Australian population. J Eat Disord. 2017;5:21.
8. Sharp WG, Stubbs KH, Adams H, Wells BM, Lesack RS, Criado KK, et al. Intensive, manual-based intervention for pediatric feeding disorders: results from a randomized pilot trial. J Pediatr Gastroenterol Nutr. 2016;62:658-63.
9. Shimshoni Y, Silverman WK, Lebowitz ER. Space-Arfid: a pilot trial of a novel parent-based treatment for avoidant/restrictive food intake disorder. Int J Eat Disord. 2020;53:1623-35.
10. Lane-Loney SE, Zickgraf HF, Ornstein RM, Mahr F, Essayli JH. A cognitive-behavioral family-based protocol for the primary presentations of avoidant/restrictive food intake disorder (Arfid): case examples and clinical research findings. Cognitive and Behavioral Practice. 2020.
11. Lock J, Sadeh-Sharvit S, L'Insalata A. Feasibility of conducting a randomized clinical trial using family-based treatment for avoidant/restrictive food intake disorder. Int J Eat Disord. 2019;52:746-51.

12. Spettigue W, Norris ML, Santos A, Obeid N. Treatment of children and adolescents with avoidant/restrictive food intake disorder: a case series examining the feasibility of family therapy and adjunctive treatments. J Eat Disord. 2018;6:20.
13. Dumont E, Jansen A, Kroes D, de Haan E, Mulkens S. A new cognitive behavior therapy for adolescents with avoidant/restrictive food intake disorder in a day treatment setting: a clinical case series. Int J Eat Disord. 2019;52:447-58.
14. Thomas JJ, Becker KR, Kuhnle MC, Jo JH, Harshman SG, Wons OB, et al. Cognitive-behavioral therapy for avoidant/restrictive food intake disorder: feasibility, acceptability, and proof-of-concept for children and adolescents. Int J Eat Disord. 2020;53:1636-46.
15. Dalle Grave A. Treatment of avoidant/restrictive food intake disorder: a systematic review. IJEDO. 2020:13-23.
16. Lock J. An update on evidence-based psychosocial treatments for eating disorders in children and adolescents. J Clin Child Adolesc Psychol. 2015;44:707-21.
17. Fairburn CG. Cognitive behavior therapy and eating disorders. Guilford Press; 2008.
18. National Institute for Health and Care Excellence (Nice-UK). eating disorders: recognition and treatment. Clinical guideline 2017.
19. Atwood ME, Friedman A. A systematic review of enhanced cognitive behavioral therapy (CBT-E) for eating disorders. Int J Eat Disord. 2020;53:311-30.
20. Mulkens S, Waller G. New developments in cognitive-behavioural therapy for eating disorders (CBT-ED). Curr Opin Psychiatry. 2021;34:576-83.
21. Steen E, Wade TD. Treatment of co-occurring food avoidance and alcohol use disorder in an adult: possible avoidant restrictive food intake disorder? Int J Eat Disord. 2018;51:373-77.
22. King LA, Urbach JR, Stewart KE. Illness anxiety and avoidant/restrictive food intake disorder: cognitive-behavioral conceptualization and treatment. Eat Behav. 2015;19:106-9.
23. Aloi M, Sinopoli F, Segura-Garcia C. A case report of an adult male patient with avoidant/restrictive food intake disorder treated with CBT. Psychiatr Danub. 2018;30:370-3.
24. Görmez A, Kilic A, Kirpinar I. Avoidant/restrictive food intake disorder: an adult case responding to cognitive behavioral therapy. Clinical Case Studies. 2018;17.
25. Thomas JJ, Eddy KT. Cognitive-behavioral therapy for avoidant/restrictive food intake disorder: children, adolescents, and adults. Cambridge University Press; 2018.
26. Thomas JJ, Becker KR, Breithaupt L, Murray HB, Jo JH, Kuhnle MC, et al. Cognitive-behavioral therapy for adults with avoidant/restrictive food intake disorder. J Behav Cogn Ther. 2021;31:47-55.
27. Thomas JJ, Becker KR, Eddy KT. The Picky eater's recovery book: overcoming avoidant/restrictive food intake disorder. Cambridge University Press; 2021.
28. Steen E, Wade TD. Treatment of co-occurring food avoidance and alcohol use disorder in an adult: possible avoidant restrictive food intake disorder? Int J Eat Disord. 2018;51:373-77.

19

Terapia familiar sistêmica nos transtornos alimentares

Isabelle Tortorella Carneiro Gassi
Edna Maria Ferreira
Izabel Emília Sanchez Abrahão
Margarete Carvalho Cavalcante
Thaís de Castro Gazotti

"Para conhecer melhor um indivíduo, precisamos compreender a sua história familiar e inscrever seus problemas pessoais dentro de seu mundo afetivo e relacional."

Maurizio Andolfi

INTRODUÇÃO

A terapia familiar sistêmica tem como foco principal as dinâmicas e relações do sistema familiar, indo além das dinâmicas dos familiares com o paciente.[1] A intervenção psicoterapêutica familiar sistêmica se predispõe a compreender os conflitos intrafamiliares em termos de sistemas e transgeracionalidade.

O trabalho do terapeuta familiar no tratamento de transtorno alimentar (TA) é altamente eficaz para o tratamento do paciente diagnosticado. Os estudos clínicos randomizados que versam sobre a terapia familiar produziram evidências importantes que são úteis para a prática clínica atual. A maioria desses trabalhos examinou a terapia familiar como um braço do estudo, contemplando a terapia familiar sistêmica.[2,3]

As abordagens familiares para os TA auxiliam as famílias a terem ferramentas para interromper os comportamentos, estabelecendo metas específicas para as mudanças, usando estratégias de gerenciamento consistentes e persistentes, restringindo comportamentos de negociação e minimizando respostas emocionais a demandas e protestos de comportamentos verbais e físicos.[3] Assim, de forma geral, analisando os estudos científicos, os resultados sugerem que a terapia familiar é superior à terapia individual para indivíduos com TA, principalmente em adolescentes, embora ambos os tratamentos levem a melhorias clínicas significativas.[2]

Historicamente, um dos primeiros relatos encontrado na literatura médica com uma abordagem familiar ocorreu no século XVII, na Inglaterra. A descrição do fato se deu a partir de uma prescrição médica ao paciente do afastamento temporário de sua própria família.[4] Contudo, o valor da prática de terapia familiar somente foi reconhecido após a Segunda Guerra Mundial, quando suas diversas abordagens mostraram evidências. Esse fato deve-se às transformações do pós-guerra ocorridas em diversas áreas, decorrentes de mudanças nas relações sociais, do advento de novas tecnologias, do ambiente intelectual diversificado e com a imigração da Europa para os EUA de vários profissionais de diversas áreas.

Dessa forma, houve o crescimento do movimento psicanalítico, o que abriu as portas para terapias ativas que vieram suplantar a psiquiatria biológica inicial. Primeiro, o foco centrado na família, voltado, principalmente, para famílias com pacientes esquizofrênicos e delinquentes, que não estavam se beneficiando dos tratamentos convencionais. Essas pesquisas representaram a mudança de foco da prática terapêutica no indivíduo e processos intrapsíquicos para a família, com ênfase nas interações entre seus membros.[5]

Considerando o foco da terapia familiar sistêmica na abordagem dos TA, estima-se que os primeiros registros tenham sido feitos no início da década de 1970, Minuchin, nos EUA, e Mara Palazolli, na Itália, que desenvolveram trabalhos e pesquisas com pacientes com anorexia nervosa (AN) e bulimia nervosa (BN) e a inclusão na equipe multidisciplinar.[4]

O ramo sistêmico da ciência terapêutica entende que a contextualização dos fenômenos e o entendimento das relações têm causalidade circular, ou seja, são causa e efeito em si mesmos. Visto isso, a terapia sistêmica foca e compreende o ser humano no contexto de suas relações. Ademais, a terapia familiar sistêmica considera as famílias sistemas vivos que funcionam como um conjunto coeso, inseparável e interdependente. Defende-se ainda que não existem relações unilaterais entre seus componentes; as partes de um sistema estão relacionadas de tal modo que uma mudança em uma delas provocará uma mudança nas outras e, consequentemente, no sistema como um todo. Dessa forma, o problema não é mais do indivíduo, e sim do sistema familiar.[6]

A intervenção do terapeuta familiar circula na prática de educar os familiares com uma visão sistêmica, compreendendo o individual como parte do sistema familiar em relação entre si, por meio do psicoeducativo. A partir disso, explica o funcionamento do TA, colocando os efeitos de aspectos físicos e psicológicos, e acolhe o sofrimento que o transtorno causa nos relacionamentos entre os membros da família. Do mesmo modo, aborda aspectos que favorecem ou prejudicam o tratamento, destacando padrões disfuncionais, expectativas e exigências de membros da família, e os encorajando a assumir responsabilidade pela mudança.[7]

TERAPIA SISTÊMICA E SUAS ETAPAS APLICADAS AO TRATAMENTO DOS TRANSTORNOS ALIMENTARES

Ao trabalhar com famílias, a intenção do terapeuta é ajudá-las a descobrir o que impede a família de alcançar seus objetivos e, juntamente com ela, criar uma visão do momento em que ela está e aonde ela quer chegar. Essa complexa tarefa divide-se em 4 etapas, conforme proposto por Minuchin, Lee e Simon,[1] descritas sucintamente no decorrer deste capítulo, que as correlaciona no tratamento de paciente com TA.

Ampliar a queixa apresentada

Nesta primeira etapa do processo de terapia familiar, o objetivo principal é desafiar a convicção da família de que o problema principal se encontra no mecanismo interno do paciente individual. As técnicas mais usuais abrangem:

- Focar as áreas de competência do paciente identificado. Nesse momento, o terapeuta dá voz ao paciente para que ele e a família ali presentes possam ouvir sobre suas competências. Tira-se, assim, o foco do paciente, visto apenas com problema; no caso aqui, com TA.
- Dar um sentido diferente do proposto inicialmente pela família para encarar o problema. Aqui, trata-se de ampliar a visão limitada que o TA lhe impôs.
- Explorar as formas de apresentação dos sintomas e dedicar atenção aos detalhes. Nesse momento, o terapeuta fica atento a como o TA se apresenta por meio de determinados comportamentos, por exemplo, o paciente deixa de fazer as refeições em família, isola-se, nega convites sociais,

envolve-se em dietas muito restritivas, perde peso inesperadamente, entre outros.

- Observar o problema sob diferentes perspectivas até que os sintomas percam sua toxicidade. O terapeuta possibilita que o problema circule, dando voz a todos os membros da família de modo que todos possam falar e escutar sob sua perspectiva. Vale lembrar aqui que não existe verdade absoluta.
- Explorar o contexto no qual os sintomas se manifestam. Aqui, o terapeuta observa em que momento os sintomas se revelaram, por exemplo, eventos conflituosos ou de ruptura (iminência de separação dos pais, briga do casal, comentários sobre o corpo do paciente e/ou do outro, comentários sobre dietas, preocupação e hipervalorização de opiniões externas enfatizando a aparência física).
- Pesquisar dificuldades de outros membros da família, similares ou diferentes daquelas apresentadas pelo paciente identificado. Nesse ponto, pode-se focar as histórias da família: observar seus padrões comportamentais e quais deles se repetem de geração em geração (transgeracionalidade), como padrões alimentares, hipervalorização e insatisfação corporal, e dietas.
- Encorajar o paciente identificado a descrever o sintoma e o significado que lhe atribui, assim como outros aspectos de si, de sua família, e dar a ele um espaço respeitoso enquanto os demais membros da família tornam-se espectadores. Para a terapia sistêmica, o paciente identificado é aquele membro considerado porta-voz do sintoma compartilhado pela família, o que expressa os autênticos conflitos internos de uma família disfuncional.

É a partir desse espaço acolhedor e respeitoso que o terapeuta familiar especialista em TA compreende como a estrutura familiar, as práticas conversacionais, os legados transgeracionais e, sobretudo, a cultura alimentar específica de cada família afetam o desenvolvimento e/ou a manutenção desses transtornos. Assim, oferecem ferramentas visando relacionamentos familiares mais saudáveis e funcionais.

Destacar o problema – interações mantenedoras

Nesta segunda etapa, o terapeuta busca identificar quais comportamentos os membros da família podem estar apresentando para que o problema se perpetue. Com muito cuidado, o profissional mostra quais desses comportamentos interferem no tratamento e, consequentemente, na melhora do paciente. Todo cuidado é pouco nesse momento, de forma que os familiares não se sintam culpados e se tornem resistentes a dar os próximos passos no tratamento.

Entre os possíveis comportamentos intrafamiliar mantenedores de uma disfuncionalidade interacional, podendo ser o diagnóstico de um transtorno mental em algum dos membros da família, encontra-se a construção da dinâmica relacional familiar. Conforme Minuchin, Rosman e Baker[8] pontuaram, o desenvolvimento de uma doença psicossomática está relacionado a três aspectos:

1. Um tipo específico de funcionamento e organização familiar.
2. Envolvimento do filho nos conflitos parentais.
3. Vulnerabilidade biológica.

Os autores apresentam 5 caraterísticas relacionais típicas dessas famílias disfuncionais:

1. Aglutinamento ou emaranhamento: representado por uma proximidade interacional intensa entre os membros da família.
   - Essa característica é comumente percebida em famílias com pacientes anoréxicos, pois nota-se o quanto não há comunicação efetiva entre os membros, retirando do paciente com TA a voz diante dos outros familiares. Geralmente a figura materna se coloca a comunicar pelo paciente.
2. Superproteção: refere-se a uma preocupação exagerada com o bem-estar de todos os membros.
   - O desenvolvimento natural da autonomia do paciente inserido nesse contexto é claramente prejudicado, bem como a expressão de outros interesses fora do contexto familiar protetor.

3. Rigidez: diz respeito à necessidade de manter o *status quo* e a harmonia familiar estabelecida.
   - Para esse tipo de família, um filho doente pode servir como desculpa legítima para a permanência da união, por exemplo, o casal não se divorcia alegando que os dois precisam cuidar do filho que está doente.
4. A baixa tolerância e a falta de resoluções de conflitos: essas características relacionais são resultantes do aglutinamento, da superproteção e da rigidez.
   - Os membros da família apresentam bastante dificuldade na resolução de problemas.
5. Tríade familiar: a participação do paciente identificado nos conflitos parentais refere-se à tendência a evitar os problemas por meio da formação de uma tríade com o filho sintomático.
   - O desenvolvimento de um TA funcionará como regulador e mantenedor do funcionamento familiar. Por exemplo: casal em crise e o paciente com anorexia dormir junto ao casal.

De forma geral, a literatura apresenta algumas características comuns às famílias dos indivíduos com TA. Estudos atuais apontam que indivíduos acometidos por AN têm relações familiares com menor envolvimento emocional entre seus componentes, experimentam maior autoculpabilização, e os pacientes identificam que os membros da família são menos propensos a procurar, dentro da família, os recursos que lhes permitiriam resolver situações difíceis. Ademais, parecem confiar menos em suas mães e expressam mais raiva e sentimentos ressentidos em relação a elas, bem como em relação a seus pais, demonstrando assim evidência de dificuldades em relacionamento interpessoal.[9]

Já na bulimia, as caraterísticas comuns das relações familiares aparecem frequentemente permeadas por conflitos e vínculos disfuncionais, sendo observada pouca habilidade para resolução de problemas. As configurações familiares típicas desse TA evidenciam a presença de uma mãe firme e, por vezes, intrusiva, enquanto o pai se apresenta como figura psiquicamente fragilizada (ou pouco presente) e ofuscada na rotina familiar e nas decisões cotidianas.[10]

As famílias de indivíduos com TA, principalmente se estes forem adolescentes, geralmente apresentam pais com dificuldades em seu relacionamento conjugal. Acredita-se que o mau relacionamento pode influenciar negativamente os adolescentes e criar um processo circular no qual o transtorno pode exacerbar dificuldades entre os pais.[11]

Ao identificar no contexto familiar os comportamentos que podem estar mantendo o TA, o terapeuta começa a traçar metas com o intuito de que os membros da família consigam ver a si mesmos como capazes de ajudar o paciente identificado, uma vez que mudem seu padrão de relação.

Investigar o passado com foco na estrutura

A terceira etapa consiste em uma exploração breve e focada do passado dos membros adultos da família, com o objetivo de auxiliá-los a entender como chegaram a sua visão restrita do presente, de si mesmos e dos outros. Para tanto, deve-se ter em mente que as famílias são diversas em diferentes contextos históricos, cada uma correspondendo a um sistema que engloba vários subsistemas, e como cada indivíduo na família sendo um sistema dela. O terapeuta familiar deve, portanto, entender como a família, dentro de sua etnia, classe e fatores sociais, reflete na estrutura e no funcionamento.

Certos requisitos são universais, e a forma e a organização familiar determinam sua dinâmica. Minuchin, Lee e Simon[1] exemplificam um modelo de conceito familiar a ser trabalhado.

Primeiramente, deve-se entender como se dá a construção da família. Uma família é um grupo de pessoas, conectadas por emoção e/ou sangue, que viveu junto por tempo suficiente para desenvolver padrões de interação e histórias que justificam e explicam esses padrões. Os membros da família adaptam-se às regras familiares que fixam papéis e funções, desenvolvendo estilos preferidos de conduzir verdades sobre si e os demais em suas formas de se relacionar.

Tendo em mente a existência dessas regras e dos padrões relacionais na família construída, pode-se olhar para o sistema familiar construído. Como cada sistema engloba outros subsistemas, podem ser vistos cercados de limites de variada permeabilidade. Esses conteúdos familiares, absorvidos na análise realizada pelo terapeuta, têm uso na terapia, por exemplo: como a família se relaciona e negocia seu dia a dia e como estabelece padrões sobre o uso do poder dentro da família. A observação hierárquica da família traz a compreensão de como ela se organiza.

Com as informações obtidas pela observação da dinâmica do sistema familiar, o terapeuta é capaz de formular os mapas familiares. Ou seja, analisando as informações fornecidas pela família, configura-se um mapa no qual o terapeuta usa os seguintes conceitos: de forma da família, que se refere aos dados demográficos, como essa família se constitui (família nuclear, mista ou ampliada com membros da família estendida morando na mesma casa ou tendo papéis ativos da vida diária da família, ou formado por membros da comunidade LGBTQIAP+). Deve-se ressaltar que as formas diferentes de família podem ser adaptativas para alguns e não para outros.

Ainda seguindo a construção dos mapas familiares, tem-se o conceito de desenvolvimento familiar, no qual a cultura desempenha um papel importante ao trazer comportamentos diferentes diante dos estágios do ciclo vital dos indivíduos. As famílias têm sua própria organização de modo a se ajustarem aos preceitos socioculturais como respostas às mudanças que ocorrem, principalmente nos ciclos com adolescentes e na maneira como estes devem se comportar. A intenção é a de que as famílias busquem melhor se ajustar às necessidades e expectativas na construção da identidade de seus membros; contudo, devido à rigidez e às regras normativas da dinâmica familiar, não é sempre que a família consegue se ajustar de forma saudável diante das mudanças vividas. Nesse ponto, o terapeuta, ao trabalhar com esses conceitos, deve estar atento ao fato de que não são normativos, de modo que cada família pode encontrar sua própria maneira de se adaptar.

Dessa forma, o mapa familiar funciona como instrumento que oferece percepção complexa e ampla dos sistemas familiares para avaliar os estilos de fronteiras. Outro aspecto observável no mapa familiar são as fronteiras existentes em cada interação. As fronteiras correspondem a barreiras invisíveis que delimitam as relações a partir da definição de quem participa, quando e de que forma essa participação deve ocorrer. As principais funções das fronteiras são proteção e diferenciação entre os indivíduos envolvidos na interação do sistema em questão. A função de proteção possibilita construir fronteira permeável ou semipermeável na interação, que vem a possibilitar diferenciação entre os membros de fronteiras. Os tipos de fronteiras são apresentados na Figura 1.

Fronteira rígida ————————
Fronteira nítida - - - - - - -
Fronteira difusa ••••••••••••••

FIGURA 1 Tipos de fronteiras.

Fronteira nítida representa a interação familiar em que existe um funcionamento apropriado com delimitação clara das funções desempenhadas e espaços ocupados de cada integrante dos subsistemas, existindo comunicação e ajuda mútua; já fronteira difusa representa a ausência de limites dos subsistemas, uma vez que são frágeis e de fácil atravessamento. As famílias com fronteira difusa podem ser denominadas emaranhadas ou aglutinadas e apresentam indiferenciação entre os subsistemas, de modo que a distância entre os membros é quase inexistente. Assim, o problema de um de seus membros ou de um subsistema se expande aos demais; a falta de diferenciação influencia na autonomia e na busca de recursos para lidar com os problemas.[12]

A forma da família, o desenvolvimento familiar e as fronteiras podem ser representados graficamente a fim de tornar lúdico para os indivíduos o sistema familiar. As estratégias mais utilizadas são o ecomapa e o genograma.

O ecomapa é um instrumento de avaliação familiar que identifica as relações e ligações da família e de seus membros com o meio e a comunidade onde habitam. Fornece uma visão ampliada da família, desenhando sua estrutura de sustentação e retratando a ligação entre a família e o mundo, avaliando os apoios e suportes disponíveis e sua utilização pela família. Ademais, identifica os padrões organizacionais da família e a natureza de suas relações com o meio, mostrando o equilíbrio entre as necessidades e os recursos da família (sua rede de apoio social, por exemplo). Existem três diferentes dimensões para cada ligação: força da ligação (fraca, tênue ou forte), impacto da ligação (sem impacto, requerendo esforço/energia ou fornecendo apoio/energia) e qualidade da ligação (estressante ou não).

Já o genograma objetiva um estudo histórico familiar observando as interações para identificar os padrões de repetições que ocorrem de geração para geração. Cerveny[13] explicita: "quando recebemos uma herança e não a questionamos, podemos ficar presos somente ao papel designado, mas podemos também imprimir nossa marca pessoal nessa herança e lutar por outros papéis. Isso significa trabalhar nossa herança de maneira a construir novas histórias. No processo intergeracional, o reconhecimento de haver recebido e transmiti-la é aceitar ser o elo de uma corrente intergeracional que é reconstruída, por meio de novos significados, de geração em geração".

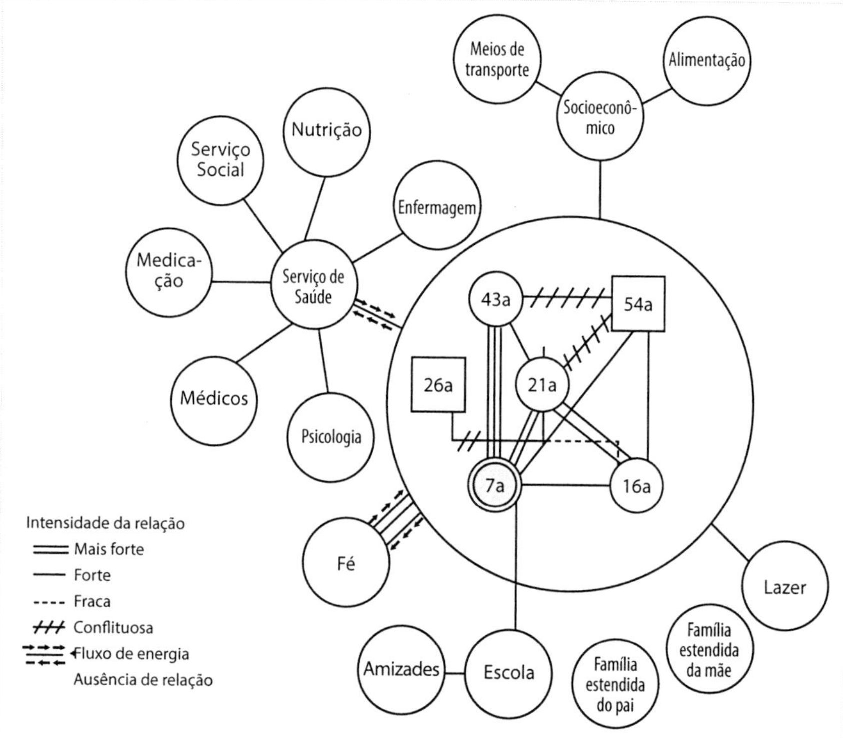

FIGURA 2 Exemplo gráfico de elaboração de ecomapas.

A Figura 3 apresenta imagem ilustrativa de um genograma.

O genograma possibilita a percepção e a compreensão do funcionamento e características do sistema familiar, em seus aspectos relacionais, emocionais e transgeracionais, ilustrado na Figura 3. Seu uso possibilita ampliar as possibilidades de trabalhar as famílias, ajudando-as a perceber as interligações entre seus membros, os padrões que se repetem, os cortes emocionais, as triangulações, ou seja, o nível de diferenciação nas sucessivas gerações e suas influências.[14]

Assim, através dessa estratégia gráfica para compressão do desenvolvimento familiar, a terapia sistêmica com pacientes de TA busca conhecer a estrutura e os comportamentos alimentares da família e identificar os padrões de repetição. Para tanto, é necessário esmiuçar a história da família, se possível três gerações anteriores: conhecer como ela se relaciona com os alimentos e quais as preocupações com a aparência física, quais as crenças limitantes que se perpetuam de geração por geração repetindo padrões, que eles mesmos não se apercebem, e como retroalimentam o sistema.

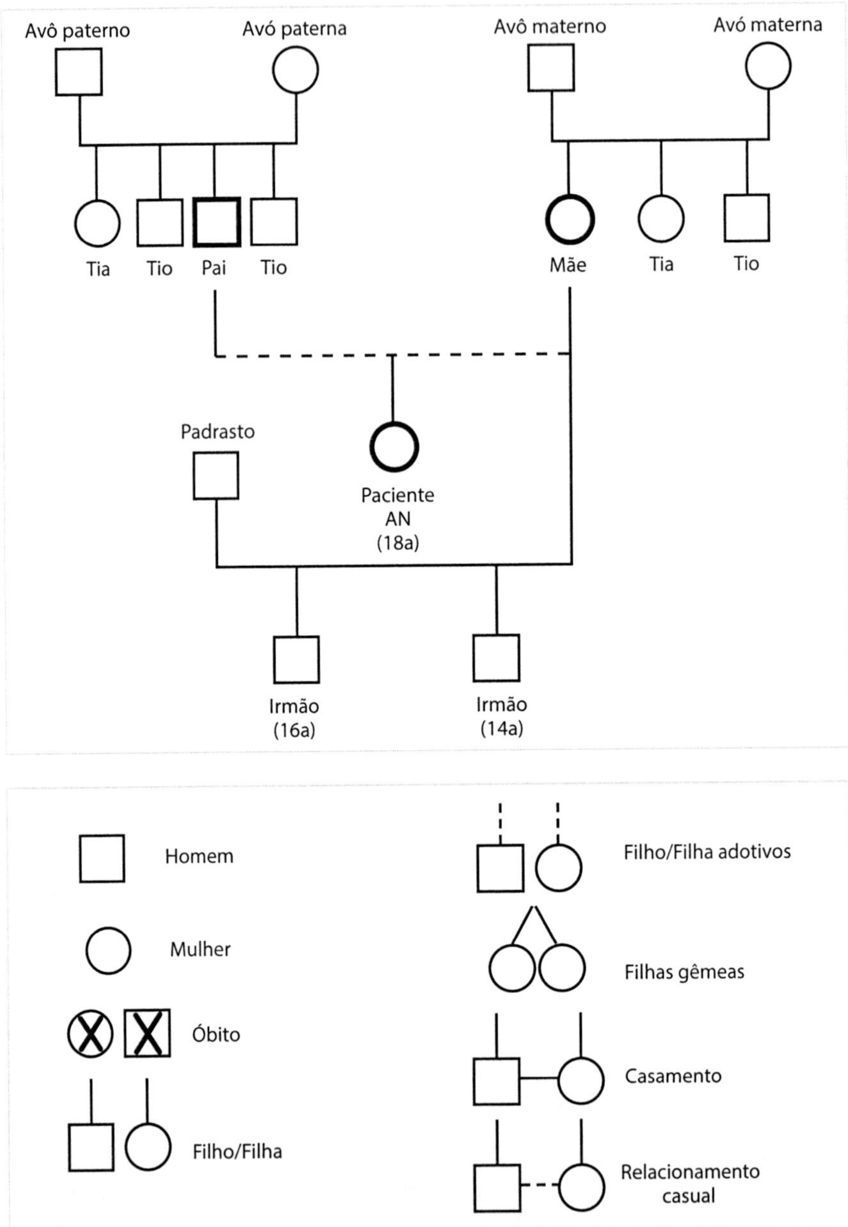

FIGURA 3 Genograma.

AN: anorexia nervosa.

Fonte: Cerveni.[13]

O resultado dessa intervenção é entender o funcionamento e a realidade da família de modo a buscar orientá-la para a solução do problema, apontando os sintomas que são mantenedores desse sistema que se apresenta disfuncional. Reconhece-se que o problema é sustentado pela estrutura corrente da família e seu ecossistema, portanto, compreender o problema e a maneira como a família se estrutura é essencial para a intervenção terapêutica; desse modo, o terapeuta se concentra no paciente identificado (PI), observando como a família está presa a padrões, para, assim, desestabilizá-los para que o sintoma desapareça. Nesse sentido, o mapa familiar é um recurso organizador das informações recebidas, para formular hipóteses sobre as áreas funcionais ou disfuncionais da família, e observar as fronteiras, conflitos, coalizões, associações e desvios.

Descobrir/cocriar formas alternativas das relações

Nesta etapa do processo de terapia familiar o objetivo é definir quais as mudanças necessárias para melhorar as relações familiares e possibilitar novas formas de lidar com as dificuldades. Ao entender seus bloqueios e visualizar suas dificuldades, é o momento de a família buscar mudanças e melhorar suas relações. É preciso ter clareza do que precisa ser modificado e mobilizar os membros da família para esse processo, incentivando e propiciando momentos em que possam descobrir novas formas de se relacionar.

A terapia sistêmica propõe várias técnicas para essa etapa focando os movimentos necessários para gerar mudanças. Essas ferramentas devem ser utilizadas pelo terapeuta para promover meios de a família descobrir novos recursos para melhora do quadro de TA.

Como proposta de intervenção em cada encontro dessa etapa, segue-se a orientação metodológica psicodramática, que apresenta três momentos distintos:[15]

- Aquecimento: preparo da família visando à integração e mobilização do tema do dia.
- Dramatização ou momento de discussão: parte central, na qual se atenta para os padrões relacionais da família e se buscam os processos de mudança. O terapeuta facilita o diálogo entre os membros da família por meio de perguntas abertas e reflexivas.[16] Cada familiar precisa compartilhar suas expectativas e descobrir maneiras de contribuir.

Podem ser utilizadas técnicas como a "externalização do problema", que consiste em ajudar a família a compreender que o paciente portador do TA é um indivíduo separado da doença; distinguir o "problema", como algo que não é parte do indivíduo proporciona novas formas de enfrentamento; e empoderar a família na busca de soluções.[17]

Também é um momento válido para propor o *role playing* ou jogo de papéis, que consiste em uma representação das situações cotidianas visando à reflexão e ao desenvolvimento de novas habilidades relacionais.[18,19] Essa intervenção possibilita identificar características do funcionamento familiar que nem sempre são observáveis no discurso, trabalhando respostas adaptativas e reestruturando crenças disfuncionais e pensamentos automáticos.[20]

- Compartilhar ou conclusão: momento de síntese e avaliação com propostas práticas para a família, enfatizando o comprometimento de todos na mudança do sistema.

Nesta etapa, o terapeuta deve manter uma postura reflexiva e facilitadora durante todo o atendimento. A criação de um espaço dialógico possibilita desenvolver novas competências e recursos para a mudança, visando a estabilidade do sistema e uma forma mais funcional das relações familiares.

CONCLUSÃO

A relação familiar tem um papel central no tratamento de TA e o terapeuta familiar deve abordar e intervir pontuando os aspectos que prejudicam ou favorecem o tratamento do paciente. Assim, esse profissional busca reorganizar a estrutura familiar em vista de transformar o contexto familiar disfuncional e fazer mudança na dinâmica familiar.

Portanto, o objetivo da terapia familiar, como lugar privilegiado de intervenção, é melhorar as condições de comunicação, tornando claros os conflitos e as dificuldades, reorganizar as vivências e aumentar a flexibilidade das estruturas, ajudando a família a repensar o lugar e o papel de cada um. Busca a modificação do presente de modo que a família crie possibilidades que permitam a transformação de sua estrutura, organizando-se ao tornar-se mais funcional, consequentemente, com o desaparecimento do agravamento dos sintomas do TA.

Entre as funções do terapeuta familiar, está oferecer ferramentas e suporte para os membros da família de modo que se sintam apoiados e acolhidos. Dessa forma constrói uma relação dialógica de vínculo seguro com eles, incentivando-os a assumir a participação no tratamento.

Há familiares que relatam que, por meio da terapia familiar, conseguiram se expressar abertamente com o filho e desenvolveram repertórios de comunicação e diálogo. Uma vez que a forma como são estabelecidas as relações intrafamiliares corresponde a um fator predisponente ou mantenedor do TA, a participação da família é de fundamental importância para a evolução do tratamento do paciente.

Pontua-se o cuidado em relação à visão de culpabilizar a família vir a contribuir de maneira negativa para que os familiares se sintam responsáveis pela doença do paciente e tenham dificuldade para colaborar na evolução do tratamento. Portanto, deve-se trabalhar a questão da culpa por meio do acolhimento, oferecer suporte e informações a respeito da doença, de modo a conseguir incluir os familiares no tratamento do paciente e ajudá-los a desenvolver habilidades e utilizar ferramentas para ajudar na recuperação do filho.

Trata-se, portanto, de um trabalho de construção em conjunto, no qual os familiares não são diretamente culpados pela doença de seus filhos, mas são responsáveis ou corresponsáveis pelo tratamento e pelo auxílio do enfrentamento dessa psicopatologia pelos indivíduos.

REFERÊNCIAS

1. Minuchin S, Lee W, Simon GM. Dominando a terapia familiar. Porto Alegre: Artmed; 2009.
2. Lock J. An update on evidence-based psychosocial treatments for eating disorders in children and adolescents. Journal of Clinical Child & Adolescent Psychology. 2015 Jan 12;44(5):707-21.
3. Lock J. Updates on treatments for adolescent anorexia nervosa. Child and Adolescent Psychiatric Clinics of North America. 2019 Oct;28(4):523-35.
4. Nunes MA, Appolinario JC, Galvão AL, Coutinho W. Transtornos alimentares e obesidade. Porto Alegre: Artmed; 2008.
5. Cottrell D, Boston P. Practitioner review: the effectiveness of systemic family therapy for children and adolescents. Journal of Child Psychology and Psychiatry. 2002 Jul;43(5):573-86.
6. Otto AFN, Ribeiro MA. Contribuições de Murray Bowen à terapia familiar sistêmica. Pensando Fam [Porto Alegre]. 2020 Jun;24(1):79-95. Disponível em: http://pepsic.bvsalud.org/scielo.php?script=sci_arttext&pid=S1679-494X2020000100007&lng=pt&nrm=iso. Acesso em: 2 fev. 2023.
7. Andolfi M. A terapia familiar multigeracional – instrumentos e recursos do terapeuta. Editora Artesã; 2019.
8. Minuchin S, Rosman B, Baker L. Psicossomatic families: anorexia nervosa in context. Harvard University Press; 1978.

9. Cunha AI, Relvas AP, Soares I. Anorexia nervosa and family relationships: perceived family functioning, coping strategies, beliefs, and attachment to parents and peers. International Journal of Clinical and Health Psychology. 2009;9(2):229-40.
10. Valdanha-Ornelas ÉD, Squires C, Barbieri V, Santos MA. Relações familiares na bulimia nervosa. Psicologia em Estudo. 2021 Dec 6;26.
11. Sainos-López DG, Sánchez-Morales MT, Vázquez-Cruz E, Gutiérrez-Gabriel I. Funcionalidad familiar en pacientes con anorexia nerviosa y bulimia. Atención Familiar. 2015 Mar 17;22(2).
12. Stürmer TR, Marin AH, Oliveira DS. Compreendendo a estrutura familiar e sua relação com a parentalidade: relato de caso de um casal em terapia de abordagem sistêmica. Rev Bras Psicoter. 2016;18(3):55-68.
13. Cerveny CMO. Família e... São Paulo: Casa do Psicólogo; 2004.
14. Macedo RMS, Cerveny CMO (org.). O livro do genograma. São Paulo: Roca; 2014.
15. Gonçalves CS, Wolff JR, Almeida WC. Lições de psicodrama: introdução ao pensamento de J. L. Moreno. Ágora; 1988.
16. Anderson H, Goolishian H. O cliente é o especialista: a abordagem terapêutica do não saber. In: McNamee S, Gergen KJ (orgs.). A terapia como construção social. Porto Alegre: Artes Médicas; 1998. p.34-50.
17. White M. Mapas da prática narrativa. Pacartes; 2012.
18. Moreno JL. Quem sobreviverá? Fundamentos da sociometria, psicoterapia de grupo e sociodrama. Dimensão; 1934.
19. Moreno JL. Psicoterapia de grupo e psicodrama. 2.ed. Psy; 1993.
20. Beck JS. Terapia cognitivo-comportamental: teoria e prática. Porto Alegre: Artmed; 2013.

O novo modelo Maudsley de habilidades familiares

Fellipe Augusto de Lima S. Lenzing
Isabelle Tortorella Carneiro Gassi
Marlene Oliveira Rosa
Claudia Regina Ribeiro
Laura dos Santos Oliveira
Renata Rodrigues Arnoni

INTRODUÇÃO

As intervenções familiares no campo dos transtornos alimentares são bem reconhecidas e recomendadas pela Academy for Eating Disorders e pelo National Institute for Health and Care Excellence.[1,2] Atualmente o tratamento padrão ouro para crianças e adolescentes com anorexia é o *Family Based-Treatment* (FBT-*Maudsley*), que tem como objetivo a recuperação de peso, a estabilização da saúde e o retorno ao desenvolvimento de uma adolescência saudável.[3-5]

O FBT-*Maudsley* é um tratamento com duração de 1 ano e organizado em 3 fases de intervenção. A primeira fase é destinada ao controle parental, tornando os pais responsáveis pelas refeições diárias de seus filhos, estabelecendo um comer regular e interrompendo qualquer outro comportamento alimentar transtornado associado, por exemplo, vômitos autoinduzidos, atividade física excessiva, entre outros.

Após a recuperação de peso, inicia-se o estágio 2, considerado um momento de transição entre controle dos pais sobre alimentação *versus* o retorno da autonomia do adolescente. Os familiares precisam oferecer autonomia realista para os filhos, entregando de forma gradual a liberdade de fazer as refeições sozinhos, porém com algum nível de monitoramento para analisar se estão prontos para irem assumindo a responsabilidade por suas refeições e autocuidado.

No estágio 3, a ideia é o paciente ter independência compatível com sua idade e retornar para uma adolescência saudável, mantendo-se sem restringir a alimentação, a fim de que possa desenvolver a capacidade de lidar com as questões típicas da adolescência.[3,6]

Em média 70 a 75% dos adolescentes que fizeram o tratamento FBT-*Maudsley* tiveram uma boa resposta clínica (recuperação de peso, remissão do comportamento de restrição alimentar e métodos compensatórios), 15 a 20% dos pacientes tiveram uma recuperação de peso parcial ou não conseguiram manter o peso ao longo do tempo e 10% não tiveram recuperação de peso significativa, apresentando baixa resposta clínica.[7,8]

O FBT-*Maudsley* é um tratamento consagrado e com forte evidência, porém, assim como todos os tratamentos, apresenta suas limitações, entre elas uma baixa resposta em adolescentes mais velhos, adolescentes sobre cujo comportamento os pais têm pouco controle, jovens que não moram com os pais e pacientes adultos.[3] Além disso, os pais que estão no tratamento FBT-*Maudsley* têm um alto nível de exigência no percurso de tratamento de seus entes queridos, não oferecendo o tratamento estratégias protetivas em face de sobrecarga, de estresse e no sentido de manter o autocuidado para não adoecerem durante o tratamento de seus filhos.

O novo modelo *Maudsley* é um tratamento diferente do FBT-*Maudsley*, considerado um tratamento complementar, necessitando que o paciente tenha uma psicoterapia individual (que pode ser o FBT-*Maudsley*, terapia cognitivo-comportamental, psicoterapia psicodinâmica, entre outras), pois modifica o foco da intervenção primária para os familiares, e não diretamente para o paciente (alvo secundário).[9,10]

O tratamento é direcionado ao desenvolvimento de habilidades familiares relacionadas a:

- Gerenciamento do estresse.
- Comunicação baseada na entrevista motivacional.
- Aumento inegociável do autocuidado.
- Regulação de respostas emocionais intensas dos familiares (principalmente o medo da doença e a impotência no processo de recuperação).
- Organização da rede de apoio (trabalhar no espírito de uma cooperativa).
- Fazer o manejo dos sintomas de acomodação familiar e um aumento da qualidade de vida.

A ideia é transformar os cuidadores em membros ativos do tratamento de seus filhos, mantendo-se bem no percurso de tratamento e, posteriormente, conseguindo ajudar seus entes queridos com transtornos alimentares (TA).[10,11]

O treino de habilidades do novo modelo Maudsley pode ocorrer no formato de grupo (*online* ou presencial), individual ou no modelo de *workshop* de alguns dias.[12,13] De acordo com uma revisão sistemática,[14] os cuidadores que passaram pelo treinamento de habilidades apresentaram redução da sobrecarga, diminuição do estresse interpessoal familiar e da acomodação dos sintomas dos transtornos alimentares. Outros estudos[15,16] sugerem um aumento da compreensão da doença de seus filhos, maior segurança no manejo do comportamento alimentar e melhora da comunicação familiar.

Os clínicos têm a liberdade de adaptar o número de sessões e a ordem do ensinamento das habilidades de acordo com as necessidades dos cuidadores, tornando o programa algo flexível e focado nas demandas deles.

Neste capítulo será realizada uma breve descrição de cada sessão de tratamento, com base exclusivamente nas referências das sessões no manual *Caring for a loved one with an eating disorder: the new Maudsley skills-based training manual.*[10]

SESSÃO 1

A primeira sessão envolve receber os familiares, incentivando-os a fazer uma breve apresentação de sua história e a iniciar a sensibilização de terem o compromisso de retomar o autocuidado diante do adoecimento de seus entes queridos. Essa é uma postura quase contraintuitiva, uma vez que os pais instintivamente querem "salvar" ou curar os seus filhos, desistindo facilmente de se cuidar.

É importante ajudar os pais a enxergar pela perspectiva da metáfora da máscara de oxigênio: quando um avião está em turbulência, é recomendado que os pais/adultos coloquem primeiro a máscara de oxigênio em si mesmos para posteriormente ajudar seus filhos. A orientação acontece exatamente dessa forma, dentro do treino de habilidades, pois precisamos dos pais com mais habilidades protetivas (oxigênio) para que mantenham firme o tratamento de seus entes queridos.

Os clínicos recebem o título de facilitadores do grupo, saindo da cadeira de especialistas ("eu sei sobre a doença do seu filho, então você deve seguir as minhas instruções") e entrando na construção de um espaço onde os pais são especialistas em seus filhos e têm potencial imensurável de ajudá los. Por isso, os clínicos atuam como facilitadores, humildemente criando pontes de conexão entre as habilidades do novo Maudsley e todo o potencial existente em cada família do grupo.

É recomendado que os facilitadores chamem os familiares de cuidadores, com o intuito de o grupo receber também pessoas que não tenham laços sanguíneos com os pacientes, mas que se disponham a ajudá-los sem nenhum tipo de remuneração para isso – por exemplo, amigos, vizinhos etc.

A primeira sessão pode ser organizada e estruturada da seguinte maneira:

- Organização da sala: preferencialmente salas com capacidade para grupos de 3 até no máximo 12 cuidadores. Facilitadores mais experientes podem receber até no máximo 16 cuidadores por encontro, sendo necessário avaliar os limites pessoais dos facilitadores em relação ao número de cuidadores. É recomendado que a sala tenha cadeiras, mesas (ou espaços para os cuidadores escreverem), folha de sulfite e lousa para os facilitadores passarem as habilidades da maneira mais didática possível.
- Apresentação dos facilitadores: descrição de sua especialidade (psicólogo, médico, nutricionista, entre outros), tempo de experiência no tratamento com TA e o motivo de trabalhar com os cuidadores.
- Apresentação dos cuidadores: eles dizem seus nomes, *hobbies* que têm ou tinham antes do adoecimento de seu ente querido (para começarem a se conectar com os aspectos protetivos); nome do ente querido; grau de parentesco ou laço não sanguíneo; idade; diagnóstico, há quantos anos os cuidadores estão na jornada de tratamento, suas expectativas em relação ao grupo e se os entes queridos estão em tratamento multidisciplinar.
- Apresentação do programa e dos materiais: os facilitadores descrevem o objetivo do grupo, o número de encontros (de 8 a 12), regras individuais do grupo e a apostila com conteúdos prévios das sessões para os cuidadores se manterem ativos no grupo.
- Construção de uma hierarquia de prioridade: os facilitadores precisam manter firmes os 3 elementos-chave do novo modelo Maudsley:
  - Prestar atenção ao risco médico: no grupo, os facilitadores irão equilibrar o compartilhamento das informações sobre os sinais de risco médico (sangue no vômito; convulsão; ficar sem fôlego mesmo deitado; desmaios; entre outros), sem deixar os cuidadores paralisados no medo. Os cuidadores são orientados a saber o que fazer e quando precisam tomar

as rédeas da situação que envolve o risco de vida de seus entes queridos. Aprendem a levar seus entes queridos ao pronto-socorro, a oferecer informações úteis para os médicos e a se comportar adequadamente para manter seus filhos ou familiares em segurança.

- Apoiar e treinar cuidadores para refletir suas próprias respostas emocionais e comportamentais: a única pessoa que os cuidadores podem mudar são eles mesmos! Essa é uma frase poderosa e frustrante no treino de habilidades. Ela significa que, se os cuidadores focarem excessivamente a mudança de seus entes queridos, podem esquecer de suas próprias mudanças. E sem os cuidadores o tratamento pode falhar ou não existir (baixa crítica e motivação dos entes queridos). A ideia é os cuidadores serem exemplos de mudança, autocuidado, comunicação e equilíbrio emocional. O objetivo é que eles: a) assumam o compromisso de autocuidado e permissão para se cuidar (ter dias de folga, dividir tarefas, férias, receber suporte e cuidar do seu bem-estar); b) reflitam sobre suas respostas emocionais (raiva, medo e frustração). A intensidade dessas emoções pode ocasionar brigas, julgamentos, confrontos, entre outros. Eles devem avaliar seu estilo como cuidadores, oferecendo respostas de suporte conectadas com a fase de mudança do paciente e tornando os cuidadores parte da solução do problema.
- Aplicar as habilidades de mudança aprendidas durante as refeições e comportamentos de seu ente querido: uma vez que os cuidadores estão se cuidando, agora eles podem direcionar cuidados também para seus filhos (metáfora da máscara de oxigênio), utilizando habilidades de comunicação, gerenciamento dos comportamentos do transtorno alimentar (refeições em família, bloqueio de esquiva do comer, redução do tempo no banheiro, entre outros) e mantendo o ritmo do tratamento dentro de casa.

Os facilitadores precisam ficar atentos ao autocuidado do cuidador, pois facilmente isso desaparece quando os entes queridos estão em crise. É importante os cuidadores observarem um equilíbrio entre suas próprias necessidades emocionais e as necessidades emocionais de seus entes queridos. Um cuidador que está ativamente se cuidando torna-se um exemplo dentro de casa e pode fornecer suporte de alta qualidade na condução do gerenciamento do TA no contexto familiar.

SESSÃO 2

No segundo encontro os cuidadores estão mais entrosados entre si, sabendo um pouco das lutas e superações de cada participante do grupo. A seguir a descrição dos tópicos principais desta sessão:

- Avaliação do risco médico: os facilitadores precisam garantir que os cuidadores tenham acesso a um médico para seus entes queridos. Se os cuidadores não tiverem médicos na equipe multidisciplinar, é preciso fazer a recomendação e o encaminhamento, pois os TA são doenças psiquiátricas graves.[18] O Maudsley Hospital tem um guia de avaliação do risco médico, sendo interessante os facilitadores entregarem alguns marcadores de quando procurar o pronto-socorro, principalmente se o médico da equipe não estiver disponível naquele momento.[18]
- Respostas emocionais dos cuidadores: cuidar de alguém com TA pode ser muito angustiante e desafiador. Neste tópico os facilitadores precisam identificar quais emoções são mais prevalentes nos cuidadores (raiva, medo, angústia, desesperança, entre outras) e quais as respostas emocionais quando estão sentindo essas emoções, por exemplo: "Quando a minha filha não come o suficiente eu sinto raiva! E começo a brigar com ela, tentando fazê-la acordar para a realidade, pois isso vai matá-la!". As respostas emocionais dos pais precisam ser gerenciadas, usando todas as habilidades possíveis do novo modelo Maudsley. Conseguir regular as respostas emocionais dos cuidadores é um dos desafios do grupo de habilidades. Por isso é importante o cuidador manter firme o autocuidado para conseguir gerenciar as próprias respostas emocionais e ajudar no manejo do comportamento do TA de seu ente querido.
- Habilidade ALVS (atender, rotular, validar e acalmar-se): quando os cuidadores estão sentindo emoções desagradáveis e intensas, é importante utilizarem a habilidades ALVS. A seguir a descrição de um exemplo no uso dessa habilidade:
  - Situação: minha filha não queria comer o lanche que combinou com a nutricionista. Sentei na mesa com ela, conforme o psicólogo tinha orientado, e fiquei na mesa até ela terminar completamente o lanche. Quando acabou de comer, ela olhou com muita raiva para o meu rosto e disse: "Eu te odeio! Você está acabando com a minha vida! Eu não aguento mais você no meu pé!", e saiu da mesa.

- Minha resposta emocional automática: eu senti raiva! Queria ir atrás dela e gritar, pedir por respeito e não deixá-la usar o celular por uma semana.
- Usando a habilidade ALVS: lembrei que primeiro eu preciso cuidar da minha emoção e depois resolver essas situações com a minha filha. Ela terminou a refeição, então o meu objetivo foi alcançado. Posso agora cuidar da minha raiva dando os seguintes passos:
  - A (atender): percebo que, quando minha filha quebra a regra do transtorno alimentar, ela fica furiosa e age de forma reativa.
  - L (rotular): eu sinto raiva, tenho vontade de contra-atacar com mais raiva ainda, mas tenho que lembrar que ela concluiu a refeição e essa reatividade é da doença. Minha filha nunca usaria essas palavras comigo; isso mostra o quanto o transtorno alimentar ainda está vivo dentro dela.
  - V (validar): eu posso sentir raiva, afinal fui desrespeitada à mesa, então posso sentir, e preciso de algo para me acalmar, pois não quero piorar as coisas com a minha raiva. Por exemplo: minha filha se negar a comer, como aconteceu no passado.
  - S (Acalmar): vou sair para ir ao mercado a pé para poder respirar, caminhar um pouco e sair de casa. No caminho, vou respirando e tentando me desgrudar dessa situação. É muito difícil ouvir que ela me odeia, mas não posso esquecer que não é ela, é o TA. Eu também odeio o TA, ele bagunçou toda a vida da minha família. Vou focar em me acalmar! Quando voltar, vou verificar se ela ainda está "possuída pelo TA", pois sei que quando ela se acalmar pedirá desculpas e vamos conversar sobre isso... Minha filha nunca usaria essas palavras comigo; eu a conheço e a amo.

- Causas e fatores de manutenção: os facilitadores abrem a discussão deste tópico descrevendo que os TA são doenças multifatoriais complexas, e envolvem inúmeros fatores de diversas ordens. A ideia aqui é os pais refletirem sobre quais acontecimentos eles acham que contribuíram ou vulnerabilizaram para o desenvolvimento do TA. Neste tópico pode ser útil esclarecer que os pais não são culpados pelo TA de seus filhos, e abrir um espaço para eles refletirem sobre inúmeros eventos (trauma, redes sociais, *bullying*, abuso, sobrepeso, dietas, entre outros) que contribuem para o desenvolvimento de um TA.

- Ambivalência do ente querido: os cuidadores têm muita dificuldade em entender a ambivalência de seus entes queridos, notando que eles querem se tratar e ao mesmo tempo não quem. Essa ambivalência acontece muitas vezes ao dia, deixando os pais confusos e sentindo como se seus filhos não estivessem querendo melhorar. É válido os facilitadores primeiro fazerem um levantamento com os cuidadores de todos os benefícios que seus entes queridos acreditam que têm ou terão se permanecerem com o TA, por exemplo: "Eu vou ser bonita"; "Eu vou ser suficiente", "Eu vou ter mais amigos", "Eu vou ser popular", "Finalmente vão gostar de mim", entre outros. Depois que os cuidadores descreverem todos os benefícios, esse será o momento de reflexão, mostrando para os cuidadores o quanto é ambivalente e difícil para eles abrirem mão de todas essas promessas e simplesmente deixar de ter os comportamentos do TA. O objetivo deste tópico é o desenvolvimento da empatia com seus entes queridos, reduzindo as brigas e os julgamentos. Isso não significa permissão para terem o comportamento do TA, mas sim compreensão aos altos e baixos em relação à ambivalência de se tratar.
- Externalização da doença: os facilitadores precisam orientar os cuidadores a conversar com seus filhos, mas não com a doença. Externalizar a doença costuma ser um recurso eficaz para lidar com essas características. Externalizar quer dizer separar a pessoa com TA do comportamento doente ou "da voz do transtorno alimentar". Lembre-se, seu ente querido está com a doença; ele não é a doença. O processo de separação entre o paciente e a doença contribui para que a família se autorize a ter uma postura mais firme e às vezes até mesmo drástica com seus filhos em relação aos comportamentos e comentários sobre comida, peso ou imagem corporal.[17] Quando os entes queridos estão vivendo emoções do TA por não terem conseguido pular uma refeição, vomitar ou algo do tipo, eles podem vivenciar emoções intensas, apresentando comportamentos de raiva e maior reatividade. Esse é o momento de os cuidadores avaliarem quais conversas são úteis e quando não é útil entrar em uma discussão. Os facilitadores eliciam várias situações típicas para que os cuidadores possam treinar, manter ou sair de uma conversa não produtiva com seu ente querido, reconhecendo quando estão conversando com seus entes queridos (criar conexão) e quando eles apenas estão externalizando a doença, perdendo totalmente a conexão com o verdadeiro eu deles.

SESSÃO 3

A terceira sessão é destinada a rotular as reações emocionais dos cuidadores, ajudando-os a identificar, por meio das metáforas dos animais (formas instintivas de agir), meios mais adequados de reagir na comunicação com seus entes queridos. A sobrecarga dos cuidadores é um problema a ser gerenciado, necessitando de uma reorganização das obrigações de cada membro da casa, e tornando todos responsáveis pelo tratamento (trabalhando no espírito de uma cooperativa), mesmo que tenham responsabilidades diferentes. Por último, analisar o impacto do TA na vida dos cuidadores e possíveis problemas de acomodação familiar dos sintomas.

- Metáforas dos animais: são um meio simples e poderoso de ajudar os familiares a perceberem suas respostas emocionais instintivas, como se estivessem apenas reagindo, sem pensar. A escolha das metáforas animais torna a discussão leve, para que os cuidadores se identifiquem sem juízo de valor. É importante os cuidadores saberem que podem oscilar em todas as reações emocionais a seguir, e rotular suas respostas emocionais, refletindo sobre quais reações emocionais podem ajudar mais seus entes queridos:
  - Avestruz: quando os cuidadores negam o problema, escondendo a cabeça no buraco e não querendo olhar para o que realmente está acontecendo.
  - Água-viva: acontece quando as emoções dos cuidadores são elevadas a ponto de qualquer contato se transformar em uma resposta dolorosa para o ente querido. O momento em que os cuidadores não conseguem regular as próprias emoções e transformam toda a dor em grandes discussões ou brigas.
  - Canguru: é a postura de tentar proteger excessivamente os entes queridos, buscando assumir o controle de todos os aspectos da vida dele, deixando-o protegido no bolso.
  - Rinoceronte: o cuidador, alimentando-se do estresse, da exaustão e frustração ou simplesmente de seu próprio temperamento, tenta persuadir o ente querido. Os cuidadores podem ir com tudo, tentando convencer o ente querido por meio de argumentos e confrontos.
  - Terrier: os cuidadores tentam ganhar pelo cansaço, insistindo excessivamente, sem ouvir seu ente querido.

  - Golfinho: é a resposta do cuidador de oferecer cuidado e controle suficientes, nem demais ou de menos. Imagine um grupo de golfinhos nadando e o golfinho filhote começa a nadar para a zona de perigo; um dos golfinhos, pai ou mãe, vai atrás para empurrá-lo suavemente para a zona de segurança.
  - São Bernardo: diante de uma avalanche emocional, o cuidador oferece apenas compaixão e consistência. É acolhedor e carinhoso.
  - Manada de elefantes: é a união de todos cuidadores ou uma rede de apoio para oferecer suporte e ajuda para seu ente querido.
- Tirando o máximo proveito da rede de apoio: a família precisa trabalhar no espírito de uma cooperativa. Não raro apenas um dos cuidadores assume todo o tratamento de seu ente querido ou grande parte dele. Esse comportamento aumenta a sobrecarga e pode comprometer o tratamento. A ideia é o facilitador sensibilizar os cuidadores a dividirem tarefas com o parceiro, filhos, amigos ou qualquer pessoa da rede de apoio. Todos podem ajudar diretamente ou indiretamente, por exemplo, um dos irmãos pode ficar responsável por tirar o lixo da casa, enquanto o outro filho ficará responsável pelos passeios diários com o cachorro e o marido poderá oferecer suporte no jantar para o ente querido. Ou uma amiga poderá ficar com os filhos em um fim semana à tarde para que os cuidadores possam descansar. O objetivo é os cuidadores dividirem toda e qualquer atividade, podendo ter mais tempo de descanso e recarregar suas energias para ajudar o ente querido.
- Impacto do TA no contexto familiar: os facilitadores abrem a discussão sobre como era a vida dos cuidadores antes do adoecimento de seus entes queridos, fazendo um levantamento de tudo que se perdeu e tentando ajudar os cuidadores a retomar seus gostos, sonhos, projetos e *hobbies* que foram perdidos. Assim, os cuidados são equilibrados com a doença dos filhos, permitindo-se a reconexão com a própria vida.
- Acomodação e facilitação do TA: o TA é tão desafiador que acaba invadindo a rotina, regras e valores dos cuidadores. Os cuidadores não percebem, mas podem existir comportamentos de acomodação familiar, por exemplo, ir sempre ao mesmo restaurante (evitar brigas ou "drama" com seus entes queridos), comer alimentos apenas *light*, não cozinhar nenhum tipo de alimento diferente na casa, entre outros. Ou de facilitação, contribuindo para a rotina do TA, sem nenhum desafio, por exemplo: ter um banheiro em casa apenas para o ente querido vomitar, comprar pratos pequenos para a filha comer todas as refeições, entre outros.

SESSÃO 4

Nesta sessão os tópicos são destinados ao ciclo de mudança dos TA, esclarecendo aos cuidadores a importância de saber em qual momento de mudança seus entes queridos se encontram para, assim, organizar as habilidades de comunicação.

- Compreendendo e identificando os estágios da mudança: os facilitadores promovem a reflexão sobre os estágios em que os cuidadores e os entes queridos se encontram no ciclo da mudança:
  - Pré-contemplação: o ente querido não vê os comportamentos como um problema e acha tudo um grande exagero, pois não se sente doente.
  - Contemplação: o paciente entende que existe um problema, mas é muito ambivalente em relação à mudança. Diz para os cuidadores que vai fazer uma refeição completa e acaba não cumprindo.
  - Preparação para a mudança: o ente querido decidiu mudar e está fazendo planos para conseguir. Esse pode ser um estágio frágil.
  - Ação: as mudanças realmente começam a acontecer! É importante ter combinados claros e dar pequenos passos realistas.

FIGURA 1 Modelo de estágios de mudança.

Fonte: apostila do treinamento internacional do Novo Modelo Maudsley de habilidades familiares, Centro Brasileiro de Atualização em Transtornos Alimentares – Cebrata/2021.

- Manutenção: o paciente se mantém firme nas mudanças e resiste a qualquer tipo de recaída.
- Lapsos: é um deslize no comportamento alimentar desadaptativo com duração de minutos, horas ou breves dias. Porém, logo o ente querido consegue voltar, sem muitas dificuldades.
- Recaídas: podem ser mais longas, durando dias, semanas ou meses. Necessita de ajuda e um plano para o ente querido se estabilizar.

Os cuidadores, ao identificar os estágios de mudança de seus entes queridos, têm diante de si o momento de aumentar suas habilidades de comunicação para promover mudanças reais em seus entes queridos.

- Habilidade OARS: é uma estratégia empregada para abrir conversas reflexivas e conscientes com os entes queridos. É importante os cuidadores serem curiosos, e não furiosos! A comunicação sobre a compreensão da doença é normalmente usada em todos os estágios do ciclo de mudança.
  Situação: o ente querido está com medo de voltar a comer um pedaço de bolo.
  O (Questão aberta): Filha, me ajuda a entender as razões de estar com medo?
  A (Afirmação): Eu sinto que você está tão preparada para isso. Vejo a coragem de enfrentar seus medos nos seus olhos. Estou orgulhosa de você!
  R (Reflexão): Ok! Então você acha útil escolher um pedaço de bolo de sua preferência, e não querer controlar o tamanho do pedaço, pois você poderá comer até o momento em que se sentir confortável. O que você acha?
  S (Resumo): Estou orgulhosa de você, filha! Lembro que esse era seu bolo preferido. Inclusive foi o recheio escolhido na sua festa de 15 anos, lembra? Acho que chegamos em um acordo. Você vai fazer todas as suas refeições e o pedaço de bolo vai ser uma sobremesa do seu almoço ou jantar. Você pode escolher! Quero poder viver esse momento com você! Vamos fazer isso juntas.

- Habilidade *less is more* (menos é mais): são utilizadas afirmações de encorajamento, apoio e suporte. Os cuidadores, nos momentos de dificuldade, podem oferecer uma comunicação de suporte.
  Situação: meu filho quer ir fazer natação sem almoçar, pois teme que ficará com a barriga inchada.

L (Ouvir): postura de ficar atento, com presença e ouvindo ativamente o filho. Sem interromper.
E (Empatia): Filho, sei que você está tentando se sentir confortável com a sua barriga na natação.
S (Apoio): A ideia do seu tratamento é conseguir passar pelo desconforto para ficar livre do transtorno alimentar. Como podemos fazer para você tolerar fazer seu almoço, ter energia para a natação e lidar com o desconforto com a barriga?
S (Autoconfiança por meio da autorreflexão): Lembra que, da última vez em que você se sentiu assim, era uma previsão e não o que verdadeiramente aconteceu? Lembra? Você tinha comentado que era muito rápido o percurso entre o vestiário e a piscina, e que foi tão rápido que não ficou desconfortável.

- Habilidade DARN-C: é uma estratégia de comunicação que oferece conversas sobre incentivar e manter as mudanças do transtorno alimentar.
  Situação: reduzir o número de passos diários que o ente querido fazia ao longo dia.
  D (Desejo de querer mudar): Filha, você tinha combinado com a sua equipe que iria reduzir o número de passos diários. Em uma escala de 0 a 10, quanto você gostaria de fazer essa mudança?
  Paciente: Eu sei que preciso fazer essa mudança, pai. Eu estava tentando não pensar nisso, mas quero mudar, pois estou com dores nas pernas de tanto andar. Acho que eu gostaria dessa mudança no nível 7.
  A (Habilidade para mudar): Diga, minha filha, como você está planejando fazer essa mudança? Eu poderia te ajudar de alguma forma? De 0 a 10, quanto você está confiante em fazer essa mudança?
  Paciente: Eu não sei! Estou com 7 de confiança, mas não sei como parar. Acho que vou precisar da sua ajuda.
  R (Razão para mudar): Ok! Vou te ajudar, mas, antes, quais são as razões de ser importante reduzir o número de passos que você faz por dia? Quero entender suas razões para mudar isso.
  Paciente: É importante porque estou machucada de tanto ficar andando desse jeito. Amanhã tenho psicóloga, ela vai me cobrar.
  N (Necessidade de mudar): Entendi! Parece que reduzir o número de passos é importante para você, para o seu tratamento e para mim. Você percebe a necessidade de mudar? De 0 a 10, qual a necessidade de mudar isso?

Paciente: Claro! Por conta das dores, eu sei que isso não é normal. Já disse que é 7 o grau de importância para mim.
C (Força de comprometimento): Ok! O quanto você estaria comprometida a fazer mudanças sobre isso? E quais os seus planos para fazer isso?
Paciente: Eu gosto da ideia sobre a qual você tinha comentado de reduzir 1 minuto por dia o meu número de passos. Com a redução de 1 minuto por dia de treino, eu ficaria nível 9 de confiança, e sinto que isso realmente iria me ajudar. O que acha?

SESSÃO 5

A quinta sessão do treino de habilidades é direcionada ao desenvolvimento de inteligência emocional nos cuidadores, aumentando o uso das metáforas animais, a regulação das respostas emocionais e a utilização das habilidades ALVS, principalmente com o intuito de os cuidadores estarem mais instrumentalizados a gerenciar suas emoções antes de agir. Além disso, os cuidadores aprendem a lidar com a resistência de seus entes queridos com a habilidade DEARS, baseada na entrevista motivacional.

- Inteligência emocional: os pais estão conscientes de que precisam antes se autorregularem para depois ajudarem seus filhos? Os facilitadores precisam colocar isso à prova, criando no grupo diversas situações com as quais facilmente no começo do tratamento os pais iriam se desregular. O intuito é os cuidadores manterem firme a regulação das próprias respostas emocionais a fim de terem consciência para usar as habilidades do novo modelo Maudsley (ALVS, OARS, *less is more*, DARN-C, metáfora dos animais, externalização da doença e organização da comunicação baseada no ciclo de seus entes queridos).
- Habilidade DEARS: é uma habilidade usada pelos cuidadores para situações em que a resistência à mudança aparece e os cuidadores precisam manter-se firmes na direção dos objetivos do tratamento.
  Situação: a pedido do médico da equipe, minha filha precisou ser afastada das atividades escolares. Ela sempre tirou notas muito boas, é popular na escola e um exemplo de dedicação escolar. Ela disse que não vai parar a escola, e que não vai ligar para essa "merda de tratamento".
  D (Desenvolver discrepância): Filha, eu sempre acompanhei sua vida escolar e sei o quanto você é dedicada aos seus estudos. E temos que nos dedi-

carmos juntas para melhorar a sua saúde, pois sua médica está preocupada com seus exames e seu peso.
E (Expressar empatia): É muito frustrante você ter que se afastar da escola, mesmo sendo tão boa nos estudos. Eu sinto que isso é importante para você, e temos que cuidar da sua saúde.
A (Ampliar a ambivalência): De um lado da moeda, você sempre foi muito boa nos estudos; do outro lado, precisamos te ajudar a ser boa em cuidar da sua saúde, sem pular refeições, e a se renutrir.
R (Rolar com a resistência): Parece inaceitável essa situação para você, e não precisa tentar resolver nada disso agora. Vamos aproveitar o nosso final de semana e no domingo à noite pensamos em como vamos conversar com a sua escola.
S (Apoiar a autoeficácia): Você é uma filha muito amorosa, corajosa e dedicada. Eu quero o seu melhor e sempre vou lutar por você. Vamos passar por tudo isso juntas! Você é e sempre será o meu orgulho. Quero te ajudar nessa caminhada, minha filha.

SESSÃO 6

A sexta sessão é dedicada aos momentos em que os entes queridos querem se sentir seguros com a afirmação que não engordaram ou ganharam peso. Os cuidadores são constantemente colocados na parede para responderem a essas perguntas no dia a dia diante de pacientes com TA, porém existem armadilhas em os pais ficarem assegurando seus filhos em relação ao peso. Outro tópico desta sessão inclui a habilidade SMART, que tem como objetivo organizar pequenos passos, com metas e etapas realistas para a mudança.

- Armadilha de afirmação sobre o corpo e rolar com a resistência: os entes queridos, quando estão ansiosos com seus corpos ou enfrentando uma crise de imagem, podem insistir para os pais falarem se eles engordaram. É importante os cuidadores terem em mente que um corpo magro não pode ser o meio de eles se autoacalmarem. Mesmo que os cuidadores digam: "Filha, você está magra, pode confiar", ao longo do tempo a afirmação dos pais vai perdendo o efeito, o que ocasiona aumento da ansiedade dos filhos, que ficam sem caminhos para se autoacalmar. A rota de saída dessa armadilha é focar as emoções, e dizer: "Filha, parece que sair com seus amigos te deixa insegura em relação ao seu peso. O que você está sentindo? É medo.

Lembre-se, todos os seus amigos gostam de você e eles querem a sua companhia independentemente de como o seu corpo estiver". Os facilitadores colocam várias situações para os pais treinarem.

- Habilidade SMART: é uma habilidade de organização da mudança comportamental de maneira precisa, mensurável e testável. É um meio pragmático que os cuidadores podem utilizar para manter o ritmo da mudança em suas casas.
  Situação: Minha filha está vomitando no banheiro do quarto dela todos os dias. Precisamos ter um plano de redução desses episódios, que estão interferindo no processo de renutrição dela.
  S (Objetivo específico): Reduzir os episódios de vômitos da minha filha.
  M (Mensurável): Sim! Conseguimos fazer a contagem, pois ela só vomita em casa.
  A (Factível): Sim, minha filha concordou em tentar reduzir os episódios.
  R (Realista): Ela não consegue parar de imediato de vomitar, mas conseguimos pensar de maneira realista neste primeiro momento em reduzir dia sim, dia não os episódios. O combinado foi que, nos dias em que ela vai vomitar, precisará procurar a minha ajuda e trancar o banheiro.
  T (Cronograma): Vou colocar isso em uma planilha, imprimir e monitorar junto com ela. Nos dias em que ela conseguir não vomitar, vou tentar fazer algo com ela (assistir a séries, sair juntas, entre outros) para melhorar a nossa conexão e usar a jornada do tratamento do TA para melhorar nosso vínculo.

SESSÃO 7

Na sétima sessão os desafios incluem a consciência dos altos e baixos da jornada de tratamento dos TA. Os cuidadores têm em mente que lapsos e recaídas podem acontecer, e devem tentar tirar o máximo proveito disso. No novo modelo Maudsley acredita-se que todo erro é um tesouro e guarda alguma lição.

- Desafios da jornada de recuperação (recaídas e lapsos): os cuidadores precisam estar preparados para possíveis recaídas, reconhecendo o que aconteceu que jogou seus entes queridos no comportamento do TA, se autorregulando e depois ajudando seus filhos a voltarem para os trilhos. Existe uma diferença entre lapsos e recaídas, podendo ser útil os facilitadores fazerem uma psicoeducação com os cuidadores. Os facilitadores criam possíveis situações de recaídas de seus entes queridos e simulam com os cuidadores o que eles podem fazer e quais são frases/habilidades úteis para esses momentos. Os cuidadores tendem a reagir como se fossem "águas-vivas" ou "rinocerontes". Ao perceber isso, os facilitadores pedem ajuda do grupo para ouvir como aquele cuidador pode ser mais "golfinho" ou "São Bernardo" ou ter respostas emocionais focadas na mudança.

- Recuperar os valores familiares e regras da casa: os facilitadores incentivam os cuidadores a retomarem os valores da família, gostos, vontade e clima familiar. Os cuidadores são incentivados a voltar a fazer seus pratos preferidos, a voltar a planejar viagens, a elaborar passeios em família e a retirar o bem-estar familiar das garras do TA. Esse é um momento delicado, pois os cuidadores têm medo e culpa por voltar a viver suas próprias vidas. Isso não significa negligenciar os cuidados dos pacientes; significa maior equilíbrio da saúde familiar.

SESSÃO 8

A última sessão é voltada para elaborar planos para a prevenção de recaídas e manter um ambiente protetivo para a não manutenção do TA.

- Planejamento do futuro: os facilitadores fazem um levantamento com os cuidadores de possíveis pontos sensíveis de seus entes queridos que poderiam ocasionar uma recaída ou lapso, lembrando das situações que tipicamente tiram seus filhos da jornada de tratamento, por exemplo, brigas com o namorado, uso excessivo das redes sociais, desejo de fazer dieta, passar muitas horas na academia, entre outros. É importante os facilitadores indicarem pontos sensíveis para os cuidadores refletirem e ficarem atentos. Ao reconhecer os pontos de alerta, deve-se pensar em um plano realista para gerenciar esse problemas e não deixá-los ativar o TA. Os facilitadores vão incentivar os cuidadores a terem dois planos: (1) plano de gerenciamento das próprias respostas emocionais para não cair no piloto automático do passado; (2) elaboração de um plano para gerenciar os sinais de alerta de cada paciente para não ativar o TA.
- Encerramento do grupo: é importante que o grupo tenha um fechamento, que pode ser uma confraternização ou um momento de agradecimento. Os facilitadores incentivam os cuidadores a se cuidarem e a usarem tudo o que aprenderam ao longo da vida para manterem seus lares protegidos ou seus espaços mais equilibrados.

REFERÊNCIAS

1. Serpell L, Lyster-Mensh L, Hilbert A, Peterson C, Waller G, Wisniewski L. A guide to selecting evidence-based psychological therapies for eating disorders. Academy for Eating Disorders. 2020.
2. National Guideline Alliance (UK) Eating Disorders: recognition and treatment. National Institute for Health and Care Excellence (UK); London, 2017. National Institute for Health and Care Excellence: clinical guidelines.
3. Lock J, Le Grange D. Treatment manual for anorexia nervosa: a family-based approach. Guilford; 2015.
4. Monteleone AM, Pellegrino F, Croatto G, Carfagno M, Hilbert A, Treasure J, et al. Treatment of eating disorders: a systematic meta-review of meta-analysis and network meta-analysis. Neuroscience & Biobehavioral Reviews. 20200;142:104857.
5. Couturier J, Kimber M, Szatmari P. Efficacy of family-based treatment for adolescents with eating disorders: a systematic review and meta-analysis. International Journal of Eating Disorders. 2013;46(1):3-11.
6. Lock J. Family-based treatment for anorexia nervosa: evolution, evidence base, and treatment approach. In: Eating disorders in children and adolescents: a clinical handbook. 2011. p.223-42.
7. Lock J, Le Grange D, Agras WS, Moye A, Bryson SW, Jo B. Randomized clinical trial comparing family-based treatment with adolescent-focused individual therapy for adolescents with anorexia nervosa. Archives of General Psychiatry. 2010;67(10):1025-32.
8. Le Grange D, Hughes EK, Court A, Yeo M, Crosby RD, Sawyer SM. Ensaio clínico randomizado de tratamento focado nos pais e tratamento familiar para anorexia nervosa em adolescentes. Jornal da Academia Americana de Psiquiatria Infantil e Adolescente. 2016;55(8):683-92.
9. Treasure J, Rhind C, Macdonald P, Todd G. Collaborative care: the new Maudsley model. Eating Disorders. 2015;23(4):366-76.
10. Langley J, Treasure J, Todd G. Caring for a loved one with an eating disorder: the new Maudsley skills-based training manual. Routledge; 2018.
11. Treasure J, Smith G, Crane A. Skills-based caring for a loved one with an eating disorder: the new Maudsley method. Routledge; 2016.
12. Whitney J, Murphy T, Landau S, Gavan K, Todd G, Whitaker W, et al. A practical comparison of two types of family intervention: an exploratory RCT of family day workshops and individual family work as a supplement to inpatient care for adults with anorexia nervosa. Eur Eat Disord Rev J Eat Disord Assoc. 2012;20:142-50.
13. Sepulveda AR, Lopez C, Todd G, Whitaker W, Treasure J. An examination of the impact of "the Maudsley eating disorder collaborative care skills workshops" on the well being of carers: a pilot study. Soc Psychiatry Psychiatr Epidemiol. 2008;43:584-91.
14. Hibbs R, Rhind C, Leppanen J, Treasure J. Interventions for caregivers of someone with an eating disorder: a meta-analysis. International Journal of Eating Disorders. 2015;48(4):349-61.
15. Eshkevari E, Lawrence A, Ferraro I, Wade TD. Group skills training for parents of adolescents with anorexia nervosa: a pilot evaluation. Clinical Psychologist. 2022; p.1-8.
16. Hodsoll J, Rhind C, Micali N, Hibbs R, Goddard E, Nazar BP, et al. A pilot, multicentre pragmatic randomised trial to explore the impact of carer skills training on carer and patient behaviours: testing the cognitive interpersonal model in adolescent anorexia nervosa. European Eating Disorders Review. 2017;25(6):551-61.
17. Bicudo M, Arnoni R, Morais E. Manual de atendimento familiar em grupo para transtornos alimentares: desenvolvendo habilidades para cuidar. Baseado no novo modelo Maudsley hospital. São Paulo: Appris; 2023.
18. Treasure J. A guide to medical risk assessment for eating disorders. King's College London. Disponível em: https://www.kcl.ac.uk/academic-psychiatry/assets/guide-for-medical-risk-assessment-december-2012.pdf.

Índice remissivo